中国海洋大学"985"工程海洋发展人文社会科学研究基地建设经费资助
教育部人文社科重点研究基地中国海洋大学海洋发展研究院资助
中央高校基本科研业务费专项资助
国家自然科学基金项目（41440005、40830747）资助
教育部留学回国人员科研启动基金项目（教外司留[2013]1792号）资助

Study on Spatial Governance in Coastal City-regions of China

海岸地带城市—区域空间治理研究

马学广 等 著

人民出版社

总　序

　　进入 21 世纪，伴随陆地资源短缺、人口膨胀、环境恶化等问题的日益突出，各沿海国家纷纷把目光转向了海洋，一场以发展海洋经济为标志的"蓝色革命"正在世界范围内兴起。海洋的战略地位越来越凸显，海洋是国土、是资源、是通道、是战略要地，是新的经济领域、新的生产和生活空间。走向海洋，向海洋要资源，向海洋要效益，成为全球性的共识，世界范围的海洋开发利用进入了前所未有的时代。

　　海洋战略地位的重新确立和海洋资源价值的重新发现，在促使新一轮海洋开发热潮的同时，也把海洋管理提高到一个前所未有的重要位置。维护国家海洋权益、确保国家的海洋战略价值，需要海洋管理；保护海洋环境、保持海洋生态平衡，需要海洋管理；实现海洋经济的可持续发展，同样需要海洋管理。

　　尽管说，人类海洋管理的实践活动与人类开发利用海洋的实践活动一样久远，尽管基于现实需要而产生的海洋管理理论理应高于现实，对海洋管理实践活动起到引领、指导作用，但遗憾的是现实中的海洋管理理论发展却远滞后于海洋发展实践需要，并在一定程度上影响到海洋实践活动的发展。

　　实践的发展，对海洋管理理论研究者提出了严峻的挑战，要求解答海洋发展所面临的种种问题，担负起引领海洋管理实践发展的重任。而要做到这一点，必须有先进、科学的管理思想理念来指导海洋管理活动。

　　公共管理的兴起，可以说为海洋管理提供了一种新的理论分析框架。

　　作为一种有别于传统行政管理学的新的管理范式，公共管理突出的特点是强调管理主体的多元化、管理客体的公共性、管理手段的多样化等。而现代海洋管理的发展也正与公共管理的特点相吻合，所以，从公共管理的视角探讨海洋管理问题，把海洋管理置于公共管理的分析框架之中，有其合理性与必然性。正是基于此，本丛书定名为"海洋公共管理丛书"。

具体来说，理由如下：

第一，海洋管理主体日趋多元化、协同性。海洋管理的主体无疑是作为公共权力机关的政府，但在强调多元主体合作共治的改革实践冲击下，海洋管理的主体也在从政府单一主体到多元主体广泛参与的转变过程中，海洋管理的主体呈现出多元化、协同性态势。强调海洋管理主体的多层次性、协同性，并不是否定或削弱政府的主导作用。在海洋管理的多元主体中，政府是核心主体，是海洋管理的组织者、指挥者和协调者，在海洋管理中起主导作用。而同样作为公共组织的第三部门——社会组织，则是作为参与主体或协同主体帮助政府"排忧解难"。因仅靠市场这只"看不见的手"和政府这只"看得见的手"的作用仍然难以涵盖海洋管理的所有领域。因海洋管理不仅仅是制定政策、作出规划，更重要的还要将这些政策、规划转化为现实，这一过程的实现需要通过具体的实施行为才能完成，如大范围的海洋环境保护宣传工作、海洋环境保护工程项目的建设、海洋环境的整治等，这些活动的完成必须有社会组织、公众甚至企业的参与。所以说，为了更好地维护海洋权益、保护海洋生态环境，妥善处理好各种海洋公共事务，政府在依靠自身力量的同时需要动员越来越多的社会力量参与到海洋公共事务的治理之中。政府、社会各方力量同心协力，才能更好地促进海洋公共利益的提高，同时也有助于政府自身行政效能的改善和海洋管理能力的提高。

第二，海洋管理手段更趋柔性化、弹性化。传统的海洋管理主要运用行政手段，即是指国家海洋行政部门运用法律赋予的权力，通过履行自身的职能来实现管理过程。它通常表现为命令—控制手段，其前提是行政组织拥有法定的强制性权力。行政手段因其具有强制性而在管理实践中表现出权威性和针对性，但单一的管理手段显然不能适用日益变化的海洋管理实践，因而，法律手段、经济手段、教育手段等管理方式也日益在海洋管理中发挥作用，特别是经济手段，由于它的激励作用而能够促使人们主动调整海洋行为。随着新的管理理论的运用和海洋实践活动的需要，海洋综合管理的手段也在不断拓展。传统意义的海洋管理手段尽管仍然在发挥作用，但无论其内容还是形式都在发生着非常大的变化。现代海洋管理手段变化的一个新的趋势是管理方式向柔性、互动的方向发展。所谓"柔性"是指管理者以积极而柔和的方式来实现管理目标，它克服了以往命令—控制方式的强硬性，单一性，而是以服务为宗旨，综合运用各种灵活多变的手段，并在其中注入许多非权力行政因素，如指导、引导、提议、提倡、示范、激励、协调等行政指导方式。所谓"互动"强调的是现代行政管理是一个上下互动的管理过程，它主要通过合作、协商、伙伴关系，确立认同和共同的目标等方式实施对海洋公共事务的管理，其权力向度是多元的、相互的。总之，新的管理手段突出了管理过程的平等性、民主性和共同参与性，表明由传统的管制行政向服务行政的转变。

第三，海洋管理更具开放性、国际化特征。以《联合国海洋法公约》为代表的国际海洋管理制度已经建立，世界各国都将在此基础上进一步建立和完善国家的海洋管理制度。21世纪海洋管理将得到全面发展和进一步加强。海洋管理的范围由近海扩展到大洋，由沿海国家的小区域分别管理扩展到全世界各国间的区域性及全球性合作；管理内容由各种开发利用活动扩展到自然生态系统。海洋的开放性、海洋问题的区域性、全球性决定了海洋管理具有国际性，海洋管理的边界已从一国陆域、海岸带扩展到可管辖海域甚至公海领域，所管理的内容也由一国内部海洋事务延伸到国与国之间的区域海洋事务或全球海洋公共事务。例如，随着海上活动的愈加频繁，海洋危机发生的频率大大增加，危害程度加深，由海洋危机会引发一系列其他领域的危机，比如生态环境破坏、全球气候变化、海平面上升等，危机也逐渐走向"国际化"。海洋将全球连接在一起，海洋天然的公共性和国际性要求必须加强全球合作，治理海洋公共危机。与沿海国家合作共同治理海洋，成为海洋管理面临的一个新的课题，也给海洋管理者带来了新的挑战。

基于公共管理的研究视野，本套丛书无论在选题还是在内容写作中始终突出以下特点：

其一，前瞻性与时代性相结合。海洋管理是一个极具挑战性的新的研究领域，其中既有诸多现实中存在的急需解答的热点与难点问题，更有许多研究领域尚未开垦的处女地，对于研究者有很大的吸引力，同时又需要研究者有很强的学术敏感性。许多研究课题作为现实中的热点和难点，对它们的关注，需要很强的学术敏感性，所以本课题的选题和研究内容，一是体现出显明的时代性和新颖性，即回答海洋时代发展所提出的课题，二是具有前瞻性，即深刻把握海洋事业发展的未来趋向，探寻海洋社会、经济发展的规律和本质。从这些特点中可以感受到作者可贵的探索精神。

其二，实践性与科学性的统一。本丛书的具体选题都是基于我国海洋事业发展的现实需要，围绕我国海洋管理实践领域的重大课题而展开，如海洋国土资源管理、海洋环境治理、海洋渔业管理、海洋倾废管理、沿海滩涂管理等。确立这些与现实密切结合的研究课题，体现出作者对海洋管理的实践活动的密切关注以及对海洋管理实务的基本把握。当然，这些问题的研究并不可能一蹴就成，需要研究者的持续努力和不断深化、挖掘。

尽管本丛书尽可能选择最具典型性的海洋管理问题进行探讨，但由于受主客观各种因素影响，仍然存在不足：选题过于狭窄，研究内容的丰富性和多层次性不够，研究的学理性尚嫌不足，特别是有些层面的研究还不够深入。本套丛书所存在的不足，一方面说明了我们现有研究能力的缺憾，但同时也为我们以后的继续研究提供了可拓展的空间。

本套丛书作者主要是由中国海洋大学法政学院的一批志在从事海洋管理研究的学者承担。中国海洋大学法政学院，突出"海洋"与"环境"两大研究特色，在海洋管理、海洋政治、海洋社会、海洋法、环境法等领域进行了开拓性的研究，在国内海洋人文社会科学的主要研究领域起到了引领作用，为我国的海洋事业发展提供了有价值的法律、政策支持和人力支持。中国海洋大学的公共管理学科则致力于创建和推动海洋公共管理的发展，近年来，在海洋行政管理、海洋软实力建设、海洋环境管理、海域使用管理、海洋渔业资源管理、海洋危机管理、海洋人才资源开发与管理、海洋社会组织管理等方面取得了一系列具有重要影响力的学术成果。经过多年的积累和历练，海大的海洋公共管理研究团队也正在显示其越来越有生命力和持续力的研究能力和研究水平。相信本套丛书的出版，对于推进我国海洋公共管理理论研究和实践发展，对于培养高素质的海洋管理人才，将起到积极的促进作用。

娄成武

东北大学教授、博士生导师

目 录

序　言

　　海洋是我们宝贵的蓝色国土，而海岸地带则是守卫这一宝贵资源的重要门户。20 世纪以来，世界范围内城市与区域向沿海发展的趋向愈来愈显著，国家城市发展战略重点不断向沿海地区转移。2015 年的全国两会政府工作报告提出"坚持陆海统筹，全面实施海洋战略，大力建设海洋强国"的总体方针，提出"要谋划区域发展新棋局，由东向西、由沿海向内地……以海陆重点口岸为支点，形成与沿海连接的西南、中南、东北、西北等经济支撑带"。"海洋强国"国家战略的实施，为我国海岸地带的开发与保护提供了重大机遇，为京津冀、辽中南、山东半岛、长三角、海峡西岸、珠三角、北部湾等中国东部海岸地带城市—区域的发展创造了契机。

　　海岸地带是海陆交接过渡带，也是陆海相互作用剧烈地带，是人地关系矛盾较为突出的区域。随着经济的发展，海岸地带以其丰富而又独特的资源优势而成为开发的热点，快速的城市化进程对海岸带的可持续发展造成巨大的冲击。随着海岸地带城市化进程的加速，人地矛盾、人海矛盾、陆海矛盾等日益突出，成为制约海岸地带可持续发展的关键因素。因此，从陆海统筹的视角出发，结合社会—空间辩证统一的认识观念，我国海岸地带城市—区域的发展亟须转换思路，开拓视野，超越辖区界限实现城市—区域治理的可持续发展。

　　与此同时，随着经济全球化和区域一体化的不断推进，传统上囿于行政区划、政府主导、各自为政的管控型治理模式日益显现出越来越窘迫的管理弊端，以行政区划为界的管理模式难以适应公共管理的新实践，建立起多样性、整合性、跨区域的新型空间治理模式正是我国区域治理创新的必然选择。作为现代城市发展的新型空间组织，城市—区域跨越多个行政单元，以规模经济和设施集约优势日益成为全球最具发展活力的地区，在世界及地区经济、社会发展和政治生活中发挥着主导作用。因此，基于饱满的实践需求，跨界跨政区的城市—区域空间治理成为新的学术热点。

作为公共管理一级学科的重要组成部分，中国海洋大学土地资源管理学科以"海洋国土资源管理"研究为特色化发展方向，当前时期以"海洋国土资源开发与保护"研究为重点，聚焦于海洋国土资源管理理论研究、海洋国土资源可持续利用研究、海洋国土空间规划与管理研究和海洋国土生态安全政策体系研究等领域，争取以鲜明的海洋特色在我国土地资源管理学科建设中占有一席之地，为我国"海洋强国"战略的实施提供理论依据和实践支撑。

本书作者马学广博士长期从事城乡规划与区域空间政策研究，其新作——《海岸地带城市—区域空间治理研究》站在了当代中国海岸地带城镇密集地区空间治理与空间政策研究的最前沿，交叉运用政治学、管理学、地理学、经济学等多个学科的研究方法和手段，为我们揭示了海岸地带城市—区域空间治理的深刻内涵和多元化的思考维度，代表了当前我国海岸地带城市与区域空间治理研究的最新成果，该书的出版将会对海洋国土空间规划与管理研究产生积极的影响。

娄成武

东北大学教授、博士生导师

绪　论

20世纪以来，世界范围内城市与区域向海发展的趋向愈来愈显著，国家城市发展战略重点不断向沿海地区转移。据统计，有近2/3的人口居住在80平方千米宽的沿海平原地带。在全球32个特大城市中，有22个位于河口及海岸地带的三角洲平原①。近半个世纪以来，由于沿海工业及旅游业的增长，发达工业国和地区的海岸线形成经济活跃的高度开发区，由于生产能力活跃，资源过度开发，导致自然环境发生不可逆转的毁坏，人类生存及发展受到影响。

海岸地带是由海岸线向海陆两侧扩展一定宽度的带形区域，即海洋与陆地的交接地带。不同国家对海岸地带的构成描述差异很大。美国联邦法律规定，向海至3海里为海岸地带的范围，而向岸的边界由各州自定。英国的一些沿海城市，把海岸地带向陆一侧的范围定为300米。中国在1979—1986年进行的全国海岸带和海涂资源综合调查中规定，陆域一般自海岸线向陆延伸10千米左右（部分省市可以根据海岸地带的实际情况适当延伸），海域一般自海岸线向海扩展至10—15米等深线。在社会经济调查中，则以占用海岸线的县市行政区域为陆上界线的范围②。联合国"千年生态系统评估"项目（Millennium Ecosystem Assessment，缩写为MEA）将海岸地带定义为海洋与陆地的界面，向海洋延伸至大陆架的中间，在大陆方向包括所有

---

① 蒋兴伟：《海岸带可持续发展与综合管理》，海洋出版社2002年版。
② 杨文鹤、陈伯镛、王辉：《二十世纪中国海洋要事》，海洋出版社2003年版。

受海洋因素影响的区域，具体边界为位于平均海深 50 米与潮流线以上 50 米之间的区域，或者自海岸向大陆延伸 100 千米范围内的低地。在实际管理中，海岸地带范围可根据管理目的和研究需要而定。在本书中，采取自然地理特征和行政区划相结合的方式，海岸地带指我国区域经济意义上的东部沿海地区，而海岸地带城市—区域则指的是以京津冀、长三角、珠三角、辽中南、闽南地区、北部湾地区、山东半岛等为代表的沿海城镇密集地区，在本书中主要以珠三角地区和山东半岛地区为例展开实证分析。

美国著名学者戈特曼（Jean Gottmann）在 20 世纪 50 年代对美国东北部大西洋沿岸城市群的研究开启了世界范围内对海岸地带城市—区域（Coastal City-Region）这一独特地域的理论探讨和实证研究，当代全球范围内的海岸地带城市—区域已经成为培育和凸显国家竞争优势的重要基地。1986 年 9 月，国际地理联合会成立了海洋地理组（后发展为海洋地理委员会），我国于 1988 年成立了中国地理学会海洋地理专业委员会，提出了有关研究方向，其中就提出了"与海洋有关的经济地理问题"，并提出要进行"海岸带的研究，近岸规划以及深海区的研究等"。吴传钧先生认为人地关系是地理学研究的核心问题，人地系统是由地理环境和人类活动两个子系统交错构成的复杂的开放的巨系统，内部具有一定的结构和功能机制。在这个巨系统中，人类社会和地理环境两个子系统之间的物质循环和能量转化相结合，就形成了发展变化的机制①。

21 世纪是海洋世纪，"海洋强国"战略下的中国现代化发展，应当重新审视海岸地带城市—区域的发展格局。国家重点建设的 5 个国家级城市群中，有 3 个属于海岸地带城市—区域，引领着中国新型城镇化的战略发展方向，海岸地带城市—区域已经成为国家空间尺度重组的重要抓手和工具，是"陆海统筹"国家战略的试验平台、"21 世纪海上丝绸之路"国际合作战略的重要支点，以及国家区域政策的决策平台。近年来，国务院将山东半岛蓝色经济区区域规划上升为国家战略，并且先后设立了以海洋经济发展为中心职能的青岛西海岸新区和浙江舟山群岛新区，先后设立的上海自贸区、福建自贸区和广东自贸区等国家级试验区也都被赋予了发展海洋事业的使命。

① 吴传钧：《论地理学的研究核心——人地关系地域系统》，《经济地理》1991 年第 3 期。

学术界对海岸地带城市—区域的研究，从沿海城市体系入手，发现沿海城市带成为我国重要的生产要素集聚与扩散的城镇密集区，并进而成为我国参与全球竞争的重要空间载体。但是，学术界对海岸地带城市—区域的研究偏重于宏观层次的政策分析，较少涉及扎实有序的微观实证研究，该研究成果的面世能够很好地填补这一方面的研究缺陷。

贯穿本书的主要理论范畴是空间政治经济学①，其核心理念是社会—空间辩证统一观认为社会与空间并非相互隔绝和孤立，而是相互塑造、相互影响，特定地域的空间组织特征和变化是社会经济因素的变迁所导致的，而且，空间地域形式的变化会带来社会经济环境的相应变化。以空间政治经济学理论为基础，海岸地带城市—区域空间治理机制的成因、变化方向和成效等都导源于特定的区域空间格局和空间联系特征。因此，空间政治经济学为更加清晰而全面地揭示海岸地带城市—区域空间治理格局及其变迁提供了良好的理论切入点。而空间政治经济学研究理念的引入也为城市与区域空间治理理念的发展提供了动力。

本书共 12 章，除绪论外，可分成四篇：第一篇，基础理论篇，共 3 章（第 1—3 章），主要探讨全球化时代城市—区域空间组织与空间治理的基础理论和国内外研究进展。第 1 章从较高的理论层面探讨当前城市研究范式的转型；第 2 章聚焦于非地域邻接性的世界城市网络研究；第 3 章侧重于地域邻接性的全球城市—区域（多中心城市—区域）研究。

第二篇，区域空间结构篇，共 3 章（第 4—6 章），在次国家空间尺度上对海岸地带城市—区域的空间结构展开实证研究，分别以中国沿海城市—区域（第 4 章）、珠三角城市—区域（第 5 章）和山东沿海城市—区域（第 6 章）为案例地，总结和概括中国沿海城市—区域空间结构格局演变的主要特征。第 4 章从总体上探讨了中国沿海城市—区域的区域空间极化、区域空间不平衡和区域空间互补性；第 5 章揭示了珠三角城市—区域空间格局演变的过程、格局和机理；第 6 章则以山东沿海城市—区域为例，探讨了海岸地带城市—区域城市流空间结构和多中心空间结构特征以及山东半岛蓝色经济区多中心之间结构的演变。

① 马学广：《城市边缘区空间生产与土地利用冲突研究》，北京大学出版社 2014 年版。

第三篇，区域空间联系篇，共 3 章（第 7—9 章），采用企业流和交通流数据，分别对珠三角城市—区域和山东沿海城市—区域进行实证研究，揭示两个典型区域在城市和功能区两个尺度上的空间联系特征；第 7 章，以高端生产者服务企业之间的联系来表征珠三角城市—区域的空间联系格局及其影响因素；第 8 章，通过城市间的长途客运交通流和城际轨道交通流来揭示珠三角城市—区域空间联系特征及其多中心性；第 9 章，以山东沿海城市—区域高端生产者服务企业流和长途客运交通流来表征其内部的区域空间联系及空间联系结构特征。

第四篇，区域空间治理篇，共 3 章（第 10—12 章），聚焦于海岸地带城市—区域地方政府之间跨政区合作的主要形式、内容和机制。通过建构跨政区协调体系，厘清空间资源配置的主要影响因素，就跨界、跨境、跨域、跨政区公共资源配置和公共事务管理提出相应的对策。第 10 章梳理和总结了城市—区域空间治理的相关理论和实践；第 11 章以珠三角城市—区域为例，探讨了海岸地带城市—区域跨界和跨境等跨政区治理方式的内容及其特征；第 12 章以山东沿海城市—区域为例，探讨了海岸地带城市—区域空间政策的演变以及区域空间治理的主要形式和内容。

第 一 章

城市—区域功能网络研究范式转型①

信息化和全球化对地方空间造成的影响表现为不断加深的空间差异和不断增强的空间联系这两种对立统一的趋势，在作为世界性控制和支配中心的全球城市崛起的同时，城市正以城市间网络为枢纽建立联系，使得以大城市为中心，包含中小城市在内均衡发展的城市网络逐渐形成，城市和区域的内部联系在全球化背景下被重构。"网络"是对当代社会行动者之间复杂互动形式和结构的最佳隐喻，网络社会的发展重塑了全球与地方空间，创造了由基础设施网络和全球散布的城市网络构成的新型地理空间，城市网络成了一种更加有效的空间组织观念。

当代社会经济变革推动着西方城市网络思想的发展。由于城市地位的提升，"流动空间"对"地方空间"的取代以及网络社会的崛起与城市间关系的发展，在理论界产生了一系列的"网络范式"转型，推动着城市研究与规划政策的持续发展，包括城市区域空间组织方式从中心范式向"城市网络"范式的转变，城市体系组织原则由等级原则向网络原则的演变，以及城市空间形态从单中心模型向多中心模型乃至网络城市模型的演进等，正是上述城市发展实践与城市空间组织思想的变革带来了西方城市网络研究的蓬勃发展。作为一种重要的空间组织形式，"城市网络"在西方国家（尤其是

---

① 本章内容根据马学广、李贵才《西方城市网络理论研究进展和应用实践》（《国际城市规划》2012 年第 4 期）修改而成，马学广作为第一作者和通讯作者。

欧洲国家）的空间规划中获得广泛的应用，主导着区域空间政策的发展。本书在详细地剖析城市网络发展的现实和理论背景的基础上，重点介绍了城市网络的内涵、构成、特征及类型等内容，并对西方城市网络研究中的理论进展、规划应用和治理策略进行了评述，以资我国城市群体空间研究借鉴和探讨。

一、西方城市网络发展背景的变化

20世纪70年代以来，世界经济经历了全面的结构性调整，生产模式的改变、服务经济的发展、资本的跨界流动以及信息传输技术的创新等诸多因素都推动着城市关系的演变和城市空间组织方式的变革，而网络社会的崛起和城市网络的形成正是上述全球经济转型和技术变革的产物。

（一）全球化背景下城市及其网络的重要性凸显出来

20世纪70年代以来，不断加速的全球化、知识经济和信息化进程使得原有的国家系统与城市体系发生重构，改变了人类聚落的政治、经济与社会形态，国家权力重心的下移使得城市成为吸引全球资源流动和驻留的中心，现代城市面临的不再仅是城市化与人口集中的问题而进一步成为国家展现全球竞争力的重要途径，国际竞争在很大程度上被具体化为以城市为核心的区域间的竞争，城市成为国家经济的原动力和全球经济的核心地点[①]，以跨界经济整合的跨国公司为载体、以全球城市为节点而彼此连结并通过竞争与合作关系互动所形成的城市网络成为世界经济发展的重要平台。

（二）流动空间取代地方空间成为信息社会的主导性空间组织形式

全球化过程中，通讯与信息技术创新的突破使得不相邻的空间通过节点与枢纽所形成的网络组织同时发生各种物质与非物质资源的流动，进而引发了地理空间的革命，主导性的空间形式不再是地方空间（Space of Places）

---

① K. Ohmae, *The End of the Nation State：The Rise of Regional Economies*，New York：Free Press，1995；A. J. Scott，*Regional and the World Economy：The Coming Shape of Global Production，Competition，and Political Order*，Oxford：Oxford University Press，1998.

而转变为流动空间（Space of Flows），所形成的网络组织成为全球社会经济系统的重要结构元素①。在"流动空间"中，地方被吸纳进各种社会经济形态的世界性网络，每个地点的功能和属性由其在全球"流动空间"中的战略地位而非其内在的社会经济属性所决定，跨国公司的生产、分配和管理等功能得以实现空间分离并定位在最有利的城市区位，并通过通讯网络将所有活动联系起来。因此，一种全球性的、超越空间距离并跨越政治边界的相互依赖的世界经济空间图景得以形成。

（三）城市间关联性的重要性在提高并推动城市网络化发展

20世纪80年代开始，城市的基本形态已经不再是被郊区和农村包围的枢纽中心，而是由城市和郊区的景观形态、经济产业以及社会体制交互连接而成的一体化的整体②。与此同时，城市的发展及功能变化已越来越难以用传统的城市理论来解释，经济全球化导致经济活动的地域再分工并促成新的城市形态及功能。经济全球化在地域上产生了一种复杂的二重性：经济活动在地域上高度分离的同时又在全球范围内高度整合，城市功能和形态的变化愈益显示出总体上分散化和个体上综合性的网络结构特征③，为城市创造了新的策略性角色。一方面，全球化促使世界经济网络与城市紧紧地结合在一起，城市演化为世界经济结构中高度集中的指挥控制中心，并进而诞生了行使全球运筹指挥命令功能的世界城市；另一方面，发达的通讯和交通方式使大城市的分散成为可能，城镇发展进入到Friedman（1966）所界定的高水平——网络化发展阶段④，即城市网络化发展的时代。

（四）城市网络成为城市空间规划和区域政策的重要工具

在全球化与信息化交互作用的背景下，经济资源的全球流动打破了国家界限，城市之间的网络开始主宰全球经济命脉⑤。"网络"的思想引入城市

① M. Castells, *The Information City*, Oxford: Basil Blackwell, 1989.

② 任远、陈向明、[德] Dieter Lapple：《全球城市—区域的时代》，复旦大学出版社2009年版。

③ S. Sassen, *The Global City: New York, London, Tokyo*, Princeton: Princeton University Press, 1991.

④ J. R. Friedman, *Regional Development Policy: A Case Study of Venezuela*, Cambridge: MIT Press, 1966.

⑤ 周振华：《崛起中的全球城市——理论框架及中国模式研究》，上海人民出版社2008年版。

规划和空间政策领域之后，使得空间规划和政策实践产生了新的内涵①：首先，网络作为合作和协调，来源于对 20 世纪传统功能性规划中政治制度结构的重建；其次，网络作为联盟和伙伴，促使地方政府采取交易、协议和契约等政企合作的形式更加积极地介入到公共管理权限之外的私营经济发展部门发展中；第三，网络作为规划整合，发展政策的不平衡性催生了不同的规划实践以因地制宜的满足区域之间适合社会经济和空间整合的需要；第四，网络作为技术专家体制，发展行动机构以及混合协会组织等被创造出来以实现地方营销的目的；第五，网络作为一种参与方式，行动者网络因不同的目的而创建或涉及空间规划，控制地方发展，催化决策者的合作利益，促进地方行动等。因此，城市网络成为当代城市空间规划和区域政策的重要工具。

（五）城市—区域成为城市发展的主体形态，"城市网络"成为新的分析工具

20 世纪 90 年代末开始，生产的分散化与管理的集中化导致国家间的竞争逐步演变为骨干城市及其所依托的城镇群体之间的竞争，"城市—区域"成为国内外把握城市与区域发展方向的认识工具和实践工具。全球化的经济治理机制不再集中在国家机器上而是转移到世界城市上，世界城市及其周边腹地所连成的巨型都会区域取代过去国家的角色而成为世界经济调节网络的最重要节点②，其公共服务提供方式、行政组织与管理、城际利益协调和空间发展模式等已经成为世界各国广泛关注的重要问题。"城市—区域"内部存在密切的分工协作，并通过产业链条形成协作和互补关系进而构成相互关联的生产网络和城市网络③，为分析各种地方性、国家性和全球性力量的相互作用提供了新的分析工具。

---

①　I. Vinci, *Cities in a Relational World: Limits and Future Perspective for Planning through the Network Paradigm*, International Conference City Futures' 09. Madrid, 4-6 June, 2009.

②　A. J. Scott, *Global City-Regions: Trends, Theory, Policy*, Oxford: Oxford University Press, 2001.

③　任远、陈向明、[德] Dieter Lapple:《全球城市—区域的时代》，复旦大学出版社 2009 年版。

二、城市网络理论范式的转型

随着全球化进程的加速和信息技术在日常生活中应用范围的扩大，城市网络及其网络效应的研究成为社会经济研究的重要领域。"城市网络"思想的产生是一系列理论范式转型的产物，包括传统中心地空间组织范式向现代城市网络范式的转型、城镇体系等级原则向网络原则的转型、城市空间形态单中心—多中心—网络城市范式的转型等。

（一）城市—区域空间组织方式从中心地范式到城市网络范式的转变

全球化过程带来的一系列与文化、生活方式和专业功能相关的变量极大地改变了城市的面貌和结构，现实世界中的城市体系已经明显不同于中心地等级体系（见表1-1），企业间通过横向和纵向分工联系而导致专业化中心的出现，这与从原有理论中推导出的典型非专业化模式完全相反；与此同时，高等级的城市功能出现在规模较小但更为专业化的中心地上，而在原有模型

表1-1　中心地范式与城市网络范式在城市间关系上的比较[①]

比较项	中心地范式	城市网络范式
中心地属性	中心性	节点性
规模属性	规模依赖性	规模中性
城际关系	首位性和从属性趋势	弹性和互补性趋势
城际资源	同质性的商品和服务	异质性的商品和服务
城际可达性	垂直可达性	水平可达性
城际资源流动	主要是单向流动	双向流动
城际互动成本	交通成本	信息成本
城际竞争模式	空间内的完全竞争	具有价格歧视的非完全竞争

---

① D. F. Batten, "Network Cities: Creative Urban Agglomerations for the 21st Century", *Urban Studies*, Vol.32, No. 2 (1995), pp. 313-327.

中这些小城市只能拥有较低等级职能①；此外，城市功能的等级往往并不与城市等级相耦合，城市之间的关系并不必然是等级性的，而还有可能是水平性的。

以"网络模型"为特征、由规模相近且缺乏明显的等级性的城市集聚而成的城市群落的发展模式与着重于等级关系的传统克里斯塔勒城市模式并不一致②。这种网络模型的典型特征是城市间互补性关系的存在和城市间功能腹地的相互重叠所导致的城市功能整合与规模中等化，而后者意味着城市人口的数量不再是其功能和活动的决定因素，使得在不必增加城市个体规模的前提下升级个体城市中心的功能成为可能③。因此，Camagni（1992）提议，克里斯塔勒的城市等级模型应当用新的范式来弥补其理论缺陷，除了围绕市场区的重力模型之外，还应考虑城市之间的联系和关系，即"城市网络"理论④。中心地范式以边缘—核心关系（通勤、购物和便利化交通及企业间关系）和核心间关系（高等级企业间的关系）为特征，而城市网络范式则以显著的核心—边缘关系、跨核心关系和城市间企业关系为特征。中心地模型隐含的组织逻辑是地区逻辑，重点在于市场区的重力型控制，而在城市网络模型中，远距离和竞争不考虑距离屏障的合作的逻辑占了上风，交通成本的降低和对多样性需求的提高，打破了原先分隔的非交叠的市场区。虽然学者们经常指责中心地理论存在的缺陷，但由于改变模型的前提假设往往意味着改变模型本身，因此仍然没有其他理论可以取代它⑤。所以，与其说用网络模型取代等级模型，不如说这两个理论范式之间存在理论上的传承性和适用范

---

① R.Camagni, C. Salone, "Network Urban Structures in Northern Italy: Elements for a Theoretical Framework", *Urban Studies*, Vol. 30, No. 6 (1993), pp.1053-1064.

② R.Camagni. "From City Hierarchy to City Network: Reflections about an Emerging Paradigm", In *Structure and Change in the Space Economy*, T.Laschmanan, P.Nijkamp (eds.), Berlin: Springer Verlag, 1993, pp.66-90; R.Capello, "The City Network Paradigm: Measuring Urban Network Externalities", *Urban Studies*, Vol.37, No. 11 (2000), pp. 1925-1945.

③ E.Meijers, *The Notion of Complementarity in Urban Networks: Definition, Value, Measurement and Development*, Paper Presented at the 10th UNECE Conference on Urban and Regional Research, 22-23 May, 2006. Bratislava.

④ R. Camagni, "Development Scenarios and Policy Guidelines for the Lagging Regions in the 1990s", *Regional Studies*, Vol.26, No.4 (1992), pp. 361-374.

⑤ A. J. Scott, *Global City-Regions: Trends, Theory, Policy*, Oxford: Oxford University Press, 2001; E.Meijers, "From Central Place to Network Model: Theory and Evidence of a Paradigm Change", *Tijdschrift voor Economische en Sociale Geografie*, Vol.98, No.2 (2007), pp. 245–259.

围的差别，中心地理论似乎最适合典型的工业经济，而网络模型则更适宜于服务业主导的经济类型。

（二）城市体系组织规则由等级原则向网络原则的演变

城市间关系研究在城市规划、区域科学、城市与经济地理等研究领域中长期占有重要位置，并在 20 世纪 60 年代发展成为城市体系研究的重要组成部分，研究的重点放在了城市间的相互依赖关系及其对经济增长和地方发展的影响上。从 20 世纪 90 年代早期开始，由于全球化、"流动空间"思想和后结构主义理论中空间和网络思想的长期酝酿，关于网络的讨论卷土重来，充斥于人文地理学研究的各个方面。一些研究者将"网络"作为区别于"等级"的另一项空间组织原则而研究，从而引入"城市网络"的探讨①。网络关系既是结构性的又是关系性的，前者是因为各种网络结构和关系构成了结构性权力关系，后者是因为网络由各种权力社会行动者的互动组成，而这种"关系"可以以规则、协议、价值、规制等形式存在②。"城市网络"是一组规模相当、地理邻近的城市所形成的空间组织，因为地方专业化的原因而没有采取等级化的布局方式，这正是中心地模型所难以解释的。城市空间的变革使得城市体系与产业活动在新的垂直与水平连结关系上实现重组③，城市体系中初级产业、制造业与消费者服务业主导的部分仍遵循经典中心地理论的等级分布原则布局，而先进制造业和生产者服务业等相对高端的经济职能则在空间上及功能上组织为城市网络。

（三）城市空间形态从单中心模型到多中心模型乃至网络城市模型的演进

区域城市化及和其紧密相关的多中心和网络化的城市—区域形态导致现代化大都市发生本质变化，特别是在曾经区别明显的城市与郊区生活方式

---

① R.Camagni, C. Salone, "Network Urban Structures in Northern Italy: Elements for a Theoretical Framework", *Urban Studies*, Vol.30, No.6 (1993), pp.1053-1064; R.Camagni, "From City Hierarchy to City Network: Reflections about an Emerging Paradigm", In *Structure and Change in the Space Economy*, T.Laschmanan, P.Nijkamp (eds.), Berlin: Springer Verlag, 1993, pp.66-90.

② P. W. Daniels, *Service Industries in the World Economy*, Oxford: Blackwell, 1993.

③ P.Haggett, R.J.Chorley, *Network Analysis in Geography*, London: Edward Arnold, 1969.

上①。很多模型被创造出来以描述城市规模增长和轮廓扩张的模式，大致可概括为单中心模型和多中心模型。战后二十年间，单中心模型一直是城市结构研究领域最有影响力的模型，但当面对 20 世纪 70 年代以来经济活动的离心化、新交通技术革命引发的不断增长的移动性、居民出行方式的多样化和跨界通勤的复杂性和家庭结构和生活方式的变化等转变时开始显得牵强。城市越来越清晰地呈现出多中心发展的态势，城市功能的发挥跨越了行政边界和地理边界，覆盖了巨大的区域，城市成为区域城市甚至是跨区域城市。因此，新型交通工具引发的移动性增强和移动模式的多样性，住房结构和生活方式的变化以及复杂的交叉通勤现象等因素使得传统的单中心模型越来越难以解释城市增长的现实②。于是，在企业间和企业内经济关系的转变、再就业和人口分布方面的显著性经济集聚和当空间交易成本升高时出现的企业集聚等多种因素的驱动下，新的发展中心在郊区不断出现并与原城市中心展开竞争，城市增长模式由单中心向多中心转变，个体城市地区作为独立的日常城市圈的意义已经弱化，转而成为形成中的城市网络的一部分。于是，一种基于快速交通和通讯网络以及范围经济的新型的城市形态——功能上彼此有潜在的互补性的两个或以上的独立城市通过快速可靠的运输廊道与通讯设施相联系，以彼此合作得到显著的经济机会的多中心的城市集合体——网络城市应运而生。"城市网络"这种新型空间组织在多中心城市—区域研究中应用越来越广泛，为克服传统中心地理论的局限性提供了新的理论框架。

三、城市网络的内涵与类型

"城市网络"的相关研究可以追溯到 20 世纪中期的研究，荷兰学者 Zonneveld（1987）较早作为"城市—区域"的替代词探讨过"城市网络"和"网络城市"的概念③。

---

① Soja E：《区域城市化与城市—区域的治理危机》。见任远、陈向明、[德] Dieter Lapple《全球城市—区域的时代》，复旦大学出版社 2009 年版，第 3—13 页。

② S.Davoudi, "Polycentricity in European Spatial Planning：from an Analytical Tool to a Normative Agenda", *European Planning Studies*, Vol.11, No.8 (2003), pp.979-999.

③ I.Klaasen, R.Rooij, J.Van Schaick, *Network Cities：Operationalising a Strong but Confusing Concept*, International Conference 25-28 June, Sustainable Urban Areas, Rotterdam, 2007.

（一）城市网络的内涵

城市网络指大小不均、各具特色的紧凑城市组成的高度城市化地区的城市群体，进化自两个或两个以上相互独立的城市，在功能上具有潜在的互补性，在快速可靠的交通或通信基础设施走廊的帮助下通过合作产生显著的规模（范围）经济，是城市与城市物理连接（通过交通系统）、虚拟相通（通过信息系统）的活动地点①。城市网络参与者的主要目标包括：效率目标即公共管理部门如同在企业中一样能够通过网络行为提高决策过程的效率，协同目标即规模经济由网络在整合了各种心之后来提供，打破了价值可加性规律（1+1＞2），能力目标即城市网络通过与其他城市合作的方式允许参与其中的单体城市获得地方上难以获取的效率知识和高等级城市政策②。在城市网络中，城市不能再被简单地看作扮演贸易场所、港口、金融中心或工业重镇角色的经济"中心地"，而被视为作为资本等要素循环和积累的复杂网络的必要组成部分，一个城市的机遇更多地取决于节点之间紧密的互相作用而促进劳动分工中的互相补充和协调③，城市转化成为政治经济过程的空间载体和社会相互作用的竞技场，节点之间流动的水平、频繁程度和密集程度就决定了它们在全球经济中的地位。

（二）城市网络的构成

作为一种特殊类型的网络，城市网络既具有一般网络的普遍性，又具有其特殊性。城市网络形成一个具有弹性交换关系的经济体，其独特的多核心结构与功能的弹性化使成员城市可从互惠作用、知识交换与创造力等互动成长的共同合作获得益处。"城市网络"概念主要由三个要件构成④：（1）网络要素。中心地间的关系不再只是克里斯塔勒所阐述的非叠加的市场逻辑

---

① R.Camagni, C.Salone, "Network Urban Structures in Northern Italy: Elements for a Theoretical Framework", *Urban Studies*, Vol.30, No.6 (1993), pp.1053-1064.

② R. Capello, "The City Network Paradigm: Measuring Urban Network Externalities", *Urban Studies*, Vol.37, No.11 (2000), pp.1925-1945.

③ A. Amin, D. Massey, N. Thrift, *Cities for All the People Not the Few*, Bristol: Policy Press, 2000.

④ R.Capello, "The City Network Paradigm: Measuring Urban Network Externalities", *Urban Studies*, Vol.37, No.11 (2000), pp. 1925-1945.

支配下等级节制的层级关系，在同等规模而不同或相似功能的专业化城市中，新形态的非地方性联系和长距离的供需关系不断显现出来。（2）网络外部性要素。这代表网络行为的主要经济优势不再是交通成本最低或者对非叠加市场取得控制力最大，而是通过参与到网络中通过互补关系的确立来实现协同性，只有参与到这个经济和空间网络中的行动者才能获取。（3）合作要素。合作关系是城市网络范式的立足点，以互动合作的方式获得城市规模经济效应并在各网络成员间分配溢出效应，进而促进区域经济的发展。Mustikkamäki et al.（2001）把城市网络划分为三个层次①，第一个层次是战略网络，比如波罗的海地区的城市组织；第二个层次是功能网络，这种事务性网络是相关城市为了处理共同事务的需要而建立的网络，比如通勤区；第三个层次的网络指物质网络，比如由交通站点连接而成的网络。其中，物质网络被认为是至关重要的，因为区域规划的大部分注意力就放在物质性设施的选址和营造上。

（三）城市网络的特征

从形态描述视角看来，"城市网络"等同于"多中心—多节点大都市区域"，是以大中城市为依托，地域生产综合体组织为目标，各级各类城市（镇）为节点的城市经济网络系统，可以通过中等规模城市为主、功能性整合，既竞争又合作等方面来识别②。Dupuy（2008）从拓扑、动力学和适应性三个方面概括了"城市网络"的特征③：拓扑特征显示的是网络中所有节点物理性结合的方式，网络拓扑是开放而统一的，与城—乡、中心—边缘的分割正相反；动力学特征是关于节点间的运动和交通，网络内部关联的速度是网络本身质量的测量标准；适应性特征指的是网络随时空演进的能力，网络既能改变自身的结构以适应新的体系或者改善现存的应用环境，又能调整自

---

① N.Mustikkamäki, K.Viljamaa, M. Sotarauta, "Urban Networks-spatial or Issue Based: Some Reflections from Finland", *Book of Abstracts of an International Conference Multipolar Patterns of Urban Development-Competition or Cooperation*, University of Lodz and Polish Geographical Society, Poland, 2001.

② F.M.Dieleman, A.Faludi, "Polynucleated Metropolitan Regions in Northwest Europe: Theme of the Special Issue", *European Planning Studies*, Vol.6, No.4 (1998), pp. 365–377.

③ G. Dupuy, *Urban Networks-Network Urbanism*, Amsterdam: Techne Press, 2008.

身并提供达到目标的多元选择以适应用户的需求。作为一种发展模式，城市网络旨在使一定地域的城市与城市、城市与乡村之间网络设备完备，产业内在联系密切、要素流转通畅、组织功能完善，并构成一个维系城、镇、乡网络系统共生共长的空间结构[①]。此外，城市网络中不存在支配性城市和明显的城市等级，区域城市体系的位序—规模分布成为评价单中心或多中心城市的评价指标，位序—规模分布越平坦，城市体系的多中心特征越显著[②]。城市网络的优势在于网络中的城市可以不必互相复制而促进劳动分工中的互相补充和协调，荷兰兰斯塔德地区以聚合与协调的方式深化了城市之间的合作发展，为各个组成城市提供了更多的服务和具有竞争性的生活和居住环境。

（四）城市网络的类型

"网络"的含义是双重的，一方面来自于对基础设施的关注（比如高速公路网络和铁路系统，供排水系统等）以及物资、信息、服务等在地方和节点间的交换，另一方面来自于围绕着行动者之间的事务和问题而产生的稳定的关联性[③]。因此，城市网络可以划分为物质—空间网络（基础设施网络）和组织网络两种，两者相互依赖不能截然分开，一方属性的变化会引起另一方属性的相应变化。在传统的分类中，物质空间网络是重点，其核心是物质性区域景观，网络是各种类型的发展走廊和城市区段；而组织网络并不强调地理的区位意义，而体现为城市、企业组织和居民等之间的合作关系，这种关系远比传统的层级管理关系要有弹性，但比市场关系更有强度和耐久性。

同时，"城市网络"是专业化中心之间水平的、非等级性的关系系统，这种外部性来自于垂直整合的互补性或由中心之间合作而产生的协同性。因此，城市网络从空间组织逻辑来看存在等级网络、互补网络和协同网络[④] 等

---

① 郑伯红：《现代世界城市网络化模式研究》，华东师范大学博士论文，2003 年。

② E.Meijers, "Measuring Polycentricity and its Promises", *European Planning Studies*, Vol.16, No.9 (2008), pp. 1313-1323.

③ H.Mäkinen, "On the Emergence and Structure of a New Regional Network", *Human Systems Management*, Vol.20, No.3 (2001), pp.249-256.

④ R.Camagni, C.Salone, "Network Urban Structures in Northern Italy: Elements for a Theoretical Framework", *Urban Studies*, Vol.30, No.6 (1993), pp. 1053-1064.

三种形式。等级网络建构于以等级的方式建立的控制中心、物资和服务市场区，常见于乡村地区的农产品市场、公共管理的地方等级和大城市大中型企业的分支机构等。互补网络基于垂直整合经济，由专业化、互补性的中心构成，通过市场的相互依赖来互连共通，劳动力的城际分工产生出足够大的市场空间。协同网络基于网络外部性，并由相似而合作的中心构成，规模经济由整合各个中心市场区的网络产生。因此，城市网络是关系和流系统，以水平联系为主，非等级性是其本质，由专门化中心构成。Meijers（2005）再次区分了后两种网络①，指出"协同网络"由共享某种核心利益的网络行动者构成，"互补网络"基于供应链协同效应来实现。当城市具有相似的利益以达成某种共同目标或分享共同利益的时候就具备了"协同网络"的特征；当个体城市履行不同的经济职能并拥有互补性的基础设施、活动、居住和生活环境的时候，多中心城市—区域就具备了"互补网络"的特征②。"协同网络"来自于产生规模经济和积极外部性的合作，而且仅对参与者有作用；"互补网络"是集聚或者专业化效应的剩余价值，互补性是其中的关键。考虑到网络的复杂性，很难把一个网络界定为是俱乐部网络还是网状网络。事实上，很难把实际生活中的网络进行单一的划分，而实际生活中的网络往往兼有这两者的性质。

四、城市网络的应用及其治理

"城市网络"已经在西方世界的城市与区域规划中获得广泛应用，城市网络模式有助于更好地理解地理邻近、规模相当、功能各异的城市为主体的大都市区化过程，而这种空间组织形式的治理问题也同时成为社会各界关注的热点。

---

① E.Meijers, "Polycentric Urban Regions and the Quest for Synergy: Is a Network of Cities More Than the Sum of the Parts?", *Urban Studies*, Vol.42, No.4 (2005), pp. 765-781.

② E.Meijers, J.Hoekstra, R.Aguado, "the Basque City Network. An Empirical Analysis and Policy Recommendations", Paper Presented at EUNIP International Conference, 10-12 September 2008. San Sebastian.

（一）城市网络的应用

政治家和城市规划师对"城市网络"表现出浓厚的兴趣，以竞争力的提升为目标的"城市网络"越来越通行，"城市网络"被很多国家引入国家空间政策，政府期望两个以上城市通过互利合作以成为功能一体化的城市—区域的目标。在具有多中心城市体系的国家或地区，比如瑞士、荷兰、德国、波兰等，城市网络中的城市和功能性中心互相促进，以提供其作为个体城市所不能提供的服务，其多中心发展的潜台词就是提升区域的整体竞争力①。众多欧洲国家将"网络"的思想纳入城市群体规划政策之中，但在不同的国家冠以不同的称谓，比如城市网络（比利时、爱沙尼亚、立陶宛和荷兰）、多中心国家中心（丹麦）、双子都市（希腊）和链接门户（爱尔兰）等②。目前，"城市网络"的规划已经成为战略性区域空间发展策略的重要特征，也用此来指代区域内部组成单元的一体化性质，来强调城市间强烈的相互关系及其内在的复杂性。

在欧洲的很多国家，城市网络的一体化发展成为国家或区域战略规划的核心议题，决策者将地理邻近的一些城市所在的区域作为一个空间实体来进行规划，显示出这类区域发展的巨大潜力。这种网络化的城市结构，与中心地模式中的等级分布、重力型关系具有强烈的反差。政府期望城市相互协调，在专业分工的基础上实现功能的互补。《欧洲空间发展展望》（*European Spatial Development Perspective*，简称 ESDP）将相对重点放在了城市网络的合作事项上，认为通过城市网络的合作，其空间功能结构会随之与时俱进。在 ESDP 文件中，城市网络被描述成密布欧洲和跨国层次城市网络不平衡性和缺陷的一种方式，被认为可以用来寻找中等尺度城市和更大规模都市区功能分工问题的良方。在荷兰第五轮空间规划国家政策文件中，"城市网络"作为核心概念词而出现，并且在荷兰国家空间发展策略中扮演了至关重要的角色，原本相对松散的城市群变成了一个大都市区，城市之间采取的是相互

---

① B.Waterhout, W.Zonneveld, E.Meijers, "Polycentric Development Policies in Europe: Overview and Debate", *Built Environment*, Vol.31, No.2 (2005), pp.163-173.

② E.Meijers, "Polycentric Urban Regions and the Quest for Synergy: Is a Network of Cities More Than the Sum of the Parts?", *Urban Studies*, Vol.42, No.4 (2005), pp.765-781.

合作的态度而不是相互竞争或者相互漠视的关系，城市网络内的功能性互补发展是其核心①。正是在城市网络的组织原则下，由于各城市单元的有机组合提供了规模经济效益而不必产生城市区经常导致的集聚不经济的成本，兰斯塔德甚至可以与最高层级的大都市区相竞争（比如伦敦和巴黎等）。

（二）城市网络的治理

在全球经济的影响下，区域内部城市间对资本、制造业、出口的竞争日益加剧，区域内部的不平衡和发展分化日益加剧，使区域内部的合作与协调显得更加重要，需要区域性的政策环境来实现整合和平衡的区域发展②。城市网络所推崇的"多中心均衡发展"和"多层次治理"的思想是对经济效率、个人选择和区域机会公平之间日益扩大的矛盾的一种回应。

"多中心均衡发展"被看作是城市网络促进空间合作、保证服务供给和满足地方多样化需求的重要策略。多中心发展在国际尺度上的策略目标的实现，依赖于各部门之间的水平合作以及各层次公共管理部门之间的纵向协调，还有就是对公私资源和目标的整合。由于全球化和分权化的趋势影响，社会关系越来越复杂多变，相互依赖的程度也日益增加，政府、企业与市民社会间的伙伴关系成为城市网络治理体制建立的根本要素，城市网络空间治理成功与否的关键取决于部门之间、政府—私人、国家—地方跨边界协调，一个成功的城市网络政策需要利益相关者和市政当局、区域机构等紧密合作所形成的社会网络③。政治上、操作上及财政上的问题是影响政府间跨域合作的重要因素，要促使跨政区问题能得到圆满解决，可以采用契约、伙伴关系及网络三种形态，利用可行的合作机制、协同发展组织以增进其解决能力，以提供政府经营的重要发展途径④。

"多层次治理"的着眼点不在于建立过多的高层或底层级的政府，而在于不同的政府承担不同的职能分工，使低层级政府提供更多的地方化服务而

---

① I. Klaasen, R. Rooij, J. Van Schaick, "Network Cities: Operationalising a Strong but Confusing Concept", International Conference 25-28 June, Sustainable Urban Areas, Rotterdam, 2007.

② 任远、陈向明、[德] Dieter Lapple:《全球城市—区域的时代》，复旦大学出版社2009年版。

③ I.Klaasen, R.Rooij, J.Van Schaick, "Network Cities: Operationalising a Strong but Confusing Concept", International Conference 25-28 June, Sustainable Urban Areas, Rotterdam, 2007.

④ H.Sullivan, C.Skelcher, *Working across Boundaries*, New York: Palgrave, 2002.

高层级政府提供更大范围的服务。基于事务的行动者网络是城市网络的基础，对各种行动者的关注和激发也应该成为城市网络的焦点之一①。众多空间事务的实施和推行都是在多个尺度和跨越管理层级上，不断增多的空间事务倾向于采取多元治理的方式而不是政府单一的管制。同时采取功能相连的方法将通过地方政府间签署合作协议以实现公共服务的跨区域供给，政府之间的职能可以增添、削减或转移而不必建立新的政府层级。因此，欧盟区域民经不完全是多层级治理模式的"三明治"体系，而是一种多层次、组织间网络状治理模式。荷兰的兰斯塔德地区通过管理尺度下移（具体事物的处理移交地方和社区层次）和上升（在城市间组合体层次的区域化）的两种不同模式② 推动着整个区域治理体系的变革而不是仅仅将工作重点放在政府组织重组上。

五、结 论

在全球化和新技术革命的影响下，城市群体空间的变迁不再是单个城市的课题，而需要从全球产业布局、区域空间重构和城际关系调整的角度加以整合。城市网络是欧洲城市群体空间发展的新阶段，城市重要性的提升和城市—区域的强势崛起、流动空间对地方空间的取代、城际关联性的提高以及网络理念在空间规划和区域政策中应用等城市政治经济环境的变迁推动着城市网络的演变和优化，而空间组织方式由中心地范式向城市网络范式的转变、城市体系组织规则由等级原则向网络原则的演变以及城市空间形态从单中心模型向多中心模型乃至网络城市模型的演进等理论范畴的递进推动着城市网络理论的深化。以理论归纳和案例分析相结合的方式，本节探讨了城市网络的内涵、构成与特征，并详细区分了物质空间网络和组织网络，同时从空间组织逻辑的角度区分了等级网络、互补网络和协同网络，对于后续城市

---

① N.Mustikkamäki, K.Viljamaa, M.Sotarauta, "Urban Networks-spatial or Issue Based: Some Reflections from Finland", *Book of Abstracts of an International Conference Multipolar Patterns of Urban Development-Competition or Cooperation*, University of Lodz and Polish Geographical Society, Poland, 2001.

② F.Hendriks "Shifts in Governance in a Polycentric Urban Region: The Case of the Dutch Randstad", *International Journal of Public Administration*, Vol.29, No.10 (2006), pp. 931-951.

网络的深入研究提供了重要的理论基础。同时，对于社会各界广泛关注的城市网络的应用实践和治理途径也进行了深入的分析，对"多中心均衡发展"和"多层次治理"等治理策略在欧洲城市网络中的应用予以深刻探讨。

总之，城市网络作为新的理论范畴和规划策略，为城市密集地区的研究和规划提供了新的途径。

第 二 章

世界城市网络理论与方法论①

新千年是一个重要的分界点,不仅标志着第一个城市世纪的到来,也标志第一个网络世纪的来临②。随着新国际劳动分工的逐渐形成,多国公司的不断渗透和信息通讯技术的革命性进展,经济全球化对城市发展产生重大影响,使城市在全球经济中所扮演的角色日益重要。在全球治理的驱动力下,城市与国家疆界以外的城市、地区产生更为密切的关联互动,城市成为全球治理体系中的重要行动者。作为全球经济的组织节点,世界城市不是孤立、零散和抽象存在的,而是按其在全球生产过程中的作用与地位的不同而构成具有一定经济控制能力和社会经济联系的网络体系③。世界城市网络的研究立足于世界/全球城市和世界城市体系研究的主要成果,采取关系型视角将空间和网络关联起来,通过交通和通讯设施、企业组织及其他社会文化要素的关系型数据分析而揭示了世界城市网络的构成与形成机制。

当代世界城市网络的发展是建立在对世界城市、世界城市等级体系和全球城市等相关理论的批判基础上的,其理论发展以城市间关系的研究为重点,突破了传统世界城市研究中实证数据的局限,打破了等级观念在城市间

---

① 本章内容根据马学广、李贵才《全球流动空间中的当代世界城市网络理论研究》(《经济地理》2011 年第 10 期)修改而成,马学广作为第一作者和通讯作者;以及马学广、李贵才《世界城市网络研究方法论》(《地理科学进展》2012 年第 2 期)修改而成,马学广作为第一作者和通讯作者。

② R.G.Smith, "Networking the City", *Geography*, Vol.90, No.2 (2005), pp. 172-176.

③ J. V. Beaverstock et al., "Globalization and World Cities: Some Measurement Methodologies", *Applied Geography*, Vol.20, No.10 (2000), pp. 43-63.

关系研究中的垄断地位，凸显了城市间建立联系并互动合作的重要性。当代世界城市网络理论适应全球化经济时代城市间关系演变的需求，以关系视角替代结构视角推动理论研究范式的转型，以"流动空间"替代"地方空间"作为相关研究的理论基础，以"中心流动理论"替代"中心地方理论"来解释世界城市网络的形成机制，推动了本研究领域的理论创新。

2000 年以来，我国的地理 / 规划学者采用世界城市网络研究的分析方法，对我国国家尺度上城市体系的网络结构、空间联系、层域结构和格局演变①、大型企业区位特征② 以及区域尺度上的城际地方联系③ 等进行了较有深度的定量分析，但普遍存在研究方法的局限和分析数据的制约。本章在简要地梳理了世界城市网络研究的发展脉络后，对该领域研究中存在的问题和应用的主要分析方法进行了评析，以期对我国相关领域的研究提供借鉴和启示。

一、世界城市网络研究的发展阶段

世界城市是全球化经济发展到一定阶段的产物，世界城市研究是一个有着深厚的研究基础的命题，同时也是一个应用价值广泛的命题。弗里德曼（J. Friedmann）基于中心地方理论和世界体系理论而提出了世界城市的判别指标并以等级性规则确定了世界城市体系的空间秩序安排，而萨森（S. Sassen）则以金融服务业为代表的高端生产者服务业发达程度作为识别全球城市的标准，并对"全球城市三强"（伦敦、纽约和东京）进行了比较研究，世界城市 / 全球城市已经成为当代城市管理和城市政策发展中极其醒目的标靶。但以泰勒（P. Taylor）为代表的世界城市网络研究学者指出了上述研究中存在的一系列不足，既反对视"等级"为城市间关系的唯一组织原则，又

---

① 周一星、胡智勇：《从航空运输看中国城市体系的空间网络结》，《地理研究》2002 年第 3 期；顾朝林、庞海峰：《基于重力模型的中国城市体系空间联系与层域划分》，《地理研究》2008 年第 1 期；于涛方、顾朝林、李志刚：《1995 年以来中国城市体系格局与演变——基于航空流视角》，《地理研究》2008 年第 6 期。

② 武前波、宁越敏：《中国制造业企业 500 强总部区位特征分析》，《地理学报》2010 年第 2 期。

③ M. Zhao, Z. Tang, *Local Network Research of the Yangtze River Delta Based on Economic News*. GaWC Research Bulletin 312, 2009-8-4. http：//www.lboro.ac.uk/gawc/rb/rb312.html.

反对孤立地研究或比较单体城市，认为世界城市孕育和发展于特定的世界城市网络中，并且以网络化的形态而存在，进而提出了解析全球化时代世界城市网络发展的理论工具——中心流动理论，为世界城市网络的研究作出了突出的贡献。我国的世界城市网络理论研究起步较晚，偏重于理论引介而较少我国实践基础上的实证研究[①]，缺少对相关理论的批判认识，对世界城市网络的理解仍沿袭中心地方理论的等级观点，对城市网络中城际关系的理解仍沿袭相互竞争的认识，因此有必要对世界城市网络理论的研究溯本清源，以批判的视野借鉴吸收其中的合理思想，用以指导进一步的研究和实践。

世界城市网络的相关研究最早可以追溯到德国诗人歌德从文化意义上先后将巴黎和罗马命名为"全球城市"[②]，一直到 Hall（1966）开创了现代意义上的世界城市研究范畴[③]，并且随着20世纪以来社会生产方式的变迁而使得该领域的研究重点从"世界城市"向"世界城市等级体系"、"全球城市"和"世界城市网络"转变。总体上看来，相关研究可以划分为三个时期，每个时期有着不同的研究重点和研究方法（见表2–1）。

表2–1 不同时期世界城市网络研究的重点

比较项	20世纪70年代之前	20世纪70—90年代	2000年以来
研究命题	国家城市体系	世界城市体系和全球城市	世界城市网络
时代背景	传统国际劳动分工	新国际劳动分工	服务型经济
经济载体	国家、地方企业	城市、多国公司	服务性多国公司
城市间关系	竞争为主	竞争为主、合作为辅	竞争与合作并重
空间组织原则	等级秩序为主	网络秩序的重要性逐渐显现并提升	等级秩序与网络秩序并重

① 黄璜：《全球化视角下的世界城市网络理论》，《人文地理》2010年第4期；沈丽珍、顾朝林：《区域流动空间整合与全球城市网络构建》，《地理科学》2009年第6期；郑伯红：《现代世界城市网络化模式研究》，湖南人民出版社2005年版；周振华：《全球化、全球城市网络与全球城市的逻辑关系》，《社会科学》2006年第10期；赵渺希、唐子来：《基于网络关联的长三角区域腹地划分》，《经济地理》2010年第3期。

② C.Abbot，"The International City Hypothesis：An Approach to the Recent History of U.S. Cities"，*Journal of Urban History*，Vol.24，No.1（1997），pp. 28-52.

③ P.Hall，*The World Cities*. London：Weidenfeld and Nicolson，1966.

续表

比较项	20世纪70年代之前	20世纪70—90年代	2000年以来
城市研究重点	城市属性（内部结构）研究	城市属性（内部结构）研究和城市间关系（外部联系）研究并重	跨国的城市间关系（外部联系）研究渐成热点
社会空间类型	地方空间	地方空间和流动空间并存	流动空间占主导并将地方空间纳入模型之中
理论基础	中心地理论	新国际劳动分工理论、世界体系理论、流动空间理论等	行动者网络理论等

　　世界城市网络研究按照工作重点的差异可以划分为三个阶段：初期的研究中世界城市和城市体系各自独立发展，尚未实现理论和方法的融合；早期的研究着重于识别世界城市这一象征性符号的特征，展示出世界城市中心性发展的不均衡性；当代的研究工作主要采用定量化的方法测度城市间的关系、描绘世界城市网络的结构以及探讨背后的作用机制。

（一）20世纪70年代之前的初期世界城市与国家城市体系研究

　　20世纪70年代之前的世界城市网络研究中，世界城市和城市体系是两个相对独立的研究领域，这与城市发展的经济背景以及城市间关系研究的理论范式有着密切的联系。一方面，在20世纪70年代之前的传统国际劳动分工格局中，国家是世界经济的基本单位而城市的重要性并不显著，因此本阶段的世界城市研究局限于国家框架之内而缺乏全球尺度的城市间关联性分析。这一时期的世界城市研究主要围绕着世界城市特征的识别和孤立的城市案例进行比较研究，Geddes（1915）从经济学的角度将商业活动中占据绝对优势的大城市称为世界城市[1]，Hall（1966）从经济、商业和政治等城市属性综合分析的角度出发，提出了世界城市的7条衡量标准和6大基本职能，描绘出世界城市的基本轮廓[2]。另一方面，由克里斯塔勒所创立、视城市为等级化的存在的中心地方理论自其诞生之日起就产生了重大影响，这种简化的

---

　　① P.Geddes, *Cities in Evolution: An Introduction to the Town Planning Movement and to the Study of Civics*. London: Williams and Norgate, 1915.

　　② P.Hall, *The World Cities*, London: Weidenfeld and Nicolson, 1966.

城市等级模式在城市间关系研究中拥有难以撼动的霸权地位①。当中心地方理论被广泛引入城市与区域研究后，"国家城市等级"成为一个重要的研究领域，而这一时期城市间跨境联系尚比较微弱且不具有普遍意义。

（二）20 世纪 70—90 年代中期的早期世界城市等级研究

20 世纪 70 年代之后，世界城市研究将城市的外部环境与内部经济结构结合起来，世界城市化过程被纳入到世界政治经济发展背景中加以考虑，新的国际劳动分工决定了世界城市的形式②，全球经济活动的组织形式及其空间结构逐渐进入一个深化转型的时期。随着全球贸易自由化的进程、多国公司逐渐确立了其经济全球化主要组织载体的地位以及国家决策权向城市的分散，国家作为独立的经济单元的重要性下降，国际竞争日渐被具体化为以城市为核心的区域间的竞争，城市作为经济单元的重要性迅速上升。世界城市被认为是多国公司总部的汇聚之地，充当着全球经济的"指挥和支配中心"，城市所拥有的多国公司总部的数量越多，其在全球城市体系中的等级也越高。

这一阶段的世界城市网络研究以世界城市体系研究为主题。Friedmann (1986) 在城市间关系的处理上沿用了世界体系分析框架，并基于新国际分工理论来解释世界城市形成的动力机制③，把以中心地方理论为基础的传统城市体系研究与世界体系理论整合起来，把权力的空间组织从政治权力主导的国家尺度移转到经济权力主导的全球尺度。Sassen (1991) 在比较了各个城市变化中的内部经济、社会结构和外部联系之后，将全球城市确定为伦敦、纽约和东京④，虽然她没有说全球城市只有这三个，但她确实是将这三个城市放在了全球城市等级的顶端⑤。因此，她实际上吸纳了 Friedmann (1986) 的等级

①　P.Taylor, "Urban Economics in Thrall to Christaller: A Misguided Search for Hierarchies in External Urban Relations", *Environment and Planning A*, Vol.41, No.11 (2009), pp. 2550-2555.

②　P.Taylor, "Urban Economics in Thrall to Christaller: A Misguided Search for Hierarchies in External Urban Relations", *Environment and Planning A*, Vol.41, No.11 (2009), pp. 2550-2555.

③　J. Friedmann, "The World City Hypothesis", *Development and Change*, Vol.17, No.1 (1986), pp. 69-83.

④　S. Sassen, *The Global City: New York, London, Tokyo*, Princeton.NJ: Princeton University Press, 1991.

⑤　P. Taylor, "Regionality in the World City Network", *International Social Science Journal*, Vol.56, No.181 (2004), pp. 361-372.

思想，但转向强调全球城市崛起的过程。在世界城市等级视角中，城市之间的联系已经超越了经典中心地方理论中所阐述的城市与其腹地之间的联系，世界城市的功能性中心与其国家经济中直接腹地之间的联系相对弱化。

Friedmann 和 Sassen 等学者在传统中心地方理论框架下发展了早期的世界城市网络理论，强调世界城市在全球城市网络中的组织功能，多国公司的大规模发展及其向海外的大举扩张则是确立和增强网络的主要动因。这些研究在等级性国家城市体系的传统研究中嫁接了核心—半边缘—外围的圈层式世界体系理论分析架构，形成"世界城市等级"的研究模式，但在理论移植过程中忽略了政治力量和国家政府的职能①，以致无法为世界城市体系的形成作出更加切合实际的解释，无法将世界城市间关系的认识再推进一步。

（三）20 世纪 90 年代中期以来的当代世界城市网络研究

经济全球化和信息化社会的发展，正在摧毁工业经济主导时代以中心地方等级体系为主要构架的旧世界城市体系，而建立以"全球—地方"垂直联系为原则的世界城市网络。20 世纪 90 年代以来的世界城市评价和等级划分不仅重视多国公司组织、政府行为及可持续发展等对世界城市的结构及机制影响的研究，也更加关注在世界城市体系中各城市间的相互联系和影响。虽然弗里德曼的世界城市空间配置思想被广泛地接受，但并没有得到实证验证②，是否存在一个仅仅是放大版的"国家城市等级"的"全球城市等级"尚须存疑。于是，坐落于英国拉夫堡大学的"全球化与世界城市研究网络"（Globalization and World Cities Study Group and Network，简称 GaWC）将研究重点转移到世界城市网络上，并在世界城市研究领域产生了巨大的影响，相关概念还包括全球城市网络、世界城市体系、功能性世界城市体系③ 等。

---

① R. C. Hill, J. W. Kim, "Global Cities and Developmental States: New York, Tokyo and Seoul", *Urban Studies*, Vol.37, No.12 (2000), pp. 2167-2195.

② B.Derudder et al., "Beyond Friedman's World City Hypothesis: Twenty-two Urban Arenas across the World", *Mitteilungen der Österreichischen Geographischen Gesellschaft*, No.145 (2003), pp. 35-56.

③ A. D.King, *Global Cities: Post-Imperialism and the Internationalism of London*, London: Routledge, 1990, p.12; A. D.Smith, M.Timberlake, "Conceptualizing and Mapping the Structure of the World System's City System", *Urban Studies*, Vol.32, No.2 (1995), pp. 287-302.; F-c. Lo, Y-m Yeung, *Globalization and the World of Large Cities*, Tokyo: United Nations University Press, 1998.

20 世纪末以来，以信息和通讯技术的发展为基础，新技术的发明所引发的经济、制度、社会的共同变化塑造了城市，城市通过信息网络被吸纳进世界城市体系中，城市间各种要素流动的迅速增加使得全球城市间的联系更加紧密，城市间的经济网络开始主宰全球经济命脉，并涌现出若干在空间权力上超越国家范围、在全球经济中发挥指挥和控制作用的世界性城市。世界城市可以看成是众多的服务性公司实施其全球区位决策的聚合作用的结果，为了能够在全球范围内提供服务，多国公司在全球主要城市设立分支机构，从而形成全球性的服务网络。于是，多国公司在全球范围内组织生产和管理，建立起扁平化的网络体系以实现各城市间的有效合作与协同竞争。世界城市网络中，城市作为网络节点而存在，城市地位的变化是由它与其他节点的相互作用所决定，城市作为节点的功能更少地取决于其所占有的各种物质资源及其路径依赖关系，而更多地依赖其在城市网络中的联系，世界城市网络成为全球服务公司网点及其产生的各种"流动"的混合体①。同时，世界城市网络研究强调基于"过程"而非"地方"来理解世界城市，世界城市不再被静态地理解为控制和管理枢纽，而是融汇全球资源流动的网络化过程。这一视角一方面打破了世界城市体系的等级化观念，另一方面认同了所有城市都受全球化、网络化的影响，都有潜力整合进入全球网络的认识。

二、早期世界城市网络研究中存在的问题

以 20 世纪 90 年代中期卡斯特尔斯的"信息时代"三部曲的诞生为界，世界城市网络的早期研究以 Friedmann 和 Sassen 等人的研究为代表，而当代研究则以英国地理学家 Taylor 及其同事的一系列研究为代表。后者的研究是以对前者在概念、方法、内容和逻辑的全面批判为基础的。

（一）早期世界城市网络研究中基本概念的混淆

虽然很多学者都试图廓清世界城市概念的本质并精炼其研究方法，但

---

① P. J.Taylor, G.Catalano, D. R. F. Walker, "Measurement of the World City Network", *Urban Studies*, Vol.39, No.13 (2002), pp. 2367-2376.

这一研究领域的概念仍然相当混乱，实际研究中常用"全球城市"、"世界城市"、"全球化中的城市"、"全球化了的城市"等众说纷纭的标签。部分学者认为"世界城市"和"全球城市"是可以互换的①，而 Sassen（1991）则提醒我们，全球城市并不都是世界城市，因为后者的内涵更加丰富，二者并非是同一种现象②。因此，Markusen（1999）将"世界城市"也列为经济地理学中有待辨析的模糊概念③。"世界城市"至少有四种意义：国际尺度上的领先角色；全球经济中具有外向化导向的城市；全球城市等级中的高位阶城市；人口迁移的主要门户④。因此，世界城市与全球城市之间确实存在一些内涵上的差别，有必要加以详细区分（见表 2-2）。

表 2-2　世界/全球城市概念内涵的差异

比较项	世界城市	全球城市
主要理论来源	中心地方理论、世界体系理论、新国际劳动分工理论等	多国公司理论、世界城市等级思想等
城市功能	世界资本积累的控制中心；全球权力控制中心和基地	服务于全球资本的需要；国际金融中心；生产者服务业综合体
主要行为主体	履行全球管理和服务职能的多国公司	高端生产者服务企业，尤其是金融服务企业
关注要点	全球经济权力的空间布局，经济全球化过程中的权力和支配关系	信息时代城市的中心性，经济全球化过程中的生产控制
经济基础	基于生产的国际化和多国公司组织结构的复杂化，需要有限数量的控制节点来履行全球管理和服务的职能	多国公司施行跨国范围的、以城市为中心的空间策略，创造了覆盖全球主要城市的世界办公网络

①　N. Brenner, "Global Cities, Global States: Global City Formation and State Territorial Restructuring in Contemporary Europe", *Review of International Political Economy*, Vol.5, No.1 (1998), pp. 1-37; Olds, K., Yeung, H. W-C. "Pathways to Global City Formation: A View from the Developmental City-State of Singapore", *Review of International Political Economy*, Vol.11, No.3 (2004), pp. 489-521.

②　S.Sassen, *The Global City: New York, London, Tokyo*, Princeton.NJ: Princeton University Press, 1991.

③　A.Markusen, "Fuzzy Concepts, Scanty Evidence and Policy Distance the Case for Rigour and Policy Relevance in Critical Regional Studies", *Regional Studies*, Vol.33, No.9 (1999), pp. 869-884.

④　J. V.Beaverstock, R. G.Smith, P. J. Taylor, "A Roster of World Cities", *Cities*, Vol.16, No.6 (1999), pp. 445-458.

续表

比较项	世界城市	全球城市
核心—腹地关系	城市核心区与其邻近的经济腹地联系紧密	全球城市的核心—腹地联系弱化，而不同全球城市间核心区的联系在强化
网络结构	资本主义世界体系中社会再生产的"核心—半边缘—外围"三元化的空间不平等关系	在现存的城市空间核心—边缘模型之外生产出新的核心—边缘地理空间
地理范围	由多个城市及其所在的经济腹地组成，包含传统城市中心及其外围腹地在内的大城市区	全球生产者服务企业集中的中心区，高密度商务活动区（CBD）等城市核心区
典型城市（区域）	日本关西地区、荷兰兰斯塔德地区、德国鲁尔区和含三州26县市在内的纽约大都市区等	纽约中心区（市辖五区）和东京中心区

表 2-2 概括了世界城市和全球城市概念的差别。Friedmann（1986）从支配和权力的角度去分析全球城市化过程，认为世界城市研究首要的任务是探析全球经济权力的空间布局；而 Sassen（1991）则把全球城市研究的首要目标确定为理解信息时代的城市中心性。Friedmann（1986）聚焦于权力的相对集中性，认为世界城市由多个城市及其所在的经济腹地组成；Sassen（1991）的全球城市着重于作为全球生产者服务企业集中的中心区，而与城市周边的经济腹地相隔离。总之，虽然从概念、内涵、研究方法等方面两者都存在较大的差异，但它们仍旧共享一个基本特征，即这些城市都是日益全球化的经济发展中的重要城市，都在世界城市网络中占据着重要的位置。

（二）早期世界城市网络研究中的实证缺陷

世界城市文献在总体上呈现出"理论高深而实证贫乏"的特征[①]。这种"实证的危机"体现在诸多文献仅停留在识别和描述世界城市的特征上，而没有对世界城市的内涵和城市间的关系有更深入的探讨，尤其缺乏定量化的研究。首先，研究重点放在相对较少的大型中心城市上，而忽略了其他规模

---

① P. J. Taylor, "Regionality in the World City Network", *International Social Science Journal*, 2004, 56 (181): 361-372.

较小、影响力略弱的城市。既然所有的城市都经历着当前的全球化过程，全球化就不能被看作是仅由少数特权城市所塑造的过程①。又由于这些城市主要分布在西方发达国家，因此，世界城市研究中的西方本位主义倾向忽略了发展中国家的城市，这不仅会影响到分析方法的正确性，而且限制了理论的适用范围②。其次，世界城市研究仅聚焦于狭隘的全球经济过程，聚焦于城市之间的经济联系，而忽略了全球化过程中政治、文化、环境等同步演变的过程，忽略了城市间复杂多样的社会、文化和政治联系等，忽略了各民族国家以及地方政府在世界/全球城市塑造中的角色③。第三，对城市间关系研究的忽视。世界城市文献中的一个悖论是：虽然城市之间的关系是世界城市的本质，但对这个命题的研究并没有构成世界城市研究文献的大部分④。传统的世界城市研究仅仅将注意力集中在城市内部结构，而城市外部关系则被忽视了⑤。但实际上，世界城市成功的能力在很大程度上取决于他们融入世界城市网络的程度，城市间关系才是世界城市成为全球支配和控制中心的关键。第四，世界城市研究的理论基础仍然是不够牢靠的。虽然弗里德曼、萨森等学者对世界城市间的等级关系和全球城市的属性特征进行了详细深入的比较研究，但对于城市间的关系是怎样的、城市间又是怎样建立联系的这些重要的问题，除了留下一个模糊的"世界城市等级"假设之外，都还有待检验。第五，对世界城市评价标准的质疑。学术界质疑较多的问题集中在世界城市判别指标的选择上。尽管通过比较研究的方法建立了世界城市等级的主要轮廓，却无法在研究分析的基础上提出客观的标准，而这种判别标准的缺失暗示着"世界城市"可能只是一个空泛的概念。

① J.Robinson, "Global and World Cities: A View from off the Map", *International Journal of Urban and Regional Research*, Vol.26, No.3 (2002), pp. 531-554.

② B. J.Godfrey, Y.Zhou, "Ranking World Cities: Multinational Corporations and the Global Urban Hierarchy", *Urban Geography*, No.20 (1999), pp. 268-281.

③ E.Brown et al., "World City Networks and Global Commodity Chains: Towards a World-systems' Integration", *Global Networks*, Vol.10, No.1 (2010), pp. 12-34.

④ P. J.Taylor, "Hierarchical Tendencies amongst World Cities: A Global Research Proposal", *Cities*, Vol.14, No.6 (1997), pp. 323-332.

⑤ P. J.Taylor, "Urban Economics in Thrall to Christaller: A Misguided Search for Hierarchies in External Urban Relations", *Environment and Planning A*, Vol.41, No.11 (2009), pp. 2550-2555.

（三）早期世界城市网络研究中的逻辑缺陷

早期世界城市网络研究中存在的最大逻辑缺陷是把"城市排序"当作"城市等级"，"位次"的概念经常和"等级"的概念混在一起，较高的位次被认为在世界城市等级中具有更高的支配能力。但实际上，城市排序不能等同于城市等级，等级只能通过关系来描述，而不能通过城市属性特征排序来体现。这种概念内涵上的错位完全无视"等级"所体现的权力关系的内涵：低位阶的行为主体不得不服从于高位阶行为主体的意志。因此，将城市依序排列并不意味着城市间具有等级关系，除非城市行政等级等相关权利关系被事先赋予[①]，按照城市属性来排列城市并没有触及城市间关系的分毫。比如，在多数全球城市化表单中，伦敦的位次高于巴黎，但这并不意味着伦敦可以强制性地施加意志于巴黎，没有证据表明伦敦可以吩咐巴黎去做什么事情。因此，这些表单仅仅是城市排行表，而不显示城市间等级关系。

总之，以往的世界城市与全球城市研究只是简单地计算世界城市属性的数据，过度注重城市间的等级关系，而忽略了城市体系中各城市间互动关系的重要性。因此，世界城市研究不应只关注城市的属性特征分析以及城市间的等级关系，而须把研究重点放在城市间的连接关系以及新的空间组织模式上。

三、当代世界城市网络的理论研究

当代世界城市网络的理论研究以英国地理学家泰勒（Taylor P.J.）所主持的 GaWC 的一系列研究为代表。鉴于早期世界城市网络研究中城市间关系理论的贫乏，当代世界城市网络研究以权力空间理论、行动者网络理论和流动空间理论等关系型理论为指导，将研究重点放在了城市间关系的探讨和定量评估上，并且创生了新的理论模型和城市间关系理论。

---

① B. J.Godfrey, Y.Zhou, "Ranking World Cities: Multinational Corporations and the Global Urban Hierarchy", *Urban Geography*, No.20 (1999), pp. 268-281.

（一）世界城市网络研究的理论基础

世界城市网络研究中存在明显的理论研究滞后于实证研究的问题，很多学者开始从世界体系分析或者新马克思主义理论的历史地理唯物主义中汲取新的力量。总体上来看，"世界城市网络"的思想源头有三个：首先，Foucault（1986）通过关系性的视角将空间和网络关联起来，启发了一代人把思维模式从时间和历史转移到空间和网络①。其次，在全球化和世界城市研究中，网络的观点最早由城市社会学家 Castells（1996）加以详述②，他的重要贡献首推把城市间关系的假设从等级向网络的转变③，他的观点成为世界城市网络实证研究的理论基础。第三，在城市地理学外部，网络的观点变得越来越重要是因为行动者网络理论的发展，该理论在后现代主义理论和Foucault 等人的研究基础上获得较大的进展④。

首先，权力空间理论。Foucault（1986）意识到全球化和地理的显著意义，引领着城市地理学家苏贾起而号召"重申批判社会理论中的空间"⑤。然而，Foucault 将空间和网络关联起来的关系型视角在城市学者一拥而上描述和解释后现代城市的过程中被忽略了。虽然当城市地理学讨论网络时所依据的理论传统已经不是福柯的理论了⑥，但 Foucault 的关系视角和网络思维仍然具有重要的启蒙意义。其次，流动空间理论。社会实践创造了社会空间，而社会空间有两种形式：分别是地方空间和流动空间。直到目前，地方空间仍然是主导性的社会空间（比如民族国家），但在信息社会中，流动空间越来越成为一种决定性的社会空间形式。Castells（1996）认为世界城市的本质属性更多地表现为在全球化中的连通性，把世界城市看作是一个过程而不是

① M. Foucault, *Of Other Spaces*, Diacritics (Spring), 1986, pp.22-27.

② M.Castells, *The Rise of the Network Society*, Oxford: Blackwell, 1996.

③ B. J.Godfrey, Y. Zhou, "Ranking World Cities: Multinational Corporations and the Global Urban Hierarchy", *Urban Geography*, No.20 (1999), pp. 268-281.

④ E. W. Soja, *Postmodern Geographies: the Reassertion of Space in Critical Social Theory*, London: Verso, 1989.

⑤ E. W.Soja, *Postmodern Geographies: the Reassertion of Space in Critical Social Theory*, London: Verso, 1989.

⑥ R. P.Camagni, C. Salone, "Network Urban Structures in Northern Italy: Elements for a Theoretical Framework", *Urban Studies*, Vol.30, No.6 (1993), pp. 1053-1064.

传统意义上的地点，赋予了世界城市动态的和联系的内涵①。在流动空间中，世界城市被穿行其中的流（信息、资本、知识、文化实践等）所生产和再生产，而不是它们内部所确定的东西（比如可供属性数据量度的城市的形态和功能）。第三，行动者网络理论。行动者网络理论源出于后结构主义（尤其是德鲁兹和福柯的思想）和科学知识社会学，认为世界是由关系和网络串联起来的，而不是分割成若干个次系统或者地理尺度；世界城市是社会实践和社会制度的产物，是相关社会群体互动和协商的结果。在行动者网络理论看来，全球网络、空间和时间并不是静止的、固定的、给定的，而是被塑造的。城市由人类、非人类、功能表征等之间的关系网络构成，世界城市"指挥和控制"的功能被网络中的"调节器"角色所取代，因为权力只有通过行动者参与来促动其他行动者行使功能的方式来发挥。总之，流态和流质、行动者网络、表现和实践、城市的时空叠合等质疑了几何空间（远与近）和线性时间（现在与过去）在解释全球城市和世界城市中的主导地位②。

（二）世界城市网络研究的范式转型

20世纪90年代中期以来，世界城市研究范式发生了一系列的转变，可以概括为等级视角向网络视角的转型、地方空间向流动空间的转型和城际竞争向城际合作的转型等多个层面。

1. 等级视角向网络视角的转型

城市间的等级关系是城市社会学、城市地理学和城市经济学等学科中的重要概念。城市等级关系模型发源于20世纪60—70年代的"国家城市等级"学派，随后为了适应全球化分析而添加了一个新的较高层级③。Friedmann（1986）提出的"世界城市等级"假说受到Castells（1996）提出的"网络"观念的挑战，因为没有证据表明城市等级会在全球尺度上发生作用。这种城市间关系模型的变化对于解释全球化中城市过程的本质具有丰富的引申意义。

---

① M. Castells, *The Rise of the Network Society*, Oxford: Blackwell, 1996.

② R. G. Smith, "World City Topologies", *Progress in Human Geography*, Vol.27, No.5 (2003), pp.561-582.

③ R.Camagni, "From City Hierarchy to City Networks: Reflections about an Emerging Paradigm", In *Structure and Change in the Space Economy: Festschrift in Honour of Martin Beckmann*, T. R.Lakeshmanan, P.Nijkamp, (eds), Berlin: Springer Verlag, 1993, pp.66—87.

等级和网络可以看作是对立统一的关系，等级是基于"命令—服从"关系，并通过竞争来实现，而网络则基于联系而实现，通过合作而发展①，采用网络的视角观察世界城市意味着积极寻求城市间的协同性和互动关系。Castells（1996）把城市看作是空间互动的网络化过程，而地方的职能则缩小为网络中的节点，这一立场的重要性表现在两个方面：其一，无论世界城市网络还是世界城市等级都包含着关系的属性②。等级意味着隶属、支配，自上而下的控制和组成单元间的相互竞争；而网络则意味着组成单元间的平等、共享、合作。其二，作为一个网络化过程，所有的城市都具有整合成为一个网络的潜力。

2. 地方空间向流动空间的转型

通讯变革从根本上改变了时间与空间的关系，20 世纪 70 年代以来的信息通讯技术革命所创造的虚拟空间不再使时空同步性成为人际互动的必要条件。这就产生了一种新的社会形态——网络社会，"流动空间"替代"地方空间"成为社会空间的基本组织形式。"流动空间"意味着技术、社会和空间之间互动的复合体③，"流动空间"的一个重要启示是把研究重点从城市中包含的东西（属性考察）转移到城市之间的关系上（关系途径）④。"流动空间"理论将人们的注意力从政治边界限定的、地方主导的"地方空间"向网络空间转变，城市过程越来越多地受到网络化的流动空间的塑造。

3. 城市间关系由竞争向合作的转型

目前已经有大量的文献探讨了行动者之间的竞争与合作关系⑤，并且被应用于城市间关系的研究上。竞争性假设的来源主要有两个：最初的中心地方理论及其发展的国家城市等级模型⑥。国家城市等级被解释为城市间相互

---

① W. W.Powell, "Neither Market nor Hierarchy: Network Forms of Organization", *Research in Organizational Behavior*, No.12 (1990), pp. 295-336.

② G.Thompson, *Between Hierarchies and Markets*, Oxford: Oxford University Press, 2003.

③ M.Castells, *The Rise of the Network Society* [M] . Oxford: Blackwell, 1996.

④ R. C.Hill, J. W.Kim, "Global Cities and Developmental States: New York, Tokyo and Seoul", *Urban Studies*, Vol.37, No.12 (2000), pp. 2167-2195.

⑤ W. W.Powell, "Neither Market nor Hierarchy: Network Forms of Organization", *Research in Organizational Behavior*, No.12 (1990), pp. 295-336; G.Thompson, *Between Hierarchies and Markets*, Oxford: Oxford University Press, 2003.

⑥ B. J. L.Berry, F. E. *Horton Geographic Perspectives on Urban Systems*, Englewood Cliffs, NJ: Prentice Hall, 1970.

竞争的产物，并被直接引入全球尺度的"世界城市等级"研究①。竞争过程催生了城市网络内强烈的等级倾向，全世界城市相互竞争的结果是形成金字塔式的全球城市等级体系，居于顶端的少数城市（比如伦敦、纽约和东京）对其他城市行使"指挥和控制"职能，城市之间形成"核心—半边缘—外围"的空间秩序。但是，交通和通讯技术变革所引发的"时空压缩"效应不断地强化着城市间的联系，推动着社会经济资源的城际流通，城市间的相互依赖程度不断加深，城市间的合作成为更加普遍化的联系。简言之，城市间的竞争关系源于等级化过程，合作化的关系则来自网络化过程。

（三）当代世界城市网络研究的理论创新——中心流动理论

英国地理学家泰勒（P. Taylor）提出世界城市研究中"证据问题"的重要性②，随后成立了GaWC作为这项跨国研究课题的基地，以此开启了世界城市网络的实证分析。GaWC的使命是为世界/全球城市研究提供关系型数据作为分析基础，其研究目标是推动城市间关系的研究从等级向网络的转变，其主要资金来源是世界各国各种研究基金会的项目资助。GaWC目前已经成为全世界城市间关系研究的核心，吸引着全球感兴趣的学者的参与。

1. 当代世界城市网络的理论模型

世界城市是全球化进程中特殊的地理现象，是彼此连接的网络体系中的"全球服务中心"，是经济全球化的地理表述③。世界城市将先进服务业的生产与消费中心以及它们所连带的地方社会逐渐连结到全球网络中，从而形成世界城市网络。世界城市网络的方法论基础是"互锁网络模型"（Interlocking Network Model）。与一般的双层网络不同，"互锁网络"由三层组成，包括网络层（全球经济）、节点层（城市）和次节点层（企业），高端生产者服务企业通过遍布各城的办公网络向全球客户提供无缝连接的服务。世界城市网络由全球服务企业锁定城市而形成，其运行机理是在世界经济尺度上通

① J.Friedmann，"The World City Hypothesis"，*Development and Change*，Vol.17，No.1 (1986)，pp.69-83.

② P. J.Taylor，"Hierarchical Tendencies amongst World Cities：A Global Research Proposal"，*Cities*，Vol.14，No.6 (1997)，pp. 323-332.

③ P. J.Taylor，"Regionality in the World City Network"，*International Social Science Journal*，Vol.56，No.181 (2004)，pp. 361-372.

过由跨市服务企业创生的城市节点而相互联系，全球服务公司借此将世界城市相互锁定成全球服务中心网络，它们是当代世界城市网络的主要生产者。

2. 中心流动理论的内涵

在世界城市网络与世界城市等级的比较中，前者聚焦于全体城市之间的水平联系，而后者则聚焦于不同层次城市间的纵向联系。以 GaWC 的互锁网络模型为基础，世界城市网络理论研究建立了全球化经济时代与传统中心地方理论相对应的"中心流动理论"（Central Flow Theory）①（见表 2–3）。在二者的比较中，可以更深入地了解"中心流动理论"的内涵。

表 2–3　中心地方理论与中心流动理论的比较

比较项	中心地方理论	中心流动理论	含义异同点
主要分析模型	正六边形模型	服务价值矩阵模型	全球服务企业通过多区位办公网络而将城市连接在一起
城市状态	城市作为一个静态的地方	城市作为一个动态演化的过程	城市都是作为系统中的节点而存在，但"中心流动理论"更加强调城市是一个空间互动连续的网络化过程
节点间关系	等级意味着竞争，研究者看待城市间的关系大多着眼于其相互竞争	研究者更多地聚焦于城市间的合作，或者将竞争与合作等量齐观	城市间的竞争关系源于等级化过程，合作化的关系则来自网络化过程
社会空间形式	地方空间（马赛克拼贴空间）	流动空间（动态弹性空间）	前者一直是主导性的社会空间，而后者在信息时代发展中不断提升其重要价值
空间构成要素	地方是社会空间的构成要素，地方创造了流	流是创造网络的基本起点，流创造了地方	都包含有地方要素和流要素，二者的根本差异在于起中心作用的是流还是地方
空间结构	城市聚落呈现出空间等级关系	城市聚落以空间网络的形式而存在	前者聚焦于城市间的垂直联系，权力是内在性的不平等的；而后者聚焦于城市间的水平联系，权力关系是相对发散的
空间运作机制	城市间垂直单向的等级关系	城市间水平双向的网络关系	等级意味着隶属、支配、自上而下的控制和组成单元间的相互竞争，而网络则意味着组成单元间的平等、共享、合作

---

① P. J.Taylor, *Cities*, *World Cities*, *Networks and Globalization*, GaWC Research Bulletin No. 238, 2007. http://www.lboro.ac.uk/gawc/rb/rb238.html

续表

比较项	中心地方理论	中心流动理论	含义异同点
空间支配逻辑	空间等级遵循"命令—服从"逻辑并通过竞争来实现	空间网络遵循"互动联系"逻辑并通过合作而实现	等级和网络是对立统一的关系，采用网络视角观察世界城市意味着积极寻求城市间的协同性和互动关系
城市职能关系	高等级职能倾向于首位分布，不存在城际职能分工，存在区域间同质性产品与服务供给	高等级职能倾向于弹性分配，城市间存在职能分工与补充，存在异质性产品与服务供给	相比较中心地方理论而言，中心流动理论对于城市郊区化和城镇密集地区的功能重构具有更强的解释力
全球尺度的空间关系	世界城市以等级形式存在	世界城市以网络形式存在	"世界城市等级"是"国家城市等级"逻辑推演到全球尺度的产物；"世界城市网络"有"等级倾向"和"区域倾向"并存的特点

首先，作为普遍性的空间关系，中心地方理论利用等级结构定义了马赛克式的地理空间，代表了地理学对于理解社会空间组织的主要贡献之一。中心流动理论作为全球化时代城市间普遍性的空间关系而与中心地方理论相对应。流动空间重新整合了区域空间关系，强化对连接性与关系论的研究，通过流动空间的网络动力与结构调整，整合形成区域流动空间网络。这种整合改变了传统考察区域空间关系的角度，解析了新空间构成的动力机制与形成方式。

其次，就空间结构而言，这两个理论是存在较大差异的。中心地方理论因其创造了城市聚落的空间等级而闻名，中心流动理论则生产出城市聚落的空间网络。换言之，前者聚焦于城市地方间的垂直联系，其中的权力是内在性的不平等的；而后者聚焦于城市地方间的水平联系，其中的权力关系是相对发散的。而且，作为一种地方空间形式，中心地方理论是有界的，而中心流动理论的水平网络是无界的。

第三，这两种空间结构理论包含着两种不同的城市间关系。等级意味着竞争，在中心地方理论的主导下，我们看待城市间的关系大多着眼于其相互竞争，大量的关于"城市竞争"的文献建议规划师和决策者在城际关系的处理上采取竞争性的政策。而中心流动理论意味着网络多样性，认为城市决策者应该更多地聚焦于城市间的合作，或者最起码应该将竞争与合作等量齐观。

第四，这两种理论在社会空间形式的对待上存在差异。在中心地方理论中，地方和中心性是其结构构成要素；在中心流动理论中，流是创造网络的基本起点，构成的是流动空间。换言之，两者的根本差异在于起中心作用的是流还是地方。当然，在这两个理论中都包含了流要素和地方要素，关键的是作为模型起点而需要优先考虑的逻辑关系：在中心地方理论中，地方创造了流；而在中心流动理论中，流创造了地方。

四、世界城市网络的定量测度

针对世界／全球城市研究中实证性不足的问题，众多学者通过关系型数据的获取或创造专门的数据库而开展了全球城市网络的定量化实证研究工作，将这一领域的研究推进到新的阶段。

（一）城市间关系定量研究中存在的问题

在世界城市研究中，先抱怨数据缺失的问题已经成为老生常谈，世界城市研究的"阿喀琉斯之踵"正在于缺乏能够定量化的测量世界城市体系中城市地位变化的基础数据。在 20 世纪 90 年代，世界城市研究中的实证危机是如此的严峻，以至于有学者质疑世界城市存在的真实性[1]。数据缺陷问题在于不仅可供城市间跨国比较的数据难以收集，而且收集到的数据也仅仅是城市属性数据，对于城市间关系的研究作用不大。在没有城市间关系数据的情况下，全球城市间关系的结构只能凭印象来估计[2]，这就导致相关研究中严重的"经验瑕疵"。

首先，官方数据供给与实际研究需求并不吻合。政府基于政策制订的需要而大规模地收集人类活动数据，但政府的政策需求和学者的研究兴趣常

---

① 　K. R. Cox, "Introduction: Globalization and Its Politics in Question", In *Spaces of Globalization*, K. R.Cox (eds.) . New York: Guilford, 1997.

② 　A. S. Alderson, J.Beckfield, "Power and Position in the World City System", *American Journal of Sociology*, No.109 (2004), pp. 811-851.

常难以取得一致，因此，官方统计数据也就往往难以满足学者的需要。而且，政府收集数据往往限定在国家领土范围之内，并没有专设机构收集和汇总"全球统计数据"。即便联合国的各种机构出版了大量的国际统计数据，但其实质上仍然仅是国家数据的汇总而缺乏跨国关联数据。其次，关系型数据的缺乏。世界城市文献中充斥着基于城市属性数据的个体城市评估和城市比较分析，但不管对属性数据的分析方法有多先进，只能生产出城市位次的排序，而无法达到对城市等级进行测度的目的。因此，世界城市网络中关系型数据的缺乏被称为"世界城市研究中肮脏的小秘密"①。第三，城市间数据的缺乏。能够揭示城市之间资源流动和相互依赖关系的数据的稀缺性是世界城市研究的软肋②。现有城市研究数据大都限于特定行政区域边界之内，而很少有能够揭示城市间流动和相互依赖关系的数据。

总之，虽然世界城市研究取得了长足进展，但城市间联系数据的缺乏却制约了世界城市网络研究的进一步深入开展。统计机构的行政等级划分使得统计数据以行政区而不是经济区为空间单元，统计数据以属性数据为主而缺乏关联数据，跨国的城市间联系数据显得尤为缺乏。由于官方数据往往难以满足研究的需要，而企业资料又涉及保密性的要求，所以较多学者采取自建数据库的形式来应对这一问题，创造了较多的"全球矩阵中的城市"③。

（二）城市间关系型数据的类型

关系型数据的类型有比较笼统的划分和比较精确的确认，类型多样。Camagni and Salone（1993）认为，城市网络存在城市间基础设施系统（如高速公路、铁路网络、排水网络等）和城市间通过经济活动和人进行的空间运动两个层面④。与之相类似，Malecki（2002）定义了两种网络形式，一种是

① J.Short et al. "The Dirty Little Secret of World Cities Research, *International Journal of Urban and Regional Research*，No.20（1996），pp. 697-717.

② P. L.Knox，"Globalization and World City Formation. In *Timing Global Cities*，S. G. E.Gravesteijn（eds.），Utrecht：Netherlands Geographical Studies，1998，pp.21-31.

③ B.Derudder，"On Conceptual Confusion in Empirical Analyses of a Transnational Urban Network"，*Urban Studies*，Vol.43，No.11（2006），pp. 2027-2046.

④ R.P.Camagni，C. Salone，"Network Urban Structures in Northern Italy：Elements for a Theoretical Framework"，*Urban Studies*，Vol.30，No.6（1993），pp. 1053-1064.

与人相关的网络，称之为"软网络"；另一种是以基础设施为基础的网络，称之为"硬网络"①。同时，从"流动空间"理论出发，也可以识别出三种类型的关系型数据：以第一个层次的通信网络设施为基础（比如城际数据传输交往）的关系型数据，以第二个层次节点和枢纽之间的社会经济活动为基础（比如企业分支机构间的业务往来）的关系型数据，以及以第三个层次占支配地位的管理精英为主体（比如劳动力的城际迁移）的关系型数据。此外，Smith and Timberlake（1995）基于流的形态（人文、信息和物质）和功能（文化、经济、政治和社会）建构了城市间联系的拓扑结构，进而对城市间的联系再次细分，识别出 12 种联系②（见表 2-4）。但是，正如该文作者所指出的，这一世界城市研究的"数据愿望列表"的存在更加反衬出这一研究领域中现存关系型数据的匮乏。总之，关系型数据可以从基础设施、社团企业和社会文化等多种来源获取。

表 2-4　全球城市间关系的类型

功能	形态		
	人类	物质	象征
经济	劳动力迁移	商品流	传真订单
政治	（驻外）大使	运送武器	威胁
社会在生产	家庭迁移	汇款	个人信件
文化	舞蹈团	蓝色牛仔裤	好莱坞电影

（三）城市间关系型数据的采集方法

在量度世界城市网络中的城际关系方面，有三种比较实用的方法③。首

① E. J.Malecki, "Hard and Soft Networks for Urban Competitiveness", *Urban Studies*, Vol.39, No.5/6 (2002), pp. 929-945.

② A. D.Smith, M.Timberlake, "Cities in Global Matrices toward Mapping the World-system's City System". In *World Cities in a World-system*, Knox P L, Taylor P J (eds.), Cambridge：Cambridge University Press, 1995, pp.79-97.

③ J. V.Beaverstock, R. G.Smith, P. J.Taylor, "World City Network：a New Metageography?", *Annals*

先，基于 Friedmann（1986）的世界城市等级假设和新国际劳动分工理论，大规模关系型数据的生产可以通过地方商业新闻内容的分析来进行，通过记录商务新闻中提及的城市的数量、频度可以生产出量度城市外部关系数据的替代性方法。其次，基于 Friedmann（1986）对国际人口迁移研究和卡斯特对信息流的研究[①]，通过对从业者访谈的形式来获取技能型劳动力城际迁移的数据，技能型劳动力在跨国企业办公网络中的集中和循环为世界城市功能的凸显作出了显著的贡献，尤其在高端生产者服务业（Advanced Producer Service，简称 APS）中。第三，基于 Sassen（1991）对世界城市作为 APS 活动的生产地址的分析，通过对生产者服务企业办公网点区位的详细分析来生产出关系数据，这称之为世界城市间的关系量度的组织途径。这三种方法分别具有不同的优点和缺点，应用于不同的研究精度和研究目的（见表 2–5）。

表 2–5　三种关系型数据采集方法

数据采集方法	具体做法	优点	缺点
城市间关系量度的替代性途径	选取地方权威报纸的财经版，统计城市出现的数量和频次	能够生产出具有时间的关系型数据，其基本分析素材易于取得	偶然性太强，过于事件依赖性，受报纸编辑意志的影响大
城市间关系量度的劳动力途径	邮寄问卷或与多国公司人力资源经理进行面对面访谈；定性与定量相结合分析由移民创生的关系型数据	技能型劳动力的全球迁移不仅是世界城市的重要组成部分，也是世界劳动力市场重构与全球化的显著因素	邮寄问卷方式具有低回收率和缺乏过程控制的问题，导致结果数据的质量偏低；面对面访谈需要广泛的社会关系网络
城市间关系量度的组织途径	聚焦于 APS 企业实现自我组织以适应全球范围客户的需要，可以通过分析企业分支机构区位的结构来实现	APS 企业的企业区位信息较为透明，而且在网络上相对易于获取	着重于经济领域的全球城市化过程，忽视了其他领域的变化

---

of the Association of American Geographers，Vol.90，No.1（2000），pp. 123-134.

　　① M.Castells，*The Rise of the Network Society*，Oxford：Blackwell，1996.

五、世界城市网络的实证方法

世界城市的识别有五项关键指标，分别是金融机构的存在、企业总部的存在、远程通讯联系、交通基础设施和全球文化事件等[①]，这大致反映了最近世界城市网络实证研究中的主要研究方法[②]：一种方法以世界城市要求大量便捷化基础设施的存在为前提，基于基础设施网络（包括国际航线等城际交通设施和国际互联网等）数据的分析；另一种方法以承认城市地位的高低依赖于重要企业的关键部门的存在为前提，基于企业组织数据的全球区位战略数据。上述两种研究方法是当前世界城市网络定量研究的主导方法，前者聚焦于跨界跨境基础设施所连接的城市网络，而后者则源于行使全球跨国区位战略的企业在各个城市之间的联系[③]。此外，由于上述研究方法仍然无法全面揭示世界城市网络性的内在动力，部分学者从城际社会文化关联的角度来展示和解析世界城市网络的结构与动力（见表2-6）。

表2-6　世界城市网络研究的主要实证途径

比较项	企业组织途径		基础设施途径		社会文化途径	
主要行为主体	APS企业	多国公司	航空网络等物质性交通设施	电话、互联网等远程通讯设施	全球社会文化网络	高技能劳动力、非政府组织等
数据基础	APS企业的区位数据	《财富》500强企业	城际航班乘客数据	互联网骨干网带宽等	非政府组织办公网络数据等	管理精英的城际迁移数据
数理模型	互锁网络模型	社会网络分析模型	MIDT等※	相关分析模型	互锁网络模型	流动空间模型

①　J.Short et al. "The Dirty Little Secret of World Cities Research", *International Journal of Urban and Regional Research*, No.20 (1996), pp. 697-717.

②　B.Derudder, "Mapping Global Urban Networks: A Decade of Empirical World Cities Research", *Geography Compass*, Vol.2, No.2 (2008), pp. 559-574.

③　B.Derudder, "On Conceptual Confusion in Empirical Analyses of a Transnational Urban Network", *Urban Studies*, Vol.43, No.11 (2006), pp. 2027-2046.

续表

比较项	企业组织途径		基础设施途径		社会文化途径	
侧重点	世界城市的控制维度	城市的商业服务维度	航空枢纽的城市网络	互联网网络的城市网络	社会文化政治网络	劳动力迁移的城市网络

注：※ MIDT（Marketing Information Data Transfer）包含所有航空公司承运航段的定座和取消操作明细，不仅可以分析过去的情况，还可以对未来客运市场进行预测和分析。

（一）基础设施途径的世界城市网络测度研究

基础设施途径力图通过以城市间网络实体结构为基础的数据寻求比较直接的测量方法。基础设施途径分析的基础是高端通讯和交通设施将全球经济中的主要城市连接在一起，最重要的城市往往具有最高等级的机场或具有大容量远程光纤支撑的信息网络，这些物质基础设施的地理网络被用来比照全球跨国城市网络的空间意象。基础设施途径的分析细分为两类，一类研究以物质性交通基础设施（比如航空网络）数据为基础，主要通过城市间航空旅行旅客数量来反映城市间的联系；另一类研究以远程通讯设施（比如互联网光纤）数据为基础，采用城市间互联网的基础结构（如带宽）、电信通讯容量等数据来反映城市间的联系。

研究全球尺度上城市间关系的重要信息来源是国际航线乘客统计数据，当今的实证研究主要选取此类数据。20 世纪 90 年代中期以来，西方学者运用航空客运数据研究世界城市网络的成果不断增加[1]。Smith and Timberlake（2001）采用 1977—1997 年度中 6 个时段的世界城市间航空乘客流数据对世界城市间的关系和联系程度以及这种模式的时阶段演变特征进行了分析，发现全球城市化模式是以世界体系分析所预测的不均衡动态发展为特征的[2]。

---

[1]　D. J.Keeling, "Transport and the World City Paradigm". In: *World Cities in a World System*, P. L. Knox, P. J. Taylor (eds.), Cambridge: Cambridge University Press, 1995, pp.115-131; D. A.Smith, M.Timberlake, "World City Networks and Hierarchies, 1977-1997: An Empirical Analysis of Global Air Travel Links", *American Behavioral Scientist*, Vol.44, No.10 (2001), pp. 1656-1678; B.Derudder, F.Witlox, "An Appraisal of the Use of Airline Data in Assessing the World City Network: A Research Note on Data", *Urban Studies*, Vol.42, No.13 (2005), pp. 2371-2388.

[2]　D. A .Smith, M. Timberlake, "World City Networks and Hierarchies, 1977-1997: An Empirical Analysis of Global Air Travel Links", *American Behavioral Scientist*, Vol.44, No.10 (2001), pp. 1656-1678.

Derudder and Witlox（2005）基于航班信息数据而建构了全球城市关联矩阵来弥补先前研究中存在的基础数据难以满足分析需要的缺陷[①]。由于标准的航线数据库并不能显示出乘客的实际路线，Derudder et al.（2007）采用含有跨国、起始终止点及中转信息的新的数据库来对全球航空网络中的枢纽结构进行了分析[②]。Derudder and Witlox（2008）利用世界城市网络的航空乘客流对全球企业组织信息网络和大型基础设施网络进行了划分[③]。Mahutga et al.（2010）分析了全球航空乘客城市网络结构与国家间世界体系的关系，发现世界城市体系内的权力分布出现了适度的集中，并认为这是半边缘地区和东亚区域的城市在世界城市等级中向上攀升的结果[④]。这一研究途径的优点在于以城市为节点，直观地反映了城市之间的联系；存在的问题主要包括：从数据质量来看，航空客运数据一般按照航段划分，按照出发地和目的地划分的数据较少，结果高估了航空中转城市的地位；从旅客构成来看，航空客运数据除了包含与世界城市功能直接相关的商务旅客外，还包含旅行度假等个人原因出行的旅客，对分析世界城市网络的真实格局造成了干扰[⑤]；此外，国际航班旅客数据未包含国家内部重点城市间的数据（比如包含了纽约—多伦多的客运数据，却排除了纽约—洛杉矶的客运数据）。

　　对远程通讯设施的分析包括应用邮政流数据、电话通信数据和互联网数据等测算世界城市网络中的城市等级及其变化，所应用的基础数据以互联网数据为主。城市作为信息交换中心而在全球化过程中扮演着重要的角色，通讯网络地理中互联网的全球结构反映了一个重大转变，即互联网城市网络

---

　　① B.Derudder, F.Witlox, "An Appraisal of the Use of Airline Data in Assessing the World City Network: A Research Note on Data", *Urban Studies*, Vol.42, No.13 (2005), pp. 2371-2388.

　　② B.Derudder, L.Devriendt, F.Witlox, "Flying Where You Don't Want to Go: An Empirical Analysis of Hubs in the Global Airline Network", *Tijdschrift voor Economische en Sociale Geografie*, Vol.98, No.3 (2007), pp. 307-324.

　　③ B.Derudder, F.Witlox, "Mapping World City Networks through Airline Flows: Context, Relevance, and Problems", *Journal of Transport Geography*, No.16 (2008), pp. 305-312.

　　④ M. C.Mahutga et al., "Economic Globalization and the Structure of the World City System: the Case of Airline Passenger Data", *Urban Studies*, Vol.47, No.9 (2010), pp. 1925-1947.

　　⑤ B.Derudder, F.Witlox, "An Appraisal of the Use of Airline Data in Assessing the World City Network: A Research Note on Data", *Urban Studies*, Vol.42, No.13 (2005), pp. 2371-2388.

的崛起①。由于互联网光纤网络倾向于集中在比较重要的城市的特性，使得在世界城市等级中设置连接节点的空间集聚成为可能②。Leamer and Storper (2001) 采用国际贸易理论和经济地理理论来探讨互联网对经济活动区位的影响及其作用机制，认为互联网技术的广泛应用将加速空间聚居与扩散过程③。Malecki (2002) 考察了构成"网络的网络"的基础设施以及互联网设施的空间格局④，发现互联网（节点）网络呈现出类似城市等级的结构模式，互联网骨干网络的全球偏好朝向世界城市发展的倾向是相当明显的。Choi et al. (2006) 采用互联网骨干网带宽和航空乘客交通数据对互联网骨干网的结构和 2002 年 82 个城市间的航空交通网络进行了研究⑤，对互联网中个体城市的等级及其在航空交通网中的等级进行了显著性相关分析，发现互联网设施的区域集中再生产和维持了世界城市间的全球不平等和等级性。

（二）企业组织途径的世界城市网络测度研究

在全球范围内提供商业服务的企业必须在世界城市范围内考虑其经营网点的布局，多国公司必然首先确信分支机构的布局有利于其全球经营战略的实现。因此，生产者服务企业的办公地理为通过企业间办公网络的构成而了解世界城市网络中城市间关系提供了途径。在企业组织途径的研究看来，城市并不是世界城市网络真正的行为主体，采取全球化区位战略的多国公司才是网络的制造者。

企业组织途径根据实证研究中所采用的数据类型的不同而细分为以全球生产者服务企业为样本的研究和以一般多国公司为样本的研究，前者以全球化与世界城市研究网络（Globalization and World Cities Study Group

---

①　A. M.Townsend, "The Internet and the Rise of the New Network Cities, 1969-1999", *Environment and Planning B*, Vol.28, No.1 (2001), pp. 39-58.

②　E. J.Malecki, "Hard and Soft Networks for Urban Competitiveness", *Urban Studies*, Vol.39, No.5/6 (2002), pp. 929-945.

③　E. E.Leamer, M.Storper, *the Economic Geography of the Internet Age*, NBER Working Paper No.8450, 2001.

④　E. J.Malecki, "The Economic Geography of the Internet's Infrastructure", *Economic Geography*, Vol.78, No.4 (2002), pp. 399-424.

⑤　J. H .Choi, G. A. Barnett, B. S.Chon, "Comparing World City Networks: a Network Analysis of Internet Backbone and Air Transport Intercity Linkages", *Global Networks*, Vol.6, No.6 (2006), pp. 81-99.

and Network，简称 GaWC）的一系列研究为代表，而后者以 Alderson and Beckfield（2004）研究为代表①。GaWC 开发了一套跨国城市网络研究的方法，其基本前提假设是：跨国 APS 企业通过分支机构间信息、计划、知识、指示、建议等的流通而将所在的城市相互锁定在一起，创造了全球服务中心的网络②。基于上述判断，Taylor et al.（2002）等采用"互锁网络模型"来确定城市在世界城市网络中的重要性③，对全球 315 个城市中的 100 个 APS 企业的区位策略信息进行收集，形成了 315（城市）*100（APS 企业）的企业服务价值矩阵。采取类似的方法，Alderson and Beckfield（2004）应用社会网络分析方法，对 446 个最大规模的多国公司组织及其分支机构在 3692 个城市的地理分布数据进行了分析。这两种研究方法虽然存在一些具体细节上的差异，但都基于企业全球区位战略的评估，都认为跨国城市关系的测量可以通过企业不同分支机构之间的跨国联系来实现。两者的分歧主要在于企业类型的选择：GaWC 采取 APS 企业的区位策略，而 Alderson and Beckfield（2004）则采用《财富》全球 500 强多国公司的地理信息，而不考虑其企业的经济类型、企业经济活动的属性（属于制造业或者服务业）。二者存在的共同问题是企业由于行业、规模和战略的不同而具有不同的联系特征，导致研究结论的偏差。

（三）社会文化途径的世界城市网络测度研究

根据 Smith and Timberlake（1995）关于城市间联系的概念模型④，上述研究只反映了城市间联系的经济维度，尚不足以全面地揭示世界城市网络的表现和本质。社会文化途径的世界城市网络研究也存在两个焦点，其中之一是社会要素推动的世界城市网络的构成。一些学者还将城市间互锁网络模型

---

① A. S.Alderson, J.Beckfield, "Power and Position in the World City System", *American Journal of Sociology*, No.109 (2004), pp. 811-851.

② P. J.Taylor, "Specification of the World City Network", *Geographical Analysis*, Vol.33, No.2 (2001), pp. 181-194.

③ P. J. Taylor, G.Catalano, D. R. F. Walker, "Measurement of the World City Network", *Urban Studies*, Vol.39, No.13 (2002), pp. 2367-2376.

④ A. D.Smith, M.Timberlake, "Cities in Global Matrices toward Mapping the World-system's City System", In *World Cities in a World-system*, P. L. Knox, P. J.Taylor (eds.), Cambridge：Cambridge University Press, 1995, pp.79-97.

应用于城市间关系政治、社会与文化维度的研究，如 Taylor（2004）应用 74 个非政府组织在 178 个城市中的办公网络数据对该城市网络（社会网络）的结构属性进行了分析①。Scott（2004）采用 36 个半结构性访谈和为期 10 个月的巴黎田野观察②，从 6 个侧面来概括技能型移民跨国社区及其形成的社会网络的多样性。Taylor（2005）应用城市网络的互锁模型界定了三个世界城市网络③：由国家部门充当网络制造者的国家间城市网络，由联合国机构充当网络制造者的超国家城市网络和由非政府组织充当网络制造者的跨国城市网络。这些网络被解释为全球治理和新的全球市民社会过程中全球范围的流动空间的代表。作为公共事务论辩的空间，公共领域逐渐地从国家尺度向全球尺度转移，不断地被全球沟通网络所建构，推动了全球公民社会的显现，尤其是全球治理形式的出现④。

　　另一个焦点是世界城市网络形成中的社会文化机制分析。在 Castells（1996）的"流动空间"构成中曾经提到第三层面是占支配性地位的管理精英空间组织的存在⑤，全球经济重构中高技能职业人员和管理阶层的全球迁移已经成为当前世界经济的重要侧面并引起了地理学者的高度关注。技能型国际移民在全球城市金融社区的集聚伴随着金融资本、国际市场和放松管制的全球化过程，国际劳动力在全球城市中的集聚是对其经济地理功能的回应，尤其是对跨国公司总部产生的劳动力市场需求的回应⑥。技能型劳动力的国际迁移是当前全球化和全球城市中的重要过程，跨国精英与地方精英的互动深深植根于工作地的商务社会中，形成了全球—地方社会网络联系⑦。

---

① P. J.Taylor, "The New Geography of Global Civil Society: NGOs in the World City Network", *Globalizations*, Vol.1, No.2 (2004), pp. 265-277

② S.Scott, "Transnational Exchanges amongst Skilled British Migrants in Paris", *Population*, *Space and Place*, No.10 (2004), pp. 391-410.

③ P. J.Taylor, "New Political Geographies: Global Civil Society and Global Governance through World City Networks", *Political Geography*, Vol.24, No.6 (2005), pp. 703-730.

④ M. Castells, "the New Public Sphere: Global Civil Society, Communication Networks and Global Governance", *Annals of the American Academy of Political and Social Science*, No.1 (2008), pp. 78-93.

⑤ M.Castells, *The Rise of the Network Society*, Oxford: Blackwell, 1996.

⑥ J. V.Beaverstock, J.Smith, "Lending Jobs to Global Cities: Skilled International Labour Migration, Investment Banking and the City of London", *Urban Studies*, Vol.33, No.8 (1996), pp. 1377-1394.

⑦ J. V. Beaverstock, "Transnational Elites in Global Cities: British Expatriates in Singapore's Financial District", *Geoforum*, Vol.33, No.4 (2002), pp. 525–538

基于对伦敦、纽约和新加坡三地金融和法律两大 APS 部门中的 39 家企业的访谈，Beaverstock et al.（2002）对全球城市网络的生产主体进行了研究①，通过设计出聚焦于通过城市—企业、国家—部门两种联系和国家中的城市、部门中的企业等来创生网络形态的四个主要行为主体（企业、部门、城市和国家）的概念模型来揭示世界城市网络的形成机制。

上述三种实证研究途径在世界城市研究的理论层面和实证研究上均摒弃了静态观点而代之以动态视角，将注意力转移到世界城市的网络联系上。但是，这些研究者都承认，统计资料的局限性直接影响到研究的精度和深度。

六、GaWC 世界城市网络研究方法

20 世纪 90 年代以来，信息技术发展使世界城市研究范式发生从传统的地方空间到流动空间的转变。高端服务业分支机构借助高度发达的全球通讯网络而实现全球化，形成遍及全球的网络体系，世界城市正是这个网络的节点。泰勒提出世界城市研究中"证据问题"的重要性②，随后成立了GaWC 作为这项跨国研究课题的基地，以此开启了世界城市网络的实证分析。GaWC 的主要研究议题是世界城市的外部联系，主要使命是为世界范围内的世界 / 全球城市研究提供关系型数据作为分析基础，主要目标是推动城市间关系研究从等级向网络的转变。GaWC 已经成为全世界城市间关系研究的核心团队，吸引着全球感兴趣的学者的参与。

（一）世界城市网络定量研究的理论模型

GaWC 世界城市网络分析的方法论基础是"互锁网络模型"，城市通过驻留其中的企业经营活动而形成相互锁定的网络，城市间关系通过 APS 企业之间的关系而描述③。多国公司分支机构间的信息、知识、指示、指挥、

---

① J. V.Beaverstock et al., "Attending to the World: Competition, Cooperation and Connectivity in the World City Network", *Global Networks*, Vol.2, No.2 (2002), pp. 111-132.

② P. J. Taylor, "Hierarchical Tendencies amongst World Cities: a Global Research Proposal", *Cities*, Vol.14, No.6 (1997), pp. 323-332.

③ P. J. Taylor, "Specification of the World City Network", *Geographical Analysis*, Vol.33, No.2 (2001), pp. 181-194.

规划、策略等的流动所塑造的空间形态在全球范围内将世界各地的城市纳入网络化的服务体系，所有这些金融、创意、商贸等流质汇集在一起，构成了世界城市网络。互锁网络的特殊性正在于它由三层网络构成：网络层是城市间关系的世界网，节点层是城市，此外还有一个附加的、由企业构成的次节点层，这个附加层是最为关键的一层，包含着网络的制造者。在"互锁网络模型"中，城市不是网络中的主要行为主体，APS 企业才是真正的网络制造者。换言之，世界城市网络是全球服务企业锁定城市而形成的，互锁网络模型采用服务价值矩阵的形式使得城市间的连通性测量得以实现。

（二）世界城市网络定量研究的方法步骤

GaWC 将个体城市与世界城市网络连接的程度称作"全球网络连通性"，其测量程序如下：首先，城市的选择。大量城市被挑选出来，以确保没有重要的城市被遗漏并覆盖全球主要区域。在运算的过程中，从 315 个城市中挑选出 123 个连通性达到最大值城市的 1/50 的城市。其次，全球服务企业的选择。最初的企业名单是按部类对全球 APS 企业按规模进行排行，然后查看该企业互联网信息的质量。为了保证所选择的企业的质量，要求该 APS 部类在最终供研究的企业名单中至少有 10 家企业；而入选企业必须至少在 15 个以上的城市拥有分支机构，且其中至少有一家布局在西欧、北美和亚太三大全球化区域之一，借此确保所选择的企业是追求全球化区位策略的。经过反复筛选，最终确定了 100 家企业（被研究者称为"GaWC100"），包括 18 家会计企业、15 家广告企业、23 家银行 / 金融企业，11 家保险企业，16 家法律企业和 17 家管理咨询企业。第三，企业信息的收集。企业数据大多源于网络，主要有两类，一是表征企业规模的数据，比如从业者的数量、合作伙伴的数量或营业分支机构的数量等；另一个是该城市网点在企业中所承担的职能，比如管理（企业总部或区域总部）或专门业务（比如银行的资产管理中心）等；这两种信息与城市间流的性质和强度密切相关。第四，对各城市的企业服务价值打分。城市和企业的两套数据为城市在企业全球区位战略的重要性分析奠定了基础，可以利用这些信息对每个企业在城市中的分支机构的服务价值进行打分。服务价值的数值被界定在 0—5 之间，普通办事机构的重要性赋值为 2，如果缺少必要的设施或合作伙伴的话就减为

1，如果企业在该城没有分支机构则赋值为 0；如果某城的企业分支机构具有较大的规模或较多的合作伙伴就赋值为 3，如果该企业行使区域总部职能就赋值为 4，企业全球总部则赋值为 5。于是构建出一个 315（城市数量）*100（APS 企业数量）的 APS 企业服务价值矩阵，每一列表示企业在全球范围内的营业网点布局，每一行表示每个城市若干行业的服务价值。第五，数据分析方法。采取多变量分析和聚类分析的方法，获知具有相似的全球区位策略的企业的模式和具有相似的服务企业矩阵的城市①，为全球城市的分层规律和区域分布规律分析提供基础。

七、结论与启示

20 世纪 70 年代以来，随着全球贸易自由化的进程、多国公司逐渐确立了其经济全球化主要组织载体的地位以及国家决策权向城市的分散，国家作为独立的经济单元的重要性下降，国际竞争日渐被具体化为以城市为核心的区域间的竞争，城市作为经济单元的重要性迅速上升，成为全球治理体系中的重要行动者。作为全球经济的组织节点，世界城市按其在全球生产过程中的作用与地位的不同而构成具有一定经济控制能力和社会经济联系的网络体系。

世界城市网络的发展是建立在对世界城市、世界城市等级体系和全球城市等相关理论的批判基础上的。世界城市网络理论的发展以城市间关系的研究为重点，突破了传统世界城市研究中实证数据的局限，打破了等级观念在城市间关系研究中的垄断地位。世界城市网络理论适应全球化经济时代城市间关系演变的需求，以关系视角替代结构视角推动理论研究范式的转型，以"流动空间"替代"地方空间"作为相关研究的理论基础，以"中心流动理论"替代"中心地方理论"来解释世界城市网络的形成机制，推动了本研究领域的理论创新。

世界城市网络理论的研究对我国的相关研究有如下几个方面的借鉴和

---

① E. E.Leamer, M.Storper, *the Economic Geography of the Internet Age*, NBER Working Paper No.8450, 2001.

启示：首先，城市间关系的转变。等级并不是城市间关系的唯一准则，城市间普遍性的关系是网络，只有在特殊情况下才表现为等级。因此，应以城市间的网络关系为理论出发点建立城市间的合作关系，而不是寻求对其他城市的控制。其次，城市研究视角的转变。以动态的视角研究城市，将城市视为一个过程，在流动空间中重新建构城市的空间结构和城市间的空间关系；将城市视为城市网络中的节点，在城市间相互作用的基础上确定城市的价值取向和管理政策。第三，城市策略的转变。全球化的过程不是少数城市主宰的过程，城市应该主动融入世界城市网络，以专业化的职能嵌入全球生产体系并在城际互动中不断提升城市的价值。第四，城市职能的转变。城市职能从强调资源控制向强调资源流通的转变，流动空间中城市中心性的判别标准不再是其所掌控资源的多寡，而是其中所流通的资源的质量。

世界城市网络研究立足于世界/全球城市和世界城市体系中城市间关系研究的基础成果，从关系型视角出发，经由多个研究途径，以定量化的分析方式揭示了世界城市之间的关系并探讨了世界城市网络形成的多重动力机制，是学术界对当代交通和通讯技术变革、企业组织变革及全球治理方式变革等对世界城市发展所施加影响的积极回应。世界城市网络的研究方法对我国相关领域的研究提供了诸多启示：

首先，城市间的关系秩序并非仅以等级的形式存在，更普遍的存在形式是网络。我国的城市具有明确的行政级别，城市之间存在严格的纵向等级，这给城市之间的合作治理造成了诸多障碍。从网络的视角出发，淡化城市行政级别和行政归属的影响，采取城市网络治理的方式来应对我国城镇密集地区区域治理的挑战，将有助于治理效率的提升。其次，城市空间的组织逻辑。世界城市网络研究突破了克里斯塔勒"地方空间"城市认识的局限，突破了弗里德曼"核心—半边缘—外围"城市等级体系认识的局限，代之以"流动空间"组织逻辑将城市的联系从所在区域解放出来而识别出城市跨区域联系的重要性。这一空间组织逻辑的变迁启发我们，城市关系研究可以跳脱地域性的局限，寻求跨地域的联系。第三，城市间关系型数据的生产和获取。我国城市研究中同样存在城市间关系型数据匮乏的问题，城市体系研究中大多以城市属性数据分析为主、通过重力模型和多元回归分析等方法获得结果，但却无法真实地反映城市间的关联程度；而从交通流、迁移流、货运流等城市间直接联系数据的分析则受基础数据的类别、详略、真实性等问题的困扰。应对这一问题的方法可以采取多途径分析和多方案比选的方式，最大程度上反映城市间的真实联系。第四，城市网络研究的空间尺度。就研究对象而言，世界城市网络研究本意在于探讨经济全球化背景下全球尺度上城市间的关联秩序并进而探讨世界城市网络的空间特征；就研究方法而言，世界城市网络也可以在多个空间尺度上应用，比如跨国区域（如欧洲、东亚和亚太区域等）、国家和城镇密集区（如英格兰东南部）等。因此，世界城市网络研究的分析方法也可以应用到我国不同空间尺度的城市网络分析中。第五，城市经济类型对城市网络的影响。西方发达国家的主要城市大多呈现出服务型经济的发展特征，弗里德曼、萨森和泰勒等的经典研究大多将世界城市看作跨国公司总部所在地、全球金融服务中心以及 APS 集聚区等，而我国总体上尚处于工业化中期，以 APS 的区位战略来描述城市间的关系是否适用，用制造业企业的区位战略或者城市间的社会文化联系来描述城市间的关系是否可行，都还有待进一步的研究检验。

第 三 章

多中心城市—区域的理论与实践①

20世纪70年代以来的技术变迁推动着不相邻的空间通过节点与枢纽所形成的网络组织同时发生各种物质与非物质的资源流动，重塑了城市空间的结构和职能②。一种最早由Gottmann（1961）预测的新的城市形态正在全球范围内显现出来③，它在较大的地域范围内扩展，拥有多个功能中心，具有复杂的劳动力地域分工形式并倾向于采取跨界通勤的模式，并进而被学者们概念化为"多中心城市—区域"（Polycentric Urban-Region，简称PUR）。PUR日渐成为当代西方城市群体空间研究的重要工具，在空间规划与政策制定中发挥着越来越重要的作用。

以"多中心城市—区域"为代表的城市群体空间的发展已经成为欧洲空间发展与规划的重要特征，以"多中心发展"为目标、"城市—区域"为单位的欧洲"多中心城市—区域"研究和规划取得了大量的研究成果。"多中心城市—区域"的研究以城市密集地区形态—功能的多中心性之间的契合关系为重点，探讨了这一类型区域的动态发展模式及其多中心性、互补性、

---

① 本章内容根据马学广、李贵才《欧洲多中心城市区域研究进展与应用实践》（《地理科学》2011年第12期）修改而成，马学广作为第一作者和通讯作者。

② 陶希东：《跨省区域治理：中国跨省都市圈整合的新思路》，《地理科学》2005年第5期；吕拉昌：《全球城市理论与中国的国际城市建设》，《地理科学》2007年第4期。

③ J.Gottmann，*Megalopolis*：*The Urbanized Northeastern Seaboard of the United States*，Twentieth Century Fund，New York，1961.

连通性、协同性和外部性等属性特征，并且在"多中心城市—区域"的定量测度上进行了较多卓有成效的工作，同时在以 ESDP 为代表的欧洲空间规划中获得了广泛的应用。虽然对这一领域的研究已经取得了丰硕的研究成果，进行了一系列的实证研究和数量分析，但由于"多中心城市—区域"概念本身的模糊性、原型区域的局限性以及政策实施过程中出现的地方性问题等因素的存在，使得这一理论概念和规划策略的研究尚需进一步的深入，其应用价值尚需进一步的观察和评估。

一、多中心城市—区域的研究基础

20 世纪 90 年代以来，PUR 研究取得了一系列的进展，城市—区域作为全球网络中彼此联系的创新节点和首要行动者，通过创造地方差异、重组区域空间结构而不断增强自身的竞争力。

（一）多中心城市—区域的概念

PUR 是城市与区域空间规划研究的重要词汇，通常被定义为一群地理邻近、通过基础设施相连并以大片开敞空间相间隔，在管理上和政治上互相依赖但不存在支配性城市的历史性地区与周边聚落的集合体①。学者们运用大量概念来识别这一城镇密集空间形态，包括城市网络、城市走廊、多核心大都市区、多中心城市—区域、全球城市—区域和巨型城市—区域② 等。虽然这些概念的规模尺度和内涵意义各有不同，但却都拥有"城市—区域层次上的

---

① R. C.Kloosterman, B.Lambregts, "Clustering of Economic Activities in Polycentric Urban Regions: The Case of the Randstad", *Urban Studies*, Vol.38, No.4 (2001), pp. 717-732; I.Turok, N.Bailey, "The Theory of Polynuclear Urban Regions and its Application to Central Scotland", *European Planning Studies*, Vol.12, No.3 (2004), pp. 371-389; J. B.Parr, "The Polycentric Urban Region: a Closer Inspection", *Regional Studies*, Vol.38, No.3 (2004), pp. 31-240.

② R.Camagni, C.Salone, "Network Urban Structures in Northern Italy: Elements for a Theoretical Framework", *Urban Studies*, Vol.30, No.6 (1993), pp. 1053-1064; F. M.Dieleman, A. Faludi, "Polynucleated MMetropolitan Regions in Northwest Europe: Theme of the Special issue", *European Planning Studies*, Vol.6, No.4 (1998), pp. 365-377; A. J. Scott, *Global City-regions: Trends, Theory, Policy*, Oxford: Oxford University Press, 2001; P. Hall, K. Pain, *The Polycentric Metropolis: Learning from Mega-city Regions in Europe*, London: Earthscan, 2006.

多中心性"这一共同特征①。在城市与区域发展实践中，PUR 可以看作是历史性城市网络和拥有较大地区空间分离的大都市地区的代表②，可以是形态上的城市间网络化的城市体系（比如荷兰兰斯塔德地区和意大利北部威尼斯地区等），或者城市内部的功能多中心（比如洛杉矶、伦敦和巴黎）等。欧洲 PUR 的例子包括英格兰东南部地区、法国巴黎大都市区、荷兰的兰斯塔德地区、比利时的弗莱明菱形区、德国的莱茵—鲁尔区和意大利北部的帕多瓦—特雷维索—威尼斯三角区；欧洲之外则以美国南加州地区和日本关西地区最为典型。

（二）多中心城市—区域的类型与演化过程

以往的 PUR 研究大多静态地描述特定区域的结构特征而缺少对其类型划分和演变过程的深入探讨，Champion（2001）针对这一问题而将 PUR 的发展区分为离心式发展、包含式发展和融合式发展三种类型③。离心式发展的特征是，单中心城市外向持续扩张使中心区的制造业和部分服务业等被挤到城市边缘区的其他发展中心；包含式发展的特征是，一个大型城市中心向外扩张，将周边一些原本在就业和服务上自给自足的小型中心卷入城市扩展区并形成对原中心区的巨大挑战；融合式发展表现为一些原本独立的、规模类似的中心由于交通或通讯的改善而融合串接在一起并在空间上互相整合而形成巨大的都市区。前两者可以用来解释英格兰东南部、巴黎地区和大都柏林地区的发展，而后者能够更好地解释荷兰兰斯塔德地区、德国莱茵鲁尔地区、瑞士北部地区和比利时中部地区的发展模式。同时，还可以从动态发展的角度将上述三种类型视为 PUR 发展的三个阶段。比如，西欧的八个 PUR 分别处于不同的发展阶段，较初级的状态是由规模相若的城市在空间上的均衡分布（比如荷兰兰斯塔德地区、德国莱茵鲁尔地区和瑞士北部地区等），较高级的状态是由小型中心地包围的较大的城市集聚区（比如巴黎地区、大

---

① M. Hoyler, R. C.Kloosterman, M. Sokol, "Polycentric Puzzles-emerging Mega-city Regions Seen through the Lens of Advanced Producer Services", *Regional Studies*, Vol.42, No.8 (2008), pp. 1055-1064

② E. Meijers, *Synergy in Polycentric Urban Regions：Complementarity，Orgnising Capacity and Critical Mass*, Thesis Delft University of Technology, Delft, the Netherlands, 2007.

③ A. G.Champion, "A Changing Demographic Regime and Evolving Polycentric Urban Regions：Consequences for the Size, Composition and Distribution of City Populations", *Urban Studies*, Vol.38, No.4 (2001), pp. 657-677.

柏林地区和东南英格兰地区等），或者介于上述两个发展阶段之间（德国莱因缅因地区和比利时中部地区等）。

二、多中心城市—区域的属性特征

PUR 概念的兴起反映了渐成共识的城市空间形式不断分散化的现实，对 PUR 属性特征的解析可以从多中心性、连通性、互补性、协同性及外部性等不同的角度展开。

（一）多中心城市—区域的多中心性

PUR 特征中最显著的是其结构与功能的"多中心性"，Geddes（1915）"城市组合体"的概念中已意识到城市密集地区"多中心性"的存在，而 Mumford（1938）把"多中心城市"看作"欠缺功能联系的、过度增长的城市群"的对立面和改良性的空间组织模式，Hall（1984）则认为荷兰兰斯塔德地区是典型的 PUR，阿姆斯特丹、海牙、乌得勒支和鹿特丹等城市形成了多核心的城市体系并凭此而与伦敦和纽约相抗衡[①]。但是，即便"多中心"概念有着悠久的历史研究基础并已被广泛应用，但它的含义仍然是模糊不清的，因为"多中心"对于不同的人群和不同的空间尺度有着截然不同的意义[②]。城市规划师用"多中心"作为战略性空间规划的工具，经济和人文地理研究学者用它来解释城市结构与增长的具体形态，欧盟委员会用它作为社会经济政策的目标，市民领袖则用它作为地方营销的概念工具。当把"多中心"应用到不同的空间尺度时也有着不同的意味，"多中心"在传统上应用于单体城市中人口和经济集群的城市内部结构模式，但近年来它被用于城市间关系的研究以指代区域中多个发展中心的存在，甚至还被用于更加宏观的尺度，比如《欧洲空间发展展望》（*European Spatial Development*

---

①　P. Geddes, *Cities in Evolution: An Introduction to the Town Planning Movement and to the Study of Civics*, London: Williams & Norgate, 1915; L. Mumford, *The Culture of Cities*, New York: Harcourt Brace, 1938.

②　S. Davoudi, *Polycentricity: What does it Mean and how is it Interpreted in the ESDP*, B-Building EURA Conference, Turin, 2002.

Perspective，简称 ESDP，1999）用它来作为欧洲地区在核心—边缘结构之外的又一个空间发展范式。欧洲空间规划文献和政策文件大都将"多中心发展"视为空间规划和发展政策的核心，这推动着"多中心"从理论概念转化为政策实践而在世界范围内获得广泛应用。总之，"多中心性"作为 PUR 概念的核心思想，其复杂性和模糊性部分地反映了当前城市发展内在的复杂性，代表了丰富、多面的城市空间发展现象。

（二）多中心城市—区域的连通性

全球化与信息化的背景下，城市间的权力分配不再是等级化的而更多的是网络化的，PUR 的本质属性更多地表现为区域内部以及区域与世界上其他城市和区域之间的连通性。连通性的核心是进入网络、建立连接并推动资源流通。信息化时代的来临使得我们对 PUR 的认识从静态的"地方空间"转变为动态的"流动空间"。在连通性的研究中，城市作为全球资源流动的通道而存在，城市的属性和等级不再强调其所占有资源的等级和规模，而是转而强调该城市—区域中所流动的资源的等级、规模和性质。正是连通性的存在使得 PUR 内的诸多城市形成一体化的城市网络，并且与外部城市网络互通资源之有无并强化其在世界城市网络中的职能和地位。在 PUR 中，建立"连接"的实质在于帮助城市增强网络能力以构筑网络优势。这种连接不仅是要建立地区内部的地方性网络，更重要的是把地方经济整合进全球市场，连接上外部的非地方性网络。在世界城市网络体系中，城市在网络中的重要性取决于它和其他节点之间的关联程度，其连通性的强弱程度决定了不同城市的地位与职能[1]，"连接"成为地方发展的关键，功能节点之间资源流动的规模水平、频繁程度和密集程度决定了它们在全球经济中的地位，决定了该 PUR 在全球经济中竞争力的强弱。

（三）多中心城市—区域的互补性

PUR 最核心的内涵是城市间由非等级性联系而产生的"互补性"，当两

---

[1]　J.G. Beaverstock et al., "Globalization and World Cities: Some Measurement Methodologies", *Applied Geography*, Vol.20, No.1 (2000), pp. 43-63.

个城市互补的时候，每个城市的市民或企业都可以从相邻城市中获得服务供给。由于互补性的存在，高等级的城市功能可以在低等级的小规模城市中出现，借此获得区域性的支持而不必局限于地方的资源。PUR 中的每个城市都履行专业化的职能，为本城居民和网络中其他城市的居民及企业提供相同的专门服务。对于 PUR 而言，互补性的产生必须满足两个重要的前提：首先，必须存在城市功能或城市活动（比如工作环境或生活环境）的差异；其次，城市功能或城市环境需求所依托的地理市场必须至少是局部互相重叠的。当两个城市存在功能互补的时候，一个城市的市民和企业能够获得周边城市提供的多种功能。因此，企业、居民以及观光客能够从更大范围的、更加专业化和多样性的城市功能和工作居住环境中进行区位选择。虽然互补性的提高是欧洲 PUR 合作与决策的主要目标，但在实际应用中，互补性仍然存在较多的理论和现实挑战。挑战之一在于这种策略与数个世纪延续下来的相互竞争甚至对立的政策实践相矛盾，PUR 中广泛存在的城市竞争导致的是各城市间的功能复制而不是功能互补。另一个难题在于它所涉及的多元利益主体往往不在一个行政管理体系之下，因此难以在提高互补性方面确定一个公认的目标和行动计划。另外，由于缺乏组织合作、论辩、谈判和对空间发展进行决策等区域协调方式的制度性框架，从城际竞争走向城际合作是非常困难的。

（四）多中心城市—区域的协同性

PUR 经常与"协同"的概念相关联，协同性产生于区域组织能力和城际合作精神，协同性是 PUR 产生"1＋1＞2"的溢出效应的核心所在。在 PUR 中，协同效应可以通过各城市之间的合作、互补和外部性而产生，当这三种协同产生机制中的一种出现的时候，与网络行为相结合就会产生协同性。Capello and Rietveld（1998）分别从微观、中观和宏观等多个层次分析了"协同"的概念[1]，发现了其三重意义：首先，"协同"意味着当两个或更多行动者合作的时候，会为他们都带来积极的效果；其次，"协同"意味

---

　　[1]　R.Capello, P. Rietveld, "The Concept of Network Synergy in Economic Theory", In *Transport Networks in Europe*, K.Button, P.Nijkamp and H.Priemus (eds), Cheltenham：Edward Elgar, 1998.

着在生产特定物质的过程中，合作各方均可获得更大的优势；第三，"协同"意味着当个体城市自愿成为城市群体的成员时，外部性就会在它们产生规模经济的同时获得。Meijers（2005）则从经济网络理论出发①，对荷兰兰斯塔德地区各城市的协同性进行分析，发现该地区的城际协同效应比较明显，居民日常生活空间超越了城市而将郊区和乡村纳入日常生活圈，甚至扩展到周边相邻的城市。

（五）多中心城市—区域的外部性

网络行为决定了相互合作或在同一领域功能互动的中心地之间的一系列协同关系，进而对基于水平联系和发挥同等功能的合作者产生了外部性。PUR 的多中心性、连通性、互补性和协同性分别从不同的角度探讨了 PUR 的内在属性和特征，正是多重属性和特征的存在滋生了外部性而使得 PUR 成为当前世界经济成长的主阵地。PUR 概念隐含的一个思想就是，提供完整功能序列经济功能、城市适宜性或居住生活环境的主体不是单体城市，而是与整个区域连成一体的整个城市体系，因为这种城镇集聚状态能够产生区域化集聚经济，或者说是"区域外部性"②。单个城市无法提供所有的经济功能，城市设施或居住与商务环境，而这些功能需要区域范围内的所有城市来共同承担，这种环境就体现出了外部性。

三、多中心城市—区域的定量测度

虽然"多中心发展"作为一项能够导向聚合与竞争力的描述性政策而在欧洲地区广泛传播，但不容回避的是其实证基础依然薄弱③。PUR 概念的模糊性和属性的多重性使其在应用范围不断拓展的同时，概念严谨性不足的缺陷也不断受到学者的诟病。因此，对 PUR 的定量测度成为当务之急。目

---

① E.Meijers. "Polycentric Urban Regions and the Quest for Synergy: Is a Network of Cities more than the Sum of the Parts?", *Urban Studies*, Vol.42, No.4 (2005), pp. 765-781.

② J. B. Parr, "The Polycentric Urban Region: a Closer Inspection", *Regional Studies*, Vol.38, No.3 (2004), pp. 231-240.

③ E.Meijers, "Measuring Polycentricity and Its Promises", *European Planning Studies*, Vol.16, No.9 (2008), pp. 1313-1323.

前已有学者对 PUR 的地理范围、多中心性和互补性等进行了分析。

（一）多中心城市—区域地理范围的测度

在 PUR 地理范围的测度中，该问题转化为对城际距离和城际联系的研究。PUR 是由两个或两个以上地理邻近、不存在行政等级关系但能够功能性互动的城市构成的一体化区域，但是这一概念存在"地理邻近"和"功能性互动"两个问题的定量界定问题。对于"地理邻近"的问题，研究者着重于从城际物理距离或出行时间的角度来确认，比如 Geddes（1915）确定为 1个小时，Batten（1995）则把标准降低到半个小时①，但是由于交通方式的多样化和区域的差异性，实在是无法给出统一的时间或空间标准。对于两个城市之间"功能性互动"的界定和测量最常用的是基于工作出行统计的劳动市场流，但这个用来划分功能性城市—区域的指标自 20 世纪 70 年代开始使用之日起就受到学术界的广泛批评。为了监测 PUR 的功能性相互依赖，分析应该包括那些非工作而导致的出行活动以及资源流或物流和信息流等功能运行方式。实际应用中存在的主要问题是，即便是使用劳动力市场流，支持高层次互动的数据仍然是即使在最常提到的那些 PUR 里也是难以获得的。

（二）多中心城市—区域多中心性的测度

当《欧洲空间发展展望》出于一种描述性概念的需要而把"多中心"置于欧洲空间规划政策的核心时，对这个目标的识别和测量就成了政策评估的一个关键问题。Schindegger and Tatzberher（2005）认为，"多中心"可以从形态、功能、可达性、聚落模式、合作与互动、社会经济专业化、交通和信息通讯技术等维度加以识别②。当下列四个基本要求得到满足的时候，PUR的"多中心性"可以测量得出③：在多中心城市体系内，存在大小城市的分

①　D. F.Batten，"Network Cities：Creative Urban Agglomerations for the 21st Century"，*Urban Studies*，Vol.32，No.2（1995），pp. 313-327.

②　F.Schindegger，G.Tatzberher，"Polycentric Development—A New Paradigm for Cooperation of Cities"，*City Competition：Chances and Risks of Cooperation*，Conference on 3rd/4th March 2005 in Bratislava.

③　K. Spiekermann，M.Wegener，"Evaluating Urban Sustainability Using Land-use Transport iInteraction Models"，*European Journal of Transport and Infrastructure Research*，Vol.4，No.3（2004），pp. 251-272.

布；在多中心城市体系内，位序—规模分布是长线型的；PUR 中存在较平坦的位序—规模分布，而不是较陡峭的；多中心城市体系并不由单个较大城市主导。因此，虽然"多中心发展"作为一项能够导向聚合与竞争力的描述性政策而在欧洲地区广泛传播，但不容回避的是其实证基础的薄弱，这部分是由于其概念清晰性不足所导致的度量困难。部分学者推进了"多中心性"的实证研究，欧洲 POLYNET 项目对西欧 8 个 PUR 的"功能多中心"性质和城际功能联系进行了实证分析[①]。Taylor, Evans and Pain（2008）利用"互锁网络"模型来探讨 PUR 城市间联系，所采集的数据覆盖 8 个巨型城市—区域的 200 个城市中的接近 2000 个办公网络[②]。通过这些网络，PUR 中各城市单元之间在不同空间尺度上的连结性（分别是城市—区域内、国家范围内、欧洲范围内以及全球尺度）被测量出来，反映出各区域多中心的性质和程度。

（三）多中心城市—区域互补性的测度

目前已有大量对 PUR 空间功能和经济融合的实证研究，但主要问题是缺少揭示企业间互动关系的数据。Menjers（2007）以将分支机构散布在邻近城市的多区位医院和职业教育机构为例探讨了城市间互补性的存在，认为在医院分支机构的研究中存在与城市网络模型相符合的互补性特征[③]。Meijers（2008）采用相关分析的方法得知，兰斯塔德地区存在城市间的劳动分工，就服务业的活动而言，城市间的互补性与比利时弗兰德地区相似，是德国莱因鲁尔地区的两倍，但在 1996—2002 年间急剧下滑[④]。Oort, Burger and Raspe（2010）采用兰斯塔德地区 1676 家来自工业、生产性服务业和物流等

---

① P.Hall，K.Pain，*The Polycentric Metropolis*：*Learning from Mega-city Regions in Europe*，London：Earthscan，2006.

② P. J.Taylor，D. M.Evans，K.Pain，"Application of the Interlocking Network Model to Mega-city Regions：Measuring Polycentricity within and beyond City-regions"，*Regional Studies*，Vol.42，No.8（2008），pp. 1079-1093.

③ E. Meijers，"Synergy in Polycentric Urban Regions：Complementarity，Orgnising Capacity and Critical Mass"，Thesis Delft University of Technology，Delft，the Netherlands，2007.

④ E.Meijers，"Measuring Polycentricity and its Promises"，*European Planning Studies*，Vol.16，No.9（2008），pp. 1313-1323.

服务经济的代表性部门的企业数据来验证城市互补性的存在①，研究结果发现城市间不同类型的空间相互依赖的层次性，但没有证据显示兰斯塔德城市间存在功能性整合，空间经济政策最好聚焦于区域内更低一层次的小型区域。相比较而言，PUR 中城际"互补性"似乎在莱因鲁尔城市—区域表现得更明显②，各个城市独特的经济特色促成区域范围内劳动力的部门分工和功能专业化。

总之，虽然目前西方学者已经对 PUR 进行了一些实证研究，但由于概念的模糊性和实证数据获取的困难，仍然莫衷一是，该领域亟须在研究方法和数据处理等方面进一步加强。

四、多中心城市—区域的研究与应用

PUR 的发展对于欧盟竞争力和社会融合与可持续发展等都具有重要的引申意义，以 POLYNET 项目和 ESDP 规划为代表，欧洲 PUR 的研究和规划不断取得新的进展。

（一）多中心城市—区域的应用

过去 10 年里，区域已经成为国际竞争中最重要的空间层次，人们对 PUR 的兴趣愈益加深，尤其对于人口密度较高的国家或地区而言更是如此。PUR 是最能实现社会经济环境可持续的城市形态之一，是城市规划师／设计师最常用的模式。PUR 的应用部分来自于 ESDP 的促进，以提高欧洲区域的竞争力、融合性和可持续发展能力，主要议题涉及鼓励城市间合作以发展互补关系，强化城镇间的社会经济联系，催化区域内部土地利用、经济发展和交通信息网络的一体化，机构间的网络合作关系，共享知识和资源，城市和企业可以开发出新的竞争优势资源，提高外部效益，最终体现为该区域在

① F.Van Oort, M.Burger, O.Raspe, "On the Economic Foundation of the Urban Network Paradigm: Spatial Integration, Functional Integration and Economic Complementarities within the Dutch Randstad", *Urban Studies*, Vol.47, No.4 (2010), pp. 725-748.

② W.Knapp, P.Schmitt, R.Danielzyk. "Rhine-Ruhr: Towards Compatibility? Strategic Spatial Policies for a Specific Configuration of Polycentricity", *Built Environment*, Vol.32, No.2 (2006), pp. 137-147.

全球经济中地位的提升。PUR 并非是形态或规模至上的，多中心发展在中小城市和边远地区作为政策概念也越来越常见。比如在"欧盟地方协议"中有如此表述：在聚落系数和经济落后地区以功能互补为目标的城际合作可能适应的多变的市场并保持经济提升、服务供给的唯一渠道，而这些收益都是无法由这些城镇自行产生的①。所以众多欧盟国家积极从不同的政府层级、跨国及跨区的层次来增进彼此间的协力，共同解决区域内的失业、环境保护及经济发展，让彼此之间的各层级连结成具有地缘规模的伙伴关系，而达成公共资源的分享与整合。

（二）多中心城市—区域的研究

当代 PUR 研究中最具代表性、影响最大的是英国城市规划大师 Peter Hall 教授领衔开展的 POLYNET（即"欧洲多中心巨型城市—区域的可持续管理"）项目，其焦点是对欧洲多中心巨型城市—区域（Polycentric Megacity Region）的研究。这个总额高达 220 万欧元的项目由 INTERREG Ⅲ B 西北欧项目下的欧洲区域发展基金资助，历时三年调查了西欧 8 个"巨型城市—区域"的类型和动力机制（包括英格兰东南部、巴黎区域、比利时中部、兰斯塔德地区、莱茵鲁尔地区、莱茵缅因地区、瑞士北部和大都柏林地区，其主要成果包括完整的研究方法报告和研究区域内人口、就业和通勤模式等分析）。作为该项目的主要研究成果，Hall and Pain（2006）通过"多中心"视角分析了欧洲八大巨型城市—区域中的城际商务联系，以获取对于金融和商务服务业高度复杂的空间系统如何发挥功能的更清晰的理解，但研究结论认为"多中心"发展战略是否是可持续的或者具有经济竞争力的仍然无法定论②。

（三）多中心城市—区域的规划政策

20 世纪 90 年代以来，欧美城市兴起了对城市和城市—区域的综合性、

---

① E.Meijers, "Measuring Polycentricity and its Promises", *European Planning Studies*, Vol.16, No.9 (2008), pp. 1313-1323.

② P.Hall, K.Pain, *The Polycentric Metropolis: Learning from Mega-city Regions in Europe*, London: Earthscan, 2006.

战略性空间的规划，"多中心发展"变成具有魔力的词语而风靡欧洲国家的区域发展政策①。在参与 ESPON 项目的29个国家中，有18个国家将"多中心发展"看作是国家空间发展的首要政策，几乎整个欧洲的决策者都在致力于研拟促进 PUR 空间、经济和社会发展的政策。传统上基于再分配的区域政策被多中心发展政策所取代，通过鼓励城市体系中的部分环节更具竞争力而达到区域"聚合"的目的，政策关注的焦点已经从片区发展转移到了节点发展，从对落后地区的发展刺激转移到对这些地区的城市网络的重视，从投资于城市中的薄弱功能节点转移到塑造具有较大发展潜力的城市功能区。目前，"均衡的可持续的多中心发展"概念已经成为欧洲空间规划的里程碑，ESDP 所提出的这一发展理念被学术界和欧洲各个尺度的决策者所论辩②。多中心发展被看作是促进空间合作、保证服务供给和满足地方多样化需求的重要策略，在爱尔兰和英国等地作为重要的原则而显著地影响了区域的规划发展。

（四）多中心城市—区域发展中的局限性

PUR 的出现，有时是政策使然，有时是社会变化的结果，既有积极的一面，也有消极的一面。对于 PUR 的实践意义，目前学术界、规划界和政界莫衷一是，而"多中心"的概念更多的是一种描述性解释而不是一个分析框架③。关于 PUR 是否是城市群体空间发展的终结目标和解决区域问题的最终答案这一问题，目前仍存在较大争议，完善的概念框架的缺乏和虚弱的实证证据使得"多中心"发展政策是否具有成效是相当成问题的。

首先，"多中心"概念的模糊性及其引起的认识上的差异。PUR 中一些基本的概念（比如"城市—区域"和"多中心性"等）仍需进一步解释，这些概念的随意使用使得其意义愈发模糊。由于不同的方法聚焦于多中心及其

---

① B.Waterhout, W.Zonneveld, E.Meijers, "Polycentric Development Policies in Europe: Overview and Debate", *Built Environment*, Vol.31, No.2 (2005), pp. 163-173.

② D.Shaw, O.Sykes, "The Concept of Polycentricity in European Spatial Planning: Reflections on its Interpretation and Application in the Practice of Spatial Planning", *International Planning Studies*, Vol.9, No.4 (2004), pp. 283-306.

③ N. Green, "Functional Polycentricity: A Formal Definition in Terms of Social Network Analysis", *Urban Studies*, Vol.44, No.11 (2007), pp. 2077-2103.

成因的多个侧面，而且现存的实证证据是片断化的和不连续的，因此 PUR 的实证研究成为一个富有挑战性的任务。其次，PUR 的发展是否是"多中心发展"政策实施的结果尚存疑问①，尚无证据证实区域竞争力的提升与其特殊的城市空间形态之间存在着确定的关联。20 世纪 90 年代开始，西班牙的巴斯克地区政府把推广"多中心区域"形象作为提升毕尔巴鄂市在欧洲地位的一项重要策略。虽然该区域的中心城市确实取得了经济上的成功，但该区域的其他城市仍然饱受经济衰退之苦，中心城市的成功更可能是来自于欧盟的地区经济援助而非多中心城际合作战略引发的区域整体竞争力的提升。第三，"多中心发展"政策的适用范围受到质疑。研究发现几乎所有的欧洲 PUR 案例都位于西北欧而没有来自欧洲经济边缘区的案例，前者面临的是如何控制过度增长的问题，而后者的主要挑战则来自于如何推动经济增长，这使得 PUR 的经济振兴价值备受质疑。第四，PUR 形态上的多中心并不必然带来各城市单元之间的功能性关联，而后者才是 PUR 的核心所在。想当然地以为将分散的城市集中就会导致同等规模单中心城市的集聚效应的想法是"过于简单的"，苏格兰中部格拉斯哥—爱丁堡 PUR 的研究②并不能显示出这个区域内部强烈的经济一体化的迹象，甚至该区域连最基本的文化认同都还没有建立起来。第五，作为一项规划策略的朝向更为多中心化的 PUR 空间发展模式并不必然是有益的。在对法国最大的三个城市通勤行为的研究发现，"多中心"体系倾向于增加通勤的平均距离③，因为多中心的城市空间结构导致次中心间人们的通勤量增加了。

五、结　论

　　PUR 的发展在欧洲具有深厚的理论和实践基础，并已经成为欧洲区域空间发展规划的主导思想。PUR 的研究以城市密集地区形态—功能的多中

---

①　M.Hoyler，R. C. Kloosterman，M.Sokol，"Polycentric Puzzles-emerging Mega-city Regions Seen through the Lens of Advanced Producer Services"，*Regional Studies*，Vol.42，No.8（2008），pp. 1055-1064.

②　A.Markusen，"Fuzzy Concepts，Scanty Evidence，Policy Distance：The Case for Rigour and Policy Relevance in Critical Regional Studies"，*Regional Studies*，Vol.37，No.6/7（2003），pp. 701-717.

③　A. Aguilera，"Growth in Commuting Distances in French Polycentric Metropolitan Areas：Paris，Lyon and Marseille"，*Urban Studies*，Vol.42，No.9（2005），pp. 1537-1548.

心性之间的契合关系为重点，探讨了这一类型区域的动态发展模式及其多中心性、互补性、连通性、协同性和外部性等属性特征，并且在 PUR 的定量测度上进行了较多卓有成效的工作，同时在欧洲空间规划中获得了广泛的应用。虽然对这一领域的研究已经取得了丰硕的研究成果，进行了一系列的实证研究和数量分析，但由于概念本身的模糊性、原型区域的局限性以及政策实施过程中出现的地方性问题等因素的存在，使得这一理论概念和规划策略的研究尚需进一步的深入，其应用价值尚需进一步的观察和测定。即便如此，欧洲 PUR 的研究对中国城镇密集地区的研究和发展仍存在诸多启示。首先，应该不断加强对 PUR（以及普遍意义上的城镇密集地区）这一特殊空间组织形式的重视，国家对城镇群体空间的日渐重视和 2008 年以来若干省内或跨省的区域规划的制定为这一领域的研究和应用奠定了现实基础。其次，强化对 PUR 各种属性的定量研究。无论是国内的城市群体研究或者城市体系规划探讨均较少涉猎这一研究领域，我们可以从欧洲目前的研究中获得研究方法和结论的借鉴，有助于推动城镇群体空间研究的科学化。第三，对 PUR 规划思想的借鉴和吸收。反思和学习欧洲各种空间尺度上的多中心规划思想，促进落后地区的发展，实现空间公平。

第 四 章

中国沿海城市—区域空间组织格局演变[①]

　　20 世纪以来，世界范围内城市与区域向海发展的趋向愈来愈显著，国家城市发展战略重点不断向沿海地区转移。中国沿海地区作为国家开发和开放的重点得到了迅速发展，成为加快国家现代化进程、缩小中国与发达国家经济技术水平差距的重点区域，成为我国区域经济发展的重要支撑点。但是，中国沿海地区内部同样存在不均衡发展的现象，其空间极化的格局、过程及影响因素等方面都亟待深化研究。

　　沿海城市带研究成为国内外城市地理研究的重点领域和内容。20 世纪中叶，戈特曼对美国东北部大西洋沿岸城市群的研究开启了世界范围内沿海城市带理论探讨和实证研究[②]。21 世纪是海洋世纪，"海洋强国"战略下的中国现代化发展，应当重新审视沿海城市带发展格局。城市地理学对沿海城市带的研究，从沿海城市体系入手[③]，发现沿海城市带成为我国重要的生产要素集聚与扩散的城镇密集区[④]，并进而成为我国参与全球竞争的重要空间载体[⑤]。

---

　　① 本章部分内容根据马学广、窦鹏、张荣《中国沿海城市带区域空间极化研究》(《中国名城》2014年第 12 期) 修改，马学广作为第一作者和通讯作者；以及闫曼娇、马学广、娄成武《中国东部沿海城市带城市职能分工互补性比较研究》修改，马学广作为通讯作者。

　　② J. Gottmann, "Megalopolis: or the Urbanization of the Northeastern Seaboard", *Economic Geography*, Vol.33, No.3 (1957), pp. 189-200.

　　③ 郑弘毅、顾朝林：《我国沿海城市体系初探》，《自然资源学报》1987 年第 3 期。

　　④ 胡序威、周一星、顾朝林：《中国沿海城镇密集地区空间集聚与扩散研究》，科学出版社 2000 年版。

　　⑤ 姚士谋等：《中国城市群》，中国科技大学出版社 2006 年版。

部分学者对中国沿海地区构建城市带展开战略思考，提出以城市组合为手段，构筑开放、流动、有序、互补的城市带，形成城市带—城市群—城市圈三个层次城市带空间结构①，提出分段培育②、沿海城市群与内地城市"嵌入性结构关系"格局的大沿海城市发展战略③。

一、中国沿海城市—区域的空间极化

对区域空间极化的研究侧重于中微观尺度，并较多采取定量分析方法。与此同时，区域空间极化已经成为国内外学者广泛关注和讨论的热点问题。极化是区域经济发展呈现出一种"中间阶层消失"或者向"两极周围聚集"的现象④。空间极化指在一定空间范围内的区域发展不平衡，处于不同极化层的区域发展差距越来越大，而处于同一极化层的区域发展差距越来越小⑤。部分学者采用综合指标法，运用主因子分析和聚类分析，探讨了改革开放以来广东省、江苏省、京津冀、长三角和东北三省等地的区域空间极化和反极化的演变规律⑥，中国沿海城市带形成经济隆起地区与经济低谷地区的强烈反差⑦。

综上所述，国内学者对于区域空间极化的研究已经取得了一些初步成果，在研究内容上侧重于区域空间极化的格局和演变趋势分析，研究对象以省和经济区域为主，偏重中微观尺度，研究对象较为分散，缺少对中国沿海

---

① 胡刚、姚士谋：《中国沿海地区构建城市带战略思考》，《地域研究与开发》2004 年第 5 期。

② 袁俊、谭传凤、常旭：《中国沿海城市带研究》，《城市问题》2007 年第 10 期。

③ 张鸿雁：《中国沿海城市群与内地城市"嵌入性结构关系"论———一个关于国家可持续安全发展的重大战略》，《城市问题》2007 年第 11 期。

④ J.M.Esteban, D. C. Ray, "On the Measurement of Polarization", *Econometrica*, No.62 (1994), pp. 819-851.

⑤ 赵映慧等：《1990 年代以来空间极化研究综述》，《经济地理》2010 年第 3 期。

⑥ 甄峰等：《改革开放以来广东省空间极化研究》，《地理科学》2000 年第 5 期；刘兆德、谢红彬、范宇：《20 世纪 90 年代江苏省经济发展及空间差异研究》，《经济地理》2003 年第 1 期；刘兆德、姚丽丽、虞孝感：《20 世纪 90 年代以来长江三角洲地区空间极化研究》，《地理与地理信息科学》2007 年第 6 期；孙平军等：《东北地区域发展的非均衡性与空间极化研究》，《地理科学进展》2011 年第 6 期；马国霞、田玉军、石勇：《京津冀都市圈经济增长的空间极化及其模拟研究》，《经济地理》2010 年第 2 期。

⑦ 张落成、吴楚才、季子修：《我国沿海城市带差距状况以及经济低谷地区的崛起》，《长江流域资源与环境》2002 年第 3 期。

城市带全景式的分析和研究。随着全球化、市场化和信息化的快速发展，中国沿海城市带星火燎原式的快速发展起来，亟须学者对其展开更深入、更具体的研究。本研究以中国沿海城市带为研究对象，立足城市尺度，对其空间格局、空间过程和影响因素等展开研究，能够为区域空间政策的制定提供决策参考。

（一）中国沿海城市—区域空间极化的格局与过程

1. 研究方法

本研究采用《中国海洋年鉴》关于沿海城市的列举式界定，统计了中国沿海 53 个主要城市，相关指标数据均来自《中国统计年鉴》①。研究方法上，主要采用系统聚类的方法。基于 SPSS 统计分析软件，本节分别从绝对极化和相对极化两个方面探究沿海城市带的空间极化程度，前者应用平均值、标准差和极差三个指标来表征，后者用变异系数和极差系数这两个指标来表征②。绝对极化指标体现出特定区域特定时期内各空间单元发展规模的差异程度，相对极化指标体现出特定区域特定时期各空间单位发展速度的差异程度。

变异系数 CV = （标准差 / 平均值）× 100%

极差系数 m = （最大值与最小值的差 / 平均值）× 100%

在研究地域上，将中国沿海城市带划分为三大地域，即华北沿海城市带，涵盖辽宁、河北、天津和山东等沿海省级行政单位的沿海城市；华东沿海城市带，涵盖江苏、上海和浙江等沿海省级行政单位的沿海城市；华南沿海城市带，涵盖福建、广东、广西和海南等沿海省级行政单位的沿海城市。受数据可获取性限制，本研究不包括台湾、香港和澳门等地区。

2. 中国沿海城市带区域发展差异

沿海化指人口与经济活动在海岸带空间上的集聚，它是人类社会发展的客观规律。2012 年，中国大陆沿海省份以占全国 13.70% 的国土面积，吸

---

① 由于《中国海洋统计年鉴》在本节选取的统计指标方面缺乏 2000—2010 年连续性的统计数据，所以仅采取其关于"沿海城市"的界定，相关数据的来源则选取《中国统计年鉴》各年度数据。

② 变异系数又称"离散系数"，是概率分布离散程度的一个归一化量度，其定义为标准差与平均值之比。变异系数越大，说明这组数据越离散。

引了全国 43.18% 的人口，创造了全国 60.87% 的 GDP[①]。

（1）中国沿海城市带整体发展差距

就其绝对差异而言，在中国沿海 53 个城市中，无论是均值，还是标准差或者极差，都呈现不断增长和扩张态势（见图 4-1）。均值的增长反映出中国沿海各城市经济规模持续增长的过程，标准差和极差的持续增长反映出中国沿海各城市经济规模差距不断扩大的过程。

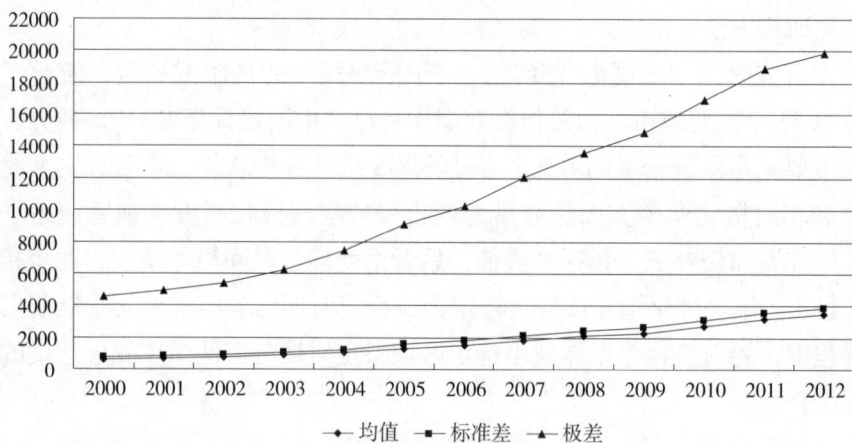

图 4-1　中国沿海城市绝对差异变化曲线

就其相对差异而言，中国沿海 53 个城市间的发展差距总体上呈现不断缩小的态势，中国沿海地区城市发展均衡性不断提高（见图 4-2）。从发展走势上看，变异系数曲线和极差系数曲线呈现不同特征，极差系数曲线总体上呈现倒 U 型发展态势，并且在 2005 年达到峰值，其发展过程可以划分为两个阶段，2000—2005 年，中国沿海 53 个城市的极差逐年递增，城际差异程度不断扩大，空间极化程度不断递增；2005—2012 年，中国沿海 53 个城市的极差总体呈现递减态势，城际差异程度不断缩小，空间极化程度不断萎缩。变异系数呈现逐年递减态势，这反映出中国沿海 53 个城市间的经济发展差距不断缩减，中国东部地区空间极化形势趋于缓解。

[①]　数据来源于《中国统计年鉴》（2013）。

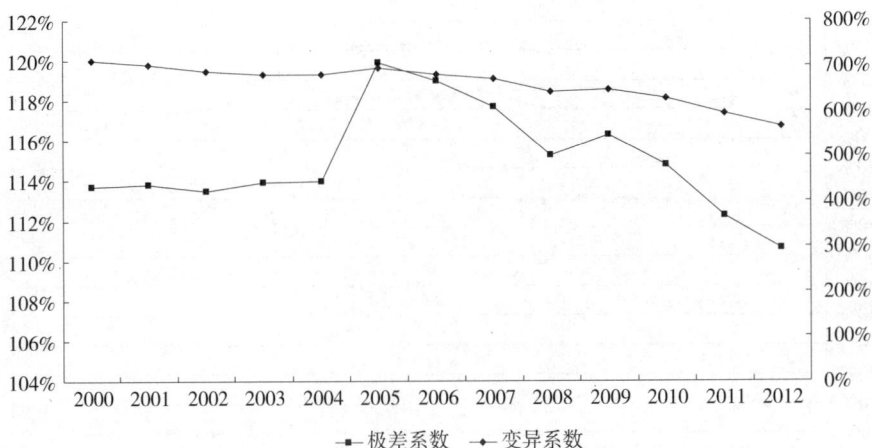

图4-2　中国沿海城市相对差异变化曲线

（2）中国沿海城市带内部发展差距

中国沿海城市带的内部发展差异，可以从华北、华东和华南三大沿海地区的角度加以分析，以更深入的剖析城市间的发展差异及其造成的区域空间极化。

（3）中国沿海各城市空间相对差异的变化

从中国沿海53个城市的变异系数来看（见图4-3），总体上的特征是，华南沿海地区25个城市间的差异最大，华东沿海地区11个城市的发展差距略低于华南地区，而华北沿海地区17个沿海城市之间的差距相对较低。此外，华南沿海25个城市的变异系数曲线呈现倒U型特征，在2005年达到峰值，反映出华南沿海地区城际发展差距先扩大后缩小的特征；而华东沿海11城市的变异系数曲线总体上呈现递降状态，转折点出现在2005年，反映出华东沿海地区各城市发展差距不断缩小的趋势；而华北沿海17城市的变异系数曲线总体上呈现递增状态，反映出华北沿海各城市间的发展差距在不断扩大的趋势。

（4）中国沿海各城市空间绝对差异的变化

从中国沿海53个城市的标准差曲线来看（见图4-4），中国沿海三大地区各城市的区域发展差距程度在不断扩大。中国沿海三大区域中，华东沿海地区11个城市之间的发展差距最大，且在持续扩大；华南沿海地区25个城

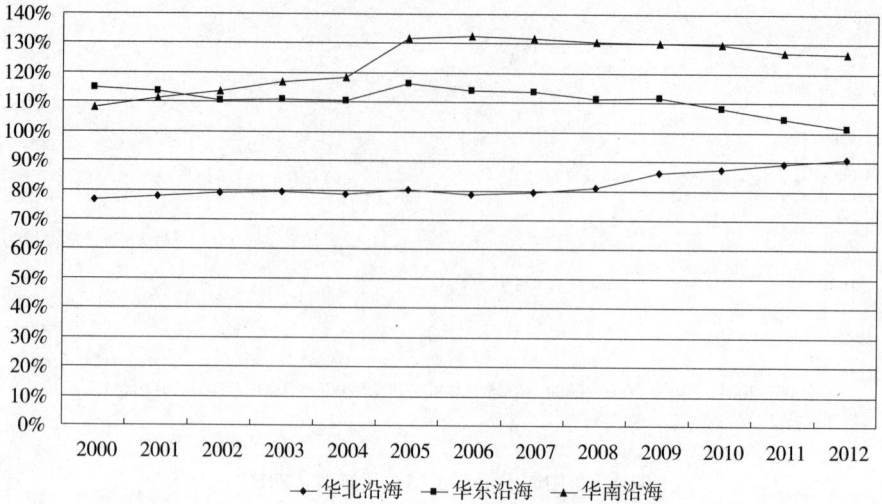

图 4-3　中国沿海城市变异系数变化曲线

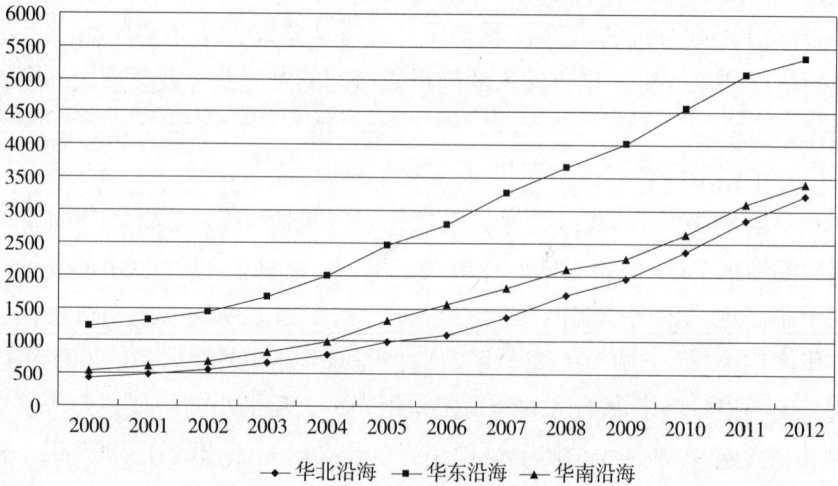

图 4-4　中国沿海城市标准差变化曲线

市间的发展差距次之，也呈现不断扩大态势；最后，华北沿海地区 17 个城市之间的发展差距最小，但同样呈现不断扩大趋势。

3. 中国沿海城市带区域空间极化格局

　　基于 SPSS 分析软件，采用聚类分析方法，以 GDP（地区国民生产总值）为分类依据，采用 2000 年、2005 年和 2010 年三个年份数据来探讨中国沿海城市带区域空间极化的格局和过程（见图4-5）。

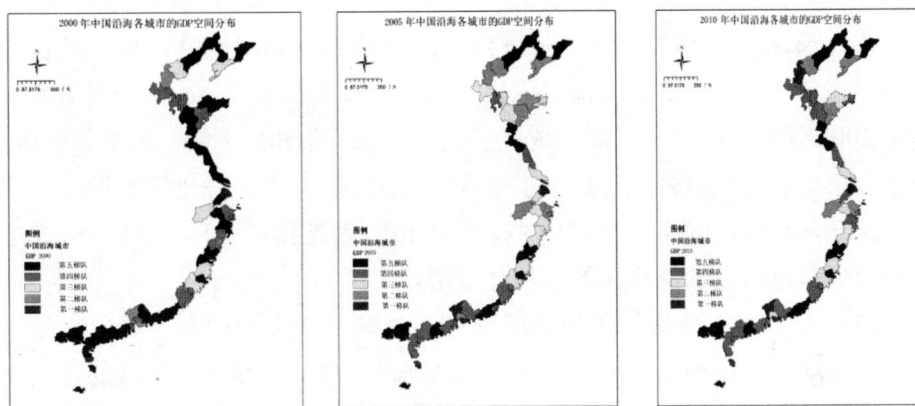

图4-5　个别年份中国沿海城市 GDP 的空间分布

中国沿海城市带的区域空间极化格局呈现如下特征：

（1）核心城市快速成长起来，成为区域的增长核心和增长极。2000年，中国沿海城市带只有上海市名列第一梯队城市，2005年广州和深圳已跻身第一梯队，2010年天津成为中国沿海城市带四大第一梯队城市之一（见表4-1）。

表4-1　中国沿海城市带前三位梯队的城市布局情况

城市梯队	华北沿海地区			华东沿海地区			华南沿海地区		
	2000 年	2005 年	2010 年	2000 年	2005 年	2010 年	2000 年	2005 年	2010 年
第一梯队	/	/	天津	上海	上海	上海	/	广州、深圳	广州、深圳
第二梯队	天津	天津、唐山、大连、青岛、烟台	唐山、大连、青岛	/	杭州、宁波	杭州、宁波	广州、深圳	东莞	/
第三梯队	唐山、大连	沧州、东营、潍坊、威海	烟台	杭州	南通、嘉兴、绍兴、台州、温州	绍兴、温州	福州、泉州	福州、泉州	东莞、福州、泉州

这四大第一梯队城市分别成为引领华东沿海地区、华南沿海地区和华北沿海地区经济发展的核心，同时也成为引领中国经济发展的增长核心。

（2）形成三大增长区域，长三角、珠三角和环渤海地区，每个增长区域都存在多个增长核心的支撑。以核心城市为吸引和辐射中心，中国沿海城市带 2000 年以来的快速发展形成了长三角、珠三角和环渤海三大增长区域，而在各个增长区域内部也形成了多个次中心城市（如长三角地区的杭州和宁波，珠三角地区的东莞，环渤海地区的唐山、大连和青岛），整体上形成由多个功能节点组成的网络化的区域经济增长空间格局。

（3）省区交界地带形成经济陷落区。以核心城市为中心，圈层蔓延式的辐射带动周边城市增长形成三大增长区域的同时，区域经济发展的距离衰减效应依然存在，导致省区交界地带形成经济陷落区。比如环渤海地区与长三角地区交界的苏北地区，珠三角外围的北部湾地区等，亟须培育新的经济增长核心以带动区域经济快速增长。

4. 中国沿海城市带区域空间极化过程

以中国沿海城市带 53 个城市的经济增长状况来表征和显示区域空间极化的过程（见图 4-6）。

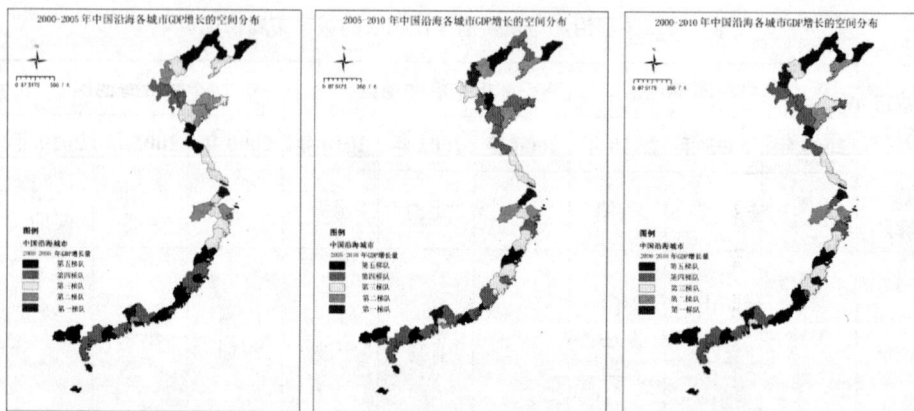

图 4-6   中国沿海城市带 GDP 增长的空间分布图

（1）中国沿海城市带经济增长的空间过程

2000 年，上海市在我国沿海 53 个城市中一枝独秀，属于唯一的第一梯队城市，也是全中国经济规模最大的城市。从三大沿海地区的角度来看，华北和华南沿海城市地区都缺少第一梯队城市，前者以天津作为唯一的第二梯队城市，而后者则呈现广州—深圳双第二梯队城市的格局。

2005年，华南沿海地区快速发展，广州—深圳联袂崛起，成为与上海比肩的中国沿海第一梯队城市，而华北沿海地区的第一梯队城市正在酝酿中。同时，可以观察到华北沿海地区在缺席第一梯队城市的情形下，形成了天津—唐山、青岛—烟台以及大连为中心的环渤海多中心城市—区域；华东沿海地区则形成上海、杭州—宁波、南通—嘉兴—绍兴—温州—台州等城市构成的层次分明的梯级的沿海城市体系；华南沿海地区则形成广州—佛山、东莞、福州—泉州等城市构成的较为松散的沿海城市体系，而广东省内沿海地区第三梯队城市缺失。

2010年，中国沿海地区最显著的变化是形成天津（华北沿海）、上海（华东沿海）、广州—深圳（华南沿海）为中心的第一梯队城市，四大第一梯队城市形成鼎足而立的空间态势。另外，在各沿海地区内部，都形成了层次分明、相对完备的城市等级体系，如华北沿海地区的天津、唐山—大连—青岛、烟台及其他第四第五梯队城市，华东沿海地区的上海、杭州—宁波、南通—绍兴—温州及其他第四第五梯队城市，华南沿海地区的广州—深圳、东莞—福州—泉州（缺少第二梯队城市）的空间格局。

从各个城市的梯次变化来看，华北沿海地区的唐山和大连在2005年度和2010年度都跻身第二梯队，而原本在2005年处于第二梯队的烟台则于2010年退居第三梯队。华东沿海地区的杭州和宁波在2005年和2010年成功跻身第二梯队，南通、嘉兴和台州则于2010年退出前三梯队。华南沿海地区的广州和深圳于2005年开始跻身第一梯队城市，东莞于2010年退出第二梯队。

（2）中国沿海城市带经济增长的空间格局

从增长规模上看，三大沿海地区的经济规模增长格局各具特色，华北沿海地区呈现三足鼎立格局，华东沿海地区呈现金字塔式等级分明且相对稳定，而华南沿海地区广—深双中心发展的特征愈益显著（见表4-2）。

在2000—2005年，华东沿海地区的上海、华南沿海地区的广州和深圳都位居增长的第一梯队，华北沿海地区没有城市进入第一梯队。2005—2010年，华北沿海的天津进入规模增长的第一梯队；华东沿海前两个增长梯队的

表 4-2　中国沿海城市经济规模增长梯队分布

梯队	华北沿海地区			华东沿海地区			华南沿海地区		
	2000—2005年	2005—2010年	2001—2010年	2000—2005年	2005—2010年	2001—2010年	2000—2005年	2005—2010年	2001—2010年
第一梯队	/	天津	天津	上海	上海	上海	广州、深圳	广州	广州、深圳
第二梯队	天津、烟台、青岛	唐山、大连、青岛	大连、青岛	杭州、宁波	杭州、宁波	杭州、宁波	东莞	深圳	/
第三梯队	唐山、大连、威海、潍坊	沧州	唐山、烟台	盐城、南通、绍兴、台州、温州	盐城、南通、绍兴、温州	盐城、南通、绍兴、温州	/	东莞、福州、厦门、泉州	东莞、福州、泉州

城市没有变化，台州退出规模增长的第三梯队；华南沿海地区，深圳退出增长的第一梯队而屈居第二梯队，东莞回落至第三梯队。总体上来看，2000—2010年，华北沿海地区的天津位居第一梯队，大连和青岛位列第二梯队，而唐山和烟台则位列第三梯队，京津冀沿海地区、辽东半岛地区和山东半岛地区鼎足而立。华东沿海地区，梯队发展特征相对明显，上海、杭州—宁波、盐城—南通—绍兴—温州等级分不较为明显。华南沿海地区的广州、深圳位居增长的第一梯队，东莞、福州和泉州则位居第三梯队，缺乏第二梯队城市。

（二）中国沿海城市—区域空间极化的影响因素

1. 自然环境及区位因素

任何一个地区的经济发展都与它所处的地理位置和其基本的地理特征密切相关，地理区位在区域经济发展中扮演着十分重要的角色。中国沿海城市带凭借优越的地理位置，适宜的居住自然条件等因素吸引国内外生产要素尤其是高级人才和技术的频繁的、双向的流动，从而推动其快速发展。而中国沿海城市带的自然环境及区位条件差异在一定程度上导致了区域空间极化的形成。例如华北沿海地区背靠黄河中游和西北地区，遥望日、韩，处于充满活力和发展潜力的东北亚经济枢纽带；华东沿海地区跨长江下游广袤地区，位于长江黄金水道的龙头位置，承担着引领中国长江沿线强势崛起的重任；华南沿海地区是中国最先开放的地区，与港澳台及东南亚地区联系密切。三大沿海地区之间的自然环境和区位因素差别在一定程度上塑造和强化了中国沿海城市的区域空间极化格局与过程。

2. 人口资源与流动因素

人口为经济发展提供基本动力，是经济发展重要的动力因素。人力资本的数量和质量是决定区域经济增长的一个重要变量。改革开放以来，我国实施了优先发展沿海、以沿海发展带动内地发展的梯度推移发展战略，生产要素和人力资本都在不断向沿海地区集中，加重了地区之间的经济差异。但是，近年来中国沿海各地均出现了"用工荒"的问题，"就地城市化"政策在各人口输出大省获得鼓励，对中国沿海各城市的用工环境提出了较高的要求。随着中国沿海各地发展环境的变化，人力资本在三大沿海地区之间的流动也愈来愈剧烈，三大沿海地区之间的经济竞争日趋剧烈。此外，人力劳动力素质与我国沿海地区经济发展水平所需不相适应也成为当前制约沿海地区经济发展的重要因素。

3. 资本来源与投向因素

资本流动因素是影响区域间经济差距的重要因素之一，改革开放前，引起区域资本流动的主体主要是政府部门；改革开放以后，引起区域资本流动的主体从单一的政府部门扩大到银行等金融机构、企业和个体以及国外投资机构或投资商。外资的进入对我国东部沿海地区经济发展起到了至关重要的作用。外资的流入既促进了东部地区经济的迅速崛起，也是造成沿海地区内部经济发展不平衡的内在原因。随着中国沿海城市带三大地区投资环境的变化，内资、外资和其他来源资本投向的变化，刺激和强化了区域空间极化的程度，如何加快转变发展方式，应对挑战，将是中国沿海城市带各地区面临的新课题。

4. 区域政策与体制因素

地理和政策是影响区域经济发展差异的两大重要因素，因为这两大因素之间存在着互相影响、互相作用的关系。改革开放以后，国家在梯度推移区域开发政策的指导下，在投资分布和政策导向上开始向东部沿海地区尤其是东南沿海地区倾斜。新时期下，西部大开发战略、振兴东北老工业基地战略、国家级区域战略规划以及国家级新区的设置等相继出台，推动和促进了中国区域经济版图的大变迁，同时也导致新一轮区域经济竞争态势的强化以及中国沿海城市带区域空间极化的激化。

5. 产业结构与贸易因素

产业结构是衡量区域经济发展水平的重要指标，也是判断区域经济发展阶段的重要标志，经济的不断发展也表现在三次产业结构的不断调整和优化。中国沿海城市带在长期发展过程中，逐步从劳动密集型产业和资源密集型产业转向技术密集型和知识密集型产业，传统产业逐步向中西部转移，不断调整和优化产业结构，转变经济发展方式。对外贸易同样是引起经济差距的重要因素之一，人才、资金、技术和先进管理经验的引入促进了各种资源要素配置的合理化，从而使经济进一步发展。如何快速地实现产业结构的转换，形成高附加值的、具有竞争力的产业结构是中国沿海城市在激烈的区域竞争力中胜出的关键所在。

6. 空间布局与形态因素

中国沿海城市—区域是我国人口、信息、技术和资金分布最密集、流通最迅速的地区，其拥有中西部地区无法比拟的地理位置优势，具有雄厚的经济实力。长三角、珠三角和环渤海地区是中国沿海城市带信息、资本和人才等资源集散地的枢纽，是区域经济发展的核心和依托，也是拉动周边经济发展的增长极。中西部地区和东部欠发达地区由于缺乏与之抗衡的来自中心城市的积聚力量，所以容易形成发展差距。同时，三大沿海地区在区域空间结构与形态上的差异也进一步激化了中国沿海城市带区域空间极化的程度，比如珠三角地区呈现为广州—深圳双中心的空间经济结构，长三角地区则形成了以上海为中心、杭州—南京为副中心以及大量中等规模城市为成员的城市网络结构，而环渤海地区则形成了京津冀、辽中南和山东半岛鼎足而立的区域空间结构，这种在空间布局与形态的差异形成和塑造了中国沿海城市带区域空间极化的格局并影响了其进一步发展的走向。

（三）促进中国沿海城市—区域空间均衡发展的对策建议

1. 加大政策扶持力度，缩小区域贫富差距

改革开放以来30多年的发展，在不断拉大东部、中部和西部三大地域发展差距的同时，中国沿海地区城市之间的发展差距也在不断被拉大。政府在制定政策时，要深入考虑区域空间政策对周边地区的影响和带动作用，调整相关政策和运行机制，促进城市健康、合理、快速发展以应对市场经济条件下城镇化发展相关政策做系统研究，科学评估政策实施的可行性和有效性。例如我国在制定山东半岛蓝色经济区政策时，就要充分考虑到这一政策对周边省市的影响和作用。另一方面，政府要及时根据新形势和新问题来调整相关政策，统一政策制定和经济发展的步伐，防止政策制定滞后、阻碍经济发展的现象发生。

2. 做好城市发展规划，推进城乡协调发展

政府应深入挖掘城市特色，确立新的城市发展理念，调整城市发展方针，因地制宜，实施有差别的城市发展政策，制定切实可行的城市发展战略。目前，中国沿海城市带已经初步形成了以大城市为中心的城镇体系，已经形成了以长三角、珠三角和环渤海地区为代表的城市群，发达城市和欠发达城市之间的发展差距较大，如何平衡发达城市、中等发达城市和欠发达城市之间的关系是考验政府的一道难题。我国东部沿海11省市在地理条件、生产要素以及文化底蕴等各方面存在着极大的不同，政府要因地制宜，深入挖掘城市底蕴，结合自身实际发展水平和能力，制定切实可行的城市发展规划。另一方面，各省市政府之间要加强合作，摒弃地方保护主义的错误观念，主动化解矛盾，联起手来共同促进经济发展迈上新台阶。

3. 加快城市化进程，加强中心城市建设，培育新的经济增长核心

城市化进程缓慢，中小城镇不发达，中心城市经济实力差，是沿海欠发达地区经济发展趋缓的重要因素。城市是区域经济发展的重要载体和依托，它的发展变化体现了一个地区经济结构的不断调整和经济发展历程。政府一方面要下大力度加快城市化进程，不断提高城镇居民人均收入，提高城市化水平；另一方面政府要强化中心城市建设，根据地区发展的实际情况，培养和打造具有巨大发展潜力的新兴城市，并带动周边中小城镇的发展。在打造中心城市的基础上，政府还要注意加强区域经济带的建立和增长，以中心城市为轴心，在沿海省市多建立如上海浦东新区、天津滨海新区等经济发展区域，确定各省区内部的重点发展区域。坚持区域均衡发展的战略，通过大量且集中的资源供给和政策扶持尽快形成新的经济增长中心区域，连接次级发展区域，带动周边城市或乡镇的经济发展，形成梯级发展产生辐射效应。

4. 深化经济体制改革，继续优化产业结构

产业结构是对区域经济发展相当重要的因素，是促进区域创造更多地区生产总值的重要力量。产业结构的调整是促进区域转变经济发展方式的表现。沿海城市带存在巨大的发展差异，各地区产业结构的不同也是阻碍区域一体化建设的因素。各政府要加快经济体制改革，因地制宜，抓住发达国家产业结构调整和扩散的机遇，扩大对外开放的领域和深度，优化产业结构，不断加快产业升级和经济发展方式的转变，走新型工业化道路。

二、中国沿海城市—区域的空间不均衡发展

自 20 世纪 50 年代简·戈特曼（Jean Gottmann）城市带概念的提出，至今半个多世纪以来，世界范围内已经出现了众多的城市带和准城市带现象[1]。城市带成为区域城市空间组织的最高形式。而沿海城市带则是我国参与全球竞争的重要空间载体[2]。而随着中国加入 WTO 和更加开放地参与国际竞争格局的形成，中国沿海城市面临更大的机遇和挑战[3]。有的学者针对中国沿海地区构建城市带展开战略思考，提出了城市带—城市群—城市圈 3 个层次的城市带空间格局[4]；有的学者提出中国沿海城市带分段培育的基本构想，并对北部哈大城市带、中部京沪城市带和南部粤南城市带的构建进行了研究[5]；也有的学者针对某一特定沿海城市带的空间结构及演化展开具体

① 袁俊、谭传凤、常旭：《城市带及我国沿海城市带的培育》，《经济管理》2007 年第 15 期。
② 姚士谋等：《中国城市群》，中国科技大学出版社 2006 年版。
③ 宋丁：《中国沿海城市发展的三大趋向》，《开放导报》2003 年第 11 期。
④ 胡刚、姚士谋：《中国沿海地区构建城市带战略思考》，《地域研究与开发》2004 年第 5 期。
⑤ 袁俊等：《中国沿海城市带研究》，《城市问题》2007 年第 10 期。

分析①。

　　全球化背景下中国城市发展的空间差异变动加剧②，区域经济发展不均衡的相关问题也引发了学者的广泛讨论。部分学者以时间轴为主线，采用GDP数据研究我国区域经济发展不均衡的长期变化态势③；部分学者利用人均GDP等指标，采用测度熵（GEM）或极化（TW）等方法对区域经济发展不均衡展开实证研究④；部分学者对区域经济发展不平衡的因素和对策展开研究⑤；部分学者从特定视角对我国区域经济发展不均衡展开分析⑥。

　　综上所述，国内学者对于区域不均衡发展的研究已经取得了一些初步成果，在研究内容上，侧重于不均衡发展的格局演变、原因和策略分析；在研究方法上，利用GDP、人均GDP等指标数据，采用多样化数据分析方法；在研究对象上，多集中在全国东中西角度或者省域、经济区域为主，而对整个中国沿海城市带的实证分析较少。本研究以中国沿海城市带为研究对象，采用GDP数据，利用集中度指数、基尼指数、差异系数和极差系数多方位的数据分析方法，试图对中国沿海城市带区域不均衡现状展开详细分析。

（一）研究设计

1. 数据来源和获取方式

本研究针对中国沿海城市带区域不均衡发展现状展开定量测度，主要

①　秦志琴、张平宇、王国霞：《辽宁沿海城市带空间结构演变及优化》，《经济地理》2012年第10期。

②　赵映慧等：《1990年代以来空间极化研究综述》，《经济地理》2010年第3期。

③　郭腾云、徐勇：《1952—2003年我国区域经济发展不均衡的长期变化态势》，《地理科学进展》2005年第1期；金虎斌：《1978—2010年我国区域经济发展不均衡的态势及原因探析》，《商业时代》2012年第5期；刘清春等：《我国区域经济的不均衡、极化及演化研究》，《统计与决策》2009年第12期。

④　漆嘉琦、王斌会：《区域经济发展不均衡的因素分析模型及实证研究》，《商业时代》2011年第14期；李迁、潘建成、杜建国：《我国区域经济发展不均衡和极化的演化分析》，《统计研究》2006年第12期；李正华、徐小平、杜建国：《长三角区域经济发展不均衡和极化的演化分析》，《经济问题探索》2008年第6期。

⑤　汪伟全：《区域经济圈内的地区发展不均衡与对策研究》，《求实》2010年第9期；胡红军：《试论我国区域经济发展不平衡的原因及对策》，《现代商业》2014年第21期；王珂：《我国区域经济发展不平衡的原因分析及对策研究》，《新经济》2014年第32期。

⑥　汪荣有、由元元：《当前我国区域经济均衡发展的公正视角》，《四川行政学院学报》2008年第2期；梁隆斌、张华：《中国区域经济发展不平衡的收敛性研究——基于三次产业的视角》，《经济问题探索》2011年第1期。

采用集中度指数、基尼指数以及差异系数和极差系数对沿海各城市 2000 年到 2012 年的 GDP 展开具体分析。关于中国沿海城市的定性，采用《中国海洋统计年鉴》中所列的中国沿海城市，共涉及 11 个省（直辖市），53 个城市。而九大沿海城市—区域的区域内部包含内陆城市，为了研究需要也将其纳入研究范围。各城市 2000 年到 2012 年的 GDP 数据来源于各年份《中国城市统计年鉴》。

2. 研究区域与空间单元划分

为了研究需要，将纳入研究范围的城市划分为单体城市、省、九大沿海城市—区域和三大沿海城市带四个尺度。其中九大沿海城市—区域为京津冀、山东半岛、辽东半岛、环渤海、长三角、珠三角、海峡西岸、厦漳泉、"北部湾"等九大城市群，共 81 个城市。环渤海地区由京津冀、山东半岛、辽东半岛的部分城市组成，本节选取京津冀城市—区域的北京、天津、石家庄、唐山、秦皇岛、保定、张家口、承德、沧州、廊坊、衡水等 11 座城市；山东半岛的济南、青岛、淄博、东营、烟台、潍坊、威海、日照、德州、滨州等 10 座城市；辽东半岛的沈阳、大连、鞍山、抚顺、本溪、丹东、锦州、营口、辽阳、盘锦、葫芦岛等 11 座城市，共计 32 个城市。长三角等城市—区域包括山海、南京、无锡、常州、苏州、南通、扬州、镇江、泰州、杭州、宁波、嘉兴、湖州、绍兴、舟山、台州等 16 个城市；珠三角城市—区域包括广州、深圳、佛山、珠海、东莞、中山、惠州、江门、肇庆等 9 个城市；海峡西岸城市—区域包括福州、厦门、莆田、三明、泉州、漳州、南平、龙岩、宁德、温州、衢州、丽水、鹰潭、赣州、抚州、上饶、汕头、梅州、潮州、揭阳共 20 个城市；以及包括在海峡西岸城市—区域中的厦漳泉城市—区域；北部湾城市—区域包括南宁、北海、钦州、防城港等 4 个城市。九大沿海城市—区域其中不仅包括了沿海城市，为了研究需要也将区域内的内陆城市纳入其中，一同展开分析。三大沿海城市带全部为中国的沿海城市，具体分为华北沿海城市带、华东沿海城市带和华南沿海城市带。其中华北沿海城市带包括天津、河北、辽宁和山东的沿海城市，共 17 个；华东沿海城市带包括上海、江苏和浙江的沿海城市，共 11 个，华南沿海城市带包括福建、广东、广西和海南的沿海城市，共 25 个。

3. 数据分析方法

（1）集中度指数

GDP 集中度指数的值变化于 0—1 之间，越趋向于 1，说明 GDP 在特定子区域集中的程度越高；越趋向于 0，说明区域 GDP 越趋向于均衡地分布于各子区域内。它是测定一个地域范围内 GDP 集中程度的重要指标。GDP 集中指数的计算遵循公式：

$$\triangle G = \frac{1}{2} \sum_{i-1}^{n} \left| \frac{G_i}{G} - \frac{S_i}{S} \right|$$

式中，$\triangle G$ 即为 GDP 集中度指数，S 和 G 为区域总土地面积和总 GDP，n 为单位的数量，即省级单位为 11，地市级单位为 53，而 G_i 和 S_i 分别为 i 市的 GDP 总额和土地面积。考虑到实地情况，S_i 各地历年变化较小，因此统一采用 2008 年各地土地面积的数据。

（2）基尼指数

一般情况下，基尼指数是反映收入在居民间分配不平等程度的指标，可用来衡量区域间收入分配的差异。同样，为了计算各省市经济发展水平区域差异，也可以利用基尼指数去衡量各个省市间 GDP 的差异化。基尼指数的计算分两步：首先将各单位的 GDP 按从小到大的顺序排列，并分别计算各单位的 GDP 占总体 GDP 的比重；然后利用以下的公式近似计算：

$$G = 2S = \frac{2}{n}(y1 + 2y2 + 3y3 + \cdots + nyn) - (\frac{n+1}{n})$$

其中，y 指各单位 GDP 占总体 GDP 的比重，从序号 1 到 n 由小到大排列；n 为城市的个数。

经济学家们通常用基尼指数来表现一个国家和地区的财富分配状况。这个指数在 0 和 1 之间，数值越低，表明财富在社会成员之间的分配越均匀；反之亦然。而按照联合国有关组织规定，基尼系数：若低于 0.2 表示收入绝对平均；0.2—0.3 表示比较平均；0.3—0.4 表示相对合理；0.4—0.5 表示收入差距较大；0.6 以上表示收入差距悬殊。通常把 0.4 作为收入分配差距的"警戒线"。

（3）差异系数和极差系数

差异系数，也称变差系数、离散系数、变异系数。它是一组数据的标准差与其均值之比，是测算数据离散程度的相对指标。离散系数大，代表其数据的离散程度大，其平均数的代表性就差，反之亦然。极差系数来源于极差，测量一组数据中最大值与最小值的差即极差，极差占平均值的百分数即极差系数。

差异系数 CV =（标准差 / 平均值）× 100%

极差系数 m =（最大值与最小值的差 / 平均值）× 100%

（二）中国沿海城市—区域空间不均衡的特征

1. 单体城市和省份尺度下中国沿海城市带不均衡现状

中国沿海城市带涉及 11 个省（直辖市），53 个城市，从单体城市尺度下来看，城市之间的发展差异不均衡现象严重，存在 GDP 明显集中于某几个城市的现象。

首先，计算出中国沿海城市带地级以上城市 2000 年到 2012 年各年的 GDP 的集中度指数和差异系数（见表 4-3）。然后，根据各年集中度指数的数值作出集中度指数随时间变化的趋势图（见图 4-7）。根据表格和趋势图可以看出，地市级单位 GDP 集中度指数在 0.3 以上，差异系数在 110% 以上，说明城市之间的发展不均衡现象较为明显。例如：2012 年，GDP 排名前五名的上海、广州、深圳、天津、杭州 5 个城市，其 GDP 总和占到了全部 53 个城市 GDP 总和的 36.24%。

其次，计算出中国沿海城市带省级单位 2000 年到 2012 年各年的 GDP 的集中度指数和差异系数（见表 4-3）。将省级单位 GDP 集中度指数和差异系数对比地市级单位相关系数可知，省级单位 GDP 集中度指数在 0.3 以下，差异系数在 60% 左右，说明沿海城市带 11 个省级单位之间在 GDP 总量上差距较小，说明各沿海省份之间发展相对单体城市来说较为均衡。

表 4-3　中国沿海城市—区域地级以上城市之间 GDP 的集中度指数及差异系数

年份	集中度指数	差异系数
2000 年	0.336256	113.72%
2001 年	0.340549	113.82%

续表

年份	集中度指数	差异系数
2002 年	0.345783	113.47%
2003 年	0.352870	113.90%
2004 年	0.354165	113.98%
2005 年	0.376175	119.91%
2006 年	0.371513	119.00%
2007 年	0.375562	117.70%
2008 年	0.370846	115.26%
2009 年	0.371639	116.28%
2010 年	0.370334	114.79%
2011 年	0.365414	112.24%
2012 年	0.363292	110.62%
均值	0.361108	114.98%

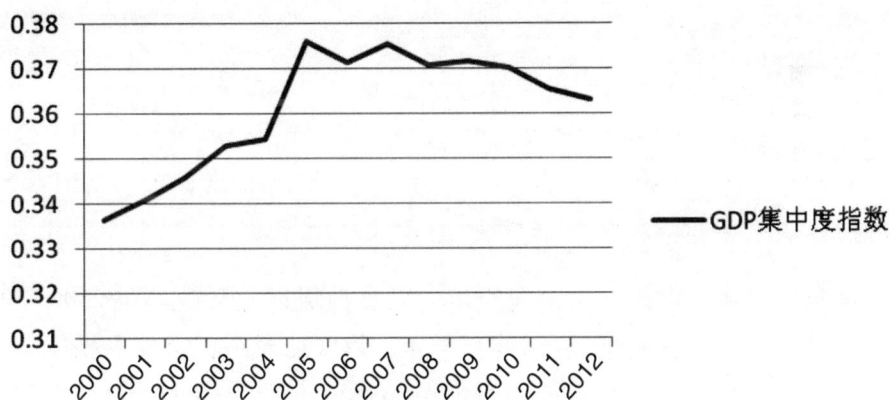

图 4-7　地级以上行政单位之间 GDP 的集中度指数

2. 中国沿海城市带九大城市—区域尺度下区域不均衡现状

中国沿海城市带九大城市—区域涉及 81 个城市，从单体城市尺度下来看，81 个城市之间的发展差异不均衡现象严重，城市之间差距较大；从城市—区域整体角度来看，九大城市—区域之间 GDP 总量差异相对较小，但也存在 GDP 集中于某几个城市—区域的现象，不均衡现象明显；从城市—区域内部来看，九大城市—区域中京津冀都市圈内部差异最为明显，厦漳泉城市—区域内部差异最小。

表 4-4　中国沿海城市—区域省级单位之间 GDP 的集中度指数及差异系数

年份	集中度指数	差异系数
2000 年	0.269017	59.63%
2001 年	0.272756	60.12%
2002 年	0.276896	60.54%
2003 年	0.285572	61.59%
2004 年	0.289715	62.60%
2005 年	0.305516	66.07%
2006 年	0.307773	66.74%
2007 年	0.305716	66.50%
2008 年	0.301442	65.74%
2009 年	0.302296	65.66%
2010 年	0.297823	64.60%
2011 年	0.291279	63.60%
2012 年	0.287565	63.00%
均值	0.291797	63.57%

　　首先，计算出中国九大沿海城市—区域地级以上行政单位 2000 年到 2012 年各年的 GDP 的集中度指数和差异系数（见表 4-5），然后根据各年差异系数的数值作出差异系数随时间变化的趋势图（见图 4-8）。根据表格和趋势图可以看出，81 个城市的 GDP 集中度指数在 1.1 左右，差异系数在 110% 以上，说明城市之间的发展不均衡现象较为明显。具体来看，GDP 集中度指数逐年增加，说明 GDP 分布越来越集中化，不断向经济发达城市聚集，导致 GDP 大量集中于小面积城市，因此导致集中度指数不断攀升。

　　其次，从城市—区域整体尺度下分析，计算出 2000 年到 2012 年各年的 GDP 的集中度指数和差异系数（见表 4-6）。将城市—区域尺度下 GDP

集中度指数和差异系数对比单体城市尺度下相关系数可知，城市—区域尺度GDP集中度指数在0.3左右，差异系数在74%左右，说明九大沿海城市—区域之间GDP总量分布上差异相较于单体城市之间差异较小，但从具体数值来看，9大城市群之间的发展差异仍然存在，不均衡现象较为明显。

再次，从中国九大沿海城市—区域内部差异来看，计算出中国九大城市—区域各自2000年到2012年各年的GDP差异系数（见表4–7）。表4–7是摘取了5个年份的GDP差异系数表，从上到下按城市群差异系数均值从大到小排列。根据表格内容可知：中国九大城市—区域中京津冀城市—区域内部差异最大，差异系数为107.23%；其次为辽东半岛城市圈，差异系数为98.33%；内部差异最小的是厦漳泉城市—区域，差异系数为46.47%；山东半岛城市—区域内部差异也较小，差异系数为49.92%。

表4–5　单体城市尺度下中国九大城市群所有城市 GDP 集中度指数及差异系数

年份	GDP 集中度指数	年份	GDP 差异系数
2000 年	0.421828	2000 年	103.42%
2001 年	0.424649	2001 年	104.11%
2002 年	0.429309	2002 年	104.28%
2003 年	0.433851	2003 年	104.70%
2004 年	0.434758	2004 年	104.36%
2005 年	0.455110	2005 年	113.61%
2006 年	0.457475	2006 年	112.35%
2007 年	0.456941	2007 年	111.62%
2008 年	0.452616	2008 年	108.98%
2009 年	0.454603	2009 年	110.28%
2010 年	0.451041	2010 年	108.57%
2011 年	0.446703	2011 年	106.53%
2012 年	0.445767	2012 年	105.60%
均值	0.443435	均值	107.57%

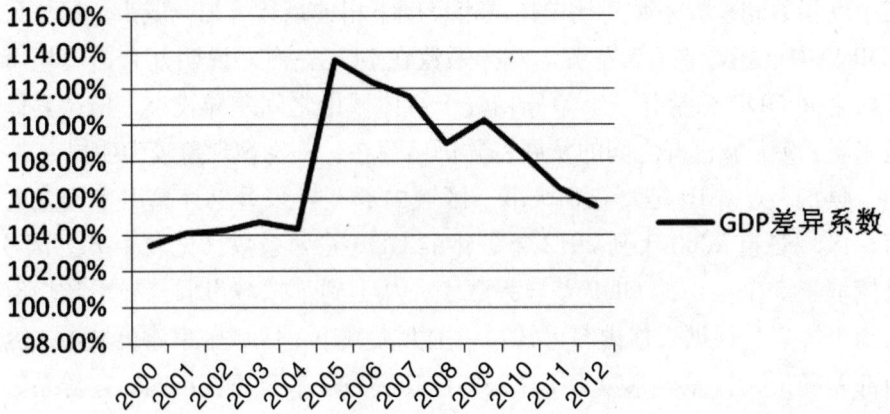

图 4-8   单体城市尺度下中国九大沿海城市—区域所有城市 GDP 差异系数

表 4-6   中国九大城市—区域 GDP 集中度指数及差异系数

年份	GDP 集中度指数	年份	GDP 差异系数
2000 年	0.288450	2000 年	71.99%
2001 年	0.292586	2001 年	72.08%
2002 年	0.296669	2002 年	72.92%
2003 年	0.304509	2003 年	74.03%
2004 年	0.308106	2004 年	74.90%
2005 年	0.315605	2005 年	76.19%
2006 年	0.319076	2006 年	75.99%
2007 年	0.317670	2007 年	75.42%
2008 年	0.312125	2008 年	74.04%
2009 年	0.308237	2009 年	74.41%
2010 年	0.304257	2010 年	74.10%
2011 年	0.298050	2011 年	73.11%
2012 年	0.295074	2012 年	72.68%
均值	0.304647	均值	73.99%

表 4-7　中国沿海城市带九大城市—区域内部 GDP 差异系数

城市—区域	2000 年	2003 年	2006 年	2009 年	2012 年	均值
京津冀	91.90%	96.39%	114.74%	116.66%	115.25%	107.23%
辽东半岛	94.36%	97.66%	97.36%	103.47%	100.47%	98.33%
环渤海	85.89%	88.35%	102.03%	104.36%	104.18%	96.94%
长三角	102.53%	97.28%	97.61%	94.31%	85.82%	95.84%
珠三角	86.24%	89.10%	90.60%	89.32%	90.83%	89.10%
北部湾	68.02%	88.94%	96.19%	97.10%	90.23%	87.04%
海峡西岸	80.98%	83.21%	78.26%	75.00%	71.87%	77.89%
山东半岛	49.66%	49.87%	49.15%	49.77%	50.59%	49.92%
厦漳泉	47.56%	44.93%	47.35%	48.71%	43.67%	46.47%

3. 三大沿海城市带区域不均衡现状

与单体城市和省份尺度下沿海城市带不均衡现状相同，城市尺度下三大沿海城市带内部区域发展差距均较大，而从区域角度来说，三大沿海城市带之间差距较小，GDP 总量分布较为均衡。

首先，从沿海城市带整体尺度下分析，计算出 2000 年到 2012 年各年的 GDP 的集中度指数和基尼指数（见表 4-8）。根据表中内容可以看出，集中度指数为 0.1 左右，基尼指数为 0.04 左右，因此从区域整体角度考虑，三大沿海城市带 GDP 总量差异很小，说明三大沿海城市带整体较为均衡。

表 4-8　区域尺度下三大沿海城市带 GDP 基尼指数

年份	集中度指数	基尼指数
2000 年	0.117209	0.053687
2001 年	0.115713	0.053070
2002 年	0.117409	0.050579
2003 年	0.114023	0.049993
2004 年	0.114853	0.040227
2005 年	0.107319	0.039579

续表

年份	集中度指数	基尼指数
2006 年	0.107507	0.046216
2007 年	0.103427	0.036514
2008 年	0.095404	0.027034
2009 年	0.096136	0.025958
2010 年	0.095368	0.022180
2011 年	0.088579	0.029436
2012 年	0.082868	0.034697
均值	0.104293	0.039167

其次，以单体城市为计算单位，根据原始数据计算出三大沿海城市带2000 年到 2012 年各年的 GDP 的集中度指数（见表 4-9），可以看出三大沿海城市带区域内部差异。根据各年集中度指数的数值作出集中度指数随时间变化的趋势图（见图 4-9）。

表 4-9　三大沿海城市带区域内部 GDP 集中度指数

华北沿海城市带		华东沿海城市带		华南沿海城市带	
年份	集中度指数	年份	集中度指数	年份	集中度指数
2000 年	0.264484	2000 年	0.338587	2000 年	0.401719
2001 年	0.265855	2001 年	0.336182	2001 年	0.409461
2002 年	0.268275	2002 年	0.331842	2002 年	0.420639
2003 年	0.270577	2003 年	0.336086	2003 年	0.436761
2004 年	0.271057	2004 年	0.337945	2004 年	0.443304
2005 年	0.273972	2005 年	0.349136	2005 年	0.502050
2006 年	0.264328	2006 年	0.343600	2006 年	0.506258
2007 年	0.273614	2007 年	0.342703	2007 年	0.505403
2008 年	0.277043	2008 年	0.337027	2008 年	0.499787
2009 年	0.283699	2009 年	0.337187	2009 年	0.495380

华北沿海城市带		华东沿海城市带		华南沿海城市带	
年份	集中度指数	年份	集中度指数	年份	集中度指数
2010 年	0.281300	2010 年	0.330591	2010 年	0.495790
2011 年	0.281543	2011 年	0.321578	2011 年	0.479962
2012 年	0.282222	2012 年	0.312524	2012 年	0.476064
均值	0.273690	均值	0.334999	均值	0.467121

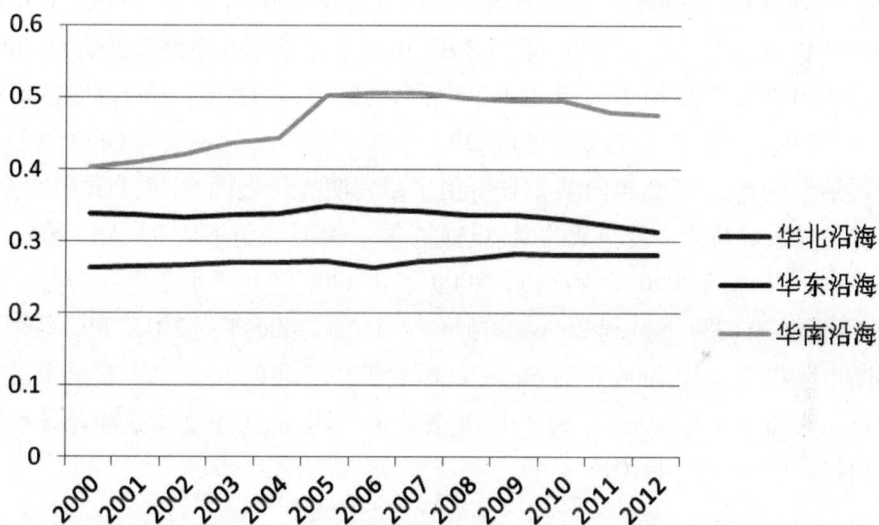

图 4–9　我国三大沿海城市带内部 GDP 集中度指数

由表 4–9 和图 4–9 可以看出城市尺度下中国三大沿海城市带区域内部 GDP 集中度指数的变化。逐个沿海城市带来看，华北和华东沿海城市带变化趋于平缓，但华东沿海城市带 GDP 集中度指数处于下降趋势，而华北沿海城市带 GDP 集中度指数稍微处于上升趋势；华南沿海城市带波动相对稍大。综合三个次区域 GDP 集中度指数来看，三大沿海城市带内部城市发展都存在一定程度的差异。华南沿海城市带内部区域不均衡现象最为严重，其次为华东沿海城市带，华北沿海城市带内部相对来说较为均衡。

4. 中国沿海城市带城市 GDP 集中度和离散度总体呈"倒 U 型"趋势

2000 年到 2012 年中国沿海城市带省级单位 GDP 的集中度指数和差异系数变化趋势趋同，基本上呈"倒 U 型"（图 4-9），即先上升后降低。说明中国沿海城市带省级单位之间发展差异经历了先上升后下降的历程，近年来省份之间的发展差异正逐步缩小。

根据前文沿海城市带省级单位 2000 年到 2012 年各年的 GDP 集中度指数可以看出省级单位之间 GDP 的集中度指数的变化，从整体上来说，省级单位之间 GDP 的集中度指数经历了从上升到下降的变化历程，以 2006 年为拐点，2000 年到 2006 年处于不断上升趋势，从 2000 年的 0.269017 上升到 2006 年的 0.307773；从 2006 年到 2012 年基本处于不断下降趋势，从 2006 年的 0.307773 下降到 2012 年的 0.287565。其次，计算出中国沿海城市带省级单位 2000 年到 2012 年各年的 GDP 的差异系数。差异系数与 GDP 集中度指数结果吻合，GDP 越向某一省份集中，表明省份之间 GDP 差异越明显，因此差异系数与集中度指数的变化趋势一样，都是经历了从上升到下降的变化历程。同样以 2006 年为拐点，2000 年到 2006 年处于不断上升趋势，从 2000 年的 59.63% 上升到 2006 年的 66.74%；从 2006 年到 2012 年基本处于不断下降趋势，从 2006 年的 66.74% 下降到 2012 年的 63.00%。根据中国沿海城市带省级单位 2000 年到 2012 年各年的 GDP 的集中度指数和差异系数作出趋势图（见图 4-10）。

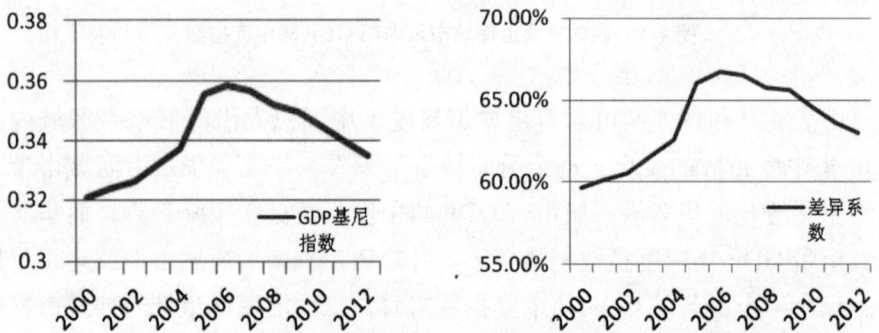

图 4-10　省级单位 GDP 的基尼指数和差异系数变化图

同样，九大沿海城市—区域所有城市发展差异具有相似"倒 U 型"趋势。根据前文单体城市尺度下九大沿海城市—区域所有城市 GDP 集中度指数和差异系数以及省级单位之间 GDP 的集中度指数和差异系数的变化，同样是以 2005 年、2006 年为拐点，呈先上升后下降的趋势。

5. 中国沿海城市—区域不均衡发展的尺度敏感性特征

中国沿海城市—区域内部发展不均衡态势具有明显的尺度敏感性特征，具体表现为随着空间单元尺度的上推或下推集中或离散程度的差异。

本节从四个尺度对沿海城市带区域不均衡发展展开测度，分别是单体城市、省、九大沿海城市—区域和三大沿海城市带。在不同的研究尺度中，GDP 集中和离散程度的差异随着尺度的变化而改变。在城市尺度上，沿海城市带城市各年份 GDP 集中度指数均值为 0.361108，基尼指数均值为 0.502760，差异系数均值为 114.98%；而在省份尺度上，各年份 GDP 集中度指数均值为 0.291797，基尼指数均值为 0.341226，差异系数均值为 63.57%。从城市尺度和省份尺度的 GDP 集中和离散程度上可以看出明显差异，地市级单位之间 GDP 的集中度指数、基尼指数和差异系数均高于省级单位之间 GDP 集中度指数，可见地市级单位之间的差距较省级单位之间大。

在具有包含关系的城市群中，不同尺度下不均衡性也有变化。环渤海地区包括京津冀城市—区域、山东半岛城市—区域和辽东半岛城市—区域。在区域尺度下，环渤海整个地区 GDP 集中度指数为 0.356835，差异系数均值为 96.94%；而在环渤海地区三大城市圈内部城市尺度下，京津冀城市—区域差异系数均值为 108.51%，山东半岛城市—区域差异系数均值为 49.94%，辽宁半岛城市—区域差异系数均值为 98.66%。从城市尺度和区域尺度的 GDP 离散程度上可以看出明显差异，城市尺度下，京津冀城市—区域和辽宁半岛城市—区域城市之间的差异较大，存在较明显的不均衡现象，这似乎与环渤海地区数据结论一致，但反观山东半岛城市—区域，差异系数不足 50%，说明内部差异并不是很明显，说明不同尺度下不均衡性的变化较为显著。

（三）促进中国沿海城市—区域空间均衡发展的对策建议

1. 完善市场经济制度，充分发挥市场机制的调节作用

市场在调节和优化资源配置方面具有基础性作用，只有首先坚持和完善市场经济制度，才能在此基础上发挥政府宏观调控的职能。目前我国仍然处在社会主义建设的初级阶段，中国特色的市场经济制度也并没有成熟，需要进一步完善和健全。沿海城市—区域的各个城市都有自己发展和生产的优势和劣势，各个城市应该根据本身的资源优势与劣势和周边城市形成良好的分工合作关系，通过完善的市场机制建立起良好的生产要素沟通流动机制，从而促进沿海城市带城市间的共赢发展，缩小区域发展差距。

2. 政府制定合理的经济政策，通过制度建设缩小区域差距

各地市以及省级政府在坚持市场在资源配置基础性作用的前提下，要加强制度建设，科学决策，做好区域内经济规划，必要时与城市群内其他地市政府做好沟通协调，实现跨域治理和政府跨域合作。举例来说，沿海城市—区域内城市各自有其发展特色，政府要支持城市发展其特色经济，自然资源丰富的城市因地制宜发展相关产业，科技技术水平先进的城市鼓励发展高新技术产业；实现专业分工合作，相对落后地区利用其土地和人力资源低廉的优势，结合先进城市科技优势，充分发挥其生产力，实现地区之间的专业化分工合作，不断提升相对落后地区的竞争力。同时，相对落后地区政府要积极建设城市基础设施，形成良好的吸引外资的条件，利用其沿海优势，大力招商引资，逐步缩小与经济发达城市的差距。

3. 完善区域经济发展战略，形成城市组团优势

在全球化、信息化、新型工业化和交通快速化的背景下，以城市群为主体推进中国城市化进程成为中国特色城市化道路的重要选择，城市群建设能充分集合城市、产业、资源、资金、交通、技术、人才等优势条件，形成组团优势。为了实现我国沿海城市带地区的经济快速协调均衡发展，缩小区域之间的差异，必须多方论证，综合考虑各种因素，科学划定沿海城市带城市组团发展战略。国家相关学者曾提出过"5+9+6"的中国城市—区域空间结构新格局，但并未对沿海城市带的城市群划分给予足够的重视，沿海城市带作为我国经济最发达的地区的同时，区域内部差异和不均衡发展也应引起学者足够重视，与政府合作，进一步完善针对特定区域的城市群发展战略。

4. 深化经济体制改革，继续优化产业结构

根据沿海城市带城市之间区位和资源优势，调整优化地区产业结构，不断平衡沿海发达地区和沿海相对落后地区的产业发展，促进产业与环境、文化及科技之间的融合发展。各地政府要加快经济体制改革，因地制宜，抓住发达国家产业结构调整和扩散的机遇，扩大对外开放的领域和深度，优化产业结构，不断加快产业升级和经济发展方式的转变，走新型工业化道路。另外，也要实现城乡区域统筹发展，做好城市发展规划，推进城乡协调发展。

三、中国沿海城市—区域的空间互补性

随着我国经济的腾飞，形成了多个城市间联系紧密影响力较大的城市群落，尤其是我国东部沿海地区。合理的城市—区域分工建立在互补性的基础上，能够使城市—区域整体产出效应大于各个城市之和，并且能够有效发挥集聚和专业化带来的效益，同时避免城市蔓延等问题[①]。以往的城市职能分工研究大多聚焦于城市职能分类方面，对城市职能互补性进行整体测度研究较少。Meijers（2005）对荷兰兰斯塔德、比利时弗莱明钻石区、德国莱茵鲁尔地区的互补性进行了较为系统的分析，发现兰斯塔德和弗兰德戴蒙德主要城市之间的分工比莱茵鲁尔地区强得多；然而，兰斯塔德和弗兰德戴蒙德现有的和现在的互补性程度正在以相对较快的速度下降[②]。Cowell（2010）在Meijers（2005）研究的基础上，对多中心地区：美国旧金山湾区、荷兰兰斯塔德和意大利艾米利亚—罗马涅的比较互补和组织治理进行了研究，他指出三个地区互补性程度有很大差异，但随着时间的推移，三个地区互补性程度都开始下降；体质结构的分析表明，地方政府较强的多中心地区会导致其互补性水平较低，具有较强的区域认同感的地方具有更高的互补性[③]。国内学

---

① 吴殿廷：《区域经济学》，科学出版社 2003 年版；张京祥等：《论都市圈地域空间的组织》，《城市规划》2001 年第 5 期；N.Bailey，I. Turok，"Central Scotland as a Polycentric Urban Region：Useful Planning Concept or Chimera？"，*Urban Studies*，Vol.38，No.4（2001），pp. 697-751.

② E.Meijers，"Polycentric Urban Regions and the Quest for Synergy：is a Network of Cities More Than the Sum of the Parts？"，*Urban Studies*，Vol.42，No.4（2005），pp. 765-781.

③ M.Cowell，"Polycentric Regions：Comparing Complementarity and Institutional Governance in the San Francisco Bay Area，the Randstad and Emilia-Romagna"，*Urban Studies*，Vol.47，No.5（2010），pp. 945-965

者李佳洺等对京津冀、长三角和珠三角三大城市—区域核心城市职能互补性进行了系统性的研究，他指出：研究区域的高端服务业职能逐步由一般化职能转变为专业化职能；工业制造业职能在京津冀和长三角由一般化职能转变为专业化职能；京津冀、珠三角表现出双中心结构的分工格局；京津冀潜在的职能互补性在三大城市—区域中是最高的。总结国内外区域互补性研究进展，在地域规模方面，有的研究对象地域范围较小，一般只涵盖了某个省区、城市群范围或两到三个城市—区域[1]；有的研究地域较大[2]，但基本是在两个年份城市职能比较方面，统计口径存在不统一的问题。基于这一点，本节试图弥补这些不足，对中国沿海城市带 9 个城市—区域，基于 2003 年至 2012 年的数据进行了统一口径下的系统性动态性的城市职能互补性研究，以期对城市间互补性研究进行更为深入全面的研究。

（一）研究设计

1. 研究方法

本节应用对应分析法对中国沿海城市带九大城市—区域进行互补性分析。对应分析是一种降维分析，其原理是主成分分析。通过分析变量构成的交互汇总表来解释变量之间的联系。可以解释统一变量的各个类别之间的差异，以及不同变量各个类别之间的对应关系。它将变量分成两个或更多个分类变量表示在低维空间中，反映类别之间的关联（Clausen, 1998）[3]。点聚图能够直观解释信息，是一种视觉化的数据分析方法，具有相似分布方式的类

① 李佳洺、孙铁山、李国平：《中国三大都市圈核心城市职能分工及互补性的比较研究》，《地理科学》2010 年第 4 期；朱英明：《城市群竞争力的发展演化与协同增强研究——基于长三角二级城市群的视角》，《现代经济探讨》2008 年第 5 期；朱英明、张雷：《城市群竞争力的区域分异研究——基于长三角二级城市群的视角》，《技术经济》2008 年第 5 期；刘海滨、刘振灵：《辽宁中部城市群城市职能结构及其转换研究》，《经济地理》2009 年第 8 期；戚本超、周达：《北京城市职能发展演变研究》，《城市问题》2006 年第 7 期；阎小培、周素红：《信息技术对城市职能的影响——兼信息化下广州城市职能转变与城市发展政策应对》，《城市规划》2003 年第 8 期；薛莹：《地级以上城市的城市职能分类——以江浙沪地区为例》，《长江流域资源与境》2007 年第 6 期。

② 王婷、芦岩：《基于产业分工的城市群不平衡协同发展对策分析》，《改革与战略》2011 年第 9 期；王建军、许学强：《城市职能演变的回顾与展望》，《人文地理》2004 年第 3 期；田光进、贾淑英：《中国城市职能结构的特征研究》，《人文地理》2004 年第 4 期；季小妹、陈田、陈忠暖：《中国省会城市职能结构特征的比较研究》，《经济地理》2009 年第 7 期。

③ S.E.Clausen, *Applied Correspondence Analysis*, Thousand Oaks, CA: Sage, 1998.

别由在空间上相近的点进行代表,而具有不同分布方式的类别之间的位置较远。在社会科学利用这种技术并不鲜见,如市场细分、产品定位、企业管理等领域。它一直被用于探索性数据分析。然而,最近,该技术也被用于测量多中心地区的互补性①。

点聚图能够把城市点与职能点反映在相同公因子轴上,如果城市的职能点距离原点近则该职能点是城市的一般化职能;城市的职能点距离原点远是城市的专业化职能;职能点和城市点近表示城市具有该职能特征;不同年间,城市点向原点移动表示城市职能专业化变向综合化;城市点远离原点移动表示城市职能趋于专业化。

2. 研究区域

中国沿海城市带是我国经济最发达的地区,本节选取了81个城市在不同尺度上形成的9个城市—区域:环渤海地区的京津冀城市—区域、山东半岛城市—区域、辽东半岛城市—区域;长三角城市—区域、珠三角城市—区域、海峡西岸城市—区域、厦漳泉及北部湾等城市—区域作为研究对象,城市的选取与本章第二节相同。

3. 数据来源

研究数据采用能够反映城市职能特征的城市地区分行业从业人员数。选取2003年至2012年《中国城市统计年鉴》中各城市第二、三产业分行业从业人员数作为统计原始数据。因第一产业(农、林、牧、渔)不作为城市职能,在研究对象中将其除去,进而使用SPSS软件的对应分析功能进一步分析。

(二)中国沿海城市—区域城市分工体系的特征

1. 城市—区域特征

运用SPSS软件对东部沿海地区九大城市—区域81个城市分行业从业人数做对应分析,能够得到直观反映2003年至2012年城市职能分工体系特征的点聚图。本节选取了2003年与2012年共18幅点聚图进行分析。总体

---

① M.Cowell, "Polycentric Regions: Comparing Complementarity and Institutional Governance in the San Francisco Bay Area, the Randstad and Emilia-Romagna", *Urban Studies*, Vol.47, No.5 (2010), pp. 945-965

来看，2012年与2003年相比较：京津冀、长三角、珠三角、海峡西岸、厦漳泉城市—区域大部分的城市点向远离原点方向移动，由综合性城市向专业化城市转型，城市间互补性增强；山东半岛、辽东半岛、环渤海、北部湾城市—区域的城市点向原点方向移动，由专业性向综合性城市转型，城市间互补性减小。

具体来看，每个城市—区域的城市呈现出不同特征。京津冀地区中，北京、天津的城市点远离原点移动，由综合型城市向专业性城市转型；山东半岛的东营向原点方向移动，济南背离原点方向移动；辽东半岛的盘锦、辽阳向原点方向移动；环渤海地区中，虽然一部分城市点背离原点移动，但大部分城市点向原点方向移动，使得环渤海地区总惯性减小；长三角大部分城市点背离原点移动，城市—区域总惯性增加；珠三角中深圳、珠海、东莞远离原点移动较为明显，城市—区域总惯性增加；海峡西岸地区尽管莆田向原点方向移动，但大部分城市点都背离原点移动，城市—区域总惯性增加；厦漳泉城市—区域，城市点背离原点移动，城市—区域总惯性增加；北部湾城市—区域北海背离原点，但其余城市向原点移动，城市—区域总惯性减小。

2. 行业特征

不同城市—区域城市的行业呈现出不同的特征。10年间，京津冀城市—区域中，北京的制造业职能部分由天津和廊坊承担，制造业逐步由一般化城市职能转变为天津和廊坊的专业化职能；同样，建筑业也呈现出和制造业相似的特征，北京的建筑业职能部分转移到天津和保定，逐步由一般化城市职能转变为专业化城市职能；北京的信息传输计算机服务和软件业从业人数大幅增加，其职能逐步由一般化城市职能转变为专业化城市职能；北京的批发零售业、住宿餐饮业职能更多地由天津承担，有逐步成为天津专业化城市职能的趋势；北京的部分高端服务业（包括金融业、租赁和商业服务业、科研、教育、文体娱、卫生和社会保障业）职能逐步凸显，逐步成为北京的专业化职能；北京、天津的房地产职能凸显。

其余8个城市—区域城市职能的强化呈现出和京津冀不同的发展模式。济南、青岛的制造业职能得到强化，进一步影响到周边城市，使得周边城市的制造业得到发展；两个中心城市的建筑业职能愈加凸显，影响到周边城市建筑业职能得到发展；济南、青岛的高端服务业职能逐步由一般化职能转变为专业化职能；沈阳、大连的建筑业从业人数增幅较大，建筑业城市职能逐步凸显，带动周边城市建筑业城市职能的发展；各个城市都注重高端服务业的发展，这点在城市群中心城市和副中心城市表现得更为明显；各个城市都注重公共社会服务职能的发展，但仍为城市的一般化职能。上海、南京、杭州的工业制造业人数大幅增长，带动周边城市制造业职能的发展。上海地区的制造业人数是研究区域内从业人数最多的。2012 年，上海的制造业从业人数为北京的 2.04 倍（数据来源于《中国城市统计年鉴》2004—2013 年），其城市的制造业职能最为凸显。建筑业也呈现出类似的特点，城市—区域的多中心地区带动周边建筑业的发展，建筑业城市职能得到强化。杭州的建筑业从业人数是研究区域中最多的。以 2012 年的数据来看，杭州建筑业从业人数是北京的 1.69 倍，是上海的 1.48 倍，相较于其他城市，其建筑业城市职能更为凸显；北京、上海依旧是中国沿海区域的金融中心，相较于其他城市，其金融业城市职能也更为凸显；广州、深圳作为珠江三角洲的两个中心城市，二者制造业、建筑业及高端服务业（如批发零售、住宿餐饮、金融、房地产、租赁和商业）的发展也带动了周边地区相关产业的发展，各城市相应的城市职能有所增强；泉州的制造业职能在海峡西岸城市群中是最突出的，福州、厦门、漳州、泉州四座城市的建筑业从业人数增幅明显，2012年这四座城市的建筑业从业人数达到海峡西岸建筑业总就业人数的 53.5%，也带动了周边城市建筑业的发展；厦漳泉地区，三座城市制造业从业人数均增加，但泉州制造业就业人数远远超过其他两座城市，更多地承担了厦漳泉地区的制造业职能，泉州制造业城市职能由一般化转向专业化；三座城市建筑业、批发零售业、教育、卫生和社会保障就业人数均大幅增加，已成为厦漳泉地区的专业化职能；中心城市厦门的住宿餐饮业、房地产业、租赁和商业服务业从业人数增幅较大，带动其余两座城市的发展。南宁作为北部湾地区的中心城市，其制造业、建筑业、高端服务业的发展带动了其余三座城市的发展，相应的城市职能得到强化。

综上所述，高端服务业逐步成为城市—区域中心城市或副中心城市的专业化职能；制造业是城市群最凸显的城市职能，其从业人数远远超过其他行业，有两种模式：第一种，京津冀地区，中心城市的制造业职能部分转移到周边城市；第二种，其余八大城市—区域，中心城市制造业的发展带动周边城市制造业协同发展。各城市都很注重公共社会服务业的发展，但社会保障职能仍属于一般化的城市职能。采矿业由于需要地区有独特的资源禀赋，采矿业职能点一直距离原点较远，是城市的专业化职能。

（三）中国沿海城市—区域职能分工体系格局变化

下列 18 个图中，职能点 V1—V18 分别为采矿业、制造业、电力燃气及水的生产和供应业、建筑业、交通运输仓储和邮政业、信息传输计算机服务和软件业、批发和零售业、住宿餐饮业、金融业、房地产业、租赁和商业服务业、科学研究技术服务和地质勘查业、水利环境和公共设施管理业、居民服务修理和其他服务业、教育、卫生社会保障和社会福利业、文化体育娱乐用房屋、公共管理和社会组织。

表 4-10　中国沿海城市—区域制造业从业人员比重（%）

年份	京津冀	山东半岛	辽东半岛	环渤海	长三角	珠三角	海峡西岸	厦漳泉	北部湾
2003	26.25	41.13	34.40	31.30	37.94	43.93	36.73	61.24	19.51
2012	23.43	42.06	32.25	30.07	31.59	46.04	40.11	58.01	21.75
变化率	−10.75	2.27	−6.26	−3.95	−16.76	4.79	9.19	−5.28	11.46

表 4-11　中国沿海城市—区域城市职能变化

城市—区域	城市—区域特征	行业特征
京津冀	城市点远离原点移动，城市转向专业化，城市间互补性增强	制造业职能减弱，高端服务业尤其是信息计算机软件业增幅职能得到强化
山东半岛	城市点向原点方向移动，城市转向综合化，城市间互补性减小	制造业职能增加，高端服务业尤其是房地产业、居民服务业职能得到强化
辽东半岛	城市点向原点方向移动，城市转向综合化，城市间互补性减小	制造业职能减少，高端服务业得到发展
环渤海	城市点向原点方向移动，城市转向综合化，城市间互补性减小	制造业职能减少，建筑业从业人数增加，高端服务业得到发展

续表

城市—区域	城市—区域特征	行业特征
长三角	城市点远离原点移动，城市转向专业化，城市间互补性增强	制造业职能大幅增加，建筑业从业人数大幅增加，高端服务业发展相对不足
珠三角	城市点远离原点移动，城市转向专业化，城市间互补性增强	制造业职能增加，高端服务业得到一定程度发展
海峡西岸	城市点远离原点移动，城市转向专业化，城市间互补性增强	制造业职能增加，建筑业从业人数增幅大，高端服务业得到发展
厦漳泉	城市点远离原点移动，城市转向专业化，城市间互补性增强	制造业职能减少，建筑业从业人数大幅增加，高端服务业职能得到一定程度的发展
北部湾	城市点向原点方向移动，城市转向综合化，城市间互补性减小	制造业职能增加，高端服务业职能得到一定程度发展

（四）中国沿海城市—区域城市职能互补性分析

1.互补性分析

对应分析不仅能够通过点聚图直观反映城市职能分工体系的特征格局及变化，还提供了一个能够反映城市职能互补性的统计量指标——总惯性，从而定量测度都市圈核心城市职能专业化的程度，反映核心城市间潜在的职能互补性。总惯性是一个衡量概要点分布在一个重心的程度。距离质心越远，惯性越高。最高的惯性等于问题的维数（在我们的例子中，是城市的数量-1）。如果所有的城市都有完全不同的生态经济概况，这个最高值将达到，而如果他们都有完全相同的经济概况，零惯性将达到。但这种情况几乎不会出现。为了能够比较各个城市—区域之间的惯性，Meijers（2005）定义了一个互补比值，用最大的可能总惯性除以它再乘以100以使总惯性标准化，得到0到100之间的一个值。即：互补性比率＝总惯性/（N-1）*100[①]。

---

① E.Meijers, "Polycentric Urban Regions and the Quest for Synergy：is a Network of Cities More Than the Sum of the Parts?", *Urban Studies*，Vol.42, No.4 (2005)，pp. 765-781.

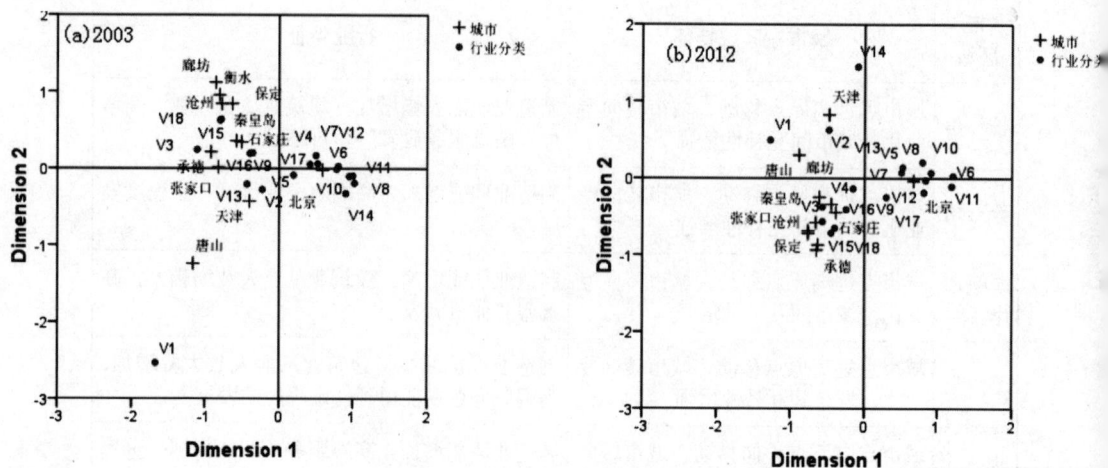

图 4–11　京津冀城市—区域城市职能分工点聚图

注：城市点 1—11 为北京、天津、石家庄、唐山、秦皇岛、保定、张家口、承德、沧州、廊坊、衡水。

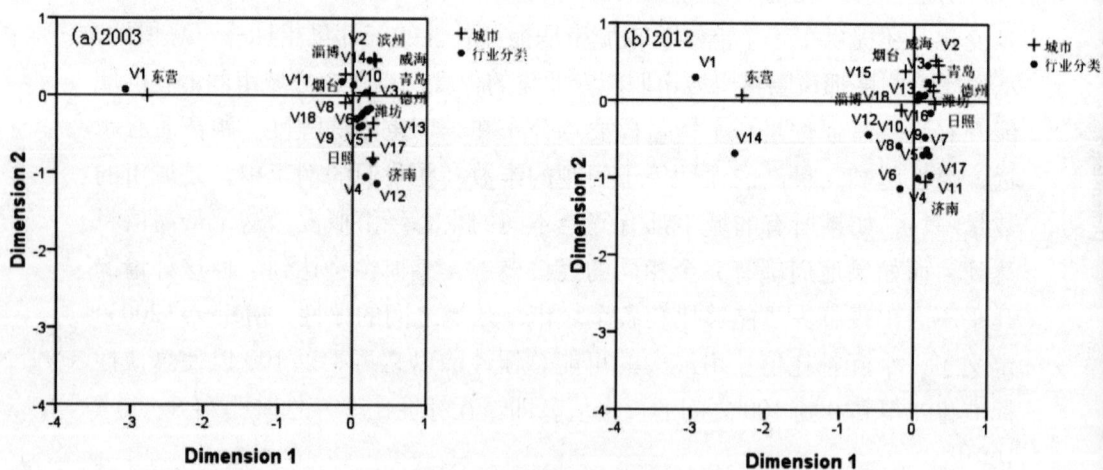

图 4–12　山东半岛城市—区域城市职能分工点聚图

注：城市点 1—10 为济南、青岛、淄博、东营、烟台、潍坊、威海、日照、德州、滨州。

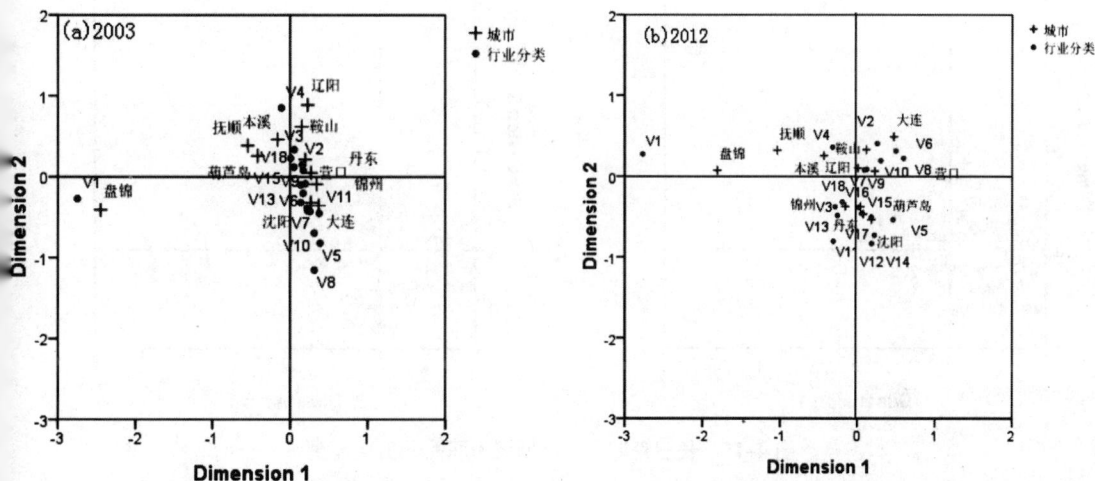

图 4-13　辽东半岛城市—区域城市职能分工点聚图

注：城市点 1—11 为沈阳、大连、鞍山、抚顺、本溪、丹东、锦州、营口、辽阳、盘锦、葫芦岛。

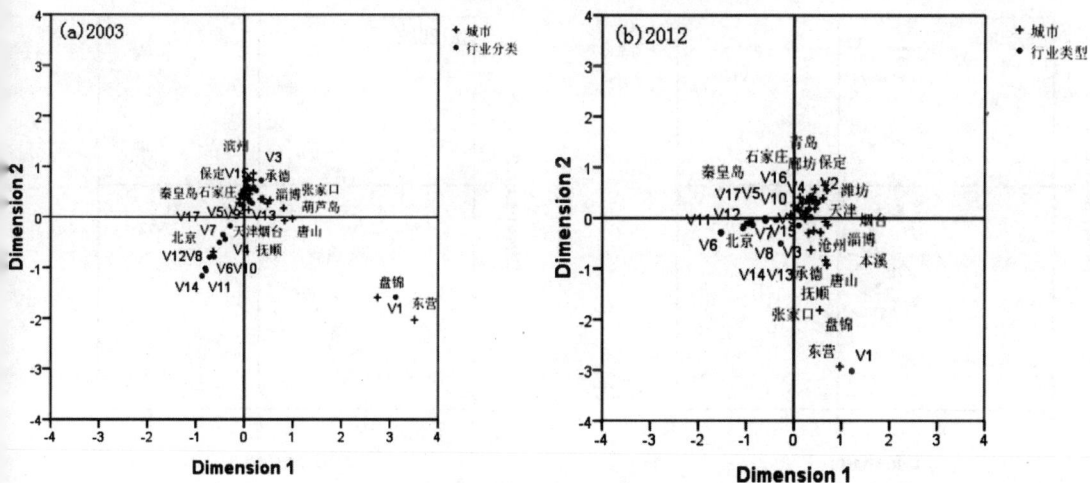

图 4-14　环渤海城市—区域城市职能分工点聚图

注：城市点 1—32 为北京、天津、石家庄、唐山、秦皇岛、保定、张家口、承德、沧州、廊坊、衡水、济南、青岛、淄博、东营、烟台、潍坊、威海、日照、德州、滨州、沈阳、大连、鞍山、抚顺、本溪、丹东、锦州、营口、辽阳、盘锦、葫芦岛。

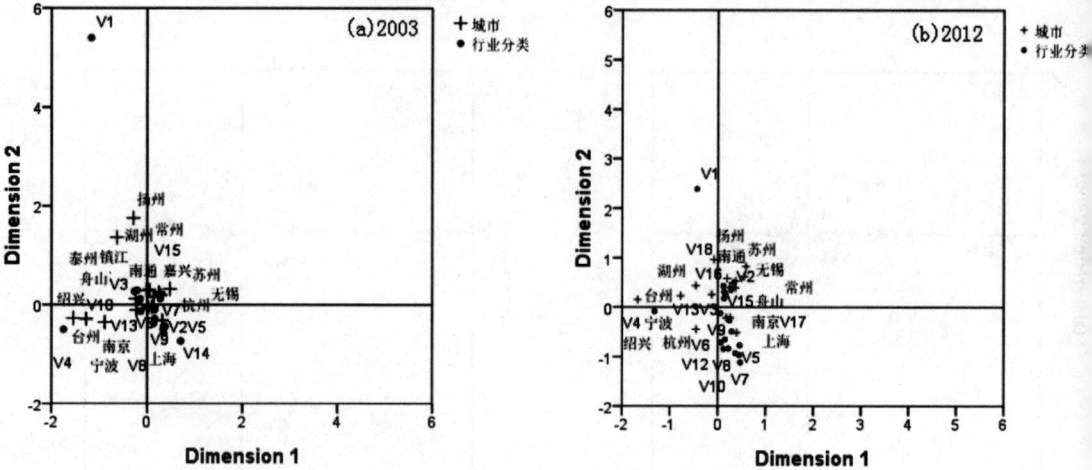

图 4-15　长三角城市—区域城市职能分工点聚图

注：城市点 1—16 分别为上海、南京、无锡、常州、苏州、南通、扬州、镇江、泰州、杭州、宁波、嘉兴、湖州、绍兴、舟山、台州。

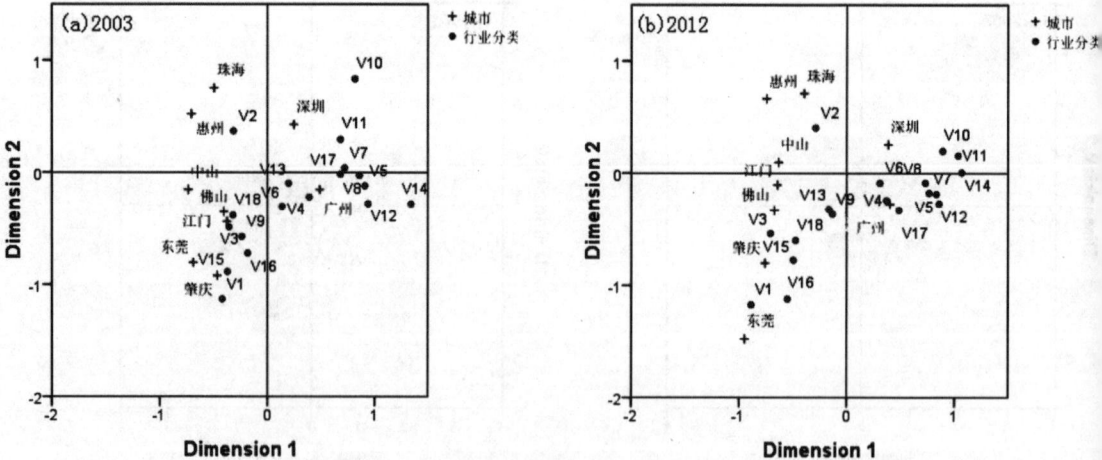

图 4-16　珠三角城市—区域城市职能分工点聚图

注：城市点 1—9 分别为广州、深圳、珠海、佛山、江门、肇庆、惠州、东莞、中山。

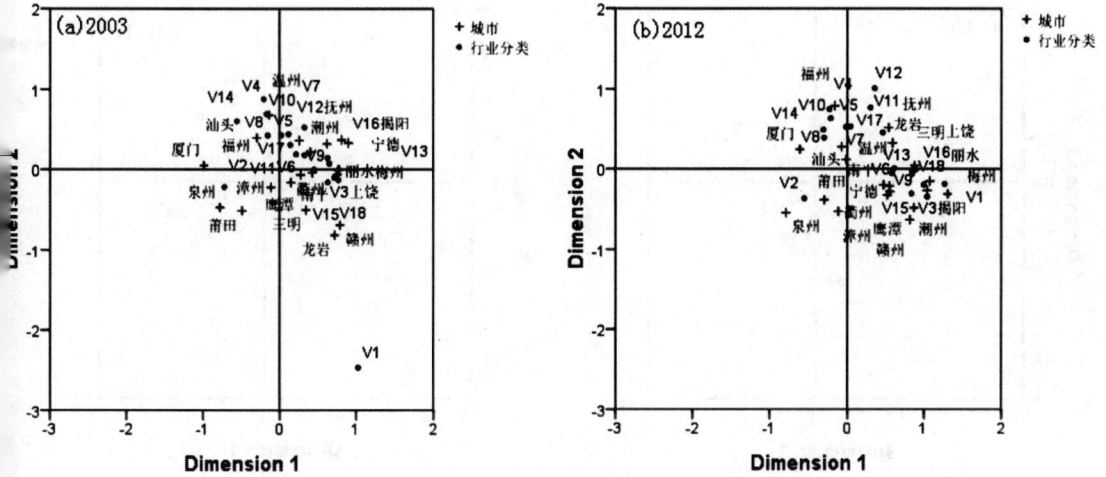

图 4-17　海峡西岸城市—区域城市职能分工点聚图

注：城市点 1—20 分别为福州、厦门、莆田、三明、泉州、漳州、南平、龙岩、宁德、温州、衢州、丽水、鹰潭、赣州、抚州、上饶、汕头、梅州、潮州、揭阳。

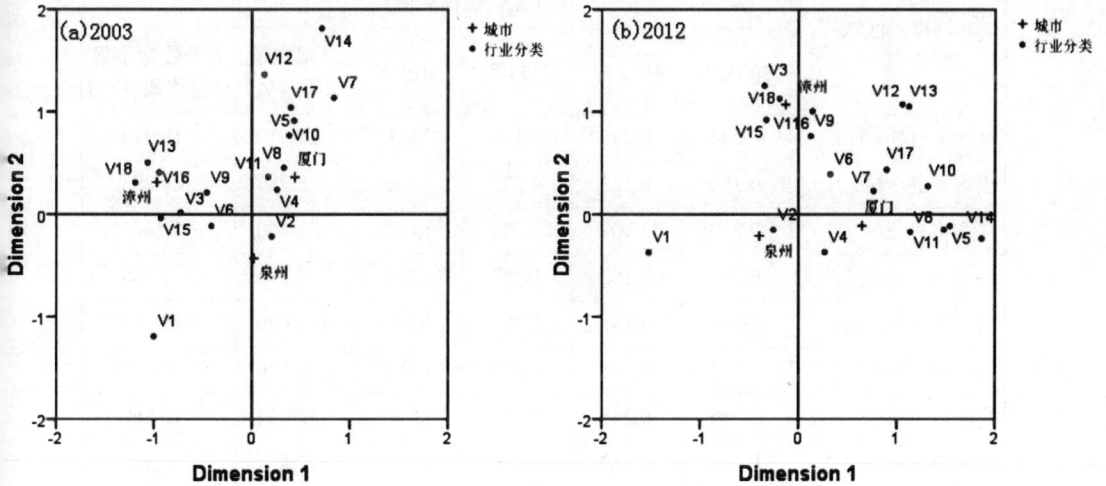

图 4-18　厦漳泉城市—区域城市职能分工点聚图

注：城市点 1—3 分别为厦门、泉州、漳州。

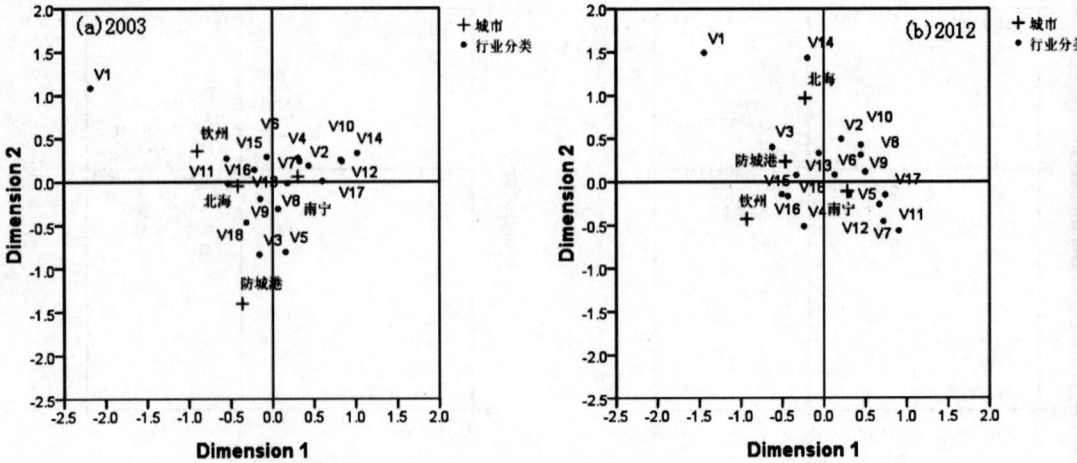

图 4-19　北部湾城市—区域城市职能分工点聚图

注：城市点 1—4 分别为南宁、北海、防城港、钦州。

表 4-12　中国沿海城市—区域总惯性和互补性比率

城市—区域	总惯性		互补性比率 （互补性标准值）		变化率	
	2003 年	2012 年	2003 年	2012 年	总惯性增 长率（%）	互补性标准值 变化比率（%）
京津冀（N＝11）	0.246	0.295	2.460	2.950	19.919	19.919
山东半岛（N＝10）	0.380	0.282	4.222	3.133	－25.789	－25.793
辽东半岛（N＝11）	0.250	0.169	2.500	1.690	－32.400	－32.400
环渤海（N＝32）	0.399	0.362	1.287	1.168	－9.273	－9.246
长三角（N＝16）	0.165	0.231	1.100	1.540	40.000	40.000
珠三角（N＝9）	0.112	0.135	1.400	1.688	20.536	20.571
海峡西岸（N＝20）	0.215	0.245	1.132	1.289	13.954	13.869
厦漳泉（N＝3）	0.081	0.087	4.050	4.350	7.407	7.407
北部湾（N＝4）	0.071	0.069	2.367	2.300	－2.817	－2.831

　　九大城市—区域横向比较，厦漳泉城市互补性比率最大的地区。2003
年，厦漳泉地区的城市互补性最大，达到 4.05；其次为山东半岛地区，标准化处理后的总惯性达到 4.01；其次分别为北部湾地区、京津冀地区、辽东半岛地区、珠三角、环渤海地区、海峡西岸及长三角地区。2012 年，互补性最高的地区仍然是厦漳泉地区，其次分别为山东半岛、京津冀、北部湾、辽东半岛、珠三角、长三角、海峡西岸及环渤海地区。

10 年纵向比较，沿海城市带差异很大，有些地区互补性的统计量有所增长，如长三角、珠三角、海峡西岸及厦漳泉地区；而有些地区的互补性统计量下降，如山东半岛、辽东半岛、环渤海地区及北部湾地区。由表可以看出标准化处理后的标准值增长最快的是长三角地区，达到 40%；其次为京津冀和珠三角地区分别达到 27.71% 和 20.57%，这前三名是我国东部沿海城市带发育程度最高的三大城市—区域，而后为海峡西岸及厦漳泉地区。辽东半岛标准化总惯性减少最多，达到 25.55%；北部湾地区变化幅度不明显。山东半岛及辽东半岛城市之间的二三产业经济状况分化越来越不明显。这种各个城市经济角色更为均质化的趋势表明经济角色互补的减少。

两种尺度间比较，小尺度地区互补性比率高于大尺度地区。环渤海地区包括了京津冀、山东半岛和辽东半岛地区，由表 4–13 可以看出，2003 年与 2012 年，环渤海地区标准化处理后的总惯性均小于京津冀、山东半岛、辽东半岛各自的总惯性值。可见，环渤海地区京津冀、山东半岛、辽东半岛三大地区间城市群的互补性不如其内部各自城市间联系紧密。同样的，2003 年、2012 年厦漳泉地区较海峡西岸地区，城市间互补性更紧密。

表 4–13　中国沿海城市—区域城市职能分工的总惯性

城市—区域	总惯性									
	2003 年	2004 年	2005 年	2006 年	2007 年	2008 年	2009 年	2010 年	2011 年	2012 年
京津冀 (N＝11)	0.246	0.268	0.276	0.233	0.236	0.259	0.245	0.256	0.271	0.295
山东半岛 (N＝10)	0.380	0.346	0.308	0.304	0.281	0.291	0.295	0.290	0.391	0.282
辽东半岛 (N＝11)	0.250	0.262	0.256	0.282	0.281	0.323	0.370	0.338	0.277	0.169
环渤海 (N＝32)	0.399	0.431	0.412	0.361	0.359	0.390	0.406	0.405	0.404	0.362

续表

城市—区域	总惯性									
	2003年	2004年	2005年	2006年	2007年	2008年	2009年	2010年	2011年	2012年
长三角 (N=16)	0.165	0.199	0.256	0.223	0.220	0.215	0.224	0.247	0.238	0.231
珠三角 (N=9)	0.112	0.125	0.138	0.135	0.139	0.136	0.138	0.142	0.142	0.135
海峡西岸 (N=20)	0.215	0.223	0.231	0.236	0.243	0.250	0.264	0.264	0.266	0.245
厦漳泉 (N=3)	0.081	0.063	0.070	0.077	0.076	0.095	0.088	0.091	0.093	0.087
北部湾 (N=4)	0.071	0.067	0.069	0.066	0.071	0.070	0.075	0.077	0.074	0.069

表4-14 中国沿海城市—区域 2003—2012 年互补性比率

城市—区域	互补性比率（互补性标准值）														
	2003年	2004年	2005年	2006年	2007年	2008年	2009年	2010年	2011年	2012年	平均值	标准差	极差	变异系数(%)	级差系数(%)
京津冀	2.46	2.68	2.76	2.33	2.36	2.59	2.45	2.56	2.71	2.95	2.59	0.19	0.62	7.50	23.98
山东半岛	4.22	3.84	3.42	3.38	3.12	3.23	3.28	3.22	4.34	3.13	3.52	0.45	1.22	12.85	34.68
辽东半岛	2.50	2.62	2.56	2.82	2.81	3.23	3.70	3.38	2.77	1.69	2.81	0.55	2.01	19.66	71.58
环渤海	1.29	1.39	1.33	1.16	1.16	1.26	1.31	1.31	1.30	1.17	1.27	0.08	0.23	6.26	18.14
长三角	1.10	1.33	1.71	1.49	1.47	1.43	1.49	1.65	1.59	1.54	1.48	0.17	0.61	11.64	41.22
珠三角	1.40	1.56	1.73	1.69	1.74	1.70	1.73	1.78	1.78	1.69	1.68	0.12	0.38	6.93	22.62
海峡西岸	1.13	1.17	1.22	1.28	1.28	1.32	1.39	1.39	1.4	1.29	1.29	0.09	0.27	7.23	20.98
厦漳泉	4.05	3.15	3.5	3.85	3.8	4.75	4.40	4.55	4.65	4.35	4.11	0.53	1.6	12.83	38.98
北部湾	2.37	2.23	2.30	2.20	2.37	2.33	2.50	2.57	2.47	2.30	2.36	0.12	0.37	5.01	15.65

本节分别从绝对极化和相对极化两个方面探究沿海城市带的互补性标准值差异度，前者应用平均值、标准差和极差三个指标来表征；后者用变异

系数和级差系数这两个指标来表征①：

变异系数 CV =（标准差/平均值）×100%

极差系数 m =（最大值与最小值的差/平均值）×100%

10 年间，环渤海、海峡西岸、珠三角、北部湾互补性标准值较为稳定，山东半岛、辽东半岛、厦漳泉互补性标准值变化幅度较大。辽东半岛、山东半岛、厦漳泉变异系数较大；10 年间，这三个地区的互补性标准值变化大于其余地区，辽东半岛的极差系数最大；10 年间，辽东半岛互补性标准值极化程度最为明显。

10 年间，辽东半岛，厦漳泉地区互补性标准值变化较大。其余 7 个地区较为平稳。2003 年到 2009 年，辽东半岛互补性标准值上升，2009 年后，互补性标准值逐年下降。厦漳泉地区，2004 年较 2003 年互补性标准值下降，之后保持了逐年上升的趋势。城市间的互补程度逐年加强，城市群总惯性不断增加。

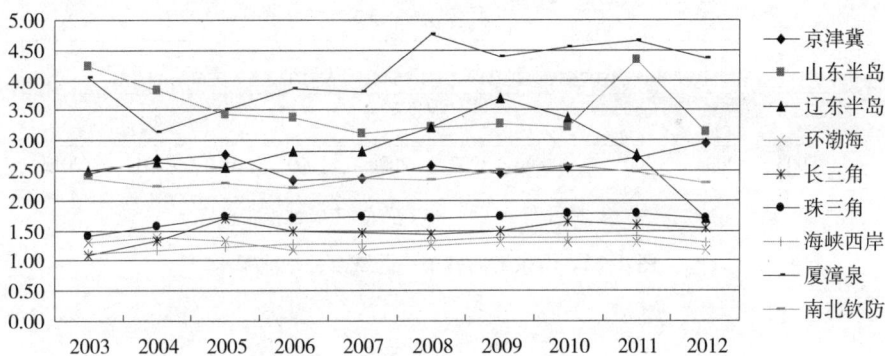

图 4-20　中国沿海城市—区域互补性比率变化（2003—2012）

2. 中国沿海城市—区域互补性演变模式分析

（1）S 型：京津冀、厦漳泉、北部湾。S 型，折线图类似于 S 型曲线，随着时间的演进，折现趋势拟合图呈现出一高一低的峰值与低谷。京津冀地区互补性标准值于 2003 年到 2005 年呈现上涨趋势，2006 年达到 10 年间的

---

① 变异系数又称"离散系数"，是概率分布离散程度的一个归一化量度，其定义为标准差与平均值之比。变异系数越大，说明这组数据越离散。

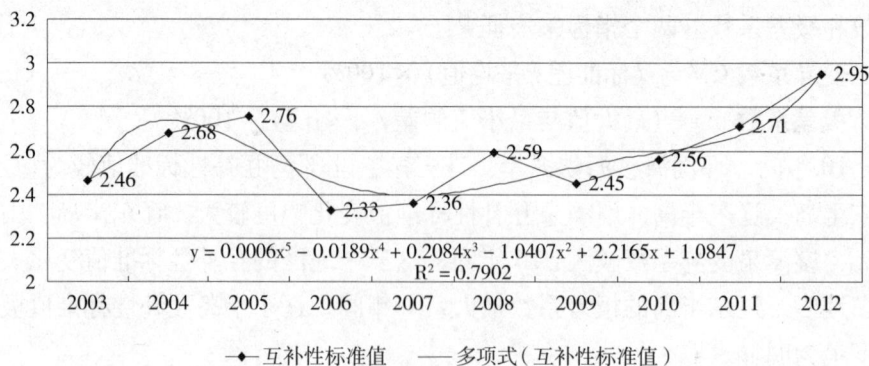

图 4–21　京津冀城市—区域互补性比率

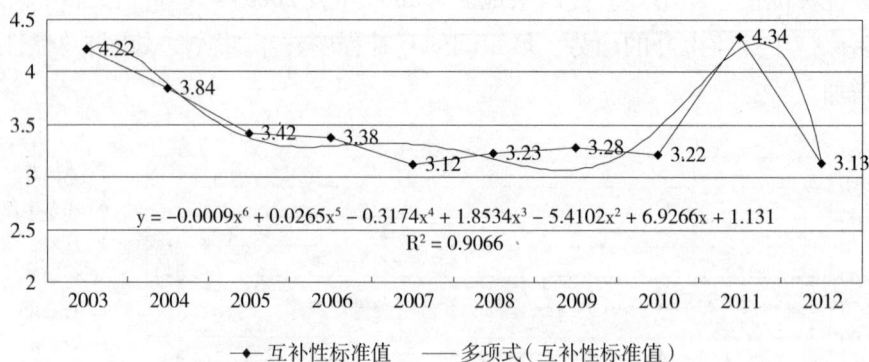

图 4–22　山东半岛城市—区域互补性比率

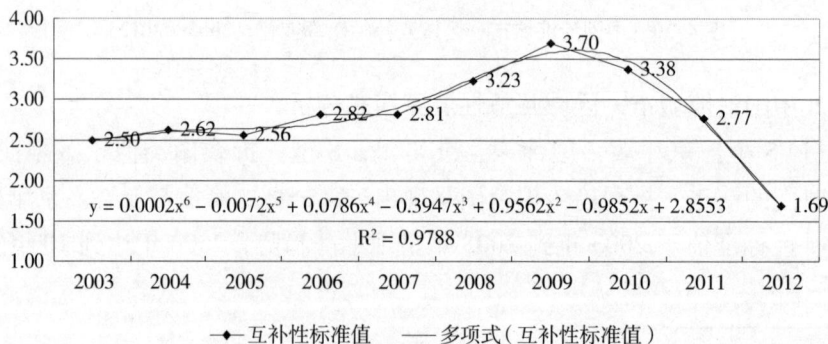

图 4–23　辽东半岛城市—区域互补性比率

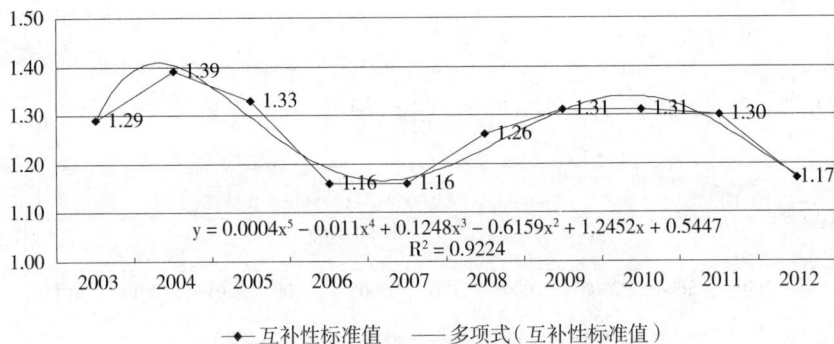

图 4-24　环渤海城市—区域互补性比率

公式：$y = 0.0004x^5 - 0.011x^4 + 0.1248x^3 - 0.6159x^2 + 1.2452x + 0.5447$
$R^2 = 0.9224$

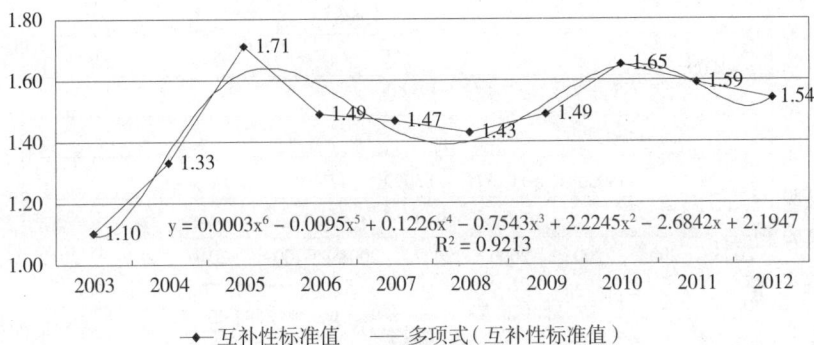

图 4-25　长三角城市—区域互补性比率

公式：$y = 0.0003x^6 - 0.0095x^5 + 0.1226x^4 - 0.7543x^3 + 2.2245x^2 - 2.6842x + 2.1947$
$R^2 = 0.9213$

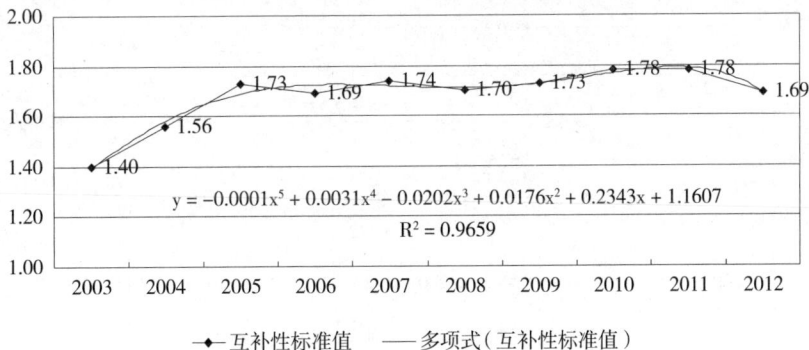

图 4-26　珠三角城市—区域互补性比率

公式：$y = -0.0001x^5 + 0.0031x^4 - 0.0202x^3 + 0.0176x^2 + 0.2343x + 1.1607$
$R^2 = 0.9659$

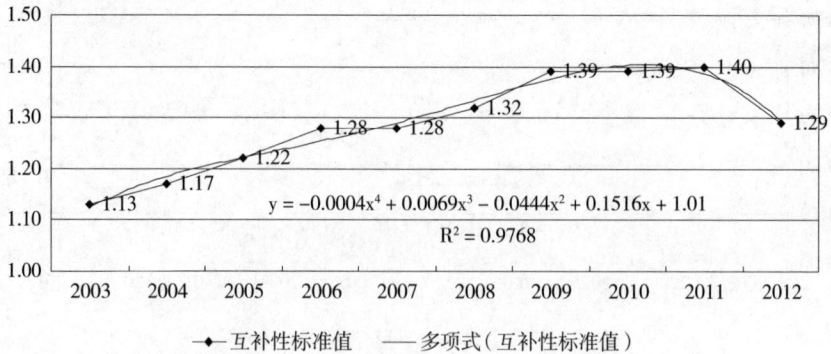

图 4-27　海峡西岸城市—区域互补性比率

图中公式：$y = -0.0004x^4 + 0.0069x^3 - 0.0444x^2 + 0.1516x + 1.01$

$R^2 = 0.9768$

图例：◆ 互补性标准值　—— 多项式（互补性标准值）

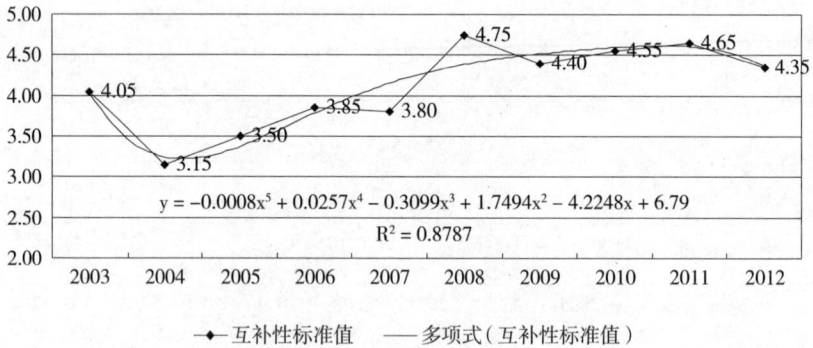

图 4-28　厦漳泉城市—区域互补性比率

图中公式：$y = -0.0008x^5 + 0.0257x^4 - 0.3099x^3 + 1.7494x^2 - 4.2248x + 6.79$

$R^2 = 0.8787$

图例：◆ 互补性标准值　—— 多项式（互补性标准值）

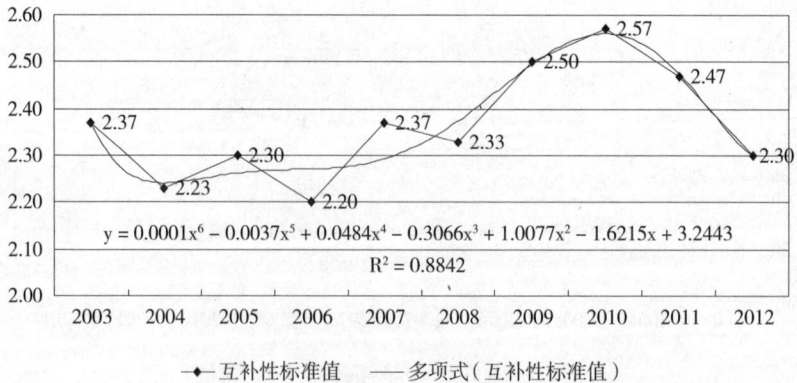

图 4-29　北部湾城市—区域互补性比率

图中公式：$y = 0.0001x^6 - 0.0037x^5 + 0.0484x^4 - 0.3066x^3 + 1.0077x^2 - 1.6215x + 3.2443$

$R^2 = 0.8842$

图例：◆ 互补性标准值　—— 多项式（互补性标准值）

最低谷，后缓慢上升，总体上仍呈现出上涨趋势；夏漳泉地区互补性标准值2004年降到最低，2008年为峰值，呈现出先急剧下降，后大幅上升后趋于平缓的走势；北部湾地区以2004年和2010年为节点，先上升后缓慢下降之后也有所增长而逐渐趋于平滑。

（2）单峰型：辽东半岛、海峡西岸。折线图有一个最高点，随着时间的演进，区域互补性标准值呈现先增大后减小的趋势。由图中可以看出，辽东半岛、海峡两岸的互补性标准值曲线分别以2009年和2011年为节点，达到峰值，呈现出单峰型曲线的特点。

（3）双峰型：山东半岛、环渤海、长三角。双峰型，随着时间演进，折线的趋势拟合图呈现出两个高峰。山东半岛互补性标准值曲线呈现出到2010年缓慢下降，2011年急剧上升后又下降的动态变化过程；环渤海地区互补性标准值变化幅度较为平缓，于2004年和2009年达到两个峰值；长三角地区于2005年和2010年达到两个峰值，呈现出双峰型曲线的特点。

（4）平滑型：珠三角。平滑型，折线趋势拟合图较为平滑，无明显波峰、波谷。珠三角的互补性标准值折线图是平滑型曲线。

（五）结论

地区间互补性增加虽有诸多益处，更好地发挥各地区优势职能，减缓城市蔓延等，但依旧有很多地区呈现出互补性减小的趋势。究其原因，Cowell（2010）给出的解释是：地方政府可能导致城市之间出现更多变的差异。相比之下，一个地方政府较强的多中心地区可能会导致区域的互补性水平较低，一个弱势的地区政府可能会更容易地坚持严格的市政边界，集中精力致力于一个特定的业务领域来增强自己的竞争力，从而互补性较高。但这一点还有待继续深入研究。

城市互补性的程度有很大差异。10年间，京津冀中国沿海城市—区域、长三角、珠三角、海峡西岸、厦漳泉等地总惯性增加，城市互补性比率增加，城市互补性增强。与之相对的，山东半岛与辽东半岛、环渤海地区、北部湾地区城市总惯性减小，城市互补性比率降低，城市之间互补性减弱；总惯性增加最快的是我国东部沿海城市带发育程度最高的三大城市—区域即长三角地区、京津冀地区、珠三角地区。

(1) 九大城市—区域中,京津冀、长三角、珠三角、海峡西岸、厦漳泉城市间互补性增加,城市职能互补性有所提高;山东半岛、辽东半岛、环渤海、北部湾城市间互补性减小。其中,互补性增长最快的是京津冀地区、长三角地区、珠三角地区,也是我国经济最活跃最发达的三大沿海城市—区域,城市间的互补性是城市发展的动力。

(2) 10 年间,京津冀地区、厦漳泉地区、北部湾地区呈现 S 型互补性演变模式;辽东半岛地区、海峡西岸地区呈现单峰型互补性演变模式;山东半岛地区、环渤海地区、长三角地区呈现双峰型互补性演变模式;珠三角地区呈现平滑型互补性演变模式。

(3) 九大城市—区域中,京津冀、山东半岛、辽东半岛城市—区域互补性标准值变化较大,其余 6 个城市—区域互补性标准值变化幅度较小。

(4) 制造业依旧是各个城市群中从业人数最多的行业,是我国经济发展的重要动力。在促进我国紧急发展转型,转方式、调结构、深化改革的过程中,最重要的一环就是在制造业上实现工业化与信息化的结合,走新型工业化道路。因而,要推动我国经济持续健康发展,必须走新四化道路,实现由中国制造到中国智造最终到中国创造的转型。

第 五 章

珠三角城市—区域多中心空间结构与格局演变[①]

　　21世纪是城市的世纪，城市以集聚效应、规模效应和城市化经济引领区域经济、产业、交通、基础设施和文化等发展，以城市—区域为基本形态的城镇密集区成为国家社会经济空间组织的控制枢纽和运作平台。20世纪前中期诞生的都市区（Metropolitan District，MD）、集合城市（Conurbation）、城市—区域（City Region）和城市带（Megalopolis）[②]等概念建立了学术界对城市群这一地域空间组织形式的研究起源。近年来，随着大城市数量激增，城市群（Urban Agglomeration）、大都市区（Metropolitan Region）、巨型城市—区域（Mega-city Regions）、全球城市—区域（Global City-regions）、全球城市/世界城市（Global City/World City）[③]等新型城市空间组织形式不断出现，但就其宽泛意义上的结构特征而言，上述地域的总体

---

　　① 本章内容根据林雄斌、马学广、李贵才《珠江三角洲巨型区域空间组织与空间结构演变研究》（《人文地理》2014年第6期）以及晁恒、马学广、李贵才《珠江三角洲地区多中心空间结构的特征及演变》（《地域研究与开发》2014年第6期）修改而成，马学广作为通讯作者。

　　② 胡序威、周一星、顾朝林：《中国沿海城镇密集地区空间集聚与扩散研究》，科学出版社2000年版；R.J.约翰斯顿：《人文地理学词典》，柴彦威等译，商务印书馆2005年版；J.Gottmann，*Megalopolis：The Urbanized Northeastern Seaboard of the United States*，Cambridge，MA：The MIT Press，1964.

　　③ 姚士谋等：《中国城市群》，中国科学技术大学出版社1992年版；A.Scott，*Global City-regions：Trends，Theory，Policy*，Oxford：Oxford University Press，2001；彼得·霍尔、凯西·佩恩：《多中心大都市：来自欧洲巨型城市区域的经验》，罗震东译，中国建筑工业出版社2010年版；S. Sassen，*The Global City：New York，London，Tokyo*，Princeton：Princeton University Press，1991；J.Friedmann，G.Wolff，"World City Formation：An Agenda for Research and Action"，*International Journal of Urban and Regional Research*，Vol.6，No.3（1982），pp. 309-344.

特征都是与单体城市相对应的城市群体空间。巨型区域以中心城市为核心向周围辐射构成多个城市的集合体①，作为国家参与全球竞争和国际分工的全新地域单元②，是面对全球化和经济一体化下的城市—区域网络空间和经济发展的重要节点，其类型、特征、空间形态、运行机制和空间组织等已经引起广泛关注③④，巨型区域的空间组织与运行机制研究对提升区域竞争力和可持续发展具有重要价值和意义。

20 世纪 60 年代以来，在地理学科的数量革命和社会科学的空间转向等范式转型的推动下，空间的意义被重新建构⑤。空间组织（Spatial Organization）作为地理学思考世界和改变世界的重大思想⑥，是建立在空间观念基础上对空间要素动态分配的过程。目前学术界对空间组织的研究主要侧重于三个方面：（1）空间组织内涵的界定。空间组织是一个相对复杂的概念，是城市发展阶段与过程的空间反映，目前鲜有文献对其作出明确界定和论述⑦。空间组织体现不同地理尺度下社会—空间系统自然与社会相互作用⑧，表现为自组织与他组织相互叠加变化的过程⑨，通过对各种物质要素进行组织安排，促进城市要素从无序向有序、从低级向高级演化⑩。（2）空间组织格局演变的定量研究。空间组织的研究具有尺度选择和动态变化的影响，目前利用人口迁移与演变模型、城镇化水平演变模型、外商直接投资空

① 顾朝林：《城市群研究进展与展望》，《地理研究》2011 年第 5 期。

② 王婧、方创琳：《中国城市群发育的新型驱动力研究》，《地理研究》2011 年第 2 期。

③ 丁志伟、王发曾：《城市—区域系统内涵与机理研究——从城市、城市体系、城市群到城市—区域系统》，《人文地理》2012 年第 2 期。

④ 宁越敏：《中国都市区和大城市群的界定——兼论大城市群在区域经济发展中的作用》，《地理科学》2011 年第 3 期。

⑤ 爱德华·W. 苏贾：《后现代地理学——重申批判社会理论中的空间》，周宪和许钧译，商务印书馆 2007 年版；H.Lefebvre, *The Production of Ppace*, Oxford：Basil Blackwell, 1991；D.Harvey, *Social Justice and the City*, Oxford：Basil Blackwell, 1988；M.Foucault, *Power/Knowledge：Selected Interviews and Other Writings*, 1972-1977, Brighton：Harvester Press, 1980；曼纽尔·卡斯特：《网络社会的崛起》，夏铸九译，社会科学文献出版社 2006 年版。

⑥ R.Alber, *Space Organization：The Geographer's View of the World*, Englewood Cliffs：Prentice-Hall, 1971.

⑦ 宁越敏、石崧：《从劳动空间分工到大都市区空间组织》，科学出版社 2011 年版。

⑧ 张毓峰：《城市区域空间组织研究：基于劳动空间分工的视角》，西南财经大学出版社 2008 年版。

⑨ 宁越敏、石崧：《从劳动空间分工到大都市区空间组织》，科学出版社 2011 年版。

⑩ 谢守红：《大都市区的空间组织》，科学出版社 2004 年版。

间扩散模型、企业选择与空间重组等方法是定量理解城市空间组织变化的重要方法[①]。(3) 空间组织格局演变的驱动机制。城市功能的集聚与扩散、循环累积因果效应、经济发展与技术进步、劳动地域分工、企业区位选择、分工与专业化等因素都可能导致城市空间组织演变和城市—区域发展[②]。

一、珠三角城市—区域的空间组织格局演变研究

空间组织是一个复杂、综合的概念。经济地理、城市地理与城市规划研究从区位理论、空间扩散理论、核心—边缘模型、城市空间结构模式、城市规划方法等不同角度对城市—区域空间组织进行不同角度的解读。空间组织作为空间研究和规划实践的重要概念，体现城市—城市、城市—区域和区域—区域的空间作用过程，是生产要素流转和分配在市场化和经济全球化进程中空间结构变化的反映。目前空间组织多数的研究停留在城市内部空间组织的特征与机理的定性或规划研究，缺乏城市—区域空间尺度的定量研究。珠三角巨型区域作为我国城市化最快速、社会—空间转型与重构 (Social-spatial Transformation and Restructuring) 最剧烈的区域之一，其空间组织与效率的研究比较缺乏，而其演变过程却具有典型意义和示范效应。从 20 世纪 90 年代开始，珠三角地区的城市化与区域发展问题就受到了广泛关注和研究。现有珠三角的主要研究内容有：(1) 利用 RS 和 GIS 技术开展了珠三角地区用地扩张、城镇用地增长的时、空间特征描述研究；(2) 结合土地科学和景观生态学理论开展有关 LUCC 结构、过程和功能研究；(3) 关注空间结构和建设用地扩张的具体驱动因素，包括人文因素、地理区位因子、空

---

① 宁越敏、石崧：《从劳动空间分工到大都市区空间组织》，科学出版社 2011 年版；谢守红，《大都市区的空间组织》，科学出版社 2004 年版；李健，《全球生产网络与大都市区生产空间组织》，科学出版社 2011 年版；李少星、顾朝林，《全球化与国家城市区域空间重构》，东南大学出版社 2010 年版；宁越敏、武前波，《企业空间组织与城市—区域发展》，科学出版社 2011 年版；彭翀、顾朝林：《城市化进程下中国城市群空间运行及其机理》，东南大学出版社 2010 年版；王兴平，《中国城市新产业空间：发展机制与空间特征》，科学出版社 2005 年版；杨上广：《长三角经济空间组织的演化》，上海人民出版社 2011 年版。

② 宁越敏、石崧：《从劳动空间分工到大都市区空间组织》，科学出版社 2011 年版；李健，《全球生产网络与大都市区生产空间组织》，科学出版社 2011 年版；宁越敏、武前波：《企业空间组织与城市—区域发展》，科学出版社 2011 年版。

间制度、行政区划等影响①。这些研究丰富了珠三角地区的研究方法和成果。然而，现有研究多停留在对结构、特征的总结提炼上，尚缺乏长时间序列的时、空间特征的定量评估和机制解释。利用采用全局主成分分析方法构建评价指标，从定量的角度分析珠三角城市空间组织和结构演变，能更好地认识珠三角发展过程，同时对珠三角空间发展策略与规划具有指导价值，对空间组织认知和空间政策研拟也具有重要意义。

（一）研究设计

珠江三角洲（the Pearl River Delta，PRD）位于广东省中部，包括广州、深圳、珠海、佛山、东莞、中山、惠州、江门和肇庆9个城市，毗邻香港和澳门，是我国市场化程度最高、经济最发达、人口密度最高的地域之一。区域规划作为政府调控区域资源配置、社会经济发展、提升竞争力和协调发展的重要手段逐渐受到重视。20世纪90年代以来，珠三角地区先后制定并颁布了《珠江三角洲经济区城市群规划》（1995年）、《广东省珠江三角洲经济区现代化建设规划纲要（1996—2010年）》（1995年）、《珠江三角洲城镇群协调发展规划（2004—2020年）》（2004年）、《珠江三角洲地区改革发展规划纲要（2008—2020年）》（2008年），这些区域规划中的重要内容是实现珠三角巨型区域经济要素空间组织和空间结构优化，促进城市与城市、城市与区域要素资源合理配置和提升区域竞争能力，正逐渐实现从城际联系松散的城镇体系向功能整合的巨型区域转型升级发展。

1.评价指标的选取及评价体系的建立

空间组织是区域内部社会经济空间作用过程与空间的反映。选取珠三角9个城市1990年、1995年、2000年、2005年和2010年等共5个时间节点的经济发展、城市建设、人口变化等相关数据和指标（见表5-1），采用全局主成分分析（GPCA）方法定量评估珠三角城市—区域1990—2010年

① A.Yeh, X.Li, "Economic Development and Agricultural Land Loss in the Pearl River Delta, China", *Habitat International*, No.23 (1999), pp.373-390；黎夏、叶嘉安：《基于神经网络的元胞自动机及模拟复杂土地利用系统》，《地理研究》2005年第1期；史培军、陈晋、潘耀忠：《深圳市土地利用变化机制分析》，《地理学报》2000年第2期；闫小培、毛蒋兴、普军：《巨型城市区域土地利用变化的人文因素分析——以珠江三角洲地区为例》，《地理学报》2006年第6期；叶玉瑶等：《地理区位因子对建设用地扩展的影响分析——以珠江三角洲为例》，《地理科学进展》2010年第11期。

间空间组织格局演变状况。

表 5-1　城市空间组织评价指标选取

目标层	功能层	指标层	平均值	标准差
珠三角城市—区域空间组织格局演变	经济指标	GDP（X_1）—亿元	1479.79	2367.29
		人均 GDP（X_2）—元	28636.10	23498.55
		出口总额（X_3）—亿美元	178.16	348.51
		外汇收入（X_4）—万美元	58034.27	91761.97
		固定投资（X_5）—亿元	436.78	652.77
		外商直接投资（X_6）—万美元	94475.58	105094.13
	建设指标	电力消费（X_7）—万千瓦·小时	996788.36	1171867.81
		建成区面积（X_8）—km^2	4.17	1.85
	人口指标	常住人口（X_9）—万人	359.75	323.79
		人口密度（X_{10}）—人/km^2	1523.47	1410.59
		从业人员（X_{11}）—万人	209.51	189.44

数据来源：《广东统计年鉴》（1991 年、1996 年、2001 年、2006 年和 2011 年）

2. 评价模型的建立

全局主成分分析是进行区域时间序列发展分析的常用方法[1]，保证系统分析的统一性、整体性和可比性。基本思路和方法为：（1）建立全局数据表：将 n 个样本，p 个指标，时间的跨度为 T 的原始评价数据做成 $T \times n \times p$ 的时序立体数据表 X，记为 $X = (X_{ij}^*) \, T \times n \times p$；（2）数据标准化：$X_{ij}^* = (X_{ij} - \overline{X}_j) / S_j$；（3）计算 X_{ij}^* 的协方差矩阵 R，R 成为全局协方差矩阵。其中：X_{ij}^* 为指标原始数据的标准化值；X_{ij} 为第 j 项指标的第 i 个地区的原始数据；$\overline{X}_j$、S_j 分别为第 j 项指标值的均值和标准差。

3. 计算与评价过程

根据方差大于 1，累积贡献率大于 85% 的原则，选取为三个全局主

---

[1]　A.Yeh，X. Li，"Economic Development and Agricultural Land Loss in the Pearl River Delta，China"，*Habitat International*，No.23 (1999)，pp. 373-390.

成分，其特征根分别为 8.503、1.106 和 0.948，累计贡献率达到 87.971%。KMO 检验值为 0.799，Bartlett 的统计量为 794.926，达到显著水平（Sig.=0.00）。

所选取的数据能客观、整体反映珠三角五个时段的空间组织状况。然后，对主因子进行方差最大正交旋转，通过坐标变化使公因子载荷系数向 1 或者 0 的方向靠近，得到旋转后的因子载荷阵，容易对公因子进行命名和解释。结果发现，第一全局主成分在 GDP、固定投资、FDI、电力消费、常住人口和从业人员等指标中具有较高的得分值，命名为城市经济空间因子；第二全局主成分在建成区面积指标中具有较高的得分值，命名为城市物质空间因子；第三全局主成分在人口密度指标中具有较高的得分值，命名为城市人口空间因子。根据模型分别计算出珠三角巨型区域在 1990 年、1995 年、2000 年、2005 年和 2010 年的空间组织度得分（见表 5-2）。

表 5-2 不同时段珠三角城市—区域空间组织度得分与位序

区域	1990 年		1995 年		2000 年		2005 年		2010 年	
	得分	位序	得分	位序	得分	位序	得分	位序	得分	位序
广州市	-0.44	3	-0.127	1	1.172	1	1.756	2	2.264	1
深圳市	-0.903	8	-0.294	3	0.673	2	1.894	1	1.811	2
珠海市	-0.687	6	-0.665	6	-0.496	9	-0.451	9	-0.701	9
惠州市	-0.686	5	-0.702	7	-0.027	5	0.115	5	0.16	5
东莞市	-0.335	1	-0.205	2	0.323	3	1.106	3	0.793	3
中山市	-0.358	2	-0.3	4	-0.111	6	-0.076	7	-0.297	8
江门市	-0.815	7	-0.912	8	-0.284	8	0.046	6	0.081	6
佛山市	-1.11	9	-1.076	9	0.041	4	0.774	4	0.782	4
肇庆市	-0.655	4	-0.61	5	-0.241	7	-0.112	8	-0.113	7
珠三角	-5.99	/	-4.891	/	1.05	/	5.052	/	4.78	/

（二）珠三角城市—区域空间组织格局的演变

伴随着我国高度集权的计划经济体制向高度开放的社会主义市场经济

体制的渐进性改革过程，珠三角城市—区域社会与空间经历着剧烈的转型与重构，计算结果可以从一个新的角度解析并获知其空间组织格局演变的基本特征和过程。

1. 珠三角城市—区域空间组织发展阶段

（1）珠三角城市—区域空间影响因子格局演变

空间组织是人口、产业、城镇等经济社会要素构成的复杂网络，随着区域内外环境变化而不断演化。根据全局主成分特征值的贡献率，发现城市经济空间因子对空间组织格局演变影响程度较大（0.805），城市物质空间因子的影响较小（0.105），城市人口因子影响程度最小（0.090），并且逐年有较大变化（表见5–3）。大体上说，影响珠三角城市—区域空间组织格局演变的主要因素可以概括为城市经济空间因子、物质空间因子和人口空间因子。

表5–3　珠三角城市—区域空间组织影响因子演变

影响因子	1990 年	1995 年	2000 年	2005 年	2010 年
经济空间因子	− 7.384	− 6.131	2.165	6.954	4.396
物质空间因子	− 0.991	− 0.821	− 5.057	− 4.316	11.185
人口空间因子	0.676	1.477	− 1.849	− 1.065	0.760

首先，城市经济发展水平是衡量空间组织程度的重要维度。随着珠三角城市—区域经济和社会发展水平的不断提高，空间组织不断向高级形态演变。1990 年，珠三角经济空间因子得分仅为 − 0.7384，此后一直快速增长到 2005 年的 6.954，受全球金融危机等因素的影响而在 2010 年下降为 4.396。从具体的数值看，1990 年珠三角城市群的 GDP 为 584.30 亿元，人均 GDP 为 8787.87 元，从业人员为 506.87 万人。2000 年，相应的数值分别为 7525.63 亿元、22349.11 元和 1902.93 万人。2010 年，相应的数值增长为 37673.25 亿元、61756.54 元和 3377.34 万人。从外生发展力量看，固定资产投资和外商直接投资分别从 1990 年的 143.66 亿元和 9.54 亿美元增加为 2010 年的 11355.80 亿元和 183.47 亿美元。

其次，城市物质空间因子主要指城市建设与空间扩张，城市建设与更新是疏散大城市中心人口和产业的有效手段，从而实现城市空间重组与再组织。随着人口不断增加，珠三角城市—区域通过城市建设吸纳新增人口并引导城市功能的集聚和扩散以满足城市—区域快速发展的空间需求，促进城市的经济增长和空间组织优化。1990—2010年，珠三角城市—区域物质空间因子从 −0.991 增长到 11.185。2000年以来，城市建设和向外扩张随着住房市场化不断推进和土地财政作用而成为影响珠三角城市—区域空间组织的重要因素。1990—2010 年五个时间截面的珠三角城市建成区面积分别为385 平方千米、543 平方千米、917 平方千米、1970 平方千米和 2615 平方千米，城市建成区面积占广东省的比例从 1990 年的 66.72% 增加到 2010 年的 78.17%。

第三，人口因素是城市空间结构演变最积极和活跃的因素之一，人口空间变动对城市产业、物质形态和组织过程有重要影响。从珠三角城市—区域空间组织影响因子中人口空间因子来看，1990 年为 0.676，然后上升为 1995 年的 1.477，随后下降为 2000 年的 −1.849，之后不断上升到 2010 年的 0.760，呈现"上升—下降—再上升"的波动态势。在城市发展的推动下，珠三角城市群人口空间发生剧烈的重构。在人口数量上，来自全国各地的外来人口不断向珠三角集聚，导致城市群人口数量不断增加。珠三角常住人口从 1990 年的 793.05 万人，增加到 2010 年的 5616.39 万人，平均每年增加 241 万人。人口密度上从 1990 年的 1482.5 人 / 平方千米增加到 1785.4 人 / 平方千米。而且，珠三角城市—区域人口空间演化不断向广州市、深圳市和东莞市集聚，这些地区的人口数量、密度增加的数值远远超过其他市区。随着城市经济不断增长，珠三角在整个广东省域的地位、政策优势、外部支持和空间组织等作用日益增强。

(2) 珠三角城市—区域空间组织演变的阶段性过程

珠三角城市—区域空间组织演变大致经历了缓速演变、加速演变和转型演变三个阶段（见图 5-1）。①缓速演变阶段（1990—1995 年）：在这个阶段的主要特征是珠三角 9 市的空间组织度均较低，处于缓慢演变发展的阶段。②加速演变阶段（1995—2005 年）：在我国社会经济转型背景下，随着土地批租制的施行，珠三角各城市通过郊区土地开发和城市新区建设等方式使城市空间规模呈现加速扩张态势，城市经济空间和城市物质空间对空间组织格局演变产生较大的影响。③转型演变阶段（2005 年以来）：随着城市空间和人口的不断扩张，"摊大饼"式的城市增长难以为继，珠三角地区的土地资源约束进一步限制了城市和区域的无序蔓延，城市更新和土地集约节约利用等导向下的内涵式城市化引领城市发展。因此，珠三角城市—区域空间组织总体上呈现快速增长的趋势，但城市内部空间分异的程度呈现扩大的趋势。

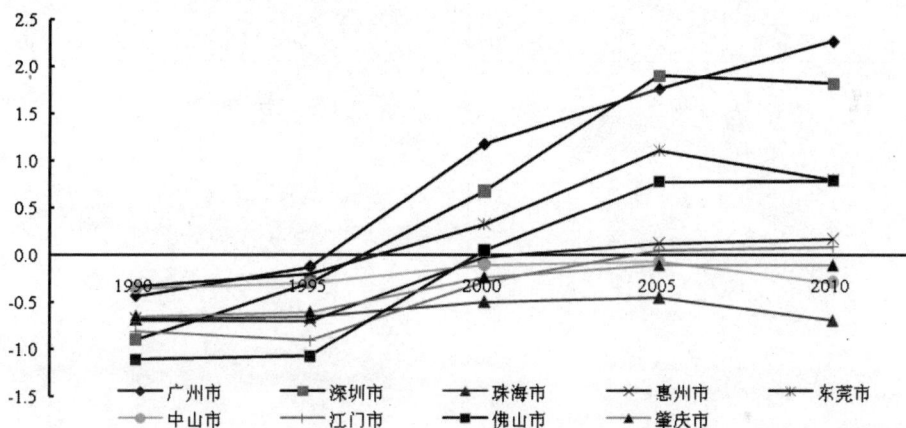

图 5-1　珠三角城市—区域空间组织格局与演变示意图

2."单中心—双中心—多中心网络化"的空间组织格局演变趋向

改革开放以来，珠三角城市—区域通过国家主导的城市化和自发性城市化①，在政府、企业、个人、技术进步等推动下，不断协调城市的资源要素配置和有序发展。从城市空间组织度的变化来看（见图 5-2），珠三角地区总体上遵循着"单中心—双中心—多中心网络化"的演变趋向。（1）"单中心"模式（1990—2000 年）。20 世纪 90 年代开始，珠三角以"桑基鱼塘"为主导的农业生产模式快速向加工制造生产方式转变，"外向型城市化"主导着城镇发展②。广州依赖其良好的区位条件和较高的基础设施水平，在珠三角城市—区域空间组织中占据枢纽位置，相应年份的空间组织度值稳步上

---

① 李志刚、李郇：《新时期珠三角城镇空间拓展的模式与动力机制分析》，《规划师》2008 年第 12 期。

② 史培军、陈晋、潘耀忠：《深圳市土地利用变化机制分析》，《地理学报》2000 年第 2 期。

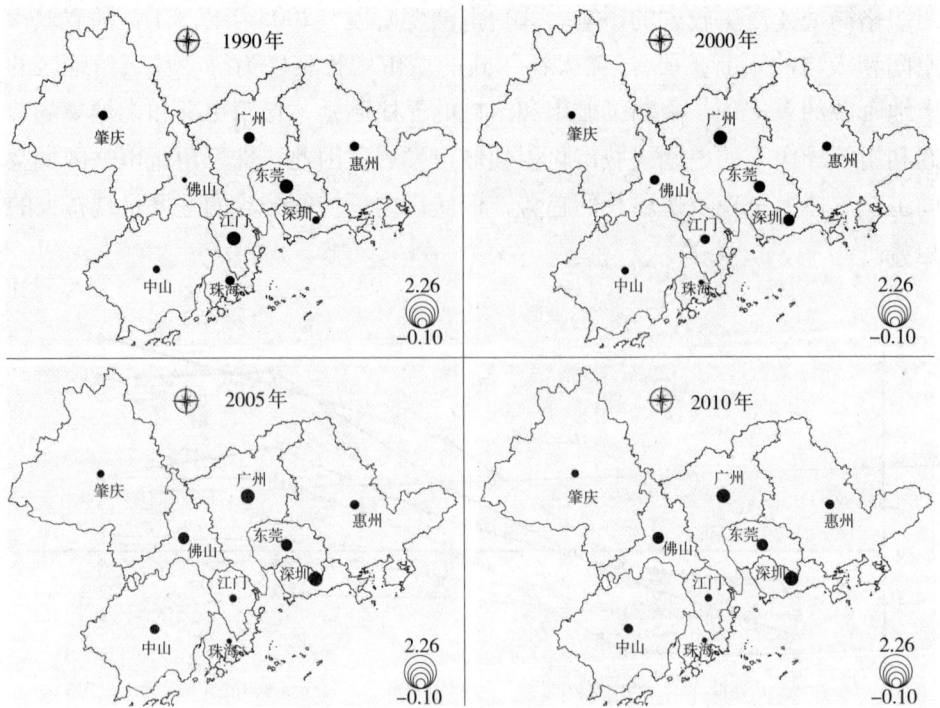

图 5–2　珠三角城市—区域空间组织与空间结构示意图

升。(2)"双中心"模式(2000—2010 年)。2000 年以来,深圳在珠三角地区的"次中心"地位不断得到提升,"广州—深圳"双中心格局逐渐取代了"广州"单中心格局。2000—2010 年广州市和深圳市空间组织度值一直处于前两位。一方面,广州市和深圳市的空间组织值逐渐接近,并且出现交替的状况,2005 年深圳市空间组织得分(1.894),超过广州(1.756)。广、深与其他城市在空间组织度值上的差距逐渐扩大,领先第三位东莞市的距离从2000 年的 0.350 增长为 2005 年的 0.788,至 2010 年领先优势为 1.018。(3)"多中心网络化"模式(2010 年以来)。进入 21 世纪以来,珠三角地区主要以撤县(市)设区为主的方式,掀起了第二次行政区划调整的浪潮。随着珠三角系列规划的颁布,珠三角城市—区域不断推进城市空间向区域一体化和多中心网络化格局演进。通过广佛肇、深莞惠、珠江中三个都市圈的建立,推动珠三角区域一体化发展。

3. 珠三角城市—区域空间组织程度的内部分异特征

在市场化和城市化的联合推动下，珠三角城际的物质、能量、资金等要素的交流和交换日趋密切，表现出区域化和一体化的发展态势。1990年以来，珠三角城市—区域空间组织度值不断上升，从1990年的 −5.990 和 1995年的 −4.892，增长为 2000年的 1.048，2005年的 5.053，2010年得分稍有下降为 4.781。近20年来，珠三角空间组织度值增加了 10.771，平均每年增长 0.54。可以看出，珠三角空间资源配置不断优化，城市空间组织逐渐从无序向有序、从低级向高级、从缓速向快速演化。引入变异系数衡量珠三角城市—区域空间组织的差异，发现珠三角城市—区域空间组织不断向高级、高效演变的同时，各个城市的整体空间组织呈现不断分异的现象（见表 5–4）。城市空间组织形态受经济空间、物质空间和人口空间因素的作用程度存在明显差异，总体来讲，经济、物质和人口空间因子都经历较为距离的差异化发展。

表 5–4　珠三角城市—区域空间组织程度变异系数

	1990 年	1995 年	2000 年	2005 年	2010 年
经济空间因子	−0.555	−0.755	2.707	1.343	2.283
物质空间因子	−6.563	−6.463	−0.903	−1.787	0.905
人口空间因子	11.443	6.276	−3.653	−8.166	17.144
空间组织度	−0.388	−0.607	4.512	1.529	1.851

首先，在经济空间因子上，变异系数逐步增加，说明珠三角经济发展呈现较大的空间差异和分化。广州、深圳、惠州、东莞、江门、佛山和肇庆市都存在增长趋势，但广州、深圳、东莞和佛山的增长幅度和速率均高于其他城市，而珠海和中山的经济空间因子却在下降。其次，在物质空间因子上，2005年之前物质空间变异系数为负，2010年为正，说明2005年以来，珠三角城市建设用地扩张更加突出，其内部差异也更加明显。整体来讲，珠三角核心城市扩张幅度要高于其外围地区的空间发展。如广州、深圳、珠海、中山等城市不断增长，广州的增长幅度最大，深圳则呈现先下降后上升的趋势。惠州、东莞、江门和肇庆呈现"上升—下降"并存的增长形态，而且速

度比较缓慢。最后，在人口空间因子上，其差异发展程度远远高于经济空间和物质空间因子。说明随着珠三角各市经济的发展及其发展水平的差异，人口自由流动更加明显和加剧，进一步导致城市空间结构演变。如深圳、东莞和佛山呈现快速增长形态，其他城市则呈现下降的趋势。整体说明20年来珠三角各市以外向扩张为主的模式仍然在继续，但是在发展中由于城市建设、产业转移和人口流动等作用，导致珠三角区域的不均衡发展逐步加剧。

为了更好地分析城市尺度的空间组织演变特征，根据2010年珠三角各城市空间组织度值与1990年的差异情况，可以利用等间距差异的方法发现，珠三角城市—区域空间组织快速发展的地区多集中在核心区域，如广州、深圳和佛山，这些城市空间组织一直以较明显的优势高于平均值，而且增长速率也较大，城市空间不断向更高级组织过程演变。而在珠三角的外围区域或者边缘地区，如江门市、惠州市肇庆等地区，这些城市空间组织度较高但是增长速率比较缓慢，呈现向中高级形态推进的过程，需要有新的动力引导区域空间发展。

（三）珠三角城市—区域空间组织格局演变的影响因素

1. 全球化力量导致生产体系变化，不断强化城市间的经济联系

随着经济一体化、全球经济要素流动和市场的变化，任何一个国家和区域的生产方式与发展模式都嵌入全球生产体系中。尤其是加入 WTO 之后，生产、市场、金融、服务、信息、文化和政治等全球体系要素在全球空间上更加融合，国内城市在新的国际劳动分工和全球生产网络转变中，日益紧密地融入经济全球化进程。在此背景下，经济地理要素的空间集聚不仅降低成本和提高效率，并逐渐重构城市空间的组织形态。珠三角作为世界生产工厂，具有强烈的外向型经济和制造业地理集聚的特征。一方面，随着跨国公司和外商投资流入以及区域加强对外联系，珠三角通过向外获取并输出资源，建立全球性的经济要素流动和产业联系；另一方面，全球尺度上的城市竞争和营销导致全球力量逐渐渗入城市—区域的发展，引导珠三角产业结构和发展战略等发生转型与重构，推动城市空间组织向多中心格局演变。

2. 市场化力量实现经济活动自由流动，引导城市与区域空间重构

20世纪90年代以来，我国经济管理体制逐渐由中央集权的计划经济向

市场经济转型，政府角色由资本积累和发展的主导者向管理者或参与者转变，城市逐渐从生产性的空间向消费性的空间转变。珠三角一直处于市场化进程的前沿领域，随着开放政策和港、澳等外商投资的涌入，城市间横向联系不断强化。广州作为珠三角的核心城市，充分发挥区位和历史文化优势，不断吸引国内外的资本投资引领经济增长和区域发展。深圳依托毗邻香港和经济特区的优势实现崛起，东莞、顺德、南海和中山等新经济增长极充分利用外资和民间资本，发挥当地市场经济的传统，实现经济快速地增长。在市场的作用下，各城市政府通过城市新区、新城、产业园区和住房小区等建设，不断加速城市空间分散和多极化，带动珠三角城市—区域空间组织的分散化增长，实现整个区域的资源整合和快速增长。

3. 分权化力量赋予地方政府决策自主性，提升地区间经济竞争

伴随中国经济及相关体制分权与市场化的渐进式改革，传统由中央集中决策和自上而下的资源分配不断向财政分权化和地方经济决策自主化转变。在分权制度作用下，随着土地批租制度的实行和土地使用权有偿出让，地方政府依靠土地财政和基础设施建设，在城市建设、城市营销与区域发展中发挥更加重要的作用，不断促进当地经济的发展。此外，在珠三角20世纪90年代"村村点火"式的乡村城市化的背景下，地方政府以"三来一补"方式推出各种税收优惠政策，甚至提供免费的土地以吸引港澳台等外商投资者。可以说，财政分权化、土地有偿化和住房市场化为地方政府获得大量的投资和税收，促进珠三角各地政府以城市建设或城市更新的方式加深城市发展，城市物质空间外向扩张和内涵式发展不断影响珠三角城市—区域的空间组织形态和特征。

4. 城市化力量促进人口流动和空间集聚，刺激城市外向扩张

珠三角城市—区域是我国快速城市化的地区，自上而下国家主导城市化和自下而上的自发城市化双向作用强化区域的人口城市化和空间城市化，导致城市人口不断增长，城市空间不断向外扩张。20世纪90年代乡村城市化的分散化发展以来，在人口城市化上，1990年珠三角城市群年末总人口为793.05万人，2010年年末常住总人口数量为5616.39万人，城市人口增加的数量为4823.34万人，人口规模扩大6倍，每年平均增加241.17万人。在空间城市化上，1990年珠三角总建成区面积为2375平方千米，2010年总建成区面积为 4624.95 平方千米，城市建成区面积增加了 2249.95 平方千米，规模扩大近 1 倍，每年平均增加 112.50 平方千米。随着（东）莞佛（山）造城运动和行政区划调整集中化发展，以生态环境优先的新型城市化运动不断向珠三角边缘地区辐射，人口增长与空间扩张相互促进与相互协调。在广州、深圳、东莞等城市功能节点形成和链接的基础上，区域城市功能逐步向网络一体化发展，并且不断调整劳动力、资金、企业、资源等经济要素在空间配置的强度与流动方向，引导珠三角城市—区域空间组织由低级向高级形态、由缓慢向快速增长演变，同时也导致城市之间的分异。

5. 区域化力量引导行政区域调整，不断加强区域资源整合战略

城市—区域空间组织是市场协调、组织协调和政府协调机制不断完善和改进的结果。经济快速发展和制度改革背景下，行政区划作为制度组织、资源配置和政策实施的空间单元面临调整的迫切需求，以进一步整合区域资源并提升城市—区域综合竞争能力。我国地方的行政区划调整主要经历了"市带县"、"撤县设市"、"撤县（市）设区"等阶段。珠三角利用区域规划，通过区域和城市内部的"撤市设区"、"行政区合并与撤销"、"设立新行政区"和"局部地域的调整"等方式整合城市空间资源，不断满足城市化与区域化发展的要求（见表5–5）。

表5–5　珠三角城市—区域历年重要的行政区划调整

时间	内容
1979	成立深圳、珠海地级省辖市
1980	成立深圳、珠海经济特区
1984	广州批准为沿海开放城市
1987	中山、东莞两县级市升格为地级市
1988	广州将清远县和佛冈县归清远市管辖，新丰县为韶关市管辖；肇庆地区改为肇庆市；惠阳地区改为惠州市
1992	建立顺德、番禺、南海、台山等县级市
2000	番禺、花都撤市改区
2002	珠海撤销斗门县，建立斗门区和金湾区；撤销原佛山辖区的城区、石湾区以及县级南海市、顺德市、三水市和高明市，设立佛山市禅城区、南海区、顺德区、三水区和高明区5个区

续表

时间	内容
2003	撤销县级惠阳市，设立惠州市惠阳区
2005	撤销东山区并入越秀区，撤销芳村区并入荔湾区，同时新设立广州市南沙区、萝岗区
2008	《珠江三角洲地区改革发展规划纲要》（2008—2020 年）颁布
2011	深圳、珠海特区扩张

　　珠三角行政区划调整主要有两个方向，一是分权作用下逐渐将县级市和县向市辖区转变，珠三角县的数量由 1990 年的 29 个下降为 2010 年的 7 个，市辖区则由 1990 年的 16 个上升为 2010 年的 31 个。二是由所辖镇向街道转变，如珠三角所辖镇的数量由 1990 年的 545 个下降为 2010 年的 323 个，2000 年整个珠三角街道的数量为 178 个，而 2010 年增长为 265 个。随着《珠江三角洲地区改革发展规划纲要（2008—2020 年）》的颁布，在基础设施一体化大力推进下，区域化力量和趋势直接影响城镇空间形态，并引导经济生产变化。在广佛同城化、珠三角城际轨道交通、产业转移以及"深莞惠"经济圈、"珠江中"经济圈等众多项目建设的背景下，城市通过地域化的方式以增强实力。城市通过联合的方式向国家和省等上层次机构单元争取资源和政策支持，强化城市之间内在的经济、社会和文化的认同与合作，增强各自的竞争力，推动珠三角城市—区域空间组织由"单中心"向"双中心"和"多中心网络化"格局的融合与演变。

（四）结论与讨论

　　从全球和国家的尺度看，随着经济全球化和城市—区域发展，城市群已经成为一种相对独立的空间单元，更加积极地参与全球市场和区域竞争。在此背景下，采用珠三角城市—区域 5 个时间节点数据，利用全局主成分方法分析空间组织演变格局。结果表明：（1）珠三角城市—区域空间组织格局呈现动态演变的过程，区域空间组织格局经历低形态向高形态的演变。在增长速度上表现为"缓速演变—加速演变—快速演变"三个阶段。在空间上遵循着"单中心—双中心—多中心网络化"的发展逻辑。在城市层面上，各城市在不同时段存在空间组织值和区域地位的差异，这些差异不断引导城市间的合作与竞争，导致空间组织格局动态演变。(2) 珠三角城市—区域空间组织演变受到多元复杂因素的影响，研究发现，城市经济空间因子、物质空间因子和人口空间因子是主导城市—区域空间组织格局演变的重要因素。从全球化、区域化、市场化、城市化和分权化 5 个维度对珠三角城市—区域空间组织格局演变的动力机制具有良好的解释力度。

随着经济全球一体化，城市不仅要面对来自全球经济要素的竞争，也面临着城市之间的合作与竞争。如何协调区域内部的资源配置并引导区域发展，成为城市群未来发展的关键命题。珠三角作为城市化发展最快速的地区之一，已经逐渐表现出"多中心网络化"的发展趋势。面对目前空间组织格局演变的发展态度，珠三角城市—区域在未来的发展中应该重点强调：(1) 增强城市竞争力。珠三角面临着全球范围内的生产与服务竞争，优化区域空间结构和发展环境，增强各城市竞争力，对提升整体核心竞争力具有重要的意义。(2) 推进空间均衡发展。随着"深莞惠"、"广佛肇"和"珠江中"经济圈的建设，珠三角多中心网络结构不断形成。在区域一体化发展下，各城市应加强产业发展协调、功能分工与发展方向，避免城市发展的恶性竞争，以不断提升区域的城市功能和综合竞争力。(3) 加强资源环境协调。改革开放以来，珠三角以外延式城市化发展模式创造经济的快速增长，这也导致区域环境恶化、耕地减少和资源枯竭等现象，制约珠三角的可持续发展，导致空间组织度增长速率下降。因此，应通过空间增长管制和优化资源利用等手段，以内涵式发展实现区域社会、经济和环境的协调发展。

二、珠三角城市—区域的多中心空间结构演变

"多中心城市—区域"（Polycentric Urban Region，简称 PUR）已经成为世界高度城市化地区的重要特征[①]，国外学者对发达大城市地区的研究焦点

---

① 马学广、李贵才：《欧洲多中心城市区域的研究进展和应用实践》，《地理科学》2011 年第 12 期；J.Gottmann, *Megalopolis: The Urbanized Northeastern Seaboard of the United States*, New York: Twentieth Century Fund, 1961.

也从城市转向区域、从"核心—边缘"转向"多中心"①。多中心是一个涉及地理、经济、社会、政治和行政等多个方面的动态概念，关于它的理解在城市地理、城市规划和公共管理等学科中均有相应论述。F.Schindegger and Tatzberher（2005）认为，"多中心"可以从形态、功能、可达性、聚落模式、合作与互动、社会经济专业化、交通和信息通讯技术等维度加以识别②。目前从多中心研究的内容维度来区分，主要包括形态多中心和功能多中心。关于多中心在形态上的描绘，主要指特定区域内城市中心的多元性，克劳兹·昆斯曼则简单地将其定义为工作和人口的集聚地，如果一个集聚体其绝对人口和就业密度超过一定门槛，就可看作一个中心③。多中心的功能维度主要包括中心的经济专业化和中心之间的联系两个方面。形态多中心着重描述不同规模的城镇地理分布特点，强调各中心之间一定不能在规模上差别太大；而功能多中心关注焦点在于人流、物流和信息流的联系，侧重于功能分布及中心性。同时，多中心具有尺度敏感性，在不同空间尺度多中心有不同的表现形式与解读。区域尺度的多中心则具有三方面的特点：一是高等级中心对次等级中心的影响过程；二是次等级中心各自相互作用的过程；三是区域各中心在空间上彼此分离。因此，区域尺度的多中心更多地是强调其形态概念，区域多中心空间结构主要是指不同规模、相对独立的城镇或城市组团的区域分布状态，是对人类聚落在地理空间上分布特征的描绘。

　　国外学者对区域多中心空间结构的测度方法、演变模式、形成机理和运行机制等方面的研究取得了一些进展④，可以归纳出区域"多中心性"的

---

① 田广增、李学鑫：《西方区域多中心测度与效应研究进展》，《地域研究与开发》2012 年第 3 期；徐江：《多中心城市群：POLYNET 引发的思考》，《国际城市规划》2008 年第 1 期。

② F.Schindegger, G.Tatzberher, "Polycentric Development-A New Paradigm for Cooperation of Cities", *City Competition：Chances and Risks of Cooperation*, Conference on 3rd/4th March 2005, in Bratislava.

③ 克劳兹·昆斯曼、唐燕：《多中心与空间规划》，《国际城市规划》2008 年第 1 期。

④ A. G.Champion, "A Changing Demographic Regime and Evolving Polycentric Urban Regions：Consequences for the Size, Composition and Distribution of City Populations", *Urban Studies*, Vol.38, No.4 (2001), pp. 657–677；B.Alain, *The Spatial Organization of Cities：Deliberate Outcome or Unforseen Consequence？*, Berkeley：Institute of Urban and Regional Development University of California at Berkeley, 2004；J. B.Parr, "The Polycentric Urban Region：A Closer Inspection", *Regional Sciences*, Vol.38, No.3 (2004), pp. 231-240；P.Hall, K.Pain, *The Polycentric Metropolis：Learning from Mega-city Regions in Europe*, London：Earthscan, 2006.

含义——区域城市体系并非由单个较大城市主导，而是存在较多规模不等的城市，城市"位序—规模"分布是长线型，并且该曲线较平坦而不是陡峭。国内学者在对国外研究消化和吸收的基础上，基于人口、GDP 等社会经济指标，利用主成分分析、重力模型等方法对中国发达地区的多中心空间结构特征、结构模式以及联系强度进行了研究[①]。总体来看，国内学者对区域多中心空间结构的研究多偏重于静态的城市属性数据，研究方法多是以城市规模或行政等级为基础的定性描述，研究区域也多侧重于长三角和京津冀地区。珠三角地区作为我国发育最早的巨型城市—区域，无论在区域规模、全球与区域地位还是文化、制度等方面都已经具备成为全球城市—区域或者巨型城市—区域的必要条件。本节以珠三角城市—区域为分析对象，以县级行政区为基本分析单元，利用经济社会数据与城镇建设用地扩张数据，以2000 年、2005 年、2010 年为时间节点，分析探讨该区域多中心空间结构特征及演变，为制定适宜的空间政策提供参考，也为其他区域的发展提供经验借鉴。

（一）研究设计

本节研究区域为珠三角地区，以《珠江三角洲地区改革发展规划纲要(2008—2020 年)》中划定的"珠江三角洲地区"为准，包括广州、深圳、珠海、佛山、江门、东莞、中山、惠州和肇庆 9 个城市，面积约为 5.48 万平方千米。在区域尺度，县级行政单元更接近于功能地域的最小单元，为了更准确地表征珠三角地区的空间结构，选择区（县）作为基本分析单元。目前在官方的统计资料中，珠三角各城市的统计单元主要分为市、区（县）、街道（镇）3 个层级，但中山和东莞两市采取"市管镇"的行政管理方式，未设区（县）。为保持本区域研究单元尺度的一致性，借鉴《中山城市总体

---

① 顾朝林：《经济全球化与中国城市发展：跨世纪中国的城市发展战略研究》，商务印书馆 1999年版；张成：《长三角地区多中心空间结构的经济分析和聚类》，《规划师》2006 年第 9 期；张晓明：《长三角巨型城市区特征分析》，《地理学报》2006 年第 10 期；韦亚平、赵民：《都市区空间结构与绩效——多中心网络结构的解释与应用分析》，《城市规划》2004 年第 4 期；张敏等：《长江三角洲全球城市区空间建构》，《长江流域资源与环境》2006 年第 6 期；于涛方、邵军、周学江：《多中心巨型城市区域研究：京津冀地区实证》，《规划师》2007 年第 12 期；马丽、刘毅：《经济全球化下的区域经济空间结构演化研究评述》，《地理科学进展》2003 年第 2 期。

规划（2005—2020 年）》和《东莞市域总体规划（2005—2020 年）》中片区划分的方法，将中山市分为中山东部、中山中部、中山西北部、中山南部 4 个片区，将东莞市分为东莞西北部、东莞东北部、东莞西南部、东莞中部、东莞东南部 5 个片区。因此，将珠三角地区共划分为 55 个分析单元。

　　主要采用主成分分析和聚类分析方法，应用 SPSS 17.0 统计分析软件，同时应用 ArcGIS 9.3 作为空间分析的技术工具。在进行指标选择时既借鉴了国内外多中心空间结构研究的经验，又考虑了相对独立城镇或组团的构成要素，同时结合珠三角地区经济发展的特点，从建设投资、土地利用、经济规模、产业结构和人口集聚等方面综合考虑，选取 GDP（G/ 万元）、常住人口（P/ 万人）、人均 GDP（G/ 元·人$^{-1}$）、人口密度（D/ 人·km^{-2}）、社会消费品零售总额（R/ 万元）、实际利用外资（F/ 万美元）、第三产业比重（p/%）、全社会固定资产投资（I/ 万元）8 项社会经济指标。经济社会数据来源于珠三角 9 市统计年鉴（2001 年、2006 年、2011 年），城镇建设用地分布图来源于 3 期（2000 年、2005 年、2010 年）TM 影像解译。将选定的指标值（2000 年、2005 年、2010 年）附在珠三角 55 个空间单元之上，进而进行主成分分析和聚类分析。

　　在主成分分析中根据各主成分解释方差与原始指标变量方差的比重，运用公式（1）计算各主成分的权重。同时结合各主成分的得分，运用公式（2）可计算各空间单元的综合得分。

$$W_i = C_i / \sum C_i \tag{1}$$

$$S_j = \sum (S_{ij} \times W_i) \tag{2}$$

　　式中：W_i 为各主成分的权重；C_i 代表各主成分贡献率；S_{ij} 代表空间单元；j 在主成分 W_i 上的得分；S_j 代表空间单元 j 的综合得分。

（二）珠三角城市—区域多中心空间结构的测度方法

1. 主成分分析

　　运用 SPSS 统计软件对 2000 年、2005 年、2010 年各空间单元的 8 项指标进行标准化处理，计算标准化处理后各指标的相关系数，得到相关系数矩阵，然后求出相关系数矩阵对应的特征方程的特征值及其特征向量，最后按特征值由大到小的顺序计算主成分的贡献率和累计贡献率（见表 5-6）。

表5-6　珠三角城市—区域各年份主成分提取及其贡献率

主成分	2000 年			2005 年			2010 年		
	特征值	贡献率 /%	累计贡献率 /%	特征值	贡献率 /%	累计贡献率 /%	特征值	贡献率 /%	累计贡献率 /%
F_1	3.92	49.03	49.03	3.59	44.83	44.83	4.04	50.52	50.52
F_2	1.83	22.84	71.86	1.45	18.10	62.93	1.32	16.55	67.07
F_3	1.06	13.29	85.15	1.12	13.98	76.91	1.15	14.39	81.46
F_4	0.70	8.80	93.95	0.71	8.87	85.78	0.94	11.79	93.25
F_5	0.27	3.32	97.26	0.57	7.08	92.86	0.25	3.06	96.31
F_6	0.12	1.53	98.79	0.29	3.62	96.48	0.15	1.86	98.17
F_7	0.07	0.90	99.70	0.23	2.93	99.41	0.11	1.33	99.50
F_8	0.03	0.31	100.00	0.05	0.59	100.00	0.04	0.50	100.00

　　从表5-6可知，在对2000年的数据分析中可以提取4个有效主成分F1、F2、F3和F4，它们的贡献率分别为49.03%，22.84%，13.29%，8.80%，累计贡献率达到了93.95%。在对2005年和2010年数据进行分析时，分别提取5个和4个主成分，其累计贡献率分别达到了92.86%，93.25%。各年份提取主成分的载荷矩阵见表5-7，其中载荷系数代表各主成分解释指标变量方差的程度。根据各主成分解释方差占原始指标变量方差的比重，运用公式（1）和公式（2）计算出各年份各空间单元的综合得分（见表5-8）。

表5-7　珠三角城市—区域各年份主成分载荷矩阵

指标	2000 年				2005 年					2010 年			
	F_1	F_2	F_3	F_4	F_1	F_2	F_3	F_4	F_5	F_1	F_2	F_3	F_4
G	0.90	0.01	−0.34	−0.09	0.95	−0.14	−0.04	−0.12	0.13	0.91	−0.33	−0.06	0.06
p	0.26	0.63	−0.49	0.54	0.38	−0.66	0.06	0.59	0.23	0.73	−0.41	0.45	−0.20
P	0.62	−0.76	0.03	0.00	0.49	0.63	−0.31	−0.06	0.48	0.38	−0.18	−0.72	0.54
D	0.66	0.53	0.36	−0.12	0.41	0.30	0.81	−0.02	−0.09	0.75	0.52	−0.22	−0.06
F	0.97	0.00	−0.15	−0.03	0.88	−0.09	0.15	−0.14	−0.22	0.95	0.12	0.06	−0.07
I	0.55	−0.68	0.04	0.39	0.65	−0.16	−0.56	−0.08	−0.36	−0.11	0.22	0.59	0.76

续表

指标	2000 年				2005 年					2010 年			
	F_1	F_2	F_3	F_4	F_1	F_2	F_3	F_4	F_5	F_1	F_2	F_3	F_4
G	0.49	0.24	0.74	0.32	0.37	0.68	−0.11	0.55	−0.25	0.57	0.77	0.07	−0.07
R	0.86	0.22	−0.06	−0.38	0.90	−0.13	0.11	−0.11	0.13	0.85	−0.30	0.15	0.14

表 5-8　珠三角城市—区域空间单元职能因素评价得分表

职能因素	2000 年		2005 年		2010 年	
	空间单元	评价得分	空间单元	评价得分	空间单元	评价得分
经济因素	南海区	100.00	福田区	100.00	越秀区	100.00
	福田区	84.93	越秀区	98.99	宝安区	89.15
	顺德区	47.35	宝安区	89.60	天河区	88.30
	南山区	46.95	天河区	66.10	福田区	76.80
	番禺区	39.82	南山区	65.42	南海区	62.03
	龙岗区	27.88	龙岗区	62.95	海珠区	59.21
	…	…	…	…	…	…
	越秀区	13.27	中山南部	16.85	台山市	11.87
	惠阳区	13.25	盐田区	16.26	高明区	11.84
	…	…	…	…	…	…
	盐田区	0.00	鼎湖区	0.00	鼎湖区	0.00
人口因素	越秀区	100.00	越秀区	100.00	越秀区	100.00
	福田区	29.58	博罗县	72.35	宝安区	89.15
	顺德区	23.23	荔湾区	51.60	天河区	88.30
	海珠区	21.09	海珠区	47.93	福田区	76.80
	白云区	20.82	蓬江市	40.44	南海区	62.03
	番禺区	20.34	罗湖区	39.79	海珠区	59.21
	…	…	…	…	…	…
	中山南部	15.04	东莞中部	32.15	台山市	11.87
	中山东部	14.53	江海区	31.79	高明区	11.84
	…	…	…	…	…	…
	南海区	0.00	福田区	0.00	鼎湖区	0.00

职能因素	2000 年		2005 年		2010 年	
	空间单元	评价得分	空间单元	评价得分	空间单元	评价得分
产业因素	南海区	100.00	萝岗区	100.00	越秀区	100.00
	越秀区	71.23	黄埔区	78.31	罗湖区	88.31
	惠城区	69.06	越秀区	74.09	荔湾区	83.71
	金湾区	54.74	盐田区	60.95	福田区	83.68
	东莞东南部	52.68	罗湖区	58.42	海珠区	81.20
	高要市	52.63	南沙区	58.01	盐田区	76.18
	…	…	…	…	…	…
	增城市	46.31	海珠区	38.44	东莞东南部	49.92
	从化市	45.31	白云区	38.06	禅城区	49.40
	…	…	…	…	…	…
	博罗县	0.00	博罗县	0.00	鼎湖区	0.00

通过各指标变量在各主成分中的权重可以得出：2000 年，代表经济因素的相关指标在 F_1 中占有相对较高的权重，代表人口因素的相关指标在 F_2 中占有相对较高的权重，代表产业因素的相关指标在 F_3 和 F_4 中占有相对较高的权重；2005 年，代表经济因素的相关指标在 F_1 中占有相对较高的权重，代表人口因素的相关指标在 F_2、F_3 和 F_5 中占有相对较高的权重，代表产业因素的相关指标在 F_2 和 F_4 中占有相对较高的权重；2010 年，代表经济因素的相关指标在 F_1 和 F_4 中占有相对较高的权重，代表人口因素的相关指标在 F_2 和 F_3 中占有相对较高的权重，代表产业因素的相关指标在 F_1 中占有相对较高的权重。对经济因素、人口因素和产业因素相关性高的主成分进行评价，可得各空间单元在经济、人口和产业职能方面的得分（见表 5–8）。

2. 空间聚类分析

根据主成分分析计算的综合得分，对各空间单元进行系统聚类。聚类方法选择为最近距离法（Nearest Neighbour），即合并最近的或最相似的两项，用两类间最近点的距离代表两类间的距离，组间等间隔距离选择欧氏距离平方（Squared Euclidean Distance）。在聚类结果中，得分较高的空间单元表现出更强的中心性，而得分较低的空间单元中心性则相对较低。为了分析比较的需要，将空间单元聚类为6个等级（见表5-9，图5-3）。

表5-9 珠三角城市—区域2000年、2005年和2010年空间单元聚类分析

2000 年			2005 年			2010 年		
空间单元	评价得分	聚类	空间单元	评价得分	聚类	空间单元	评价得分	聚类
南海区	100.00	1	越秀区	100.00	1	越秀区	100.00	1
越秀区	89.33	2	萝岗区	58.02	3	天河区	83.26	2
福田区	63.65	3	天河区	42.43	4	福田区	76.46	2
罗湖区	47.85	4	福田区	39.14	4	惠城区	75.49	2
顺德区	41.88	4	黄埔区	37.98	4	宝安区	67.49	3
南山区	34.70	5	南山区	37.97	4	海珠区	62.45	3
番禺区	33.90	5	罗湖区	37.94	4	罗湖区	56.31	3
龙岗区	30.81	5	宝安区	35.44	4	南海区	48.83	4
惠城区	29.82	5	南海区	32.18	5	白云区	48.49	4
…	…	…	…	…	…	…	…	…
白云区	24.19	5	番禺区	27.98	5	番禺区	44.47	4
禅城区	24.00	5	禅城区	24.08	6	南山区	37.78	5
端州区	23.20	5	花都区	22.78	6	禅城区	36.99	5
…	…	…	…	…	…	…	…	…
盐田区	0.00	6	金湾区	0.00	6	鼎湖区	0.00	6

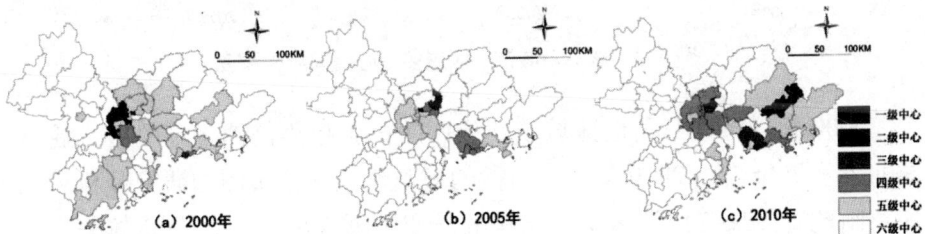

图5-3 珠三角城市—区域2000年、2005年、2010年多中心空间布局图示

（三）珠三角城市—区域多中心空间结构的演变

1."核心—边缘"到"多中心"结构演变

空间单元的评价得分和聚类分析结果表明，2000年珠三角地区以南海和越秀为一、二级中心，福田为三级中心，罗湖和顺德为四级中心，其他区县多为五、六级中心（见图5-4）。总体来看，2000年珠三角地区"核心—边缘"特征明显，多中心特征不显著，高等级中心较少，多数区县还处于低水平的发展态势，珠江东西两岸发展相对均衡。2005年，珠三角地区虽然仍是单中心特征显著的空间结构模式，但在广州、佛山和深圳地区形成了多个增长极，在空间上形成了以越秀为中心的增长圈层（越秀—萝岗—天河—黄埔—南海—顺德）和以福田为核心的增长圈层（福田—罗湖—宝安—南山—东莞西北部），外围多数低层级中心开始向上层次中心发展，多中心空间结构开始呈现雏形。2010年，越秀和福田仍然是珠三角地区政治经济和文化中心，但该地区多中心网络化的空间结构特征已十分显著，二、三级中心数量明显增加，天河、惠城、宝安、海珠、罗湖、南海也成为珠三角地区重要的增长点，其经济规模、人口集聚程度和产业职能已经形成独立城镇中心。

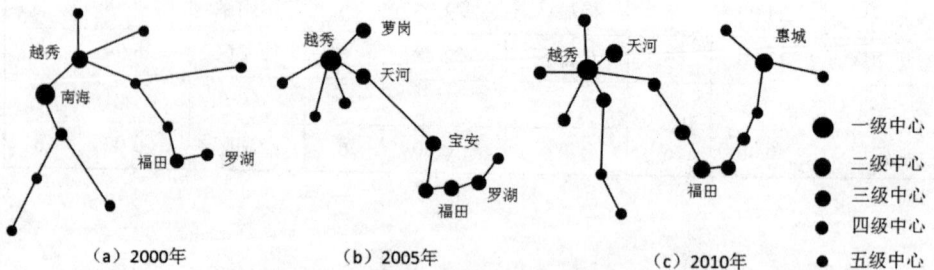

图5-4　珠三角城市—区域多中心空间结构演变

2000年以来珠三角地区城镇建成区的扩张趋势仍然十分显著，通过对2000年、2005年、2010年3个时段的城镇建成区分布图的研究分析可以更加清晰地看出珠三角地区空间结构的演变历程（见图5-5）。总体来看，珠江东岸发展快于珠江西岸，东莞和佛山的扩张速度高于中心城市广州和深圳，珠海、中山和江门等城市的扩张速度相对缓慢，但总体差别不大。以越

(a) 2000年

(b) 2005年

图例

建设用地

(c) 2010年

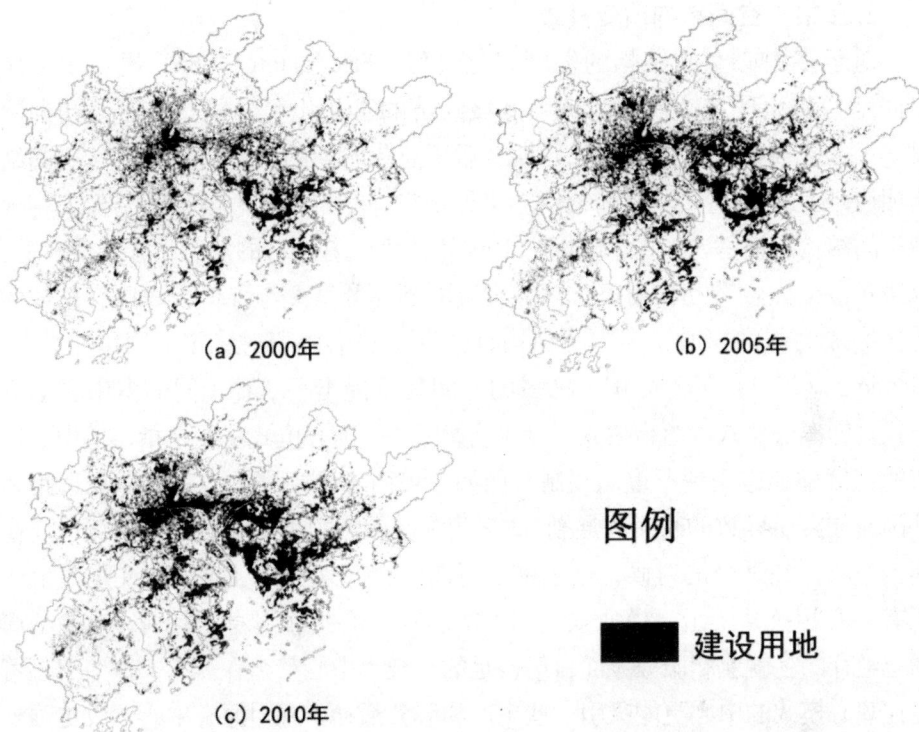

图5–5 2000年、2005年、2010年珠三角城市—区域城镇建成区分布格局

秀为中心的增长圈层（越秀—萝岗—天河—黄埔—南海—顺德）和以福田为核心的增长圈层（福田—罗湖—宝安—南山——东莞西北部），在建成区形态上已经突破地理隔离，而珠江西岸的各增长中心之间仍然保留着自然水体和山体的隔离。分析各空间单元的建成区增长率，可以得出珠三角地区各级中心的发展速度相近，整个地区发展在地域上具有均衡性，同时区域整体发展提升显著。结合上文的主成分分析和聚类分析，可以得出：整个珠三角的发展重心已经向东岸偏移，广佛城市圈和深莞惠城市圈构成了整个珠三角地区的发展骨架，其内部各中心规模等级较高，空间形态上也已经连为一体；珠海、中山和江门则发展相对较慢，其内部各中心向高等级中心进阶不明显，空间形态上仍然隔离；珠三角地区在职能等级、空间形态等方面都具有多中心的特征，实现了由"核心—边缘"结构特征向"多中心"结构特征的演变。

2. 多中心空间结构演变模式

对于多中心空间结构的发展演化过程，Friedmann（1966）提出了区域空间结构演化理论。他认为按照区域经济的工业化前阶段—工业化初期阶段—工业化成熟阶段—工业化后期—后工业化时期的演进顺序，区域空间结构相应地呈现出离散型空间结构—集聚型空间结构—扩散型空间结构—均衡型空间结构的演替次序[1]。Batten（1993）认为随着经济的发展，在梯度转移、等级扩散、点轴带动作用下，区域发展的不均衡度逐渐降低，一些有条件的地区会成为新的中心，多中心结构日益发育并形成相对稳定的网络结构[2]。Champion（2001）基于城市—区域的空间尺度提出了3种不同的多中心演变模式，即离心模式、组合模式以及融合模式[3]。离心模式主要是指，单中心城市的持续增长遭受到严重的限制（例如中央商务区高涨的地租，以及远距离外围居住区所导致的长时间通勤），一些深受影响的生产和服务活动被迫迁往其他中心，在适当的时候，这些中心可能联合起来甚至独自即可在规模上与原有中心相抗衡。组合模式则是指大的城市中心扩张自身的腹地，以便与周围已经存的在就业和服务方面自给自足的小规模中心整合在一起，这些中心可能比离心模式的中心更能吸引一些生产和服务活动，并对原有中心形成更强烈的挑战。融合模式是指在一定区域范围内原来相互独立、规模相似的中心，由于各自在人口规模和地理范围上的增长，特别是交通联系的改善而融合为一体。Champion（2001）提出这3种模式是为了降低问题的复杂性，但从实际发展来看，不同的多中心发展模式并非彼此排斥，3种模式也可能同时出现。

珠三角地区空间结构的演变，总体上符合弗里德曼的区域空间结构演化理论，但基于城市—区域地理尺度的分析，Champion（2001）所提出的3种模式能够更清晰地解释其空间结构演变模式（见图5-6）。从珠三角地区发展历程来看，广佛城市圈和深莞城市圈的演变过程更符合组合模式，但离心模式和融合模式也对其产生了影响。最初，越秀和天河具有历史的空间积

---

① J. Friedman, *Regional Development Policy: A Case Study of Venezuela*, Cambridge: MIT Press, 1966.

② D. F.Batten, "Network Cities Creative Urban Agglomerations for the 21st Century", *Urban Studies*, Vol.32, No.2 (1995), pp. 313-327.

③ A. G.Champion, "A Changing Demographic Regime and Evolving Polycentric Urban Regions: Consequences for the Size, Composition and Distribution of City Populations", *Urban Studies*, Vol.38, No.4 (2001), pp. 657–677.

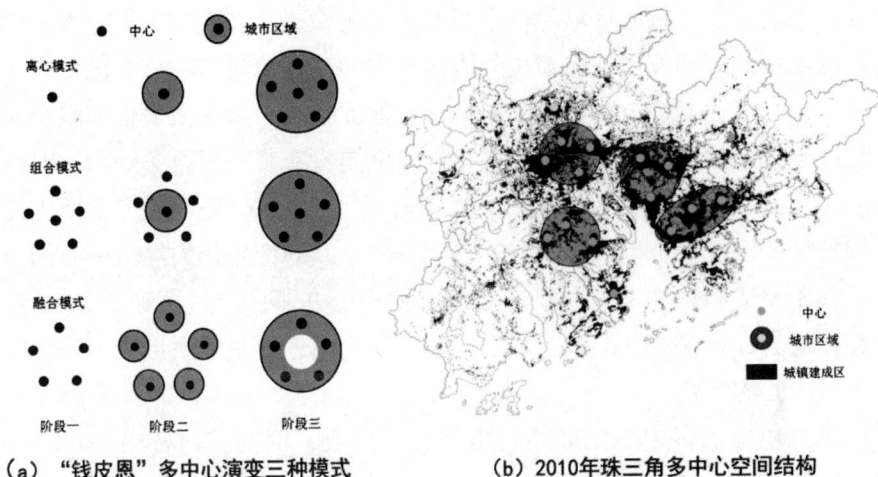

中心	城市区域

离心模式

组合模式

融合模式

阶段一　　阶段二　　　阶段三

中心	
城市区域	
城镇建成区	

（a）"钱皮恩"多中心演变三种模式　　　　（b）2010年珠三角多中心空间结构

图5-6　珠三角城市—区域多中心空间结构演变

累，而福田和罗湖具有特殊的时空政策与区位，这类中心不仅具有较好的高等生产要素，还兼有满足高素质劳动力居住偏好的城市生活环境。因此，在其发展过程中能不断吸引外部高增值价值链进入此中心，形成本地化价值链的延展。同时，其他次等级中心在小城镇基础上发展起来的产业，在小范围空间上发展遭遇瓶颈，需要与高等级中心的产业要素相结合，而且需要相互之间进行专业化的衔接，最终形成融合。也有学者研究提出，珠三角地区大多数城市采用了飞地型扩张模式[①]。该模式即不断在城市外围区域设置开发区或产业园区，随着城市的发展，这些开发区和园区被纳入城市本体，此种模式类似于离心模式。位于珠江西岸的珠中江城市圈更符合融合模式，由于受自然水体、山林和地势的影响，各中心发展相对独立，从建成区形态来看目前处于第二阶段。正是城市—区域地理尺度下这三种模式的演变，珠三角地区最终形成了多中心的网络空间结构。

3. 职能结构特征与模式

各评价单元在经济、人口和产业职能方面的得分表明，2000年珠三角地区经济职能中心主要是南海和福田，而到了2010年珠三角核心区各中心的经济发展水平都有了显著提高，越秀、天河、南海、福田和罗湖等都已成

① 朱政等：《珠三角城市群空间结构及影响研究》，《经济地理》2011年第3期。

为经济职能中心，核心区域趋向于高等级均衡模式；在人口集聚方面，随着核心区经济的高速发展，人口由外围区域向核心区聚集，在核心区形成了均衡模式；在产业职能方面，由于用第三产业比重这个指标来表征，整个珠三角地区呈现明显的均衡特征，究其原因可能是没有将高级服务业和一般性服务业进行区分，核心地区高级服务业领先而外围地区一般性服务业所占比重大的特征并没有表征出来。同时，在 2000 年和 2005 年作为经济中心的空间单元并不是人口的中心，经济中心和人口中心并不匹配，而到了 2010 年从各指标变量在各主成分的权重可以发现，珠三角地区基本上形成了经济中心和人口中心的耦合。

珠三角地区多中心空间结构虽然已经形成，但区域内各中心在职能上仍然有所差别。越秀、天河和福田作为高等级中心主要是引导周边区域进行提质性扩张，服务业比重较高，高级服务业主导功能显著；而东莞西部片区、顺德、南海和惠城等二、三级中心主要带动周边地区承担工业化职能，其制造业所占比重较大；低等级中心承担的职能较少，主要提升周边区域的城市化效率，实现自给自足的公共服务；珠三角外围地区的中小城市主要是接受高等级中心的辐射，在第一产业为主导的同时承载一些制造业的转移。总体来看，三种模式构成了珠三角地区的职能结构，即连续同心圆模式、跳跃同心圆模式和混合同心圆模式（见图 5-7）。连续同心圆模式是一种由内向外依次是高等级中心—次高等级中心—低等级中心的模式，位于珠江西岸的广佛地区和珠海，以及珠江东岸的东莞属于这种空间模式。跳跃同心圆模式是一定程度上缺少中间层级中心的职能结构，惠州是典型的这种模式，惠城区是区域二级中心，但缺少二级和三级中心，外围的博罗县、惠阳区和惠

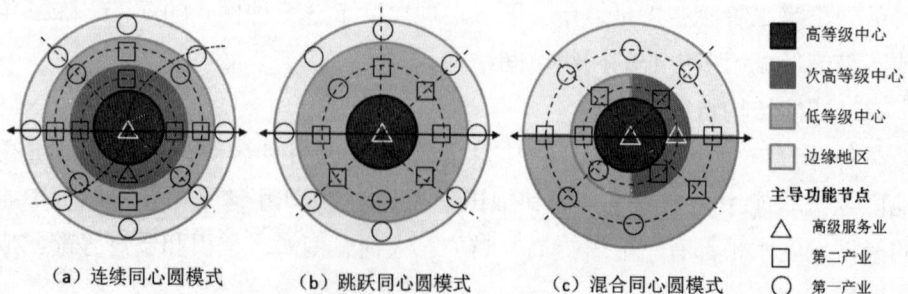

（a）连续同心圆模式　　（b）跳跃同心圆模式　　（c）混合同心圆模式

图例：
- ■ 高等级中心
- ■ 次高等级中心
- ■ 低等级中心
- □ 边缘地区

主导功能节点
- △ 高级服务业
- □ 第二产业
- ○ 第一产业

图 5-7　珠三角城市—区域职能结构模式

东县都是五级中心，这种模式可能源于广州和深圳对惠州的"袭夺"作用，以及都市区之间功能的互补和协作。混合式同心圆模式是指都市区职能结构的镶嵌模式没有出现规律的"中心—外围"演进，深莞属于这种职能结构模式，究其原因主要是受地形、水体等自然因素和政策因素的影响。

（四）结论

2000 年以来，珠三角地区基本实现了由"核心—边缘"特征明显的单中心模式，到以越秀和福田为一、二级中心，大量二、三级中心并存的"多中心"网络化空间结构的转变。珠三角地区空间结构的演变，总体上符合 Friedmann（1966）的区域空间结构演化理论，但基于城市—区域地理尺度的分析，Champion（2001）所提出的"离心模式、组合模式和融合模式"能够更清晰地解释其空间结构演变规律。虽然总体来看，珠三角地区多中心空间结构特征已十分显著，也基本实现了经济中心和人口中心的空间耦合，但区域各中心在职能上仍然有所差别，连续同心圆、跳跃同心圆和混合同心圆三种职能结构模式，共同构成了珠三角地区的职能结构。

珠三角地区经历 30 多年的发展之后，正面临着转型发展的重要任务，在未来的经济发展中，各中心职能的互补性和关联性将至关重要。对珠三角地区多中心空间结构特征、演变模式和职能结构特征进行分析，有助于制定适宜的区域空间政策，引导珠三角地区转型发展和区域竞争力的提升。然而，本研究主要还是利用经济社会属性数据对静态的多中心空间结构进行分析，缺乏针对性和全面性，而对于珠三角地区动态的基于各中心职能联系的功能多中心，有必要进一步探索和研究。同时，对于多中心空间结构的演变因素，多中心治理的模式和架构也需要下一步的深入研究。

三、珠三角城市—区域的土地集约利用评价①

土地集约利用作为缓解人口增长、人地关系冲突的重要方式，是指利

---

①　本节内容根据林雄斌、马学广、李贵才《珠三角城市群土地利用集约程度评价及影响因素研究》（《中国人口资源与环境》2013 年第 11 期［专刊］）修改而成。

用技术和管理手段实现生产要素的合理配置，从而降低生产投入，提高经济效益的利用方式，具有资金密集型、劳动密集型和技术密集型等类型[①]，不仅指单位土地面积投入—产出增加，也指合理的土地利用结构、布局和良好的生态环境等[②]。具体来说，土地集约利用体现为四个方面[③]：（1）土地利用效率高，指土地利用率和生产效率提高，实现土地产出的高效化最大化；（2）土地利用结构和空间配置合理，即各种土地利用类型高效协作，满足城市经济、社会、环境发展需求，实现城市健康可持续发展；（3）土地利用综合效益平衡兼顾，在实现经济效益的同时，追求经济、社会和生态环境效应的统一；（4）土地利用管理科学化，通过提高土地利用管理水平和科技投入，实现土地利用可持续发展。我国快速城市化发展背景下，城市土地供需矛盾日益突出，尤其是在土地资源紧缺和快速发展的珠三角，城市—区域的可持续发展受到土地资源短缺的限制则更加明显。

近年来，国家持续出台《国务院关于深化改革严格土地管理的决定》（国发［2004］28号）、《国务院关于加强土地调控有关问题的通知》（国发［2006］）31号）、《国务院关于促进节约集约用地的通知》（国发［2008］3号）等政策，指出"切实保护耕地，大力促进节约集约用地"是我国必须长期坚持的根本方针，是切实转变用地观念，转变经济发展方式，调整优化经济结构的重要措施，并从城市规划、土地利用规划、市场机制、土地管理和监督等进行土地集约利用安排。2014年4月，国土资源部出台《节约集约利用土地规定》，从加强规划引导、布局优化、标准控制、市场配置、存量土地盘活利用和监督考评新机制等推进土地节约集约利用。因此，强化城市土地用地功能，优化土地结构合理布局，提高土地集约利用水平对珠三角城市或区域尺度的社会、经济和环境的可持续发展均具有重要的意义。

---

① 刘成刚、孙翠兰：《当前我国农村土地集约利用存在的问题和对策》，《河南国土资源》2005年第4期。

② 毛蒋兴等：《20世纪90年代以来我国城市土地集约利用研究述评》，《地理与地理信息科学》2005年第2期。

③ 刘成刚、孙翠兰：《当前我国农村土地集约利用存在的问题和对策》，《河南国土资源》2005年第4期；毛蒋兴等：《20世纪90年代以来我国城市土地集约利用研究述评》，《地理与地理信息科学》2005年第2期；J. A. Foley et al., "Global Consequences of Land Use", *Science*, Vol.309, No.5734 (2005), pp. 570-574.

（一）土地节约集约利用的内涵

土地是城市形成与发展的重要基础，土地利用效率与城市变迁和区域发展直接相关。随着人口和经济转型，土地利用活动在特定的时间和区域会发生转变，社会趋向不同类型的土地利用[1]。目前，土地资源短缺、生态承载和自然资源有限等压力已经成为限制我国经济发展的因素。2005 年国土资源部的土地利用现状调查结果显示，我国现有耕地 18.31 亿亩，其中全国人均耕地降为 1.4 亩，比世界平均水平低 40%。其中，2000 年至 2005 年期间，全国共新增建设用地 3285 万亩，耕地面积由 19.24 亿亩减至 18.31 亿亩，年均净减少耕地 1848 万亩[2]。随着城市化和经济持续发展，土地供求矛盾和生态环境压力更加凸显。在人口增加和土地减少的区域，城市外延增长模式向集约增长模式转变成为城市—区域的发展战略。城市土地集约利用作为缓解当前经济社会发展土地需求与耕地保护矛盾的根本途径[3]，受到政府和学者的广泛关注。目前，对城市土地集约利用的研究形成丰富的理论成果，主要研究有不同尺度区域进行土地集约利用实证分析、定量评价与集约利用的相关对策建议等。

目前我国对土地节约集约利用的研究主要集中在三个方面。（1）土地集约利用研究的尺度差异。主要通过土地单位产出效益的计算，分析省域、市域和县域等不同地理尺度的土地利用集约程度与空间差异。如曹广忠等计算省际单位城镇用地人口承载量和经济产出量，分析城镇土地集约利用空间差异[4]。甄江红等选取数据评价包头市不同类别工业用地的集约利用程度分级与潜力[5]；陈志强等采用多因素综合评价法分析重庆市城镇土地集约利用水平和空间格局[6]；（2）土地集约利用定量评价方法。定量评价常用的方法是

---

　　① Foley J. A. et al., "Global Consequences of Land Use", *Science*, Vol.309, No.5734 (2005), pp.570-574.

　　② 2005 年度全国土地利用变更调查结果，见 http://www.gov.cn/ztzl/jqtdtk/content_380008.htm

　　③ 朱天明、杨桂山、万荣荣：《城市土地集约利用国内外研究进展》，《经济地理》2009 年第 6 期。

　　④ 曹广忠、徐子芝：《我国城镇土地集约利用水平的省际差异分析》，《城市发展研究》2008 年第 4 期。

　　⑤ 甄江红等：《包头市工业用地土地集约利用潜力评价初步研究》，《经济地理》2004 年第 2 期。

　　⑥ 陈志强、曹蕾、邱道持：《重庆市渝北区城镇土地集约利用评价与空间格局分析》，《经济地理》2006 年第 S1 期。

以遥感数据和社会经济统计数据为基础，构建涉及土地利用强度、投入、用地结构、产出效益等多种土地集约利用的指标[①]，利用主成分分析法和聚类法[②]、多指标综合评价层次分析法[③]、均方差决策分析法[④]、模糊综合测度[⑤]、压力—状态—响应（PSR）分析框架[⑥]、情景分析法和市场供求均衡分析法[⑦]、ANN 模型和 BP 人工网络模型测度方法[⑧] 等计算不同区域土地集约利用程度差异；（3）土地集约利用驱动机制分析。城市化的快速发展决定了城市土地集约利用的必要性[⑨]。土地集约利用具有内在和外在驱动两种类型，其中，内在动力机制主要由聚集效应和要素替代等机制驱动，外在动力包括市场驱动、政府导向与激励、技术创新等方面[⑩]。

（二）研究设计

1. 研究区域与数据来源

珠江三角洲（the Pearl River Delta）包括广州、深圳、珠海、佛山、东莞、中山、惠州、江门和肇庆 9 个市，毗邻香港和澳门，是我国人口密度最高的地域之一。随着《珠江三角洲经济区城市群规划》（1995 年）、《珠江三角洲经济区现代化建设规划纲要》（1995 年）、《珠江三角洲城镇群协调发展规划（2004—2020 年）》（2004 年）、《珠江三角洲地区改革发展规划纲要》

---

① 李文梅、陈松林：《基于主成分分析法的福州开发区土地集约利用研究》，《云南地理环境研究》2009 年第 6 期。

② 陈雪依、姚亦锋：《基于 SPSS 分析的南京土地集约利用空间分异研究》，《城市发展研究》2010 年第 1 期。

③ 冯长春、程龙：《老城区存量土地集约利用潜力评价——以北京市东城区为例》，《城市发展研究》2010 年第 7 期。

④ 郭艳红等：《城乡统筹视角下城市土地集约利用评价研究——以山东省胶南市为例》，《城市发展研究》2011 年第 11 期。

⑤ 刘晓丽等：《城镇土地集约利用与转变增长方式综合评价研究——以北京市海淀区北部新区为例》，《地理科学进展》2007 年第 5 期。

⑥ 冯科等：《GIS 和 PSR 框架下城市土地集约利用空间差异的实证研究——以浙江省为例》，《经济地理》2007 年第 5 期。

⑦ 吴郁玲、周勇：《我国城市土地市场均衡与土地集约利用》，《经济地理》2009 年第 6 期。

⑧ 朱红梅等：《BP 人工神经网络在城市土地集约利用评价中的应用——以长沙市为例》，《经济地理》2009 年第 5 期。

⑨ 王家庭：《快速城市化进程中土地集约利用的战略与战术意义》，《上海城市管理》2010 年第 5 期。

⑩ 王家庭、季凯文：《城市土地集约利用动力机制研究》，《城市问题》2008 年第 8 期。

(2008 年）等颁布，不断借助城市—区域功能集聚和要素流动优势，推动城市—区域社会、经济和环境发展。然而，珠三角人口和土地扩张下导致土地耕地资源减少和生态环境退化等问题不断凸显，并制约珠三角可持续发展。因此，从时间序列角度评价珠三角土地利用集约水平特征，揭示土地集约利用驱动机制具有重要意义。数据来源于 2004—2012 年《中国城市统计年鉴》和广东省相关统计年鉴。

2. 指标体系与研究设计

（1）土地集约利用评价方法

首先，指标体系构建。土地集约利用涉及经济、社会和环境等内容，在文献指标频度分析基础上，从土地利用结构、投入强度和产出效用 3 个方面共 12 项指标进行珠三角城市土地集约利用评价（见表 5–10）。

表 5–10　土地集约利用指标体系与权重

目标层	准则层	指标层	指标名称	2003 年	2011 年
城市土地集约利用程度评价	土地利用结构	建成区比例（%）	CONS	0.311	0.179
		建设用地比例（%）	CONS_R	0.239	0.202
		人均耕地面积（亩/人）	AGR_P	0.339	0.306
		人均绿地面积（m²/人）	GRL_P	0.243	0.164
	土地投入强度	在岗职工人数（万人）	EMPL	0.172	0.258
		固定资产投资（万元）	INVE	0.198	0.196
		人口密度（人/km²）	PODEN	0.367	0.334
	土地产出效用	人均 GDP（元/人）	GDP_P	0.417	0.432
		地区生产总值增长率（%）	GDP_R	0.263	0.339
		消费品零售总额（万元）	RETIL	0.146	0.199
		职工平均工资（元/年）	WAGE	0.295	0.324
		一般财政收入（万元）	FINA	0.235	0.270

其次，数据标准化处理。由于各指标的数量级、量纲和正负取向的差异，对数据进行标准化处理，以使评价结果具有可比性。采用"极差法"进行指标处理，当指标值越大表明土地集约利用程度较高时，采用正向指标公

式（1）处理，当指标值越小则表明土地集约利用程度较高时，采用负向指标公式（2）处理，实现指标无量纲处理。

$$A_i = \frac{a_i - a_{min}}{a_{max} - a_{min}}$$　　　　　　　　　　公式（1）

$$A_i = \frac{a_{max} - a_i}{a_{max} - a_{min}}$$　　　　　　　　　　公式（2）

其中：A_i 为原始指标数据进行无量纲处理后的得分，a_i 为样本的实际值，a_{max} 为该指标序列的最大值，a_{min} 为该指标序列的最小值。

第三，指标权重确定。采用"均方差决策法"确定权重[①]，先计算各指标的均方差，进而计算每个指标体系权重，步骤为"求随机变量均值—求评价值的均方差—确定权重系数—多指标决策与排序"，见公式（3）至公式（6）：

$$E(Int_i) = \frac{1}{n}\sum_{i-1}^{n} y_{ij}$$　　　　　　　　　　公式（3）

$$\sigma(Int_i) = \sqrt{\sum_{i-1}^{n}(y_{ij} - E((Int_i))^2}$$　　　　　　　　　公式（4）

$$w_j = \sigma(Int_j) / \sum_{j-1}^{m} \sigma(Int_j)$$　　　　　　　　　公式（5）

$$D_i(W) = \sum_{j-1}^{m} y_{ij}w_j$$　　　　　　　　　　公式（6）

第四，土地集约利用评价模型。在权重确定的基础上，将标准化处理数据与相应的权重系数相乘，得到集约利用评价模型。

$$INT_i = A_i \times D_i(w)$$　　　　　　　　　　公式（7）

3. 土地集约利用指数与驱动因素分析

采用变异系数（Coefficient of Variation）衡量珠三角城市—区域土地集约利用的时、空间差异与变化特征。在上述 12 项指标中，利用"主成分回归法"探讨珠三角土地利用差异的驱动因素：(1) 利用"逐步"多元线性回归方法，筛选具有统计意义的指标，主要为城市拓展、市场作用、科技要素

---

① 王明涛：《多指标综合评价中权数确定的离差、均方差决策方法》，《中国软科学》1999 年第 8 期。

和生态环境等方面；（2）将筛选的指标体系进行主成分分析，消除因素之间的共线性问题；（3）采用参考文献[①]的方法，得到主成分回归模型，利用主成分和变量的关系将主成分还原为原变量，获得土地集约利用的驱动因素。

（三）珠三角城市—区域土地集约利用测度

利用标准化处理后的数据和权重（表1），根据公式（7）计算出珠三角区域和各个城市在各个时期土地利用结构、土地投入强度、土地产出效用和综合集约利用程度。

1. 珠三角区域尺度土地集约利用特征与变化分析

（1）珠三角区域尺度土地集约利用时间变化特征

从时间序列上，2003—2011年珠三角区域土地集约利用水平呈现上下波动的发展特点，表现出"U"字型的变化特征（见图5–8），其中2006年珠三角集约利用水平最低（8.57），2010年达到最高（12.21），最大值和最小值之比为1.42，平均土地利用集约度为11.14。2003—2011年珠三角区域土地集约利用变异系数为9.85%。珠三角城市呈现快速向外扩张和资本要素

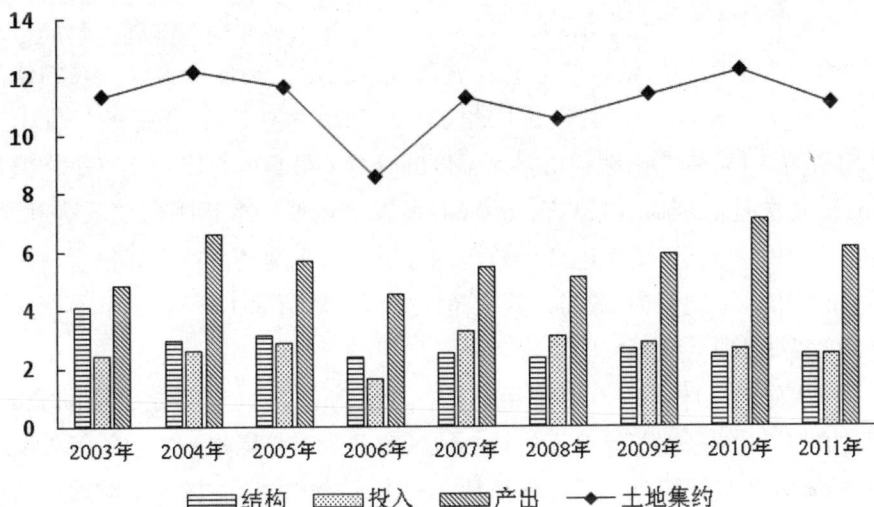

图 5–8　珠三角城市—区域土地集约利用及其内部结构水平（2003—2011 年）

① 孙平军等：《东北地区经济空间极化及其驱动因子的定量研究》，《人文地理》2013 年第 1 期。

高度流动的趋势，但在珠三角区域的尺度上，土地利用集约水平较高，随时间变异的程度较小。

（2）珠三角区域尺度土地集约利用类型变化特征

从土地集约利用类型上（见图5-8），土地产出效用（平均值为5.71）＞土地利用结构（平均值为2.78）＞土地投入强度（平均值为2.65）。从三者变异系数上，土地利用结构（20.30%）＞土地利用投入（17.88%）＞土地利用产出（14.55%）。这说明珠三角区域尺度上，单位土地的经济产出水平较高，具有较高的生产效益，土地集约利用水平在很大程度上由土地利用产出来反映。同时，珠三角区域土地利用结构的变化幅度高于土地利用投入与产出。在珠三角快速城市化发展下，土地利用结构和土地投入强度变化已经成为影响土地资源利用和结构优化最重要的因素。在珠三角的区域发展中，应通过合理的措施，引导区域土地资源的合理布局，推进土地利用结构优化，强化土地集约利用发展。

2. 珠三角城市尺度土地集约利用特征与变化分析

（1）珠三角城市尺度"核心—边缘"的土地集约利用分异特征

从土地利用结构、投入和产出评价的空间分异来看，2003年和2011年珠三角城市尺度土地利用结构、投入、产出水平呈现非均衡分异的特点（见图5-9）。①土地利用结构的分异：城市土地利用结构评价程度最高的是深圳市（平均值为0.53），其次是广州市（平均值为0.43），最低的是佛山市（平均值为0.15）；②土地利用投入强度的分异：最高的是广州市（平均值为0.76），其次是深圳市（平均值为0.64），肇庆最低，多年平均值仅为0.01，仅占广州市的1/76；③土地产出效用的分析：从土地利用产出评价看，最高的是深圳市（平均值为1.22），其次是广州（平均值为1.19），最低是肇庆市（平均值为0.16）。

可以看出，珠三角土地利用结构、投入和产出具有明显的空间分异，呈现由"广州—深圳"等珠三角核心地区向"肇庆—惠州—中山"等外围地区不断降低的空间特点。而且土地投入和土地产出的差异成为影响珠三角土地集约利用的重要因素。珠三角城市化和工业化水平高、依靠投资和土地驱动能显著提升经济产出，进而提升土地集约利用水平。

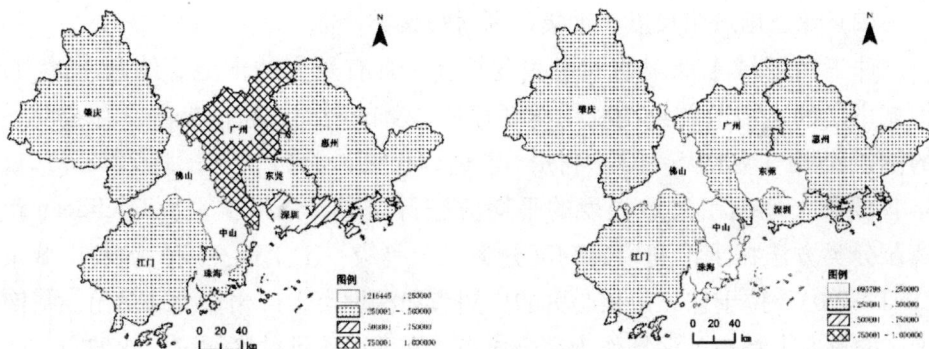

图 5-9（a） 珠三角城市—区域 2003 年（左）和 2011 年（右）土地利用结构得分示意图

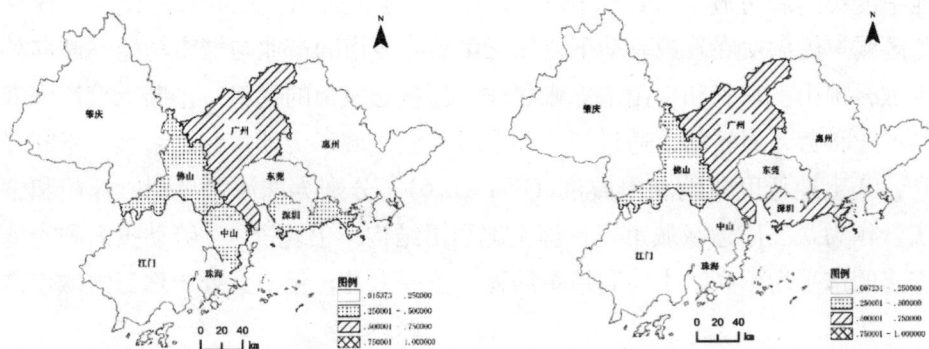

图 5-9（b） 珠三角城市—区域 2003 年（左）和 2011 年（右）土地投入强度得分示意图

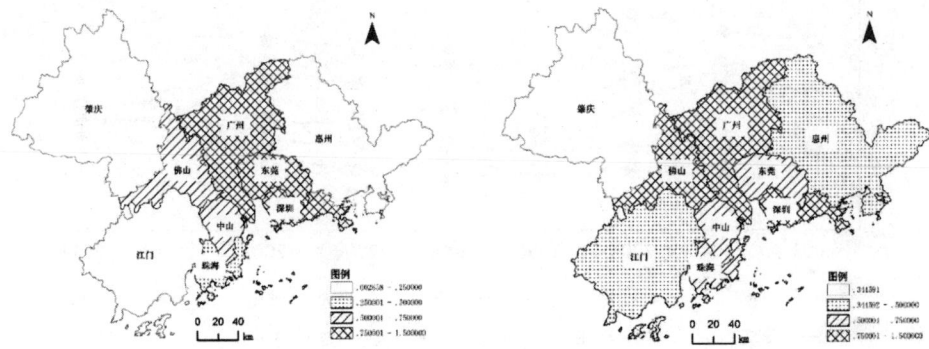

图 5-9（c） 珠三角城市—区域 2003 年（左）和 2011 年（右）土地产出效用得分示意图

（2）珠三角城市尺度土地集约利用的聚类特征

珠三角区域土地集约利用程度较高，具有较大的土地集约利用潜力，但城市之间土地节约集约利用程度存在显著的时间、空间差异，存在明显的圈层结构（见图 5–10）。利用 SPSS 17.0 统计分析软件，将 2003—2011 年各城市土地利用集约程度的平均值进行聚类，采用"平方 Euclidean 距离"分类方法将土地利用集约度分为三个等级：①土地高度集约利用城市（INT≥2.0），位于珠三角核心区的广州市和深圳市。广州作为珠三角、华南地区的核心大都市，深圳作为完全城市化和面向香港的区域国际化城市，两个都市区土地利用集约水平交替上升，处于珠三角城市群的领先地位。同时，随着时间序列变异系数较小，广州、深圳分别为 8.77% 和 9.09%；②土地中度集约利用城市（1.0＜INT＜2.0），主要为佛山、东莞和中山。在珠三角区域一体化发展政策驱动下，珠三角核心城市的产业与城市功能不断向外扩散，佛山、东莞和中山依靠毗邻珠三角核心城市的优势，不断承接广深港的产业和劳动力转移，通过产业和地域重组，城市土地集约利用程度不断提升；③土地低度集约利用城市（INT≤1.0），分别为珠海、惠州、江门和肇庆。作为珠三角边缘城市，合理土地利用结构、土地资本／劳动投入和土地产出的水平均不高。土地利用集约程度虽有上升，但一直处于珠三角城市群

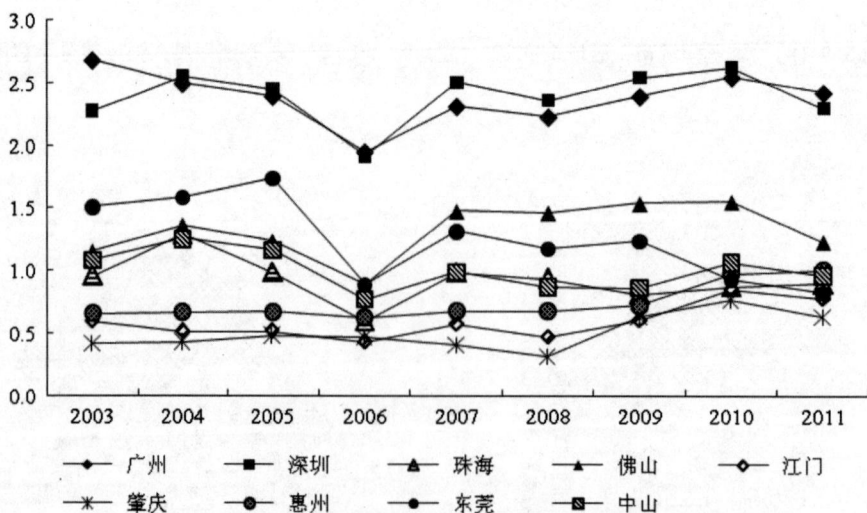

图 5–10　珠三角城市—区域土地集约利用程度差异（2003—2011 年）

落后地位，呈现较粗放的土地利用效率和发展方式。

（四）珠三角城市—区域土地集约利用驱动因素

随着珠三角工业化和城市化的快速发展，土地依然是城市社会经济增长的重要构成要素。在珠三角现有土地供求矛盾的基础上，分析城市土地集约利用驱动因素对提高现有土地利用效率，推进土地节约集约利用，实现城市—区域产业结构调整和经济持续增长具有重要的意义。

1. 驱动因素与方法选取

物质、社会、经济和土地利用政策等是理解城市土地利用集约程度变化的重要平台[1]。从城市拓展、市场作用、外向作用、科技要素和生态环境5个方面的相关指标来分析珠三角土地利用差异的驱动因素。运用 SPSS 17.0 软件，进行土地集约利用动力因素的多元线性回归分析。为了消除因素之间的共线性问题，运用 Descriptives、Data Reduction、Linear Regression 和 Compute Variable 模块，采用参考文献[2]的研究思路，在共线性诊断的基础上，运用主成分分析法提取公因素替代原变量，进行主成分回归分析。

2. 自变量选取与主成分回归模型

将因变量的原始数据（x_i）进行标准化处理，将标准化后的数据存为新的变量（Zx_i），以便再进行主成分回归后还原为原始变量。为了消除变量之间的共线性，先对选择的自变量进行回归分析，采用逐步回归法，筛选出具有统计学意义的自变量进行主成分分析。筛选出建成区（Z_{CONS}）、人口密度（Z_{PODEN}）、工资水平（Z_{WAGE}）、财政投入（Z_{FINA}）、环境绩效（Z_{LIW}）、科技投入（Z_{TECH}）6 个变量。

利用 Compute Variable 功能模块，将筛选出变量进行主成分分析。在主成分分析中提取 3 个主成分、和（特征根 $\lambda_1 = 4.467$，$\lambda_2 = .981$，$\lambda_3 = 0.390$），累计方差百分比达到 97.29%（>85%），能较好反映变量的信息。其中主成分与变量的相互关系为：

$$F_1 = -0.147Z_{CONS} - 0.127Z_{PODEN} + 0.239Z_{WAGE} + 0.285Z_{FINA} + 0.217Z_{LIVW} -$$

---

[1] J.Wang et al., "Land-use Changes and Policy Dimension Driving Forces in China: Present, Trend and Future", *Land Use Policy*, Vol.29, No.4 (2012), pp.737-749.

[2] 郭呈全、陈希镇:《主成回归的 SPSS 实现》,《统计与决策》2011 年第 5 期。

$0.204Z_{TECH}$

$$F_2 = 0.674Z_{CONS} + 0.076Z_{PODEN} - 0.251Z_{WAGE} - 0.366Z_{FINA} - 0.196Z_{LIVW} +$$
$0.092Z_{TECH}$

$$F_3 = 0.320Z_{CONS} + 1.654Z_{PODEN} - 0.153Z_{WAGE} - 0.224Z_{FINA} - 0.136Z_{LIVW} -$$
$0.104Z_{TECH}$

对主成分 F_1、F_2 和 F_3 做关于土地集约利用因变量的最小二乘法（OLS）回归。为了降低回归模型中共线性的影响，利用"逐步回归法"得到珠三角土地集约利用水平与主成分的相关关系（见表 5–10）。逐步回归方程中主成分 F_3 由于较好的显著程度进而模型，而 F_1 和 F_2 由于共线性和显著度的问题被剔除模型，主成分回归方程如下：

$$Z_{INT} = 3.278E - 17 - 1.346F_3$$

表 5–11　珠三角城市—区域 2003—2011 年土地集约利用动力因素的主成分回归分析

主成分	非标准化系数（B）	标准误差（Std. Err）	标准回归系数（Beta）	T 值	Sig 值	Tolerance	VIF
常数项	3.268E–17	0.193		0.000	1.000		
F3	−1.346	0.328	−.841	−4.107	.005***	1.000	1.000
R2	调整 R2	F	Sig				
0.707	0.665	16.869	0.005***				

注：*** 指在 1% 的水平上呈现显著。

根据主成分回归结果以及主成分与变量的相互关系，将主成分还原到原始变量的相关系数，多元线性回归模型如下所示：

$$Z_{INT} = 3.628E - 17 - 0.431Z_{CONS} - 2.227Z_{PODEN} + 0.206Z_{WAGE} + 0.301Z_{FINA} +$$
$0.183Z_{LIVW} + 0.140Z_{TECH}$

3. 珠三角城市—区域土地集约利用驱动因素分析

土地利用变化受到人文因素、自然因素的共同影响，受到社会经济政策的影响较大[1]。在回归模型结果中，珠三角土地集约利用水平受到城市建

---

[1]　张健等：《近20年苏锡常地区土地利用格局变化及其驱动因素分析》，《资源科学》2007年第4期。

成区、人口密度、工资水平、财政收入、环境绩效和科技水平等驱动因素影响，作用机制呈现一定的差别：

（1）城市建成区（CONS）变量的系数为负，说明城市外向拓展中导致土地集约利用水平降低。在全球化、分权化和市场化等多重机制作用下，珠三角城市以其毗邻港澳优势和外向型经济为主的特殊地理区位实现快速的区域发展，同时需要满足快速工业化和城市化的土地需求。在城市化和工业化作用下，城市土地外向扩张和土地资源有限等问题逐渐制约土地集约利用水平的提升。

（2）人口密度（PODEN）系数为负，说明随着城市和区域人口数量的增加，在一定程度上降低区域的土地集约利用水平。贾科利等（2008）认为人口增加及社会投资的增加，以及产业的变化会驱动土地利用的变化[①]。人口是影响土地集约利用程度的主要因素之一，与劳动力投入、社会消费和经济增长等要素息息相关。区域人口规模的扩大产生对居住用地、生活用品和社会基础服务设施的需求增加，导致城市建设用地面积扩大、城市容积率增加和土地利用类型的转变。然而，人口密度增加导致土地集约利用下降的可能原因是人口增加并没有带来相应的就业和经济发展，而是消耗大量资源，导致规模不经济。

（3）珠三角是大城市和主要城镇共同发展的区域，而经济发展水平对小城镇土地集约利用具有重要的影响[②]。除了人口数量增加和空间集聚对土地利用的影响，经济增长也是驱动土地利用变化的重要因素[③]。变量工资水平（WAGE）和财政收入（FINA）变量的系数均为正，说明经济增长能促进土地集约利用。较好的经济总量与增长率反映城市土地投入与产出的水平较高，土地呈现集约利用的模式。同时，经济增长提升区位的价值，能吸引更多的劳动力和资本的投资，提升土地产值。

（4）土地集约利用也指土地利用综合效益平衡兼顾，不仅包含经济水平的提升，也强调生态环境水平的改善，注重社会经济与环境的协调发展，

① 贾科利、常庆瑞、张俊华：《陕北农牧交错带土地利用变化及驱动机制分析》，《资源科学》2008年第7期。
② 朱天明等：《兴化市小城镇土地集约利用综合评价研究》，《长江流域资源与环境》2010年第1期。
③ 祁元等：《宁夏土地利用时、空变化及其驱动机制》，《冰川冻土》2005年第6期。

环境绩效（LIW）回归系数为正也说明了这一点。

（5）技术进步能显著提升土地集约水平，科技投入（TECH）变量的系数为正，说明技术投入与技术进步是提升土地集约利用的重要因素。通过提高土地利用管理水平和科技投入，能实现土地利用可持续发展。

物质、社会、经济发展水平和土地利用政策影响土地集约利用的程度及其变化趋势[①]。新时期珠三角呈现正规化、多样化的城镇空间拓展趋势[②]，土地集约利用依然是区域增长的核心要素。在土地资源约束和供求矛盾的基础上，珠三角应通过合理的城市空间拓展、人口空间分布与集聚、经济增长与投资、生态环境综合保护与土地利用科技创新等方式引导外延式增长向内涵式发展方式转变，提高现有土地利用效率，推进集约利用，无论在城市层面还是在区域层面均实现合理有效的土地资源利用与空间配置，推动社会经济可持续增长。

（五）总结与讨论

构建土地集约利用评价指标体系和主成分回归模型，分析珠三角土地集约利用时间、空间差异与驱动因素。结果发现，无论从区域尺度还是城市尺度，珠三角土地集约利用水平均呈现强烈的时间、空间差异特征：（1）时间序列上，珠三角区域和城市尺度土地集约利用随时间变异的程度较小，表现出"U"型的变化特征；（2）空间分析上，土地集约利用水平存在明显的圈层结构，表现为"广州—深圳"等珠三角核心地区向"肇庆—惠州—中山"等外围地区不断降低的特点；（3）从驱动因素上，土地利用结构和土地投入强度是影响珠三角土地资源利用和结构优化重要的因素。主成分回归模型表明，城市建成区扩张和人口密度增加在一定程度上通过资源分散、粗放利用和规模不经济降低土地利用集约水平，而工资水平、财政收入、环境绩效和科技投入能显著提升珠三角土地集约利用水平。

珠三角目前正处于城市化发展的重要阶段，面临土地供给和环境保护双重制约，尤其在珠三角核心地区，如广州、深圳和东莞等地区受到土地资

---

① J.Wang et al., "Land-use Changes and Policy Dimension Driving Forces in China: Present, Trend and Future", *Land Use Policy*, Vol.29, No.4 (2012), pp.737-749.

② 李志刚、李郇：《新时期珠三角城镇空间拓展的模式与动力机制分析》，《规划师》2008年第12期。

源约束的限制更加明显。传统粗放型的城市扩张模式难以支持珠三角地区社会经济可持续发展。提高珠三角城市—区域土地集约利用程度，盘活区域和城市的土地存量，对产业结构升级和转型、可持续发展等具有重要意义。在未来发展中，珠三角应继续遵循从"外延式增长向内涵式发展"、"从增量扩张向存量优化"的转变。通过转变土地管理机制，创新土地市场，加强土地利用科技投入和生态环境保护，全面提高建设用地的配置效率，缓解经济发展对耕地保护和建设用地供给的压力，不断提高珠三角区域和城市尺度土地集约利用程度，促进经济社会可持续发展。

第　六　章

山东沿海城市—区域空间组织格局演变[①]

随着信息技术发展及全球经贸联系的日益紧密，生产的分散化与管理的集中化导致国家间的竞争逐渐演变为骨干城市及其所依托的城镇群体之间的竞争，城市群体区域成为我国新型城镇化的基本空间载体和全球治理体系中的重要行动者。随着人口趋海移动的加速，中国未来23个大城市群中有7个位于沿海地区[②]，成为引领我国国民经济和社会发展的重要引擎。21世纪是海洋世纪，"海洋强国"战略下的中国现代化发展，应当重新审视沿海城市—区域的空间发展格局。城市地理学对沿海城市—区域的研究，从沿海城市体系入手[③]，发现沿海城市—区域成为我国重要的生产要素集聚与扩散的城镇密集区[④]，并进而成为我国参与全球竞争的重要空间载体[⑤]。胡刚和姚士谋（2004）提出了中国沿海地区构建城市带的战略思考[⑥]，提出以城市组合为手段，构筑开放、流动、有序、互补的城市带，形成城市带—城市群—城市圈三个层次城市带空间结构。张鸿雁（2007）提出沿海城市群与内地城市

① 本章内容根据马学广、孟颖泰《山东沿海城市带城市流时空演变格局研究》（《中国名城》2015年第7期）以及马学广、窦鹏《基于主成分分析法的山东半岛蓝色经济区多中心空间结构演变研究》（《青岛科技大学学报》（社会科学版）2015年第2期）修改而成，马学广都作为第一作者和通讯作者。

② 方创琳：《中国城市群形成发育的新格局及新趋向》，《地理科学》2011年第9期。

③ 郑弘毅、顾朝林：《我国沿海城市体系初探》，《自然资源学报》1987年第3期。

④ 胡序威、周一星、顾朝林：《中国沿海城镇密集地区空间集聚与扩散研究》，科学出版社2000年版。

⑤ 姚士谋等：《中国城市群》，中国科技大学出版社2006年版。

⑥ 胡刚、姚士谋：《中国沿海地区构建城市带战略思考》，《地域研究与开发》2004年第5期。

"嵌入性结构关系"格局的大沿海城市发展战略①。在对沿海城市—区域城市化过程的研究中，许学工等（2006）对海岸带土地资源利用冲突的表现和实质进行了定性分析②；部分学者则从定量研究的角度展开了沿海城市—区域土地利用变化研究③ 和空间演变模拟研究④。

一、山东沿海城市—区域的城市流空间格局演变

区域空间联系与空间相互作用已成为地理学研究的核心和热点。卢万合等（2010）对中国十大城市群的城市流强度及相关指标进行测算、比较和分析，揭示城市群间的空间差异⑤。王海江等（2008）通过检验得出城市流与城市中心性具有特别强的相关性，揭示出城市群空间结构由简单的单核心结构到复杂的多核心结构的演化过程⑥。姜博等（2008）对1997年和2004年山东半岛的城市流强度等数值进行了测算⑦。杜军等（2006）对山东半岛城市群城市流强度及其结构进行系统分析，揭示山东半岛城市间的相互作用与定量联系⑧。刘兆德等（2014）以山东省108个县域单元，以2010年为研究对象，定量研究了城市流强度分布规律⑨。上述研究多采用城市流强度模型进行静态分析，缺乏动态演进分析和区域比较分析。本节基于城市流强度模型，对山东沿海城市—区域2003—2012年10年间城市流强度的动态演变进行分析，并且将2012年的长三角、珠三角和山东沿海城市—区域城市流

①　张鸿雁：《中国沿海城市群与内地城市"嵌入性结构关系"论——一个关于国家可持续安全发展的重大战略》，《城市问题》2007年第11期。

②　许学工、彭慧芳、徐勤政：《海岸带快速城市化的土地资源冲突与协调——以山东半岛为例》，《北京大学学报》（自然科学版）2006年第4期。

③　闫小培、毛蒋兴、普军：《巨型城市区域土地利用变化的人文因素分析——以珠江三角洲地区为例》，《地理学报》2006年第6期。

④　代娟：《基于SLEUTH模型的区域空间演变模拟》，中国地质大学硕士学位论文，2010年。

⑤　卢万合、刘继生：《中国十大城市群城市流强度的比较分析》，《统计与信息论坛》2010年第2期。

⑥　王海江、苗长虹：《城市群对外服务功能量化解析——以山东半岛、中原和关中三城市群为例》，《人文地理》2008年第4期。

⑦　姜博、修春亮、陈才：《环渤海地区城市流强度动态分析》，《地域研究与开发》2008年第3期。

⑧　杜军等：《山东半岛城市群城市流强度研究》，《山东师范大学学报》（自然科学版）2006年第4期。

⑨　刘兆德、孔伟：《基于县域单元数据分析的山东省城市流研究》，见《城乡治理与规划改革——2014中国城市规划年会论文集》（13区域规划与城市经济），2014年，第10页。

强度相关指标进行比较分析。

（一）研究设计

1. 研究区域

　　山东沿海城市—区域以青岛、济南为核心，覆盖烟台、潍坊、威海、淄博、日照、东营、滨州等地。山东沿海城市—区域融合了山东半岛城市群、山东半岛蓝色经济区和黄河三角洲高效生态经济区等国家战略区域，涵盖了山东省内的沿海开放城市（烟台、青岛）、副省级城市（济南、青岛）和较大的市（青岛、淄博）等政策区域，陆地面积为84008平方千米，海岸线全长3345千米，总人口为4439.8万人（2012年），地域范围如图6-1所示。

图6-1　山东沿海城市—区域范围示意图

2. 数据来源

　　利用《中国城市统计年鉴》（2004—2013年）中的市区统计资料，采集2003—2012年山东沿海城市—区域和长三角城市群、珠三角城市群各城市2012年第二产业中的制造业、电力燃气及水的生产和供应业、建筑业，第三产业中的交通运输仓储和邮政业、信息传输计算机服务和软件业、批发零售业、住宿餐饮业、金融业、房地产业、租赁和商业服务业、科学研究、技术服务和地质勘查业、水利环境和公共设施管理业、教育、文化体育和娱乐业、卫生社会保障和社会福利业、公共管理和社会组织的从业人员数据、总从业人数、各城市市区国内生产总值等指标作为分析对象。选取第二产业的原因是不仅第三产业能够体现城市的外向服务功能，第二产业也能够从一定程度上体现城市外向服务①，一并计算能够使分析结果更加全面。没有选取采矿业、居民服务和其他服务业的原因是，这两行业 10 年数据缺失比较大，影响整体研究效果。

3. 分析方法

运用区位商原理、城市流强度模型对山东沿海城市—区域 9 座城市 2003—2012 年数据和长三角、珠三角城市—区域 2012 年数据的主要外向部门的区位商（LQ_{ij}）、外向功能量（E_i）、城市流强度（F_i）以及结构等指标进行测算，并将所得数据进行比较与分析，试图寻找山东沿海城市—区域城市流 10 年变化的一般规律。城市流强度是指在城市区域城市间的联系中城市外向功能（集聚与辐射）所产生的影响量②，是说明城市与外界联系的数量指标。公式为：

$$F = N*E \tag{1}$$

式中：F 为城市流强度；N 为城市功能效益，即各城市间单位外向功能量所产生的实际影响；E 为城市外向功能量，反映了城市外向功能的大小。根据指标的可获取性及代表性原则，采用城市从业人员数作为城市功能量的度量指标，而城市是否具备外向功能量 E，主要取决于该城市某一部门从业人员的区位熵。i 城市 j 部门从业人员区位熵 L_{qij} 为：

$$L_{qij} = \frac{G_{ij}/G_i}{G_j/G} \quad (i = 1, \ 2, \ n; \ j = 1, \ 2, \ m) \tag{2}$$

式中：G_{ij}、G_i、G_j、G 分别表示 i 城市 j 部门的从业人员数、i 城市从业人员数、全国 j 部门从业人员数以及全国从业人员数③。

---

① 徐慧超等：《中原经济区城市经济联系时空变化分析——基于城市流强度的视角》，《经济地理》2013 年第 6 期；柯文前等：《基于流强度的中国城市对外服务能力时空演变特征》，《地理科学》2014 年第 11 期。

② 朱英明、于念文：《沪宁杭城市密集区城市流研究》，《城市规划汇刊》2002 年第 1 期。

③ 陈晓倩等：《山东半岛城市群主要城市辐射能力研究》，《地域研究与开发》2012 年第 6 期。

若 $L_{qij}<1$，则 i 城市 j 部门不存在着外向功能量，即 $L_{qij}=0$；若 $L_{qij}>1$，则 i 城市 j 部门存在着外向功能量，因为 i 城市的总从业人员中分配给 j 部门的比例超过了全国的分配比例，即 j 部门在 i 城市中相对于全国是专业化部门，可以为城市外界区域提供服务。因此，i 城市 j 部门的外向功能量 E_{ij} 为：

$$E_{ij}=G_i-G_i\,(G_j/G) \tag{3}$$

i 城市 m 个部门总的外向功能量 E_i 为

$$E_i=\sum_{i=1}^{m}E_{ij} \tag{4}$$

i 城市的功能效率 N_i 用人均从业人员的 GDP 表示，即

$$N_i=\mathrm{GDP}_i/G_i \tag{5}$$

i 城市的流强度 F_i 为

$$F_i=N_i{}^*E_i=(\mathrm{GDP}_i/G_i)\,E_i=\mathrm{GDP}_i\,(E_i/G_i)=\mathrm{GDP}_i{}^*K_i \tag{6}$$

式中，K_i 为 i 城市外向功能量占总功能量的比例，反映了 i 城市总功能量的外向程度，称之为城市流倾向度。

（二）山东沿海城市—区域城市流变化趋势

城市流是指城市间人流、物流、信息流、资金流和技术流等空间流在城市群区域所发生的频繁、双向和多向的流动现象[1]。本质上是以城市作为区域网络节点，与外界发生交互作用的表现[2]。运用上述计算方法，查阅2004—2013 年的《中国城市统计年鉴》，对山东沿海城市—区域 9 座城市的外向功能量、外向功能效率、城市流强度、城市流倾向度进行测算，并通过对各项指标的 2003—2012 年度这一连续时间序列的比较，分析各个城市对外服务能力的变化趋势。

1. 外向功能量的变化趋势分析

从图 6–2 可以看出：各城市外向功能量总体呈现增长的趋势，济南和烟台增长幅度较大，青岛波动较为明显，其他城市增速缓慢。各城市外向功能量的大小也有较大差距。依据 2012 年外向功能量数值大小进行分类，可将

---

①　徐慧超等：《中原经济区城市经济联系时空变化分析——基于城市流强度的视角》，《经济地理》2013 年第 6 期。

②　肖汝琴、陈东景：《山东半岛蓝色经济区城市群空间联系定量研究》，《经济地理》2014 年第 8 期。

9个城市分为4类：20万人以上只有济南；15—20万人的有青岛和烟台；5—10万人之间的有淄博、威海和潍坊；0—5万人之间分别是日照、滨州和东营。说明济南仍是山东沿海城市带外向服务功能的中心城市，青岛和烟台成为纵贯山东半岛的两大副中心城市，淄博、威海和潍坊是地方性中心城市，日照、滨州和东营外向服务的功能较低，主要表现为行政功能。

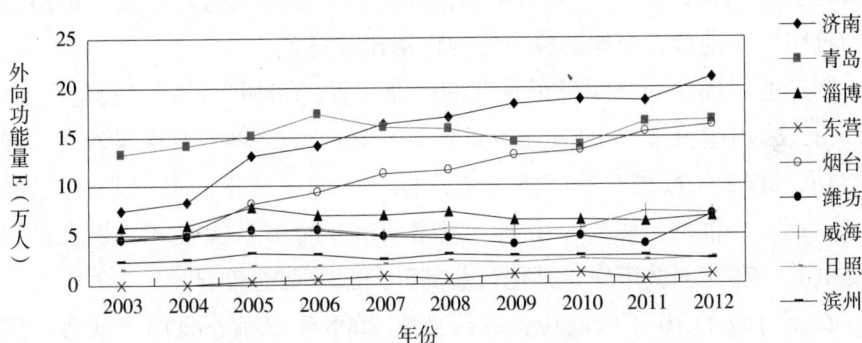

图6-2 山东沿海城市—区域外向功能量折线图

(1) 城市外向功能量变化分析

济南提供的外向服务功能在区域城市中最为重要和全面。在所研究的10年时间16个行业的范围中，平均每年有8—11个行业提供外向功能，是区域提供外向服务功能行业和数量最多的城市。外向功能量基本呈逐年增长趋势，平均增长率为19.91%。截至2012年，济南仍是山东沿海城市带外向功能量最高的城市，为20.94，其次是青岛16.69万人、烟台16.04万人。

2003—2012年青岛的外向功能量呈现波动变化的趋势，但总体增长不大。2012年外向功能量的数值16.69万人仍然低于2006年最高时的17.26万人。制造业在外向功能量中占的比重最大，2012年占比为85.8%，其次是交通运输、仓储和邮政业，2008年开始缓慢增长，2012年占比为11.26%。

与之相对的是，烟台的外向功能量呈现逐年快速增长的态势，但只有制造业一枝独秀，2012年占比达到了97.44%，其他行业的外向服务功能十分微弱。仅就数值来看，其对外服务功能在逐年增强并逐渐成为山东沿海城市带对外服务的重要城市，2012年外向功能量数值为16.04万人，仅次于青岛居于区域第三位。

淄博、威海、潍坊、日照、东营、滨州的外向功能量曲线比较平缓，从数值上来看有小幅波动缓慢增长的特点。

（2）行业外向功能量变化分析

济南的交通运输、仓储和邮政业从 2009 年开始增长较快，截至 2012 年，全省在这一行业有外向功能量的城市只有济南为 3.15 万人，青岛为 1.88 万人，日照为 0.73 万人，说明济南快速成长为区域交通运输重要枢纽，青岛和日照依托港口，交通运输中转的作用比较稳定。

制造业是提供对外服务最重要的行业，青岛和烟台是区域制造业大市，2012 年数据中提供的外向服务功能在 14—16 万人之间，其次是威海、淄博和潍坊，2012 年数据在 5—7.5 万人之间。不同于济南的多行业共同发展，青岛、烟台、淄博、潍坊、威海、滨州六市外向功能量中 90% 以上是制造业提供的，在这些城市中，其他行业的外向服务功能较弱。

在所计算的 10 年区间中，建筑业在 2008 年以前，日照、威海、烟台有 1 以下的微弱外向功能量，但在 2008 年以后，区域中只有济南在这一行业有外向功能量，2008—2012 年 6 年间平均值为 10.06 万人，极差系数为 29.22%。

2. 城市流强度的变化趋势分析

从城市流强度的内涵及其计算方法可以看出，一个城市的城市流强度实质上反映了其集聚与辐射的能力。因此，可以通过对城市群城市流强度的分析与计算确定区域联系的中心，同时反映各城市在区域内的联系地位。一

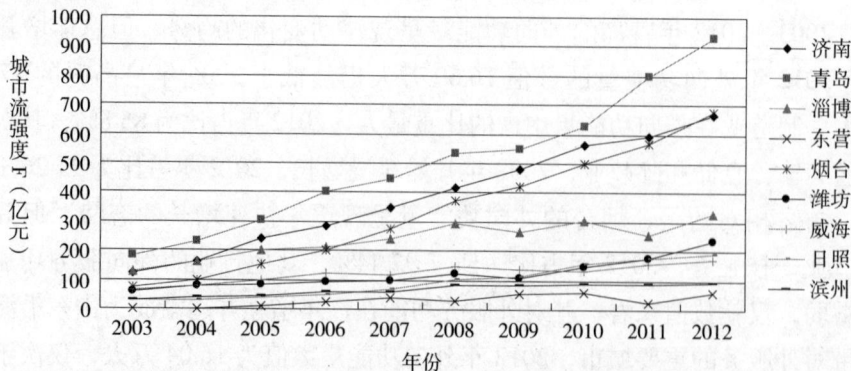

图 6-3　山东沿海城市—区域城市流强度折线图

般认为，城市流强度值越大，与外界的联系越紧密；城市流强度值越小，与外界的连续越松散。

随着综合交通运输能力和信息网络技术的高速发展，城市之间的联系也愈来愈紧密，区域中各城市的对外联系强度均有不同程度的增强。其中青岛、济南、烟台高速发展，成为区域城市流强度最高的三个城市。烟台市的城市流强度值在2012年超越济南，与青岛、济南成为区域对外联系程度最强的三大城市，成为区域集聚与辐射的三个中心。

从图6-3可以看出：无论在增长速度还是对外联系强度大小上，淄博、东营、潍坊、威海、日照、滨州与青岛、济南、烟台三市相比还有比较大的差距。说明山东沿海城市—区域各城市的城市流强度的绝对差异正在逐步拉大，发展差异明显。依据2012年城市流强度值，山东沿海城市带城市可以分为三类：高城市流强度值城市（600—1000亿元）：青岛、烟台、济南，是该区域的集聚辐射中心，为区域性中心城市；中等城市流强度值城市（200—400亿元）：淄博、潍坊，是区域次级集聚辐射中心，为次级区域性中心城市；低城市流强度值城市（50—200亿元）：日照、威海、滨州、东营，城市的集聚与辐射功能微弱，初步形成地方集聚辐射中心，仅为行政区中心。

结合上文对外向功能量的分析发现，青岛的外向功能量没有明显增长，但城市流强度却增长较快，可见青岛的外向功能效率每年呈现较大增长幅度，而外向功能效率 $Ni=GDPi/Gi$，Gi 为城市从业人员数基本保持稳定，可见青岛城市流强度的快速增长是由于总体经济实力的迅速增长拉动引起的。

（三）山东沿海城市—区域城市流比较分析

以珠三角和长三角为对象，针对区域城市流的特征进行比较研究。

1.城市流强度的比较分析

对2012年山东沿海城市—区域、长三角、珠三角的城市流强度值进行计算，三个区域的城市按照城市流强度大小进行分为三类：$F_i>1000$亿元、500 亿元$\leq F_i\leq 1000$ 亿元、$0\leq F_i\leq 500$ 亿元。

首先，第一类 $F_i>1000$ 亿元，长三角有上海、苏州、杭州、无锡4个城市，珠三角有深圳、广州、佛山、东莞4个城市，山东沿海城市—区域没有城市。

其次，第二类500亿元≤F_i≤1000亿元，山东沿海城市—区域有青岛、烟台、济南3个城市，长三角有宁波、南京、常州3个城市，珠三角有中山、惠州、珠海3个城市。

再次，第三类0≤F_i≤500亿元，山东沿海城市—区域有淄博、潍坊、日照、威海、滨州、东营6个城市，长三角有9个城市，珠三角有2个城市。其中长三角城市流强度最高的上海市和珠三角最高的深圳市均超过了3000亿元，是山东沿海城市带城市流强度最高的青岛的3倍以上。

由此可见，山东沿海城市—区域城市流强度的等级结构不强，缺少像长三角、珠三角涵盖的辐射全国的核心城市，并且中心城市实际数值也较低，相当于长、珠三角的副中心城市的强度，其余城市的发展强度也较弱。从计算中还可以得出，虽然青岛、济南的GDP值在区域中较高，但与长三角、珠三角的城市相比还存在很大差距。

从城市流强度的空间分布特征来看，山东沿海城市—区域由于烟台城市流强度的上升，成为三大中心的结构，但其他城市的城市流强度值则十分弱小，不具有竞争力，处于城市群发育的中期阶段。而长三角、珠三角已演变成"多核心"网络状结构，城市之间相互作用较为紧密，城市空间要素流动较为频繁，具有较高的外向功能量和城市流强度，处于城市群发育的成熟阶段。

表6-1　山东沿海城市—区域、长三角、珠三角各中心城市城市流强度

城市	城市流强度（亿元）	城市	城市流强度（亿元）	城市	城市流强度（亿元）
青岛市	932.40	无锡市	1093.39	舟山市	105.66
烟台市	678.52	宁波市	964.08	深圳市	3058.09
济南市	665.54	南京市	820.87	广州市	1832.73
淄博市	327.77	常州市	587.36	佛山市	1624.10
潍坊市	234.90	南通市	289.81	东莞市	1592.94
日照市	190.66	台州市	282.90	中山市	694.35

续表

城市	城市流强度（亿元）	城市	城市流强度（亿元）	城市	城市流强度（亿元）
威海市	170.32	扬州市	277.68	惠州市	651.66
滨州市	90.90	绍兴市	231.92	珠海市	505.18
东营市	59.44	嘉兴市	161.59	江门市	345.55
上海市	3712.66	湖州市	154.50	肇庆市	144.40
苏州市	2190.34	镇江市	152.72		
杭州市	1176.53	泰州市	115.06		

资料来源：《中国城市统计年鉴》2013。

2. 产业结构比较分析

把二、三产业的外向功能量按照年份求和，得出表6-2中的数据，选取五个代表年份进行观察，可以看出，山东沿海城市—区域第二、三产业的外向功能量逐步增长，但与长三角、珠三角相比，总量上还有很大差距。2012年第二产业还不及长、珠三角的1/2，第三产业还不及长、珠三角的1/3。从第三产业占的比重来看，最高值21.39%仍然比长、珠三角低了10个百分点左右。综上所述，山东沿海城市—区域提供的外向服务功能无论在总量上还是质量上都与发达城市群存在很大差距。

表6-2　山东沿海城市—区域第二、三产业外向功能量

	年份	2004年	2006年	2008年	2010年	2012年	长三角2012年	珠三角2012年
第二产业	总和	38.4978	55.5634	55.6158	55.189	63.718	199.372783	138.166051
	占比	80.71%	86.32%	81.74%	78.61%	78.75%	68.23%	66.09%
第三产业	总和	9.20385	8.80914	12.4257	15.019	17.197	92.8372995	70.8841405
	占比	19.29%	13.68%	18.26%	21.39%	21.25%	31.77%	33.91%

（四）山东沿海城市—区域城市流强度结构分析

城市流强度结构是指构成城市流强度影响因素之间的相对数量比例关系。由公式 $F_i = GDP_i \cdot K_i$ 可知，构成城市流强度的因素可以概括为城市总

体经济实力与城市流倾向度两个因素，二者相对比例关系直接影响城市流强度的大小[①]。其公式为：

$$GDP_i' = GDP_i / \max GDP \tag{7}$$

$$K_i' = K_i / \max K_i \tag{8}$$

式中 GDP_i' 与 K_i' 分别为各市市区国内生产总值与城市流倾向度的标准化值，$\max GDP_i$ 与 $\max K_i$ 分别为各市市区国内生产总值与城市流倾向度的最大值。GDP_i'、K_i' 分别反映城市的总体实力和综合服务能力[②]。利用上面的公式对山东沿海城市—区域 2012 年各个城市的 GDP_i、K_i 值进行归一化处理，得到各个城市相对应的 GDP_i'、K_i'（见图 6-4）。

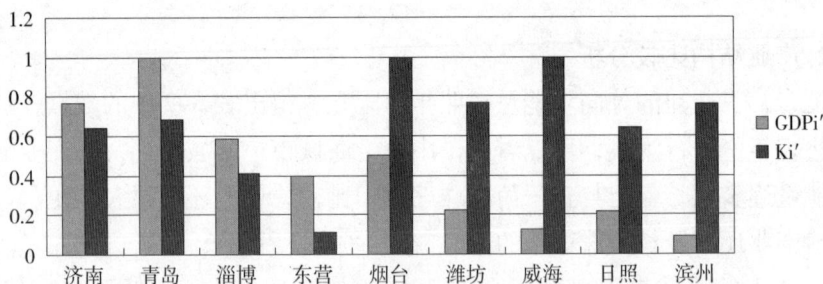

图 6-4　山东沿海城市—区域城市流强度结构

从图 6-4 可以看出：K′ 值最高的城市是威海和烟台，GDP′ 最高的城市依然是青岛。依据 GDP′ 和 K′ 的关系可划分为两种类型：即 GDP′ >K′ 型和 K′ >GDP′ 型。GDP′ >K′ 型的主要城市包括济南、青岛、淄博和东营，它们的城市总体经济实力均高于城市流倾向度。济南和青岛从业人员数量较大，因而很大程度上降低了它的功能效率与城市流倾向度。青岛和济南的 GDP′ 大于 K′，且青岛的 GDP′ 在整个城市群中最高，具有较高的城市总体实力是必要的，但是从青岛市和济南市在山东沿海城市带乃至全国城市流中的地位相比，进一步提高其综合服务功能对城市群的可持续发展更为必要。K′ >GDP′ 型的主要城市包括烟台、潍坊、威海、日照和滨州，城市总体经济实力小于城市流倾向度，并且城市流倾向度与其自身的总体经济实力

①　刘兆德、孔伟：《基于县域单元数据分析的山东省城市流研究》，见《城乡治理与规划改革——2014 中国城市规划年会论文集》（13 区域规划与城市经济），2014 年，第 10 页。

②　曹红阳、王士君：《黑龙江省东部城市密集区城市流强度分析》，《人文地理》2007 年第 9 期。

很不协调，远远高于其自身的总体经济实力，甚至威海、烟台、潍坊、滨州的城市流倾向度均高于济南和青岛。今后的发展除了进一步加强城市综合服务能力和对外联系程度的建设以外，强化城市的总体实力更为迫切，这样才能真正提高城市的整体综合实力。

（五）结论与建议

山东沿海城市—区域各城市外向功能量和城市流强度总体呈现增长的趋势，济南、青岛和烟台在增长速率和强度上都位于区域前三位，成为区域提供外向功能最多和区域集聚与辐射的中心。但区域内其他6个城市与之相比发展差距正在逐步拉大。济南是提供对外服务总量最多和行业最全面的城市，青岛对外联系强度最高。青岛在地理位置上位于山东沿海城市—区域的中心，各方面基础设施条件较好，对外联系较为密切，应在保持经济快速增长的同时，增强其对外服务的功能，从而增强区域经济社会发展的整体实力，使区域的整体经济社会发展达到共赢。

与长三角、珠三角相比，山东沿海城市—区域缺少辐射全国的核心城市，并且中心城市青岛、济南的城市流强度、GDP值等与长、珠三角的城市相比还存在很大差距。应进一步扶植区域发展的核心城市，把济南、青岛作为区域发展的两大核心重点发展；烟台作为近几年来高速发展的后起之秀，应该注重提升城市综合实力，努力打造成为第三个中心城市。

山东沿海城市—区域城市等级结构可以进一步完善。争取把济南、青岛、烟台建设成辐射全国的核心城市，把淄博、潍坊建设成辐射地区的中心城市，日照、威海、滨州、东营从自身的优势和资源出发，走差异化发展的道路，既加强自身的综合实力，又要增强与其他城市联系的广度和密度，从而在成为全国重要城市群的同时，增强山东沿海城市—区域整体综合经济实力。

传统制造业仍然是经济增长的重要支柱，我们要"两条腿走路"，即走新型技术革命与传统制造业结合的道路，既有新型制造业发展，又有传统制造业升级，由制造业大国向制造业强国转变，在信息技术、产品质量、品牌知名度、产品服务方面作出提升。当前制造业是提供对外服务最重要的行业，在转变制造业经济发展方式的同时，要大力发展现代服务业，充分发挥第三产业在经济发展中的作用，逐步扩大第三产业在经济增长中的比重，把城镇化、服务业、环保产业作为经济增长推动力，把创新驱动作为新的经济增长点。在经济增长质量方面，逐步实现服务业的比重超过制造业。

二、山东半岛蓝色经济区的多中心空间结构演变

在全球化和信息化背景下，以多中心城市—区域为代表的城市群体发展已经成为世界高度城市化地区的重要特征和普遍现象[1]，目前关于多中心城市—区域的研究也已成为西方城市和区域规划空间研究的一大热点[2]。社会经济的发展推动着城市间跨界联系的强化，城市功能在城市边界地带、新兴交通站点和城市新区等地点集聚，从而带来城市功能的跨界重组，形成若隐若现的功能节点网络[3]，重塑了各城市—区域空间结构。随着交通和通讯技术的发展，多中心城市—区域内部城镇被高速公路、高速铁路和电信电缆所传输的密集的人流和信息流——"流动空间"——连接起来[4]。各类资源要素在全球和地区尺度上快速流动，推动着不同城市之间的人流、物流、信息流、资金流和技术流交互作用，进而形成城市网络[5]。在城市网络中，主导的空间形式由之前的地方空间变为流动空间[6]。流动空间是通过流动运作的社会架构、通信技术发展推动不相邻的节点间的物质流动，形成网络组织[7]。

多中心城市—区域最显著的特征是形态与功能的多中心性，前者主要

①　N.Green, "Functional Polycentricity: A Formal Definition in Terms of Social Network Analysis", *Urban Studies*, Vol.44, No. 11 (2007), pp. 2077-2103.

②　覃成林、李红叶：《西方多中心城市区域研究进展》，《人文地理》2012 年第 1 期。

③　P.Hall, "Looking Backward, Looking Forward: The City Region of the Mid-21st Century", *Regional Studies*, Vol.42, No. 6 (2009), pp. 803-817.

④　P.Hall, K.Pain, *The Polycentric Metropolis: Learning from Mega-city Regions in European*, London: Earthscan, 2006, pp.20-87; M.Castells, "Grassrooting the space of flow", *Urban Geography*, Vol.20, No. 4 (1999), pp. 294-302.

⑤　M.Castells, *The Information City*, Oxford: Basil Blackwell, 1989, pp.126-172.

⑥　马学广、李贵才：《西方城市网络研究进展和应用实践》，《国际城市规划》2012 年第 4 期。

⑦　蔡莉丽等：《基于客运交通流的珠三角城市区域功能多中心特征研究》，《经济地理》2013 年第 11 期；路旭、马学广、李贵才：《基于国际高级生产者服务业布局的珠三角城市网络空间格局研究》，《经济地理》2012 年第 4 期。

是指不同规模、相对独立的城镇或城市组团的区域分布状态[①]，后者强调构成城市—区域的各个节点之间显著存在的功能性联系[②]。同时，越来越多跨越区域界限、超越单一政府权限的跨域事务的产生迫使区域空间治理模式产生了变革，形成了"多中心—多层次"的区域治理格局[③]。国内对城市—区域多中心结构的定量测度研究也可以分为形态多中心和功能多中心两个层面，前者的研究普遍基于人口、GDP 等社会经济指标的静态的城市属性数据的分析比较[④]，后者主要借鉴西方相关领域的分析模型和指标，包括连锁网络模型法[⑤]和社会网络分析法[⑥]。同时，城市间多中心和多层次的空间治理与空间政策研究成为重要议题[⑦]。国内对长三角、珠三角和京津冀等城市—区域多中心空间结构的定量测度研究才刚起步，对山东半岛蓝色经济区的研究尚未引起学界的充分重视。如黄蕊基于主成分分析法对浙中城市群所做的空间组织特征演变分析[⑧]；高友才选取 10 项指标对中原经济区展开多中心多层次的城镇网络构建研究[⑨]；张志斌等以人口统计数据为基础，对兰州市人口空间结构演变格局及调控路径展开分析[⑩]；邱灵对北京市生产性服务业的空间结构演化机理展开研究[⑪]；朱政等对珠三角多中心结构及影响进行分

① Hall P，Pain K. *The Polycentric Metropolis：Learning from Mega-city Regions in European*，London：Earthscan，2006，pp.20-87.

② Green N. "Functional Polycentricity：A Formal Definition in Terms of Social Network Analysis"，*Urban Studies*，Vol.44，No. 11 (2007)，pp. 2077-2103.

③ E.Gualini，"Challenges to Multi-level Governance：Contradictions and Conflicts in the Europeanization of Italian Regional Policy"，*Journal of European Public Policy*，Vol.10，No. 4 (2003)，pp. 616-636.

④ 顾朝林等：《经济全球化与中国城市发展——跨世纪中国的城市发展战略研究》，商务印书馆 1999 年版；张晓明：《长三角巨型城市区特征分析》，《地理学报》2006 年第 10 期；于涛方：《2000 年以来首都经济圈区域结构与变迁研究》，《经济地理》2014 年第 3 期。

⑤ 路旭、马学广、李贵才：《基于国际高级生产者服务业布局的珠三角城市网络空间格局研究》，《经济地理》2012 年第 4 期。

⑥ 罗震东：《长三角功能多中心程度初探》，《国际城市规划》2010 年第 1 期。

⑦ 张京祥、罗小龙、殷洁：《长三角多中心城市区域与多层次管治》，《国际城市规划》2008 年第 1 期；罗震东：《解读多中心：形态、功能与治理》，《国际城市规划》2008 年第 1 期。

⑧ 黄蕊、崔大树：《基于主成分分析法的浙中城市群空间组织特征演变分析》，《经济视角》2013 年第 4 期。

⑨ 高友才：《中原经济区建设中多中心多层次城镇网络构建研究》，《中州学刊》2012 年第 1 期。

⑩ 张志斌、潘晶、达福文：《兰州城市人口空间结构演变格局及调控路径》，《地理研究》2012 年第 11 期。

⑪ 邱灵：《北京市生产性服务业空间结构演化机理研究》，《中国软科学》2013 年第 5 期。

析①。有关山东半岛蓝色经济区的相关分析，胡宇娜等运用主成分分析法对蓝色经济区的旅游产业竞争力展开分析②；张建伟等综合运用 20 个指标对蓝色经济区的经济发展情况展开实证分析③；苏杰等专门针对蓝色经济区的物流能力展开主成分分析④。本节以山东半岛蓝色经济区为研究对象，对该地区 2002 年、2007 年和 2012 年的多中心空间结构特征及演变进行分析和探讨。

（一）山东沿海半岛蓝色经济区的发展历程

1. 山东半岛蓝色经济区的地域范围

山东半岛蓝色经济区的范围包括山东全部海域和青岛、东营、烟台、潍坊、威海、日照 6 市及滨州市的无棣、沾化 2 个沿海县所属陆域，海域面积 15.95 万平方千米，陆域面积 6.4 万平方千米（占全省陆地面积的 41%）。到 2012 年，本区人口数量为 3406 万人，人口密度为 473 人／平方千米，实现生产总值 23456.78 亿元。山东半岛蓝色经济区聚集了全省的主要资源和优势产业，是全省经济发展水平最高、潜力最大、效益最好、速度最快的强势区域，是辐射带动全省乃至东部沿海地区经济高速发展的龙头区域。

蓝色经济是指直接开发利用海洋资源或与海洋具有较高关联度的产业及相关经济活动的总和。《关于打造山东半岛蓝色经济区的指导意见》（鲁发 [2009] 15 号）指出，蓝色经济区是以发达的临港、涉海、海洋产业为基础，以科学利用海洋资源与保持生态环境为导向，以先进科技和优势产业为特色，以经济、社会、文化、生态协调发展为前提，具有较强综合竞争力的经济功能区，是海陆统筹、开放互动、资源整合、协作竞争的新型海洋特色经济区。

2. 山东半岛蓝色经济区的发展

山东是海洋大省，海洋国土面积和陆地相当，海洋经济发展源远流长。早在春秋战国时期，齐地就大兴"渔盐之利"，号称"海王之国"。

---

① 朱政、郑伯红、贺清云：《珠三角城市群空间结构及影响研究》，《经济地理》2011 年第 3 期。

② 胡宇娜、曹艳英、李凤霞：《山东半岛蓝色经济区旅游产业竞争力分析》，《青岛行政学院学报》2011 年第 6 期。

③ 张建伟、马莹：《山东半岛蓝色经济区经济发展综合评价研究》，《华东经济管理》2013 年第 8 期。

④ 苏杰、王巍娟、王晓：《基于主成分分析的山东半岛蓝色经济区域物流能力分析》，《江苏商论》2012 年第 4 期。

1991 年，中共山东省委、省政府提出了"在建设一个陆上山东的同时，建设一个海上山东"的战略构想，与黄河三角洲开发一起作为振兴山东经济的两大跨世纪工程，山东省正式拉开大规模开发海洋资源的序幕，同时奠定了山东蓝、黄并举的基调。

1998 年，中共山东省委、省政府召开"海上山东"建设工作会议，成立了"海上山东"建设领导小组，制定了《"海上山东"建设规划》，确定了"带状"发展蓝色经济的战略。

2000 年，山东省提出了建设"半岛城市群"思路，并在 2003 年正式提出了"促进半岛城市群的崛起"的战略思想。2006 年获批的《山东半岛城市群总体规划（2006—2020）》，将发展海洋经济列为山东半岛城市群的重要发展战略。

2007 年，在中共山东省委九届二次全会上，山东省提出实施"一体两翼和海洋经济发展战略"，第一次将海洋经济提升到全省发展战略。"一体"是从山东东部沿海沿胶济铁路向西到省会济南周围，主要由山东半岛城市群和省会经济圈两大板块构成。"两翼"则分别是北临渤海湾的黄河三角洲和南接苏豫皖的鲁南经济带，从而做到富裕地区和贫困地区比翼齐飞。

2009 年，山东省政府出台《黄河三角洲高效生态经济区发展规划》，获得国务院正式批复，并且正式上升为国家战略。尽管是依托黄河三角洲建立的经济区，该区域同样也依托渤海沿海海域，发展起具有生态特色的海洋产业，奠定了蓝色经济区北部的基本格局。

2009 年 4 月和 10 月，胡锦涛同志先后两次视察山东，对打造和建设山东半岛蓝色经济区作出重要指示。半岛蓝色经济区的提出，结束了中国海洋没有国家战略层面开发区的历史，成为中国科学开发利用海洋资源、大力发展海洋经济的里程碑。

2009 年，山东省政府出台了《关于促进海洋产业加快发展的指导意见》，决定建设六大海洋开发示范区和发展九大产业。

2011 年，国务院批复《山东半岛蓝色经济区发展规划》，山东半岛蓝色经济区的发展上升为国家战略。规划旨在将经济区建成山东经济引擎、中日韩自由贸易的示范区，并成为环渤海南部新的经济中心。

2012 年，中共十八大报告明确提出了建设"海洋强国"的战略目标，指出要"提高海洋资源开发能力，发展海洋经济，保护海洋生态环境，坚决维护国家海洋权益，建设海洋强国"。这为山东半岛蓝色经济区的发展注入了新的活力。

3. 山东半岛蓝色经济区的现状

2012 年，山东半岛蓝色经济区实现地区生产总值 23456.8 亿元，比上年增长 10.7%，高于山东省 9.8% 的增长率，高于全国 7.8% 的增长率（见表 6–3）①。

表 6–3   2012 年山东半岛蓝色经济区生产总值和增长率及其比较

2012 年		地区生产总值（亿元）	23456.8
		增长率（%）	10.7
纵向比较	2011 年	地区生产总值（亿元）	21395.7
		增长率（%）	14.3
	2010 年	地区生产总值（亿元）	18724.9
		增长率（%）	13.3
横向比较	山东省	增长率（%）	9.8
	全国	增长率（%）	7.8
	全国海洋	增长率（%）	7.9

2012 年，山东半岛蓝色经济区 7 个城市的地区生产总值之和占山东省地区生产总值的 50.5%，占全国国内生产总值的 4.87%。从各地市的人均生产总值来看，东营市的人均地区生产总值最高，达到 145395 元，其次是青岛市、威海市，最低的是潍坊市。7 个城市的人均地区生产总值均高于全国人均 GDP。从人均地区生产总值增长率来看，各地市的增长都比较高，均高于山东省和全国的增长率（见表 6–4）②。

---

① 黄少安、李增刚：《山东半岛蓝色经济区发展报告》(2013)，中国人民大学出版社 2013 年版，第 2 页。

② 黄少安、李增刚：《山东半岛蓝色经济区发展报告》(2013)，中国人民大学出版社 2013 年版，第 18 页。

表6-4　2012年山东半岛蓝色经济区各地市的地区生产总值及其增长率

地区名称	地区生产总值（亿元）	地区生产总值增长率（%）	人均地区生产总值（元）	人均地区生产总值增长率（%）
青岛市	7302.11	10.6	94886.82	25.6
东营市	3000.66	12.1	145395	11.1
烟台市	5281.38	10.3	75672	10.2
潍坊市	4012.43	10.6	43681	9.8
威海市	2337.86	9.4	92197.82	10.8
日照市	1352.57	11.8	47851	11.1
滨州市	1987.73	10.8	53027.34	9.7
总计	25274.74	10.68	—	—
山东省	50013.20	9.8	51768	9.2
全国	519322	7.8	38353.52	9.0

山东半岛蓝色经济区经济在山东省乃至全国都占有重要地位。山东半岛蓝色经济区地区生产总值占山东省地区生产的比重一直为50%左右，是山东省的"半壁江山"。山东半岛蓝色经济区地区生产总值占全国国内生产总值的比重一直在5%左右（见表6-5）[1]。

表6-5　2006—2012年山东半岛蓝色经济区地区生产总值在山东省和全国的地位

年份	2006	2007	2008	2009	2010	2011	2012
占山东省的比重	51.44	51.76	51.32	50.96	51.05	50.45	50.52
占全国的比重	5.22	5.01	5.02	5.08	5.0	4.85	4.87

（二）研究设计

随着全球经济的发展，多中心城市空间结构逐渐成为现代城市—区域

---

[1]　黄少安、李增刚：《山东半岛蓝色经济区发展报告》（2013），中国人民大学出版社2013年版，第18页。

发展的主流形态，也是现代城市研究的新方面。山东半岛是环渤海地区与长江三角洲地区的重要结合部、黄河流域地区最便捷的出海通道、东北亚经济圈的重要组成部分，海洋经济发展基础良好，在促进黄海和渤海科学开发、深化沿海地区改革开放、提升我国海洋经济综合竞争力中具有重要的战略地位。近年来，山东地区先后出台实施了"一群三圈"的区域空间发展结构（2003年）、"一体两翼"区域发展战略（2007年）、《黄河三角洲高效生态经济区发展规划》（2009年）、《山东半岛蓝色经济区发展规划》（2011年）和《山东省城镇化发展纲要（2012—2020年）》（2012年），整个山东正在从联系松散的城市体系向相互作用有序发展的区域转型升级。本节以山东半岛蓝色经济区为研究单元，采用主成分分析法和聚类分析方法，具体测度蓝色经济区的空间组织格局状况。

1. 研究区域与单元

为了更加详细地表征山东半岛蓝色经济区区域内部城镇节点的功能状态，选择县（区）作为研究单元。本节的研究对象为《山东半岛蓝色经济区发展规划》中规划的山东半岛蓝色经济区所有行政区，包括青岛、东营、烟台、潍坊、威海、日照6市及滨州市的无棣、沾化2个沿海县所属陆域，及滨州市和滨州市所属的滨城区、惠民县、阳信县、博兴县和邹平县，共7个城市空间单元和56个县（区）空间单元。

2. 研究方法

本研究主要采用主成分分析方法和聚类分析方法，研究过程中使用SPSS19.0和ARCGIS10软件作为数据分析和空间可视化的技术支持工具。定量研究中所采用的指标数据源于《山东省统计年鉴》（2013年、2008年、2003年）。在指标的选择上，本着科学性、权威性和可获取性的原则，从经济指标、人口社会指标、商品活跃指标方面选取GDP、工业总产值、出口总额、固定资产投资完成额、公共财政预算收入、年末总人口、人口密度和社会零售品消费额8个具体指标（见表6-6）。根据选定的指标值对每一年份每个空间单元的指标进行主成分分析及聚类分析，以此分析山东半岛蓝色经济区2012年、2007年和2002年的多中心空间结构特征及演变趋势。

表6-6　山东半岛蓝色经济区多中心空间结构评价指标

	指标
经济发展综合实力因子	GDP
	工业总产值
	出口总额
	固定资产投资完成额
	公共财政预算收入
人口集聚程度因子	年末总人口
	人口密度
商品活跃影响因子	社会零售品消费额

在主成分分析中根据各主成分解释方差占原始指标变量方差的比重，运用公式（1）计算各主成分的权重；同时结合各主成分的得分，运用公式（2）算出各空间单元的综合得分。

$$F_i = C_i / \sum C_i \tag{1}$$

$$S_j = I(S_{ij} \times F_i) \tag{2}$$

其中，F_i 为各主成分的权重系数，C_i 代表各主成分贡献率，S_{ij} 代表空间单元 j 在主成分 F_i 上的得分，S_j 代表空间单元 j 的综合得分。

3. 评价过程

在2012年、2007年和2002年三个时间点上，首先，用 SPSS 统计软件对每个年份每个空间单元的8项指标进行标准化处理（分城市和县区两个空间尺度分别处理）。

其次，计算标准化处理后的各指标的相关系数，得到相关系数矩阵；再次，求出相关系数矩阵对应的特征方程的特征值及其特征向量；最后按特征值由大到小的顺序计算主成分的贡献率和累计贡献率（见表6-7）。

分别对2012年、2007年和2002年的数据进行分析，选取前3个能够较为准确地代替原始变量的主成分。各年份提取主成分的载荷矩阵（见表6-8），其中载荷系数代表各主成分解释指标变量方差的程度。

表 6-7　山东半岛蓝色经济区县（区）尺度上三个时间点主成分提取及其贡献率

主成分	2012 年			2007 年			2002 年		
	特征值	贡献率（%）	累积贡献率（%）	特征值	贡献率（%）	累积贡献率（%）	特征值	贡献率（%）	累积贡献率（%）
F1	3.858	48.22	48.22	3.959	49.49	49.49	2.968	42.40	42.40
F2	1.598	19.98	68.20	1.453	18.16	67.65	1.242	17.74	60.14
F3	1.151	14.38	82.58	1.246	15.57	83.22	1.114	15.91	76.05
F4	.508	6.35	88.93	.661	8.26	91.48	.784	11.20	87.25
F5	.360	4.50	93.43	.297	3.72	95.19	.501	7.16	94.40
F6	.235	2.94	96.37	.163	2.03	97.23	.236	3.37	97.78
F7	.200	2.50	98.87	.137	1.713	98.94	.156	2.22	100.00
F8	.091	1.13	100.00	.085	1.06	100.00			

表 6-8　山东半岛蓝色经济区县（区）尺度上三个时间点主成分载荷矩阵

指标名称	2012 年			2007 年			2002 年		
	F1	F2	F3	F1	F2	F3	F1	F2	F3
年末总人口	0.377	− 0.157	0.853	0.409	0.008	0.787	0.440	0.237	− 0.744
人口密度	0.151	0.912	− 0.080	0.094	0.937	− 0.228	− 0.098	0.686	0.588
GDP	0.841	− 0.164	0.131	0.873	− 0.098	0.163	0.854	0.262	− 0.133
工业总产值	0.789	− 0.448	− 0.153	0.841	− 0.391	− 0.120	0.807	− 0.233	0.163
社会消费品零售额	0.618	0.556	0.366	0.699	0.587	0.163			
出口总额	0.747	0.049	− 0.468	0.671	0.007	− 0.629	0.690	− 0.246	0.389
固定资产投资完成额	0.816	− 0.308	− 0.074	0.838	− 0.231	− 0.253	0.518	− 0.551	0.136
公用财政预算收入	0.869	0.328	− 0.133	0.818	0.124	0.218	0.801	0.477	0.035

　　利用 SPSS 统计软件中的主成分分析法，求出能概括出各项指标的有效主成分，但在城市空间单元上，在对 3 个年份的数据分析中，每个年份均只能提取出 1 个有效主成分，它们的贡献率分别为 85.71%（2012 年）、86.34%

（2007年）和80.32%（2002年），3个年份的主成分贡献率都达到了80%以上，能较好地概括出所有指标表达的含义，主成分可以表征为城市综合实力因子。

（三）山东半岛蓝色经济区多中心空间格局分析

从县（区）和城市两个空间单元上，分析和总结2012年山东半岛蓝色经济区的多中心空间格局特征。

1. 县（区）空间单元的山东半岛蓝色经济区多中心空间格局分析

在县（区）空间单元上，可以提取3个有效主成分，它们的贡献率分别为F1：48.22%、F2：19.98%、F3：14.38%。前3个主成分的累计贡献率达到了82.58%。由系数矩阵将3个公因子表示为8个指标的线性形式。因子得分函数为：

$$F_1 = 0.377X_1 + 0.151X_2 + 0.841X_3 + 0.789X_4 + 0.618X_5 + 0.747X_6 + 0.816X_7 + 0.869X_8$$

$$F_2 = -0.157X_1 + 0.912X_2 - 0.164X_3 - 0.448X_4 + 0.556X_5 + 0.049X_6 - 0.308X_7 + 0.328X_8$$

$$F_3 = 0.853X_1 - 0.080X_2 + 0.131X_3 - 0.153X_4 + 0.366X_5 - 0.468X_6 - 0.074X_7 - 0.133X_8$$

但单独使用某一公因子并不能对各县（区）单元在整个山东半岛蓝色经济区的地位作出综合评价，因此，以各公因子对应的方差贡献率为权数，计算综合变量得分：

$$F = \lambda_1 / (\lambda_1 + \lambda_2 + \lambda_3) *F_1 + \lambda_2 / (\lambda_1 + \lambda_2 + \lambda_3) *F_2 + \lambda_3 / (\lambda_1 + \lambda_2 + \lambda_3) *F_3$$

通过各指标变量在各主成分中的权重可以看出，F_1主要代表经济发展综合实力因子，F_2代表人口集聚程度影响因子，F_3代表商品活跃影响因子。

根据主成分分析计算的综合得分，对各年份的空间单元进行系统聚类。聚类方法采用最近距离法（Nearest Neighbour），即合并最近的或最相似的两项，用两项最近点的距离代表两项间的距离，项间等间隔距离选择欧式距离平方方法（Squared Euclidean Distance）。在得到的聚类结果中，得分较高的空间单元类别表现出更强的中心性，得分较低的空间聚类的中心性则相对较弱。为了分析比较的需要，本节将空间单元划分为6个等级（见表6-9）。

表 6-9　山东半岛蓝色经济区 2012 年县（区）尺度上空间单元聚类表

类别	地区	空间单元数量（个）	规模（均值）	标准差
1	市南区	1	1.904	
2	黄岛区；即墨市；芝罘区；平度市；市北区	2	0.997	0.108
3	龙口市；环翠区；胶南市；胶州市；诸城市；寿光市；荣成市；奎文区；城阳区；福山区	10	0.602	0.088
4	莱州市；东港区；文登市；邹平县；莱西市；青州市；高密市；东营区；滨城区；广饶县；四方区；李沧区；崂山区；莱阳市；招远市	15	0.139	0.159
5	莒县；乳山市；海阳市；安丘市；蓬莱市；昌邑市；临朐县；岚山区；昌乐县；寒亭区；牟平区；博兴县；潍城区；栖霞市；惠民县；无棣县；莱山区；坊子区；五莲县；垦利县；沾化县；阳信县；河口区；利津县	24	-0.570	0.222
6	长岛县	1	-1.318	

2012 年山东半岛蓝色经济区 56 个空间单元中，市南区独占鳌头，综合得分最高，且其他空间单元与其有较大差距；其次是黄岛区和即墨市，综合得分也都超过 1；烟台的芝罘区、龙口市，威海市的环翠区也都进入空间单元的前 10。

总体上来看，山东半岛蓝色经济区在县区尺度上的多中心空间格局具有如下特征：

（1）单中心主导模式已经形成。由于经济势差的客观存在，山东半岛蓝色经济区的空间结构已经形成以青岛市城市核心区为主导的单中心区域空间格局，其他周边城市核心区已不构成对其领导核心地位的挑战。

（2）梯级式次中心功能网络体系基本形成。以青岛市市南区为中心，烟台、威海、潍坊、日照、东营、滨州等地的城市核心区形成阶梯状、层级式中心地体系，各中心地之间频繁强烈的社会经济联系塑造了该区域多中心的功能网络体系。

（3）东西—南北区域差距的客观存在，东—西差距比南—北差距显著。山东半岛蓝色经济区内各县区区域发展差距较为明显，东（胶东三市）—中（潍坊、日照）—西（黄三角二市）差别显著，南（青岛—日照）—中（潍坊）—北（烟台、威海、东营、滨州）社会经济发展相对均衡。

2. 城市尺度的山东半岛蓝色经济区多中心空间格局分析

在城市尺度上，由系数矩阵将一个公因子表示为 8 个指标的线性形式。因子得分函数为：

$$F_1 = 0.879X_1 + 0.781X_2 + 0.982X_3 + 0.862X_4 + 0.994X_5 + 0.950X_6 + 0.961X_7 + 0.976X_8$$

得到综合因子得分，并求出各城市排序，结果见表 6–10。

表6–10 山东半岛蓝色经济区 2012 年各城市因子得分

空间单元	2012 年		2007 年		2002 年	
	得分	位序	得分	位序	得分	位序
青岛	1.727	1	1.748	1	1.843	1
烟台	0.774	2	0.786	2	0.585	2
潍坊	0.421	3	0.308	3	0.309	3
威海	−0.519	4	−0.335	4	−0.218	4
东营	−0.663	5	−0.766	5	−0.775	5
滨州	−0.779	6	−0.772	6	−0.864	6
日照	−0.962	7	−0.969	7	−0.879	7

采取最近距离法进行城市聚类，可以将 7 个城市空间单元划分为 3 个等级，青岛为一级中心，烟台和潍坊为二级中心，潍坊、威海、东营、滨州和日照为三级中心。

总体上来看，山东半岛蓝色经济区在城市尺度上的多中心空间格局具有如下特征：

（1）青岛市在山东半岛蓝色经济区的核心地位较为稳固。青岛与周边城市之间已经形成较为稳定的核心—边缘合作关系。

（2）"主—次"核心功能体系初步形成。以青岛市为区域中心，烟台—潍坊为区域次中心，其他城市为区域功能节点的分工协作、互利共赢合作体系已经初步形成。

（四）山东半岛蓝色经济区多中心空间格局演变特征

1."核心—边缘"结构特征显著到"多中心"结构特征显著的演变

结合各空间单元的得分和聚类分析结果，可以发现2002年山东半岛蓝色经济区以市南区和荣成市为一级中心，二级中心仅有3个，市南区周边地区和荣成市周边地区县（区）等级均呈同心圆模式向外递减，存在大量的6级中心，城市总体等级偏低，发展程度较低，因此，2002年蓝色经济区城市"核心—边缘"特征明显，多中心特征不显著，高等级中心较少，多数县（区）还处于低水平的发展态势。2007年山东半岛蓝色经济区以市南区为一级中心，二级中心如雨后春笋般大量出现，多达13个，市南区的区域核心地位下降，被大量相似等级的县（区）所包围，初步显现出多中心结构特征；但是并不是实际意义上的多中心结构，县（区）发展、经济实力和城际联系都有所欠缺。2012年，虽仍然是以市南区为一级核心，但烟台和潍坊地区的县（区）迅速崛起，形成新的增长极，地位也直逼市南区，经济实力、商品市场活跃度和人口聚集度都对市南区初步构成了威胁，威海市县（区）因其高速的发展态势在高等级中心占据了一席之地，山东半岛蓝色经济区已经初步形成了青岛、烟台、潍坊三大增长级，"多中心"结构特征明显。

2.经济集聚辐射能力成为影响县（区）等级的重要因素

经济实力是反映县（区）等级进而影响城市群空间组织形态的重要指标。根据表6–10，可以看出三个主因子在各个年份提取的贡献率，其中F_1所占比重最大，即能最有效地反映空间单元的等级。2000年F_1特征值为2.968，贡献率为42.40%；2007年F_1特征值最高，为3.959，贡献率达到了49.49%；2012年F_1相较于2007年稍有落后，但仍然是各项主成分中最高的，特征值为3.858，贡献率为48.22%。蓝色经济区内县（区）之间经济发展和实力存在一定差距，青岛的经济核心地位仍然十分明显，青岛市的县（区）受市南区的辐射带动也高于其他县（区），因此青岛市内部县（区）等级相对较高。区域内部较大的经济差距会对区域结构优化形成障碍，产业结构升级缓慢也会阻碍城市空间结构优化，因此蓝色经济区在根据自身实际打造第一增长极的同时，理应避免单方面的极化现象，通过扩散和辐射效用，推动新的城市增长极的出现，提升区域整体经济实力。

按照聚类结果作出如下六级分级图示：

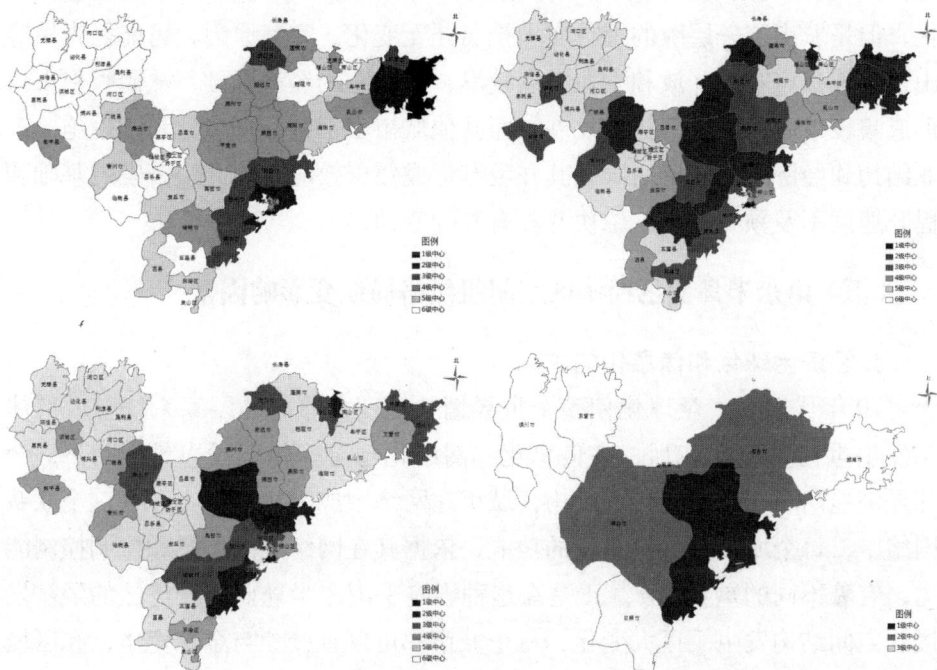

图6-5　山东半岛蓝色经济区区域空间结构演变图

注：上左表示县（区）空间单元的2002年空间格局；上右表示县（区）空间单元的2007年空间格局；
　　下左表示县区空间单元的2012年空间格局；下右城市尺度城市空间单元在2012年的空间格局。

3. 山东半岛蓝色经济区逐渐形成了"1主2副4次"的多中心空间格局

根据2012年各空间单元的聚类分析结果可以发现，青岛市南区是毋庸置疑的一级中心，受市南区的辐射带动作用，青岛市其他县（区）等级也都较高，烟台和威海的县（区）也都有较多的二三级中心；青岛的经济实力、人口集聚程度以及商品活跃程度都在山东半岛蓝色经济区中居首位，烟台和潍坊稍次之，威海、日照、东营和滨州发展程度相当，紧随其后。结合城市尺度下的聚类分析结果可以判断，山东半岛蓝色经济区逐渐形成了青岛1个主中心，烟台、潍坊2个副中心，威海、日照、东营和滨州4个次中心的多中心格局（见图6-5）。

4. 青岛一直处于山东半岛蓝色经济区的中心地位，多年来未发生变化

从表 6-5 可以看出，第 1 到第 7 位分别是青岛、烟台、潍坊、威海、东营、滨州和日照。虽然县（区）尺度上，各个空间单元 10 年来位次有所变化，但是城市这一层级的综合实力排名并无变化。究其原因，可能是青岛等山东老牌强市对外开放和工业发展较早，有一定的经济基础，从而吸引人口形成集聚效应，促进其持续发展；而其他城市由于社会环境、基础设施、产业结构和经济的相对落后导致其并没有形成集聚效应，因此经济发展基础和提升速度不及领先城市，位次并没有大的变动。

（五）山东半岛蓝色经济区空间组织格局演变影响因素

1. 经济全球化和信息化的影响

70 年代以来，全球化使整个世界悄然巨变，原有的国家系统与城市体系发生重构。90 年代后，在信息化、网络化与全球化三股力量推动下，全球经济趋向于一种网络化的结构，城市在网络中成为集散中心。在这个联系网络中，每个城市都承担一定的功能，依据其在网络中的位置和协调控制能力，有着不同的重要性[①]。正是在这种影响下山东半岛蓝色经济区的经济发展和空间结构发生了巨大变化，每个城市都可以直接参与全球竞争，在区域整体网络性不断增强的同时，多个中心也在逐渐形成。目前，青岛在该区域的网络中承担着最重要的核心功能，也拥有着较高的世界城市地位，在其辐射影响以及新的功能需求下，多个次级中心正在崛起。

2. 区域交通网络的建设

在城市—区域的发展过程中，区域性交通网络的建设将对区域空间结构的演变产生重要影响。山东半岛蓝色经济区内，各组团之间通过快速交通（高速铁路、高速公路、城际快速铁路）连接起来，为增强区域内城市联系提供了强大支持，各类交通网络构成了各层级中心之间的通道。区域交通网络不仅增强了青岛的核心地区，也扩大了烟台、潍坊副中心城市的辐射范围，使山东半岛蓝色经济区城市的辐射功能不断加强和扩大。因此，区域交

---

① 马丽、刘毅：《经济全球化下的区域经济空间结构演化研究评述》，《地理科学进展》2003 年第 2 期。

通网络的建设深刻影响了山东半岛蓝色经济区的空间结构。

3. 产业集聚和扩散

全球范围内的山东半岛城市群，是以东北亚区域性国际城市青岛为龙头，带动山东半岛城市群外向型城市功能整体发展的城市密集区域，是全球城市体系和全球产品生产服务供应链的重要一环。随着《国家新型城镇化规划（2014—2020年）》的提出，山东半岛城市群新型城镇化步伐加快，正在加大经济发展模式和产业结构的提升和转变。山东半岛蓝色经济区所拥有的较为先进的区域产业结构和雄厚的经济基础，带动着环渤海周边地区的产业集聚和扩散，这为区域空间组织格局的演变，提供了永不枯竭的动力。

（六）结论

在不断推进的全球化和城市化进程中，城市群以更加积极的姿态参与到全球竞争中，城市也逐渐成为全球经济一体化的基本空间单元。采用主成分分析法和聚类分析方法对山东半岛蓝色经济区2002年、2007年和2012年城市等级结构和空间结构演化的定量测度，表明，山东半岛蓝色经济区初步形成了多中心结构，以青岛为区域中心的大中心主导模式已经形成，以烟台、威海、潍坊等城市的县（区）行政区为重要节点的梯级式次中心功能网络体系基本形成，但区域内东西—南北区域差异客观存在，且东—西差距比南—北差距显著。经济全球化和信息化、区域交通网络建设和产业集聚扩散共同推动了蓝色经济区多中心格局的形成。多中心模式能使区域内部城市维持健康持续的城市化进程，所以要推行和区域空间结构相耦合的区域空间政策，进一步完善整合政府合作制度框架，推动跨界治理，为蓝色经济区发展提供长效动力。

第 七 章

珠三角城市—区域企业流空间联系格局特征[①]

信息时代，在全球和地区尺度的城市之间功能联系的网络化模式（或称"城市网络"）已成为一种客观存在的空间现象，正在"采用信息流的网络来替代地点"[②]，电信系统对信息流、资金流、人流的吸引程度，在经济组织的重要性上逐渐超越地理距离。荷兰学者 Zonneveld (1987) 较早作为"城市—区域"的替代词探讨过"城市网络"和"网络城市"的概念[③]，城市网络被定义为大小不均、各具特色的城市组成的紧凑布局的城市群体，进化自两个或两个以上相互独立的城市，在功能上具有潜在的互补性，在快速可靠的交通或通信基础设施走廊的帮助下通过合作产生显著的规模经济，是城市间物理连接、虚拟相通的活动地点[④]。20世纪90年代以后，流动空间理论推动了"城市网络"研究范式的全面转型，使之在基本概念、研究框架和分析方法等方面更具科学性。基于流动空间理论，可以将城市—区域理解为某一区域范围内由全球化和区域化力量共同决定的社会空间流动过程（资本、

---

① 本章内容根据路旭、马学广、李贵才《基于国际生产者服务企业布局的珠三角城市网络空间格局研究》（《经济地理》2012 年第 4 期）以及路旭、马学广、李贵才《世界城市对珠三角城镇群的影响力研究》（《城市发展研究》2012 年第 5 期）修改而成，马学广都作为通讯作者。

② M.Castells, *The Rise of the Network Society*, Oxford: Blackwell, 1996.

③ I.Klaasen, R.Rooij, J. Van Schaick, *Network Cities: Operationalising a Strong but Confusing Concept*, International Conference 25-28 June, Sustainable Urban Areas, Rotterdam, 2007.

④ R.Camagni, C. Salone, "Network Urban Structures in Northern Italy: Elements for a Theoretical Framework", *Urban Studies*, Vol.30, No. 6 (1993), pp. 1053-1064.

信息、技术、智力资源、组织性互动的流动），以及在流动过程支配下，由各个城镇组成的协同运作系统。

城市网络已在城市与区域规划领域获得广泛关注，被用以理解地理邻近、规模相当、功能各异的城市为主体的大都市区化过程[①]，对以珠三角为代表的我国密集城市化区域有较强适用性。从形态看，珠三角是我国城镇化水平最高的地区，属于典型的"多中心"区域[②]；从发展阶段看，城镇发展正步入高水平—网络化的阶段[③]，面临快速城市化和空间转型，适合利用"城市网络"方法分析其内在发展动力与作用机制；从研究基础看，珠三角的基础数据和区域空间规划资料相对完备，可以支持"城市网络"的定量分析。本节借鉴世界城市网络的研究经验，采用国际高级生产者服务业公司办公网络分布数据，以城市连通性为衡量指数，分析珠三角城市网络的空间结构特征，为探讨区域空间形态与区域协调发展提供新的视角。

一、分 析 方 法

20世纪90年代以来，城市网络分析方法取得了突破性的进展。"全球化和世界城市"（GaWC）研究团队批判了早期"世界城市"研究偏重孤立的测度城市属性，而忽视整个城市系统成员间相互依赖关系的缺点[④]，提出测度城市间关联性的方法——高级生产者服务业公司办公网络分析法[⑤]，将世界城市网络理解为三层结构的连锁网络：节点层面（城市）、节点之间层面（网络）和次节点层面（商业服务公司）[⑥]，通过研究高级生产者服务业公

①　马学广、李贵才：《全球流动空间中的当代世界城市网络理论研究》，《经济地理》2011年第10期；尹俊、甄峰、王春慧：《基于金融企业布局的中国城市网络格局研究》，《经济地理》2011年第5期。

②　保罗·诺克斯、琳达·迈克卡著：《城市化》，科学出版社2009年版。

③　J. R. Friedman, *Regional Development Policy*：*A Case Study of Venezuela*，Cambridge：MIT Press, 1966.

④　彼得·霍尔、凯西·佩恩：《多中心大都市：来自欧洲巨型城市区域的经验》，中国建筑工业出版社2010年版。

⑤　P. J. Taylor, "Specification of the World City Network", *Geographical Analysis*, Vol.33, No.2 (2001), pp.181-194；P. J.Taylor, G.Catalano, D. R. F.Walker, "Measurement of the world city network", *Urban Studies*, Vol.39, No. 13 (2002), pp. 2367-2376；P. J. Taylor, *World City Network：a Global Urban Analysis*, London：Routledge, 2004.

⑥　P. J. Taylor, "Specification of the World City Network", *Geographical Analysis*, Vol.33, No.2 (2001), pp. 181-194.

司的总部和分公司的区位分布结构来分析城市间的功能衔接关系。该方法的优势是易于获取数据，用办公机构的地理分布来印证城市之间是否存在持续性的功能互动，即使在不能准确获得公司业务量数据的情况下，也可以揭示出城市之间功能联系的强度和基本格局①。

（一）研究对象选择

本节通过测量国际生产者服务业公司的地址信息及业务联系来分析城镇网络空间结构。生产者服务业是广义中介经济的一部分，主要组成部分包括保险、银行、金融服务、房地产、法律服务、会计和专业协会等②。本节选择在珠三角地区设有总部或分支机构的外资／港资银行、国际会计事务所、国际保险公司、国际 4A 广告公司、国际律师事务所 5 个行业的 99 家国际生产者服务业公司作为研究对象。

（二）研究区域与研究单元

本节的研究区域为珠三角地区，以《珠三角城镇群协调发展规划（2004—2020 年）》中说明的"珠三角经济区"为准，包括广州、深圳、珠海、佛山、江门、东莞、中山、惠州市区、惠东县、博罗县、肇庆市区、高要市和四会市，面积约为 41698 平方千米。为了更加详细地表征珠三角区域内部城镇节点的功能状态，选择区（县）作为研究单元。目前在官方的统计资料中，珠三角各城市的统计单元主要分为"市—区（县）—街道（镇）"三个层级，但中山和东莞两市采取"市管镇"的行政管理方式，未设区（县）。为保持本区域研究单元尺度的一致性，借鉴《中山城市总体规划（2005—2020 年）》和《东莞市域总体规划（2005—2020 年）》中片区划分的方法，将中山分为东部、中部、西北、南部 4 个片区，将东莞分为西北部、东北部、西南部、中部、东南部四个片区。如图 7-1 所示，将珠三角地区划分为 50 个研究单元。

---

① J. V.Beaverstock, "World City Network: A New Metageography?", *Annals of the Association of American Geographers*, Vol.90, No.1 (2000), pp. 123-134.

② S.Sassen, *The Global City*, Princeton, NJ: Princeton University Press, 2001.

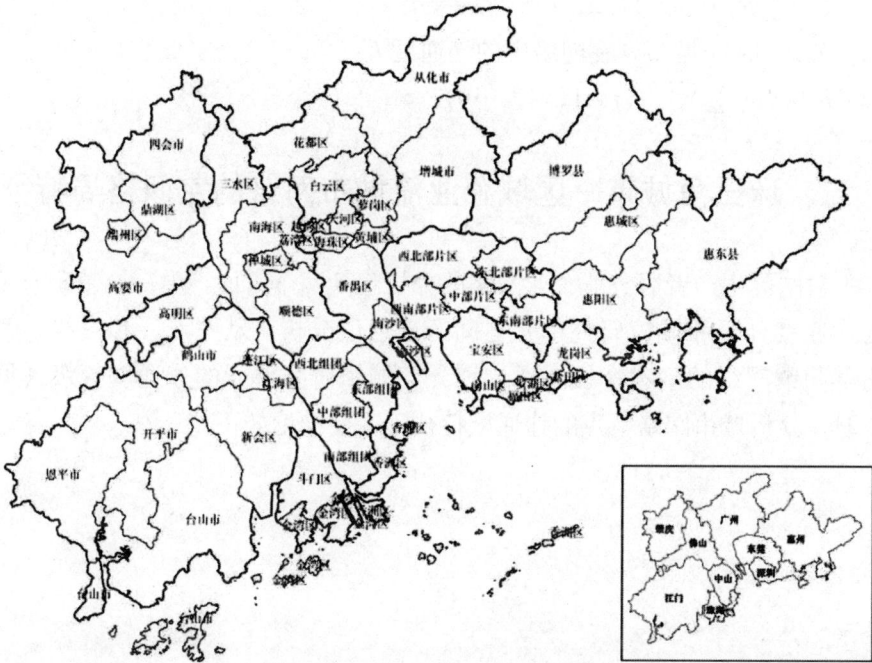

图7-1　珠三角城市—区域研究单元示意

（三）连通度分析方法

借鉴世界城市网络研究的计算方法，将企业地址信息转化为 m 个生产者服务业公司在 n 个城市分布的数据库，然后将世界城市网络量化定义为一个关于 V 的矩阵 X，V_{ij} 是这个矩阵 X 的初始数据，表示公司 j 在城市 i 提供的"业务量"。在本研究中，采用公司 j 在城市 i 的办公室数量（包括总部与分公司）来衡量 V_{ij}。主要包括以下4个指标：

公式（1）：公司 j 在城市 a 与城市 b 之间的连通值 $R_{ab,j}$

$$R_{ab,j} = V_{aj} \cdot V_{bj} \quad (j=1, 2, \cdots m) \tag{1}$$

公式（2）：城市 a 与城市 b 之间的总体连通值 R_{ab}

$$R_{ab} = \sum R_{ab,j} \quad (j=1, 2, \cdots m) \tag{2}$$

公式（3）：城市 a 在网络中的总体连通值 N_a（每个城市都连接 $n-1$ 个城市）

$$N_a = \sum R_{ai} \quad (i=1, 2, \cdots n;\ \text{且}\ i \neq a) \tag{3}$$

公式（4）：城市 a 在网络中的连通度 L_a

$$L_a = (N_a / \sum_i N_i) \quad (i=1, 2, \cdots n) \tag{4}$$

二、珠三角城市—区域企业流城市网络的空间格局特征

对国际生产者服务业企业网络的分析包括两个方面：单一城镇研究单元的连通度分析和城镇研究单元之间的连通值分析，从"点"和"线"两个角度归纳网络的基本特征。通过划分各城镇研究单元的连通度等级（见图7–2），分析城市网络节点的连通度特征，主要结论如下：

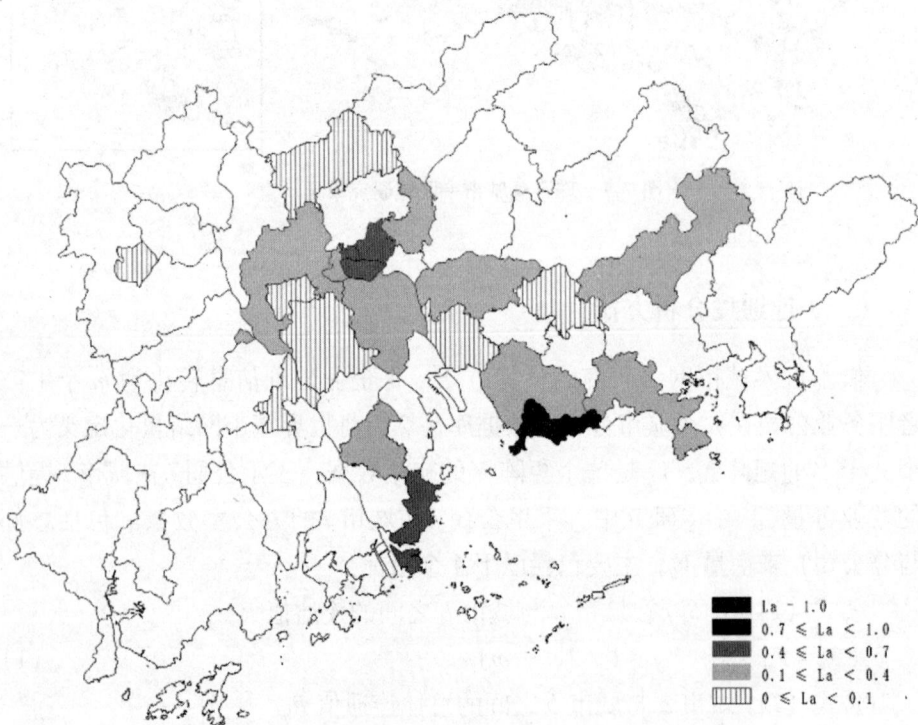

图7–2　珠三角城市—区域城市连通度等级分布图

（一）珠三角城市—区域各城镇节点的连通度具有显著的层级特征，可分为四个层级

首先，深圳、广州和珠海三市的主城区是珠三角城市—区域的中心节点（$0.4 \leqslant L_a \leqslant 1.0$）。其中连通度最高值出现在深圳特区内（福田、罗湖、南山），广州中心城区（天河、越秀和海珠 3 个区）和珠海主城区（香洲区）次之。这些地区集中了珠三角绝大多数的国际生产者服务业企业的总部，并有大量的分公司、办事处。例如，渣打银行在深圳特区内就开设了 20 家分支机构，已在深圳特区建立了较为健全的服务网络。

其次，深圳、广州的部分外围片区和其他主要城市的主城区，共同构成珠三角城市网络的次中心节点（$0.1 \leqslant L_a < 0.4$）。其中包括深圳市龙岗和宝安两区，广州市荔湾、番禺和萝岗 3 个区，以及东莞、佛山、中山、惠州 4 个城市的中心城区，集中了一定数量、多种类型的国际生产者服务业企业分公司。

第三，区位相对偏远的肇庆、江门主城区，广州、佛山、东莞的一些片区也具有少量的国际生产者服务业分支机构分布（$0 \leqslant L_a < 0.1$），主要是外资银行分行和国际会计事务所的办事处。

第四，国际生产者服务业网络覆盖了珠三角的 9 个城市，但是按照本节所划定的 50 个研究单元看，有 27 个城镇节点没有国际生产者服务业企业的机构分布。

（二）珠三角城市—区域具有明显的尺度变异特征

宏观尺度上，珠三角城市—区域的中心节点向"珠江口湾区"集中。从各城市的连通度水平看，广州、深圳和珠海明显高于其他城市，而"珠江口湾区"之外的惠州、肇庆和江门位于后三位。中观尺度上，珠三角三个次区域的网络发展水平，从高到低依次为东部、中部、西部。

如图 7-3 所示，将研究单元按照 4 个等级划分，分析它们在各个城市中所占的比例，可以看出由深圳、东莞、惠州组成的东部次区域所包含的城镇单元连通度等级最高，珠海、中山、江门组成的西部次区域最低。微观尺度上，珠三角城市—区域的节点功能向各城市的中心区集中。城市中心区具有

交通条件和服务设施优势，易于成为国际生产者服务业企业的集中地，除佛山以外的 8 个城市连通度最高的城镇节点均是该城市行政中心。上述尺度变异特征反映了地域经济活动高度分离的同时又在局部范围内高度整合，表现出网络系统特有的开放而统一的拓扑特征①。

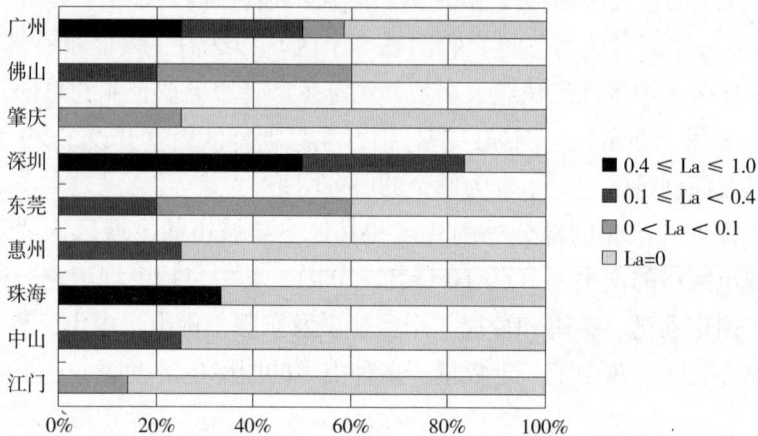

图7–3　珠三角城市—区域各城市的连通度等级比例分布

（三）珠三角城市—区域具有空间多中心和层次性特征

珠三角城市—区域各城镇单元之间最大的连通值出现在深圳福田与罗湖之间（$R_{max}=64$），设城市之间的连通度 $P_{ab}=R_{ab}/R_{max}$，对 P_{ab} 分级并作出城镇研究单元之间的连通网络结构图（图见 7–4），明确地显示出城市网络的多中心性和多层次性。首先，$P_{ab} \geqslant 0.2$ 的中、高强度联系几乎全部出现在深圳、广州、珠海 3 个城市的中心城区之间，呈现出明显的三角形结构。这说明从国际生产者服务业企业网络的角度看，多中心结构在珠三角内部是客观存在的。即使不考虑香港、澳门，珠三角地区仍然形成了一个超地缘关系的、以多中心性为特征的城际关联网络，广州—深圳是网络联系的主线，珠海的中心性也非常明显。同时，其他城镇节点之间全部以低强度连线相互衔接，网络联系表现出鲜明的层次性特征。

---

① G.Dupuy, *Urban Networks-Network Urbanism*, Amsterdam: Techne Press, 2008.

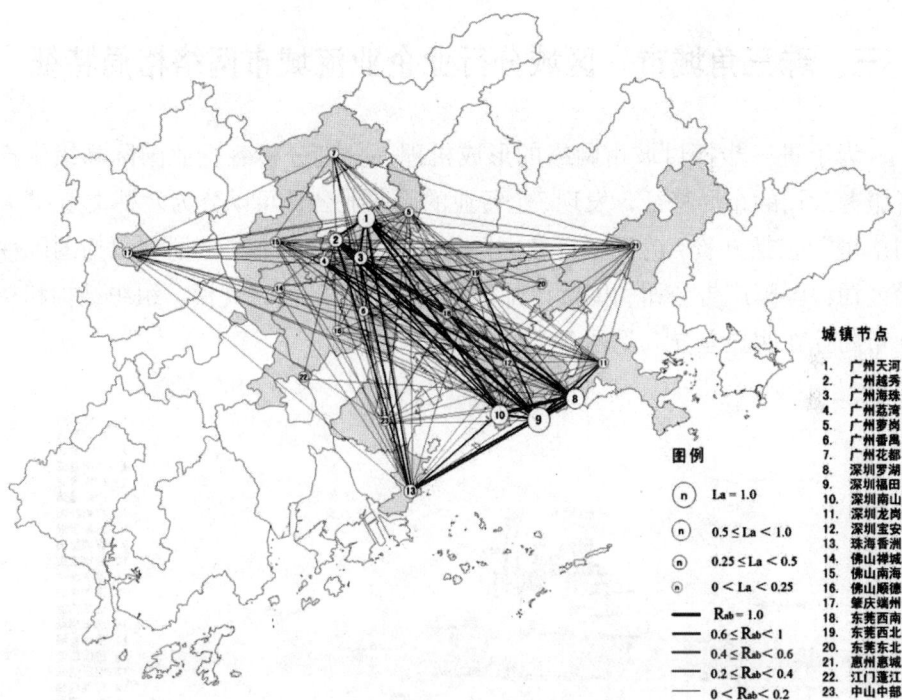

图7-4　珠三角城市—区域国际生产者服务业企业网络联系分析

（四）珠三角城市—区域"跳跃性"的城市跨界功能联系与组织

珠三角城市—区域的空间联系表现出鲜明的"跳跃性"特征。长距离的城际联系明显多于短距离的城市内部联系，邻近性不再是产生功能联系的主要基础。同时，网络功能在城市内部集中化，一些研究单元形成功能意义上的"孤岛"，珠海、中山、肇庆、惠州、江门都仅有一个片区被网络覆盖，各孤岛间形成"跳跃性"的网络联系。从区域管制的角度看，为适应城市网络的"跳跃式"发展，应当增强跨行政边界的区域协调行动，在区域统筹的思路下布局交通基础设施和生态基础设施，才能促进高端资源的有效流转与疏导，才能加快珠三角地区一体化进程，推动珠三角城市—区域功能网络的形成和发展。

三、珠三角城市—区域分行业企业流城市网络格局特征

为了进一步探讨城市网络的形成机理，分别分析各行业国际高级生产者服务公司的布局特征，发现5个行业的服务业公司可以分为两种类型："大网络型"包括外资/港资银行和国际会计事务所，"小网络型"包括国际保险公司、国际广告公司和国际律师事务所，它们的网络规模、组织结构和空间布局存在明显差异（见图7-5）：

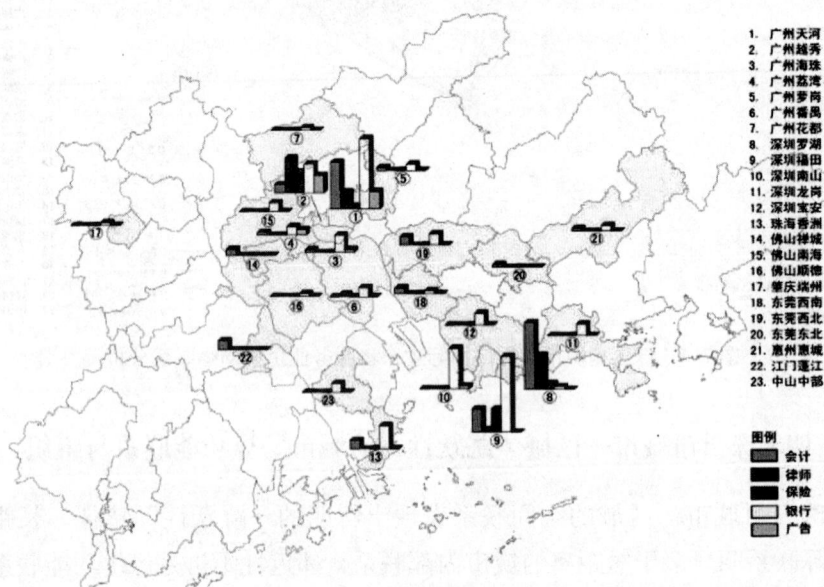

图 7-5　珠三角城市—区域各行业办公地布局分析

（1）从网络规模看，外资/港资银行和国际会计事务所更倾向于建立一个大而全的网络，有"亚太区域总部—中国区总部—城市分公司"明晰的三层次结构，在分公司以上的层面分别建立了141个和68个办公室。而国际保险公司、国际广告公司和国际律师事务所的网络相对简单，很多公司并没有建立中国区总部，而是直接在中国的少数城市设置了办事处，分公司以上办公室数量很少，分别只有17个、16个和21个。（2）从网络的空间布局看，外资/港资银行和国际会计事务所分布广泛，以广州、深圳为中心，几乎遍

布珠三角的各个城市；而其他三个行业的分布则非常集中，办公地点集中在广州和深圳的中心城区。

因此，珠三角城市—区域的"多中心格局"事实上是建立在银行、会计两个高级服务业核心行业的布局规律基础上的，无论是珠海能够成为三中心结构的一个中心，还是肇庆、惠州、江门等外围城市的主城区可以成为城市网络的次中心，都是这种布局规律的结果。因此从网络的形成机理和功能结构看，广州、深圳的总部集聚效应明显、行业类型全面，是珠三角的城市网络的两个主要中心，珠海虽然具备了比其他城市更高的连通性和发展潜力，但功能还不全面，是一个成长中的中心。

四、世界城市对珠三角城市—区域的影响

（一）世界城市对珠三角城市—区域的影响力与其自身的网络连通度、区位条件相关

有来自 19 个城市的 APS 企业在珠三角城市—区域建立了办公机构，从高级商务活动的层面对珠三角发展表现出持续的影响力。如图 7-6 所示，本研究涉及的 99 家 APS 企业主要来自香港、纽约、伦敦、东京、巴黎和新加坡，其中香港是对珠三角影响最大的城市，有 30 家企业在珠三角开设了 99 个分支机构，这一数字几乎相当于纽约和伦敦两个城市之和。纽约、伦敦、东京组成了第二级，分别有 21 家、15 家、10 家企业，共在珠三角开设了 112 家分支机构。总体来看，世界城市对珠三角的影响作用规律可以归纳为两个方面：

首先，各城市对珠三角的影响作用与它们在世界城市网络中的连通度相关。世界城市的排名最早出现于 1966 年[①]，在 20 世纪 80 年代中期之后趋于稳固，伦敦、纽约、东京三个世界城市位于全球经济系统的顶端成为一种广泛共识[②]，香港、巴黎、法兰克福等城市组成"第二集团"。对本节最具

---

① P. Hall, *The World Cities*, London：Heinemann，1966.

② J. R.Feagin, M. P. Smith, "Cities and the New International Division of Labour", in *The Capitalist City*, M. P.Smith, J. R. Feagin (eds.), Oxford：Blackwell，1987，pp.3-36；N.Thrift，"The Fixers：The

参考价值的是 Catalano（2001）和 Derudder（2010）同样使用分析 APS 企业办公网络方法所开展的研究①，在这两篇文献中，纽约、伦敦、香港、巴黎、新加坡、东京都位列前 6 名，与本研究得出的各世界城市的影响力强度基本相符。

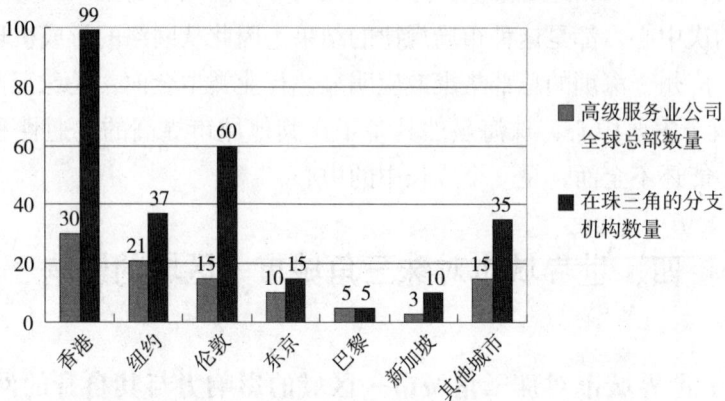

图 7–6　全球主要城市对珠三角城市—区域的影响力比较

　　第二，区位条件也与影响力显著相关，香港等亚洲城市体现出了更强的影响力。香港在世界城市网络中的连通度明显低于纽约和伦敦，同巴黎、新加坡等城市享有同等地位，但由于其邻近珠三角的地缘优势，对珠三角地区的影响力位居首位，其他亚洲城市东京、新加坡的相对重要性也明显高于它们在世界城市网络中的自然排名。可见，香港在亚洲区、大中华区的网络组织中具有中枢性作用，对珠三角城市网络发展的推动更为直接、全面。

Urban Geography of International Commercial Capital", in *Global Restructuring and Territorial Development*, J.Henderson, M.Castells（eds.），Beverley Hills CA：Sage，1987，pp.203-233；J. Friedmann，"Where We Stand：A Decade of World City Research"，in *World Cities in a World System*，P.Knox，P.Taylor，Cambridge：Cambridge University Press，1995；P. L. Knox，"World Cities and the Organization of Global Space"，in *Geographies of Global Change*（*2nd edition*），R. J.Johnston，P. J.Taylor，M. J.Watts（eds.），Oxford：Blackwell，1995，pp.328-338；D. Llewelyn，*Four World Cities：A Comparative Study of London*，Paris，New York and Tokyo，London：Comedia，1996.

　　① P. J.Taylor，G.Catalano，D. R. F.Walker，"Measurement of the World City Network"，*Urban Studies*，Vol.39，No.13（2002），pp. 2367-2376；B.Derudder，et al.，"Pathways of Change：Shifting Connectivities in the World City Network，2000-08"，*Urban Studies*，Vol.47，No.9（2010），pp. 1861-1877.

（二）上海、北京、香港等地区中心城市是世界城市对珠三角城市—区域产生功能影响的空间支点

APS 企业在不同国家或地区开展业务，在各地分散布局办公网络，而中心性功能则集中于少数特定的城市，通过地方总部管理和协调地区事务。地方总部集聚形成的区域中心城市为全球化提供了一种在全球经济网络和地方区域之间的跨地域制度和文化障碍的转换路径①。实证研究表明，世界城市对珠三角的影响也大部分经由地区中心城市。在本节关注的 99 家生产者服务业公司中，有 82 家通过中国区总部管理在珠三角的业务活动，其他公司则采用全球总部直接管理的方式。

由于 APS 企业地方总部的集聚效应，上海、北京、香港、广州、深圳等城市对珠三角发挥着地区中心城市的影响作用。如图 7-7 所示，上海、北京所容纳的地方总部数量和在珠三角分支机构数量最多，香港和珠三角城市次之，国内其他城市中仅有天津和郑州表现出了有限的影响力。由于大多数在国内开展业务的 APS 企业都在珠三角地区建立了分支机构，这一结果表明：首先，上海、北京在国内 APS 企业网络中占据中心节点的地位，是珠三角在高级服务业层面融入全球经济架构的直接媒介。上海的中心性作用相

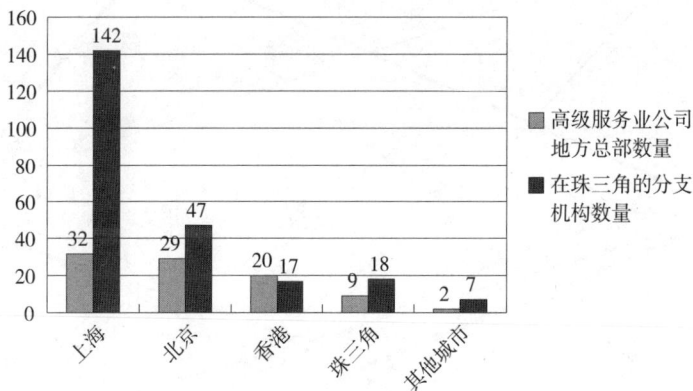

图 7-7　地区中心城市对珠三角城市—区域的影响力比较

① 柏兰芝、陈诗宁：《从跨国广告业看全球化和世界城市：以中国广告业为例》，《地理研究》2004年第 5 期。

对更加突出，在沪的 APS 企业总部在珠三角管理的分支机构数量达到 142
家，超过其他城市的总和。在国内总部数量和网络中枢作用方面，珠三角和
上海、北京具有一定差距，其影响力主要是区域性的，是华南地区 APS 企
业的主要集聚地。其次，虽然香港所容纳的在珠三角直接开设分公司、办事
处的中国区总部数量明显少于上海和北京，对珠三角的直接组织逊色于大陆
经济系统内部的中心城市。但这不代表香港在区域的 APS 企业网络中的地
位已经弱于上海和北京。因为中国区总部仅仅是香港作为国际服务业中心城
市的多重功能之一，香港还集聚了大量的 APS 企业的全球总部、亚洲区总
部及香港总部等。

（三）APS 企业的行业组织是全球城市影响珠三角城市—区域的经济载体

世界城市通过 APS 企业的跨国经营行为实现对珠三角的影响。研究
发现，不同行业的 APS 企业表现出不同的组织结构特征（见图 7-8—图

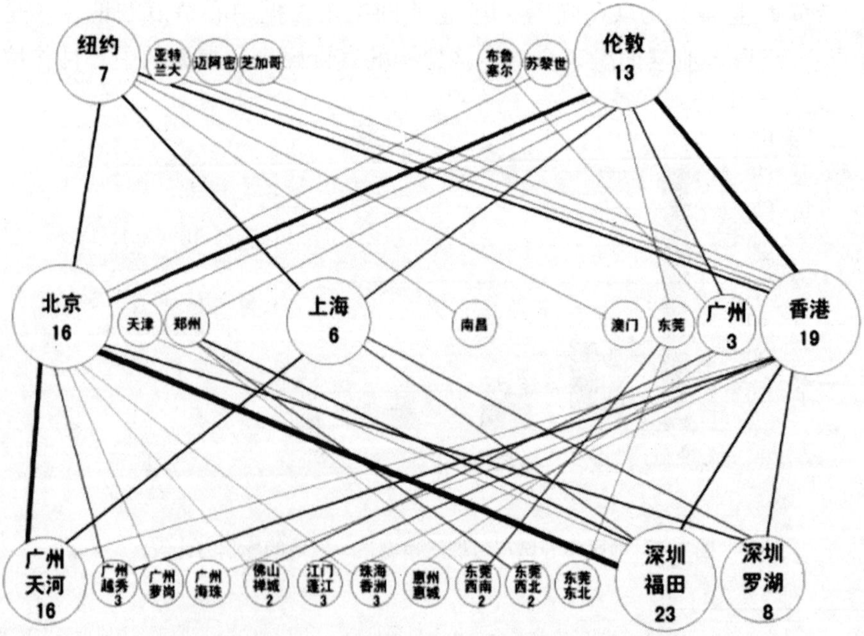

图 7-8　国际会计事务所在珠三角城市—区域的组织网络

7-10）：首先，不同行业的 APS 企业表现出明显的网络规模差异。外资 / 港资银行和国际会计事务所更倾向于建立一个大规模、层次分明的办公网络，有明晰的三层次组织体制，在珠三角内部布局了较多办公机构；而国际保险公司、国际广告公司和国际律师事务所的网络规模小、层次相对简单，分布的城市少，很多公司并没有建立中国区总部，而是直接在中国的少数城市设置办事处。

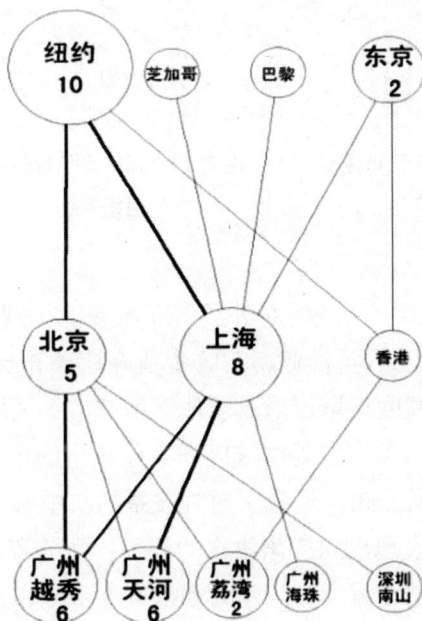

图 7-9　国际广告公司在珠三角城市—区域的组织网络

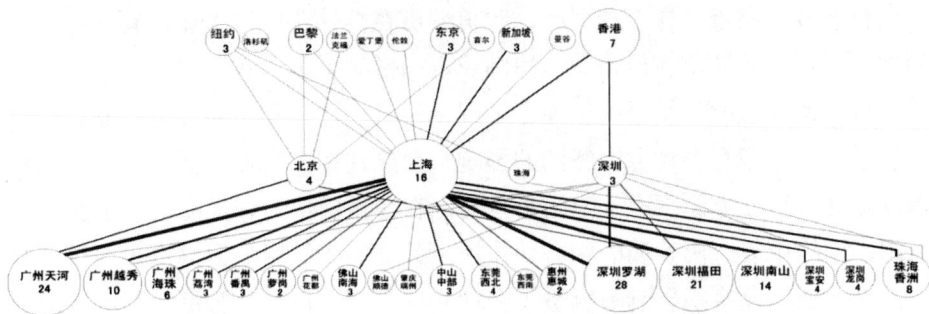

图 7-10　外资 / 港资银行在珠三角城市—区域的组织网络

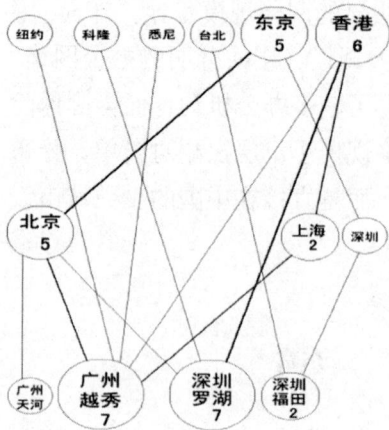

图 7-11　国际保险公司在珠三角城市—
　　　　区域的组织网络

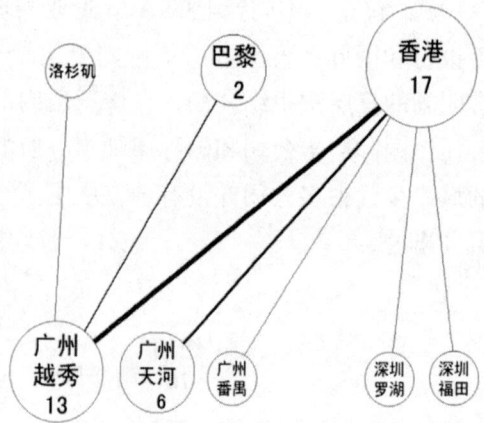

图 7-12　国际律师事务所在珠三角城市—区域的
　　　　组织网络

其次，珠三角城市—区域的对外经济联系职能体现出"多中心"特征，不同的城镇节点侧重于不同行业。APS 企业在广州市天河区、越秀区和深圳市福田区、罗湖区高度集聚，形成了珠三角城市—区域与全球经济网络联系的中心节点；广州、深圳的外围城区和其他城市的中心区也有外资/港资银行、国际会计事务所分布，形成了对外联系的次中心节点。其中，国际广告公司和律师事务所表现出向广州集聚的特征；而外资/港资银行、国际会计事务所、保险业公司在深圳、广州两地都有大量分布，但深圳的整体规模大于广州。

第三，各个世界城市、地区中心城市对珠三角城市—区域的影响力在不同行业各有侧重。在全球层面，欧美城市在会计业、广告业占有绝对优势的地位，而东亚城市在保险业、律师业方面影响更强。各个世界城市中，香港对珠三角的影响作用最为全面，体现于银行、法律和保险三个行业，伦敦的影响主要体现在会计业，纽约的影响主要体现在广告业和会计业，东京在保险业和银行业方面都有一定的影响力。在地区层次上，上海、北京在各行业组织网络中表现出全面的中心性作用，其中上海的影响力侧重于银行、广告两个行业，北京的影响力侧重于会计、保险两个行业。香港在地区层次的影响力主要体现在会计行业。

五、结论与启示

本章揭示出珠三角城市网络具有一体化、多中心、非均衡化的结构特征：（1）9城市间存在的网络化功能联系，证明珠三角是一体化、多中心的城市—区域。其中深圳和广州是区域中心城市，全面推动着本区域与世界城市网络的功能融合，珠海则是一个正在成长中的次中心；广、深、珠三个城市的外围地区和其他地级市中心城区是下一层次的网络节点，节点之间的功能联系表现出跳跃性特征。城市网络中一个城市的机遇更多地取决于节点之间紧密的互相作用和劳动分工中的互相补充与协调①，因此需要用区域一体化的思维促进城市之间跨越式的空间合作。（2）珠三角城市网络是一个不均衡的地理系统，表现为中心城市与外围城市之间的不均衡、东西两岸发展的不均衡。成因来自于中心—外围、东西两岸之间的经济水平差异；同时也受到国际生产者服务业的组织规律的影响。因此，区域协调应促进东西两岸经济沟通，并积极发展银行、会计等行业发展，利用其均衡化、大网络的布局规律推动的城市系统均衡化发展。

本章研究证明，测量国际生产者服务业公司业务联系的方法对研究我国城市群的功能联系具有一定作用。虽然在经济规模、产业结构、发展背景等方面与纽约、伦敦等世界一流城市有所差距，珠三角正在迈向世界水平的"全球区域"是一个不争的事实②，本章研究可以清晰地反映出珠三角各城市在全球化背景下的功能特征。但不可忽视的是，这种研究方法一直被用于分析世界城市网络，反映全球化的社会经济实践过程，当应用它分析特定区域的城市网络格局时，面临由全球向地区的尺度转换，高级服务公司在全球尺度和地区尺度的组织方式具有差异性，因此该方法的适用性尚有待讨论。本章研究反映的问题是，通过此种方法得出的城市网络特质在一定程度上被银行、会计等高级生产者服务业核心行业的办公网络布局规律所决定，对于服务业发展程度有限的区域而言，这些特质仅仅是各城镇的协同运作状况一个

① A.Amin，D.Massey，N.Thrift，*Cities for All the People Not the Few*，Bristol：Policy Press，2000.

② 李红卫等：《珠江三角洲城镇空间历史演变与趋势》，《城市规划学刊》2005年第4期；许学强、李郇：《改革开放30年珠江三角洲城镇化的回顾与展望》，《经济地理》2009年第1期。

侧面，因此宜与其他的城镇体系结构分析方法结合使用，才能得出客观、全面的研究结论。

本章对珠三角城镇群的实证研究表明：（1）在跨国公司的组织下，珠三角正在逐步被纳入全球经济重构，香港、纽约、伦敦等世界城市成为引导城镇群经济空间发展的影响源，上海、北京等地区中心城市发挥了跨越地域制度与文化障碍的尺度转换作用。上述城市对珠三角的影响作用于以深圳、广州中心城区为主的多个城镇节点，与珠三角"多中心"的区域空间结构相吻合。（2）世界城市对珠三角的影响力与自身网络连通度和区位条件相关。在全球层面，高连通度的世界城市对珠三角影响作用更强，其中东亚城市因区位邻近而对珠三角产生更多的经济联系。在地区层面，上海、北京对珠三角的直接组织作用更强，而香港也发挥着 APS 企业的全球总部、中国区总部等多层面的灵活影响。（3）不同行业的 APS 企业在网络规模、选址方式等方面差异明显。外资／港资银行和国际会计事务所更倾向于建立大规模办公网络，布局在中心城市和其他各城市的中心城区，国际保险公司、国际广告公司和国际律师事务所的网络规模小，选址在中心城市的中心城区。

总之，APS 企业的布局规律是珠三角继续多中心发展的重要基础。在上述研究结论的基础上，建议以强化珠三角与全球经济网络联系为目标，进一步增强与世界城市、地区中心城市的沟通协作；从强化珠三角的核心竞争力与影响力出发，增强深圳、广州两个核心城市的交通衔接和同城化协作，共同组成面向国际化的城镇群中枢功能区域；以拓展珠三角各城镇节点对外联系功能为目标，在现阶段提升珠江西岸和珠三角外围城市的中心城区与广州、深圳的可达性与功能一体化水平，共同构建覆盖珠三角所有城市的对外开放格局。

第 八 章

珠三角城市—区域交通流空间联系格局特征[①]

在全球化和信息化背景下，交通和通讯技术快速发展，各类资源要素得以在全球和地区尺度上快速流动，城市之间功能性联系的网络化模式（或称"城市网络"，City Network）已成为一种客观存在的空间现象[②]。在城市网络中，主导性的空间形式不再是地方空间（Space of Places）而是流动空间（Space of Flows）[③]：流动空间控制当代的全球经济系统，组成了一种具有网络化逻辑的社会空间系统，城市的价值在于它包含着高级服务功能的产生和消费过程，与附属性的地方空间一起融入全球网络中，城市一方面通过成为流动空间的节点而能够积累和保持财富、产生控制力与影响力，另一方面被穿行其中的流所生产和再生产[④]。城市和区域的发展依赖于城市之间频繁的人流、物流、信息流、资金流和技术流交互作用所形成的城市网络，城市流的强弱影响着城市和区域整体功能的发挥。

---

① 本章内容根据陈伟劲、马学广、蔡莉丽、栾晓帆、李贵才《珠三角城市联系的空间分异格局特征研究——基于长途客运交通流的分析》（《经济地理》2013 年第 4 期）；蔡莉丽、马学广、陈伟劲、栾晓帆、李贵才《基于客运交通流的珠三角城市区域功能多中心测度研究》（《经济地理》2013 年第 11 期）；冯长春、谢旦杏、马学广、蔡莉丽《基于城际轨道交通流的珠三角城市区域功能多中心研究》（《地理科学》2014 年第 6 期）修改而成，马学广都作为通讯作者。

② 路旭、马学广、李贵才：《基于国际高级生产者服务业布局的珠三角城市网络空间格局研究》，《经济地理》2012 年第 4 期。

③ 马学广、李贵才：《西方城市网络研究进展和应用实践》，《国际城市规划》2012 年第 4 期。

④ M.Castells, *The Information City*, Oxford：Basil Blackwell, 1989.

一、珠三角城市—区域的城际客运流空间联系格局

利用城市流分析城市网络中的功能联系成为当前区域研究的重点①。相对于以城市属性静态数据分析为主、通过重力模型和多元回归分析等方法来测度城市流②，学术界越来越倾向于以基础设施、社团企业和社会文化等城市间关系型直接联系动态数据进行分析③。在世界城市等级体系（Global City Hierarchy）、全球城市（Global City）和世界城市网络（World City Network）等研究④的基础上，POLYNET（即"欧洲多中心巨型城市—区域的可持续管理"）项目通过获取通勤、交通和通讯等流数据以及商务服务网络数据分析了欧洲8个巨型城市—区域的空间组织特征⑤。在此影响下，国内开始基于企业网络关系或客运交通流对长三角、珠三角等我国城镇化水平最高地区进行城市联系的实践研究以考察区域功能结构⑥。为进一步探讨新形势下珠三角城市—区域的功能结构特征，本节采用城际客运交通流数据，量化研究珠三角城市联系的空间格局特征，并进一步讨论影响这种区域联系格局的潜在主要因素。

（一）数据和分析方法

根据POLYNET项目，功能的空间分布和联系是尺度敏感的，在某一

---

① 马学广、李贵才：《全球流动空间中的当代世界城市网络理论研究》，《经济地理》2011年第10期。

② 顾朝林、庞海峰：《基于重力模型的中国城市体系空间联系与层域划分》，《地理研究》2008年第1期；张虹鸥等：《珠江三角洲城市群城市流强度研究》，《地域研究与开发》2004年第6期。

③ 马学广、李贵才：《世界城市网络研究方法论》，《地理科学进展》2012年第6期。

④ J. Friedmann, "The World City Hypothesis", *Development and Change*, Vol.17, No.1 (1986), pp. 69-83; S.Sassen, *The Global City：New York, London, Tokyo*, Princeton, N. J.：Princeton University Press, 2001; P. J.Taylor, G.Catalano, D. R. F. Walker, "Measurement of the World City Network", *Urban Studies*, Vol.39, No.13 (2002), pp. 2367-2376.

⑤ S. Sassen, *The Global City：New York, London, Tokyo*, Princeton, N. J.：Princeton University Press, 2001.

⑥ 赵渺希、唐子来：《基于网络关联的长三角区域腹地划分》，《经济地理》2010年第3期；罗震东：《长江三角洲功能多中心程度初探》，《国际城市规划》2010年第1期；罗震东、何鹤鸣、耿磊：《基于客运交通流的长江三角洲功能多中心结构研究》，《城市规划学刊》2011年第2期。

尺度上的多中心可能是另一尺度上的单中心①。此外，官方数据往往难以提供实际研究所需要的城市间关系型数据②。因此，选择合适的研究尺度、数据样本和研究方法来测度城市流，是研究城市—区域功能联系空间格局的关键。

1. 研究区域与空间分析单元

本节从区域功能结构的整体性考虑，以《珠江三角洲地区改革发展规划纲要（2008—2020 年）》中说明的"珠江三角洲地区"地域范围为准，包括广州、深圳、珠海、佛山、江门、东莞、中山、惠州、肇庆 9 个城市全境③，面积约为5.48万平方千米。为了考察功能联系空间格局尺度变异特征，选择城市尺度和功能区尺度④ 两个尺度的空间分析单元。由于中山和东莞两市采取"市管镇"的行政管理方式而未设县（区），为保持空间分析单元尺度的一致性，借鉴《中山城市总体规划（2005—2020 年）》和《东莞市域总体规划（2005—2020 年）》中的片区划分方法，将中山市分为中心、东部、西北和南部 4 个组团，将东莞分为西北部、中部、西南部、东北部和东南部 5 个片区。综合上述因素考虑，珠三角地区可以划分为 9 个城市尺度的空间分析单元和 55 个功能区尺度的空间分析单元（见图 8–1）。

2. 数据来源及其获取方式

跨界跨境基础设施网络数据分析是当前城市网络定量研究的主导方法之一⑤。客运交通流是物流、资金流、信息流、技术流等流数据的主要载体，其中点到点直达的城际客运交通具有高效、快捷的特征，反映了区域内部城镇节点之间的商务交流和通勤状况。考虑到精准的客运数量难以获取，所以

---

① P.Hall，K. Pain，*The Polycentric Metropolis*：*Learning from Mega-city Regions in Europe*，London：Earthscan Publications Ltd，2006.

② 马学广、李贵才：《全球流动空间中的当代世界城市网络理论研究》，《经济地理》2011 年第 10 期。

③ 根据国家行政区划等级安排，广州与深圳都是副省级城市，为简化研究，本节将珠三角 9 个城市均视为地级市处理。

④ 为了客观地界定城市功能边界，POLYNET 项目根据就业集聚和通勤联系定义了功能性城市区域（FUR，Functional Urban Region）。在中国，行政区经济是中国当前普遍存在的区域经济组织形式，而县（区）是基本行政单位，此外县（区）层次的数据可获取性较高，不同城市之间的比较具备较高可行性，因此可将县（区）空间单元作为功能区尺度。

⑤ B. Derudder，"Mapping Global Urban Networks：A Decade of Empirical World Cities Research"，*Geography Compass*，Vol.2，No.2（2008），pp. 559-574.

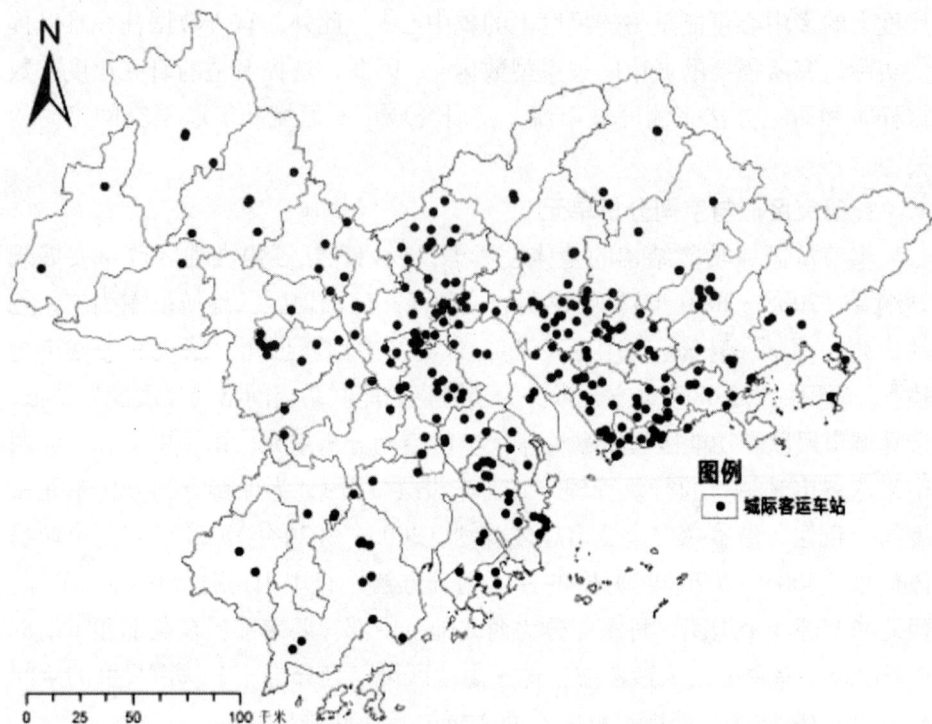

图 8-1　珠三角城市—区域城际客运车站空间分布图

本节以珠三角 9 市之间直达客车班次来替代（假设每班次客运量一致）客运流。通过广东省客运班车信息查询网（http：//www.chexintong.com/bus/index.jsp），得到 9 个城市（55 个功能区）291 个车站（见图 8-1）共 23512 次发车班次城际客运交通流（搜索时间：2012 年 7 月 7 日）。

3. 分析方法

研究的主要目的在于利用城际客运交通流从"点"和"线"两个角度分析珠三角城市网络的功能联系特征，主要采用以下分析方法：（1）将空间分析单元之间双向城际客运交通流数据表征为联系强度，根据数值大小进行分级、图示，根据各级联系对的空间布局归纳珠三角功能联系流强度的空间分异特征；（2）根据各空间分析单元的首位联系方向和次位联系方向生成引力连接线分布图，从而总结珠三角功能联系流的空间组织特征；（3）将各空间分析单元输出和输入的城际客运交通流数据值表征为联系等级和类型，分析珠三角功能联系节点的空间结构特征。

（二）珠三角城市—区域城市联系强度的空间分异特征

城市发展水平决定了城市之间经济社会互动交流程度，城市发展水平越高，城市联系越紧密。受到地理区位、交通条件、发展基础和行政建制等影响，珠三角东西两岸、内外圈层和三大次区域之间发展不平衡，城市联系强度存在显著的空间分异特征。

1. 珠三角城市—区域内外圈层的空间分异特征

将市级和次级研究单元之间客运交通流按 6 个等级划分（见图 8-2、图 8-3），发现以环珠江口湾区①为主的内圈层研究单元之间的联系紧密程度远远高于外圈层。从城市尺度来看，内圈层城市之间联系强度都在 3 级或以上，联系强度总量占珠三角整体的 50.73%，其中广州—东莞、广州—深圳、广州—中山、广州—珠海、东莞—深圳之间存在 1000 次以上的强联系流。从功能区尺度来看，3 级或以上联系对绝大部分都发生在内圈层，联系等级越高，在内圈层的集聚特征越明显；联系等级越低，内圈层跟外圈层城镇研究单元之间联系逐渐增多，且内圈层对外圈层的辐射距离越远。上述内外圈层分异特征反映了珠三角内圈层的城市化水平远高于外圈层，重大基础设施如机场、港口以及一些重要的工业基地也大多分布在内圈层的现状发展差距。

2. 珠三角城市—区域东西两岸的空间分异特征

以广州为分界，珠三角城市联系强度呈现东强西弱的特征（见图 8-2、图 8-3）。从城市尺度来看，东岸深圳—惠州、东莞—惠州之间联系强度达到 4 级，东莞—深圳之间联系强度更是达到 5 级；而西岸城市除了佛山—肇庆、珠海—中山、珠海—江门的联系强度为 4 级以外，其他均处于较低等级；与西岸城市相比，广州与东岸城市的联系强度总体上也较高。从功能区尺度来看，东岸空间分析单元之间高等级联系对密度明显多于西岸；东岸中深圳、东莞均出现了较为明显的联系节点，而西岸各空间分析单元主要与广州中心城区形成较强联系。东西两岸分异特征表明由于香港、澳门经济影响

---

① 本研究关于环珠江口湾区的空间范围定义为广州、东莞、深圳、中山、珠海等市的全市域。

力存在较大差异，与香港地理距离较近的东岸城市形成了以广州—深圳为中心、产业整合水平较高的一体化区域，而珠江口西岸则由于澳门辐射能力不足、珠海经济实力不强，区域内部空间联系比较松散。

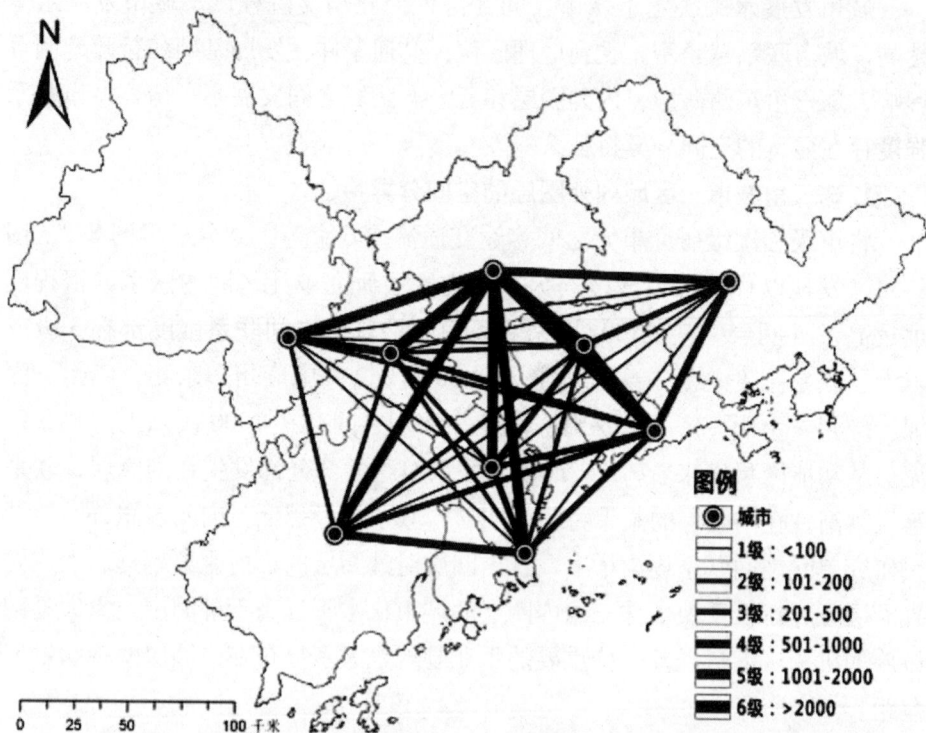

图 8-2 珠三角城市—区域城市尺度空间分析单元间联系强度

3. 珠三角城市—区域三大次区域的空间分异特征

由于区位邻近、交通连接、经济关联等原因，在《珠江三角洲城镇群协调发展规划（2004—2020 年)》中提出了广佛肇、深莞惠、珠中江作为珠三角三大次区域的规划思路，并在《珠江三角洲地区改革发展规划纲要(2008—2020 年)》和《大珠江三角洲城镇群协调发展规划研究》中得以深化。通过观察三大次区域内部城市联系强度（见图 8-2、图 8-3)，可以发现广佛肇、深莞惠、珠中江次区域的一体化程度依次递减。城市尺度上，广佛肇城市之间都存在 4 级或以上的强联系对，形成明显的三角形结构，深莞惠次之，而珠中江城市之间联系强度明显较低，其中中山—江门之间联系等级

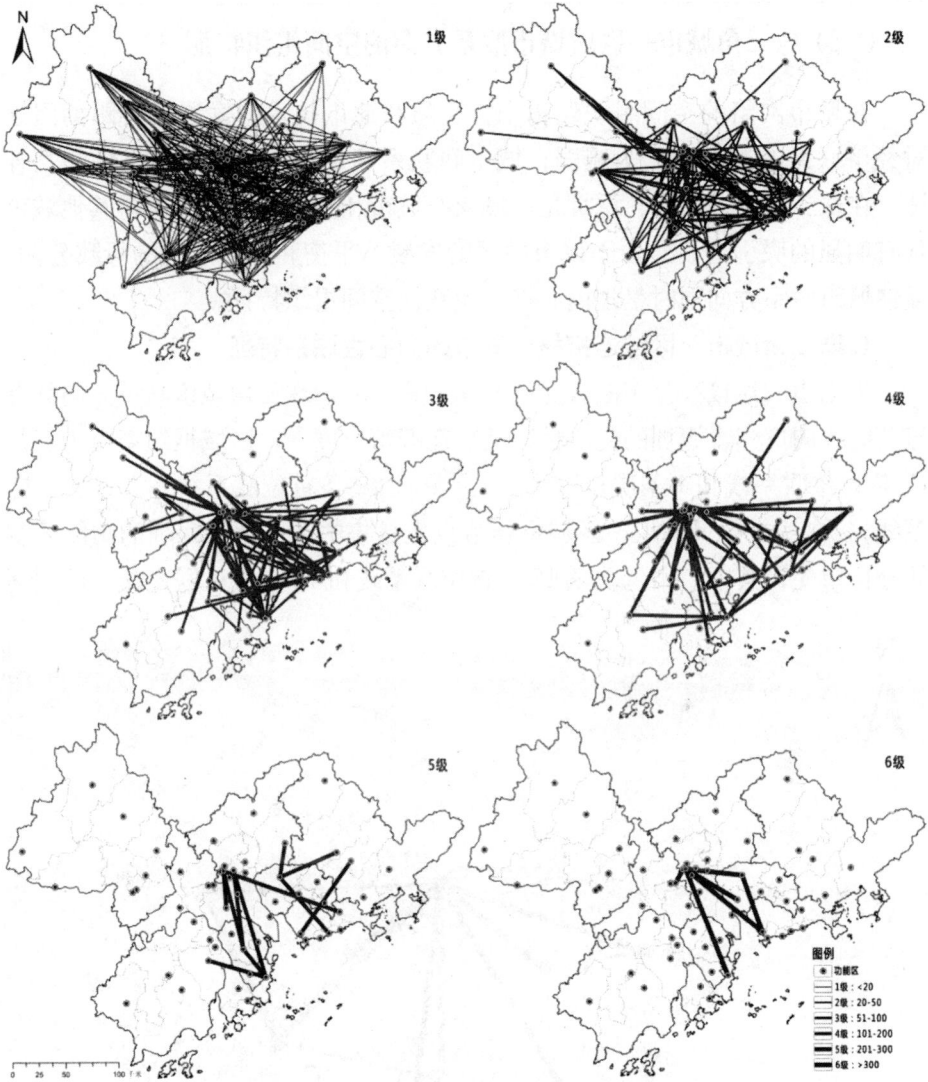

图 8-3 珠三角城市—区域功能区尺度空间分析单元间联系强度

仅为 1 级。功能区尺度上，广佛肇内部功能区之间高等级联系对最多，深莞惠、珠中江依次减少。一体化程度的差异反映了与广佛肇、深莞惠相比，珠中江中心城市规模、等级和空间分布相对均衡，城市机能相对独立完善，从而中心城市集聚效应和中心性较弱，各城市发展缺乏系统协调规划，开发分散，各市之间的网络联系相对薄弱。

（三）珠三角城市—区域城市联系方向的空间组织特征

在城市网络的空间组织逻辑中，交通和通讯技术的发展使得距离因素对经济联系的影响力大为减弱，城市间联系主要基于功能的差异性和互补性。在珠三角中，广州、深圳是区域核心城市和高端功能载体，对其他城市具有明显的吸引力，且由于城市内部的发展不平衡和城市之间的行政分割，促使城市联系方向同时呈现向心性和跳跃性空间组织特征。

1. 珠三角城市—区域连接核心城市的向心性联系特征

根据引力连接线分布图（见图8-4、图8-5），珠三角城市联系方向具有显著的指向广州、深圳的向心性特征。在城市尺度上，区域枢纽城市为广州（7条首位联系线和1条次位联系线）、深圳（2条首位联系线和2条次位联系线）。在功能区尺度上，区域枢纽节点也是集中在广州、深圳的功能区空间分析单元，其中广州越秀区15条首位联系线和12条次位联系线、广州荔

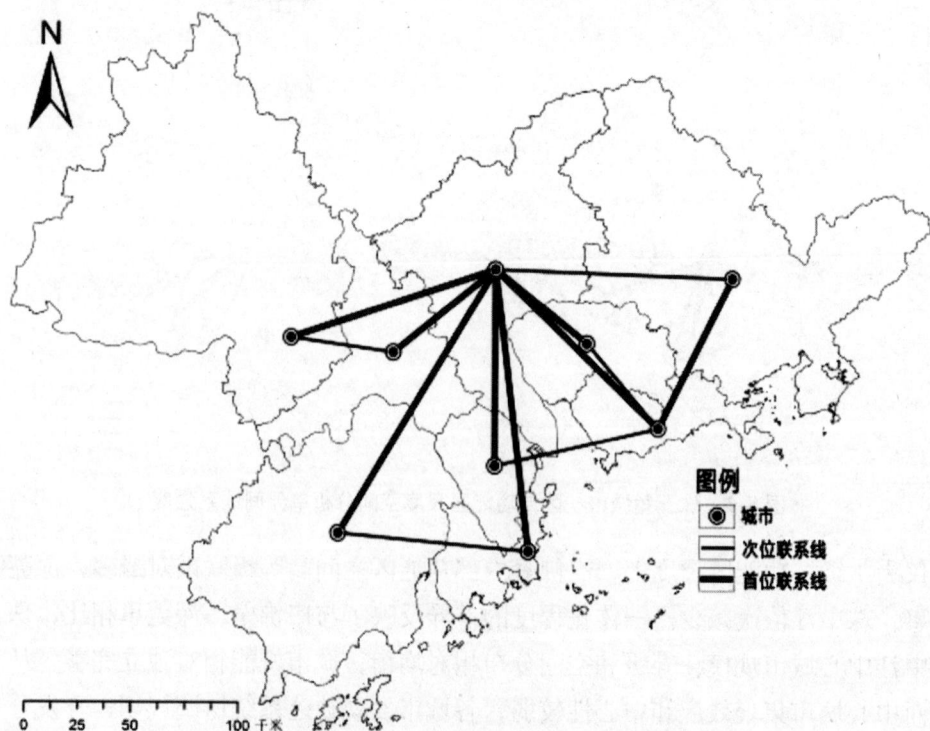

图8-4　珠三角城市—区域城市尺度引力连接线分布图

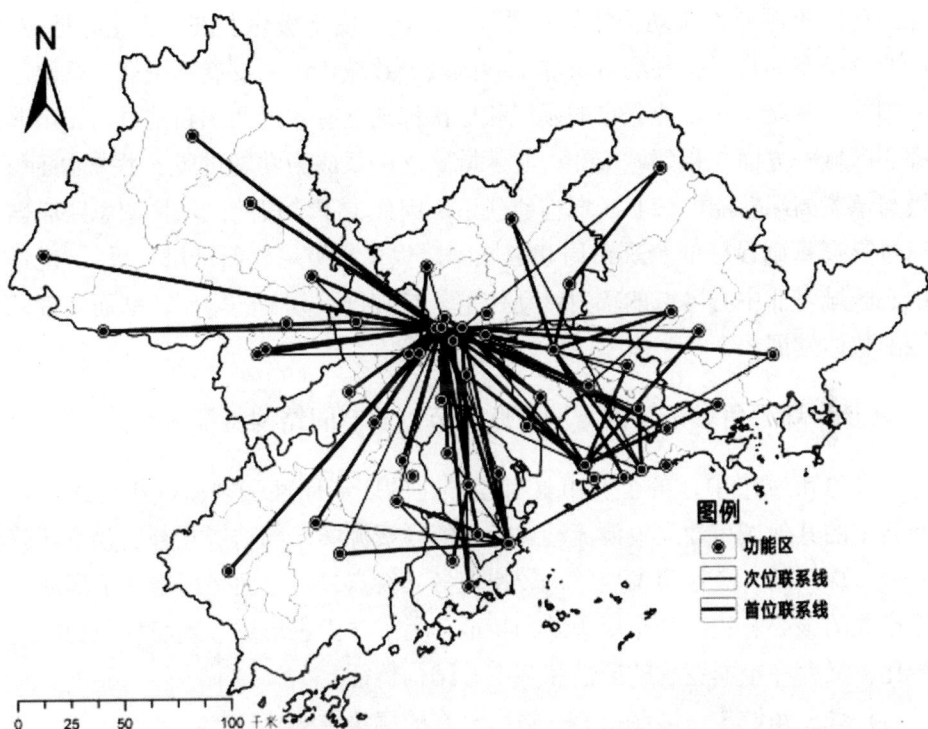

图 8-5 珠三角城市—区域功能尺度引力连接线分布图

湾区 9 条首位联系线和 5 条次位联系线、广州天河区 2 条首位联系线和 9 条次位联系线、深圳宝安区 4 条首位联系线和 3 条次位联系线。向心性特征反映了广州、深圳作为区域的全球经济发展的控制中枢、制度与文化创新的源空间、技术和信息广泛交流的地区的战略地位显著，珠三角其他城市通过与广州、深圳构建紧密联系来参与全球化进程。

2. 珠三角城市—区域非连续化的跳跃性联系特征

珠三角城市功能联系方向表现出非连续化的跳跃性联系特征（见图8-4、图8-5），即城市之间存在较多的跨界长距离引力连接线。从城市尺度来看，深圳、珠海、江门、肇庆都跨越其他城市与广州形成首位联系线，中山则跨越广州、东莞与深圳形成次位连接线。从功能区尺度来看，功能区之间跨界功能联系更为明显，首、次位联系线主要发生在两两城市之间的中心区域，或外圈层城市非中心区域与内圈层地区的中心区域之间。跳跃性联系特征再次印证了珠三角高端功能主要集中于核心城市的特征，同时也说明了珠三角的资源要素流动仍然具有局限性，城市内部极化发展仍占主导地位，产业链条布局难以拓展到城市非中心区域导致城市内部发展不平衡，行政区分割导致各城市在产业分布的领域和层次都缺乏有效的匹配和整合，城市非中心区域一方面与相邻城市非中心区域缺乏联系成为发展孤岛，另一方面积极与承载高端功能的核心区域构建联系。因此，下阶段的区域协调思路应当通过交通基础设施的合理布局和区域管治优化积极培养新"增长极"，促进中心区域对非中心区域的辐射带动作用，打破行政分割的限制，从而实现区域的整体发展。

（四）珠三角城市—区域城市联系节点的空间结构特征

在城市网络中，各个城市具有差异化的职能属性和规模等级，通过与网络中的其他城市建立资源流动通道，实现资源共享和功能互补。改革开放以来，珠三角各个城市发展整体较快但各具特点，一方面呈现出基于高端功能布局的核心—边缘分布层级结构特征，另一方面也形成了既表现为功能差异化、又存在全面竞争的属性和多中心结构特征。

1. 珠三角城市—区域核心—边缘分布的层级结构特征

通过分析城市尺度和功能区尺度空间分析单元输出和输入城际客运交通流总量（P）（见图 8-6、图 8-7）可得，珠三角城市联系节点呈现核心—边缘分布的层级结构特征。从城市尺度来看，珠三角 9 市可以划分为 4 个层级：广州、深圳是珠三角区域功能联系的主、次中心枢纽，与广深紧密相连的东莞、佛山是主要功能节点，联系规模相近的珠海、江门、中山为次级功能节点，而区位偏远的肇庆、惠州的联系等级最低。

从功能区尺度来看，广州、东莞、珠海的中心城区（广州越秀区、天河区、荔湾区，东莞西北片区，珠海香洲区）①和深圳的宝安区（直接与广州、东莞联系）是珠三角城市联系网络的中心节点（P>2000），广州、深圳、东莞的部分空间分析单元（广州番禺区，深圳罗湖区、龙岗区，东莞西南片区）和主要城市的主城区（佛山禅城区、顺德区、南海区，中山中部组团，

---

① 在城市尺度上珠海仅为次级功能节点，而在功能区尺度上珠海香洲区则是中心节点，说明珠海内部高端功能在中心城区的集中程度较高。

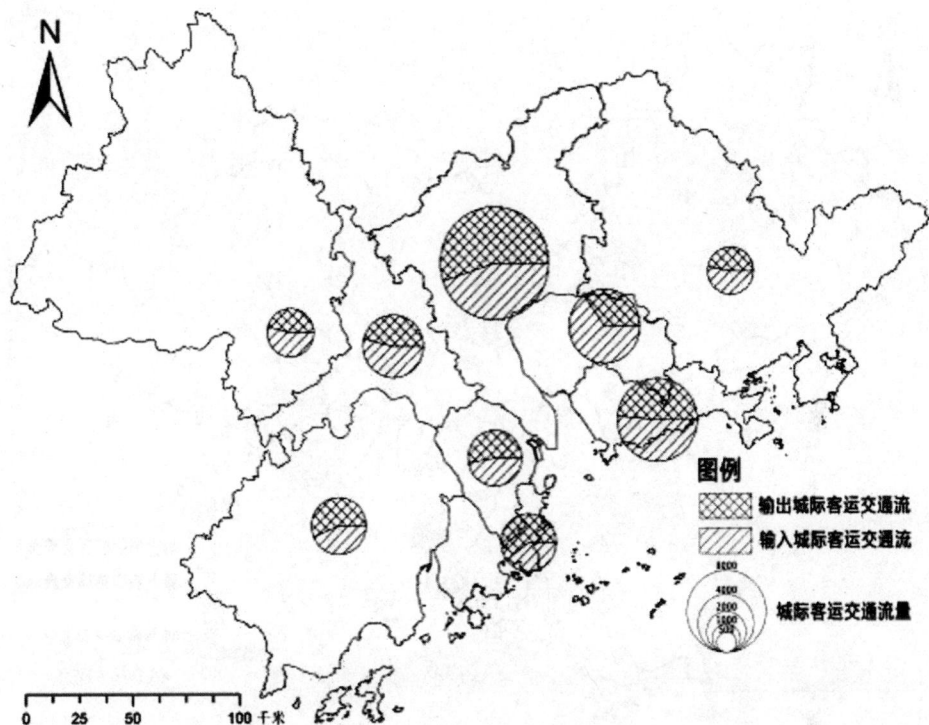

图8-6 珠三角城市—区域城市尺度节点联系等级和类型

肇庆端州区）共同构成珠三角城市联系网络的次中心节点（1000＜P≤2000），区位相对偏远的江门、惠州主城区和广州、深圳、东莞、佛山、中山的其他研究单元则是第三层级的节点（500＜P≤1000）①。这反映了高端功能在珠三角的布局与改革开放以来空间发展方向具有一致性，区域和各城市均呈现沿海和沿公路的圈层式空间拓展模式。

2. 珠三角城市—区域功能差异化的属性结构特征

珠三角并非封闭系统，各空间分析单元的城际客运交通流输入和输出量并不均等。对输入和输出的城际客运交通流差异分析（见图8-6、图8-7）发现，珠三角呈现出功能差异化的属性结构特征。城市尺度上，广州和珠海

① 虽然城际客运交通数据能一定程度上反映高端商务流情况，但会受到所在节点的人口数量所影响，导致像在深圳宝安区由于聚居人口最多而发出进入班次最多，罗湖、龙岗次之，福田区、南山区则相对较低。

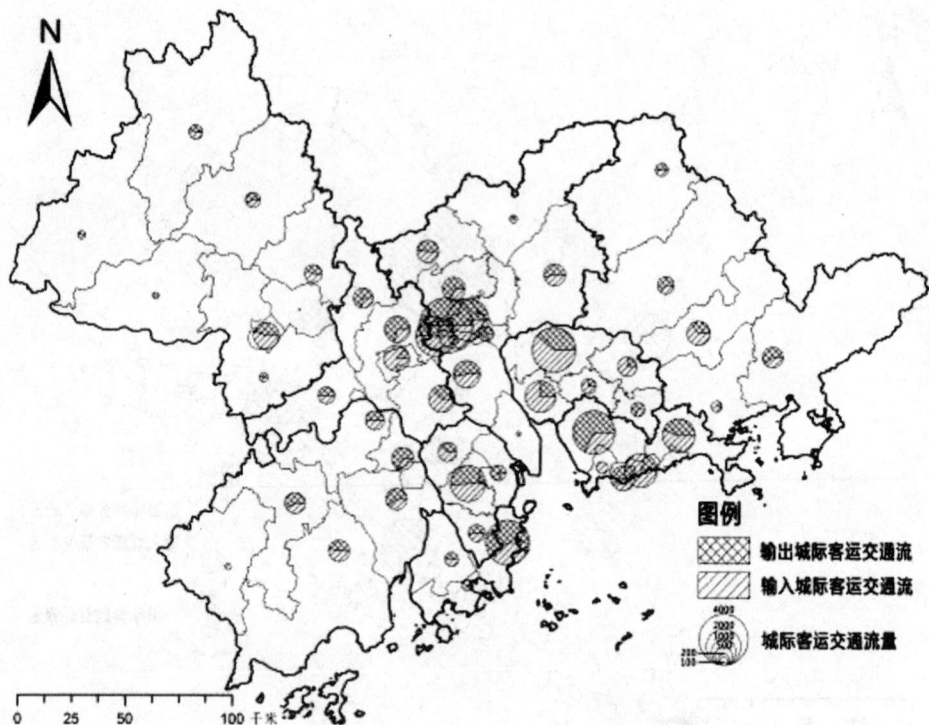

图8-7　珠三角城市—区域功能区尺度节点联系等级和类型

是典型的输出型城市（输出客运量高于输入客运量），东莞则是典型的输入型城市（输入客运量高于输出客运量），深圳、佛山、肇庆、惠州则是均衡型城市（输入和输出客运量差别不大）。功能区尺度上，深圳宝安区、珠海香洲区、佛山南海区和三水区以及江门蓬江区是典型的输出型功能区，深圳罗湖区、佛山禅城区以及东莞各功能区均是典型的输入型功能区。输出型城市和功能区中，广州虽然作为区域高等级功能城市，但与香港相比仍然具有较大差距，经济凝聚力不足导致广州的疏散功能比集聚功能更加显著；珠海虽然在西岸地区的经济带动能力较弱，但作为连通内陆与澳门的门户城市，是疏散入境旅客的次区域交通枢纽（如香洲区具有码头和关口）；深圳宝安区、佛山南海区和三水区、江门蓬江区由于均是周边地区与核心区域联系的中转站而呈现疏散功能属性。输入型城市和功能区中，由于东莞及其各功能区作为外向型、出口加工型为导向的城市而吸引大量外来人口，深圳罗湖区、佛山禅城区商贸业比较发达，从而呈现集聚功能属性特征。随着全球化的深入发展，区域内部不同功能的分工和同类功能的集聚趋势将会加强，如何形成功能区间保持高度联系的功能性多中心布局将成为区域空间规划政策的重点问题。

3. 全面竞争的多中心结构特征

虽然珠三角联系节点呈现层级结构特征，但功能差异化的属性特征促使各个节点依靠专业化职能成为城市网络的其中一环，总体上区域呈现多中心布局特征：城市尺度上，广州不再一枝独秀，深圳紧跟其后，东莞俨然是区域联系重要支点，佛山、珠海、中山、江门都颇具规模；功能区尺度上，即使广州、深圳的核心地区仍然具有强大的支配力，但东莞、珠海的主城区作为次级节点比较显著，佛山、中山、肇庆、惠州、江门的中心城区作为外围节点开始形成，功能联系流在不同尺度的多个中心形成集聚效应。改革开放以来，深圳凭借政策优势和地缘优势一跃成为中国最发达的现代化国际性城市之一，东莞则先后承接香港和台湾的产业转移发展成为一个国际性加工制造业基地，佛山依托专业镇培育出一批国内外知名的区域品牌，中山则在国有和乡镇、个体经济上发展较为突出，惠州、江门、肇庆等都分别在电子、化工、电气等产业上有了相当规模。各城市的发展各有特色，显示珠三角已经进入了多中心全面竞争的发展阶段。

（五）珠三角城市—区域城市联系空间格局的影响因素

珠三角城市—区域受到多种相反相成趋势的作用，即集聚与分散、梯度分异与多中心布局相互交织，形成了当前城市联系的空间格局。珠三角正在发生的经济结构加速转型、区域一体化规划政策成为区域治理的重要手段以及为加强区域联系而推进的基础设施一体化等重大事件，都将会对城市联系空间格局产生重要影响。

1. 经济结构转型升级

改革开放以来，珠三角凭借毗邻港澳的地缘优势和先行先试的政策优势，成为以香港、台湾为主的发达地区劳动密集型产业转移集中地，一跃成为我国经济增长最快的地区之一。但30年之后的今天，由于土地和劳动力成本大幅上升、内地通达性增加，珠三角的比较优势明显减弱。过去"高扩张、高消耗、高排放"的传统粗放型经济增长方式和数量增长型的城市化模式所导致的环境、社会问题日益显化。新一轮的欧美金融危机令珠三角外向型工业化模式进一步受到打击。在以上因素的作用下,已经处于后工业化阶段的珠三角面临内在规律性和外在制约性的经济结构转型升级要求。

2003 年的"泛珠三角区域合作(即 9 + 2)"提出将广东省部分产业转至周边省份和 2008 年的"双转移"政策导向都体现了珠三角希望通过产业转移来实现产业升级的战略构想。那么对于不同的城市而言,各自什么类型的产业需要转移出去?哪些产业会从珠三角核心城市转移到其他城市?哪些产业将整体从珠三角转移到其他地方?具体转移到什么地方?转入地与转出地产生哪种联系?以上问题构成了当前珠三角城市转型升级过程中面临的重要课题。在这个过程中,资源要素在珠三角乃至广东、泛珠三角、全国范围内重新整合分配,城市之间的关系将会发生改变,城市联系流的性质、规模和方向亦随之改变。同时,在全球化作用下珠三角核心城市将会历经从生产基地向金融、高度专业化的服务业中心城市转化的过程,其他城市则有可能通过强化某专项功能进一步强化在城市网络中的节点地位。这就需要一方面通过有效手段避免因"城市企业化"(Urban Entrepreneurialism)动机而导致城市网络淤结,即城市之间缺乏协调,引起产业结构同质化的恶性竞争,导致重复建设、资源浪费,难以形成有机联系;另一方面构建资源要素高效流动的联系渠道,诱导不同类型的"流"向合理的区位集聚和疏散。

2. 区域一体化规划政策

层级特征和向心性特征显示了广州依然是区域内重要的中心,也是珠三角第三产业最发达的城市,它的中心集散功能体现在交通、港口和对外贸易上。但在外资带动下,由于"自由放任式"的经济发展模式、土地开发权力下放和分散化治理加深碎片化的程度等原因,珠三角出现深圳、东莞、佛山等实力雄厚的新兴经济中心,其中深圳更是依靠毗邻香港的区位优势以及特区政策优势崛起成为与广州比肩的中心城市,珠三角总体上形成多中心的城市格局①。但在现行地方政府政绩考核体制的作用下,各市在基础设施建

---

① 徐江、叶嘉安:《珠江三角洲城市群规划中的空间重构与区域治理研究》,《城市与区域规划研究》2009 年第 3 期。

设、产业结构、吸引外资等方面的恶性竞争促使珠三角趋向多中心缺乏整合的分散化布局①。与此同时，由于东西岸存在接受香港辐射的区位差异以及经济发展基础和模式差异（东岸城市由于没有商品经济发展的历史基础和技术基础而选择以外资带动经济发展的模式，而西岸城市更着重以自主发展为主进行建设）②，临海城市在对外联系存在先天优势，广州、深圳、珠海作为区域核心城市经济辐射能力存在较大差距，导致珠三角东岸和西岸、湾区和环湾区、三大次区域经济规模、产业类型和产业链布局存在较为显著的发展差异。

为解决以上分散化布局和区域不均衡问题，政府和学界都认为通过区域规划可以达到区域协调发展和区域治理的目标。虽然由于区域规划政出多门，规划职能高度分散，在一定程度上造成发展战略规划难以实施的局面，自 20 世纪 80 年代后期以来，珠三角编制的 8 次区域发展规划都未取得理想效果③，但通过区域一体化规划以加强区域内各城市的分工协作和优势互补，从而提升区域的整体竞争力将是必然趋势。《珠江三角洲地区改革发展规划纲要（2008—2020 年)》、《大珠江三角洲城镇群协调发展规划研究》、《广佛肇经济圈发展规划（2010—2020 年)》、《环珠江口宜居湾区建设重点行动计划》等相关规划行动表明，珠三角正在多中心—多层次管治方式④上开展更深入的探索。在区域一体化过程中，资源要素一方面将进一步突破行政区划的限制使得联系流在空间进一步分异，另一方面集聚和疏散更具指向性使得联系流在空间进一步整合，总体上城市联系空间格局更为复杂多变。

3. 区域交通基础设施建设

为消除资本流通的空间障碍，改革开放初期的珠三角在港资带动下开始大规模地进行城际交通基础设施建设（如广深高速公路），并随着经济高速发展和区域紧密联系而不断加快。至 2004 年，珠三角地区公路通车总里

---

① 罗震东、何鹤鸣、耿磊：《基于客运交通流的长江三角洲功能多中心结构研究》，《城市规划学刊》2011 年第 2 期。

② 袁奇峰：《改革开放的空间响应：广东城市发展 30 年》，广东人民出版社 2008 年版；张京祥、罗小龙、殷洁：《长江三角洲多中心城市区域与多层次管治》，《国际城市规划》2008 年第 1 期。

③ 张紧跟：《从多中心竞逐到联动整合——珠江三角洲城市群发展模式转型思考》，《城市问题》2008 年第 1 期。

④ 吴玉琴：《区域多中心管治研究——以珠江三角洲为例》，《云南地理环境研究》2003 年第 4 期；杨春：《多中心跨境城市—区域的多层级管治——以大珠江三角洲为例》，《国际城市规划》2008 年第 1 期。

程达 31120 千米，其中高速公路总里程 1531 千米①，形成了密集的区域公路网。一直以来，公路运输在珠三角的交通体系中占据绝对的主导地位，这是与该区域内以出口导向型加工制造业为主体的经济结构、受限于南岭山脉的经济腹地以及因此而形成的中短距离货运交通的需求相适应的。但随着区域经济社会的深入发展，一方面公路运输的问题逐渐凸显：公路的主导作用在区域空间发展上也强化了空间蔓延，使本区域的交通拥挤、环境污染、机会不平等、社区隔离等区域性的"城市病"更加普遍也更加难以解决；另一方面新发展形势需要新型的交通方式相适应：在转变经济发展方式阶段，向高端服务业转变所要求的以高端客流为主导交通方式的需求将日益增多，商务往来更多，同城化发展需要旺盛，提高城镇化水平、推进区域一体化、优化区域空间格局成为区域发展的必然方向。因此，为适应区域发展需求，珠三角开始构建以"公交化"旅客运输模式运营的城际轨道网络。

　　当前珠三角已建成了广深城际铁路、广佛地铁和广珠城际轻轨：和谐号从广州经东莞、深圳到香港全程不超过 65 分钟，广深高铁更是把广州到深圳的时间距离压缩到半小时左右；广佛核心地区间以廉价、快速的一体化地铁在一小时内通达；广珠线则把广州与珠中江次区域城市形成一小时交通圈。根据 2005 年国务院审批通过的《环渤海京津冀地区、长江三角洲地区、珠江三角洲地区城际轨道交通网规划》，珠三角将在 2020 年建成以广州为中心，以广深、广珠城际轨道交通为主轴，覆盖珠三角主要城市，衔接港澳地区的"1 小时生活圈"城际轨道交通网络。珠三角城际轨道网络作为城市联系流的重要空间载体，对原有城市网络构成巨大的冲击影响：首先，城际轨道建设的初衷是区域性协调，行政边界被穿透打破，形成一个交通更加一体化的经济区②，将会使珠三角城市之间联系程度大为加强；其次，珠三角城际轨道沿线以 TOD 开发理念进行站场周边土地开发，在这个过程中区域内既可能产生全新的空间节点，又有可能强化或减弱原有空间节点，从而引发资源要素新一轮的空间配置；最后，时空距离的极大压缩能让珠三角某些核心

---

① 数据来源：《大珠江三角洲城镇群协调发展规划研究》的子专题《跨界交通合作研究报告》。

② 刘超群等：《新时期珠三角"城市区域"重构的空间分析——以跨行政边界的基础设施建设为例》，《国际城市规划》2010 年第 2 期。

地区可以有更大的腹地，让地方要素更方便地在局部时空汇聚，规模效应和外部效应进一步强化，促进更高等级的功能出现。

（六）结论与展望

本节研究揭示，珠三角城市—区域城市联系空间格局具有空间分布非均质性、空间组织复杂性、空间结构网络分层性特征：（1）由于珠三角长期以来遵循外源性经济发展模式，促使区域经济发展不平衡，导致城市功能联系强度在内外圈层、东西两岸和三大次区域空间布局并不均衡；（2）由于高端功能在全球经济中的主导作用以及区域内部经济发展的极化和分割化，促使各城市和功能区一方面表现出连接广州、深圳的向心性，另一方面又跳跃性地与非相邻地区产生主要联系；（3）圈层式的空间拓展模式，以及在全球化过程中各城市和功能区经济发展的全面竞争性，促使珠三角城市联系节点既呈现层级结构，又表现出具备差异化功能、全面竞争的多中心网络结构。

本节研究认为，在当前区域发展动态背景下，珠三角城市—区域城市联系空间格局更为复杂多变：经济结构转型升级促使资源要素在区域内重新配置和置换功能，区域一体化规划政策趋势不断加强，就是为了应对资源要素整合过程中分散化和不均衡化问题，通过合理推进以城际轨道为主的区域交通基础设施建设，为资源要素在区域内的流动增设重要通道，能有效引导网络节点的空间布局和功能联系。

在下一阶段，为更深入刻画区域城市联系的空间格局，一方面需要突破当前数据获取的限制而采用更能反映珠三角城市之间真实联系流的数据（而非替代数据），另一方面应当把香港、澳门纳入研究区域，以更全面的大珠三角区域的空间特征，并根据格局特征来进一步探讨形成原因、治理方向等问题。

二、珠三角城市—区域城际客运流
空间格局的多中心性

在全球一体化与信息化的背景下，城市—区域日益成为高度城市化地

区重要的地域空间组织形式。流动空间与城市网络是探索城市—区域的重要视角。流动空间是通过流动运作的社会架构，通信技术发展推动不相邻的节点的物质流动、形成网络组织[1]；城市—区域可被视作社会空间流动过程[2]。城市网络描述了基于网络化功能联系的功能竞合的城市聚落，网络中的城市节点实现了劳动分工的互补协作[3]。

多中心城市—区域（Polycentric Urban Region，简称 PUR）已成为欧洲不同层次空间规划的既定目标，被纳入美国 2050 远景规划（The America 2050 Strategy)[4]，是中国区域发展的重要方向[5]。传统的多中心被应用于描述城市内空间结构，近年来已被用于解释区域发展和城市关系[6]；PUR 的研究涉及形态、功能与治理等层面，兼具形态与功能的多中心是 PUR 最本质的特征[7]。2000 年以来国际上对于 PUR 的研究从趋势演变等定性分析转向对形态功能的定量研究[8]。

珠三角城市—区域作为我国城市化水平最高的地区之一，是典型的形态多中心区域，随着城际联系的日趋紧密，功能网络不断成熟。从多中心视角分析珠三角的功能网络特征契合对一体化的珠三角空间格局研究的需求，应用先进模型完成功能多中心的定量测度能为国内外的相应研究提供比较基础，对珠三角多中心的发展阶段与特征的分析可为区域政策的制定提供参考。所以，本节以珠三角城市—区域为研究对象，选取客运班次数据表征客运功能联系，探讨珠三角客运交通功能网络的空间格局，并应用社会网络分

---

① M. Castells, *The Information City*, Oxford：Basil Blackwell, 1989, pp.126-172；M.Castells, "Grassrooting the Space of Flow", *Urban Geography*, Vol.20, No.4 (1999), pp. 294-302.

② 路旭、马学广、李贵才：《基于国际高级生产者服务业布局的珠三角城市网络空间格局研究》，《经济地理》2012 年第 4 期。

③ E. J. Meijers, "Stein's 'Regional City' Concept Revisited：Critical Mass and Complementarity in Contemporary Urban Networks", *The Town Planning Review*, Vol.79, No.5 (2008), pp. 485-506.

④ 田广增、李学鑫：《西方区域多中心测度与效应研究进展》，《地域研究与开发》2012 年第 3 期。

⑤ 张京祥、罗小龙、殷洁：《长江三角洲多中心城市区域与多层次管治》，《国际城市规划》2008 年第 1 期。

⑥ R. C.Kloosterman, B. Lambregts, "Clustering of Economic Activities in Polycentric Urban Regions：The Case of the Randstad", *Urban Studies*, Vol.38, No.4 (2001), pp. 717-732.

⑦ 罗震东、朱查松：《解读多中心：形态、功能与治理》，《国际城市规划》2008 年第 1 期；马学广、李贵才：《欧洲多中心城市区域的研究进展和应用实践》，《地理科学》2011 年第 12 期。

⑧ 罗震东、朱查松：《解读多中心：形态、功能与治理》，《国际城市规划》2008 年第 1 期。

析法对珠三角的功能多中心性进行定量测度,分析珠三角城市—区域功能多中心性的特征。

(一) 研究设计

PUR 的功能网络通过城际功能联系构筑,本节以城际客运功能联系为基础构建珠三角客运功能网络。本节将应用在 POLYNET 研究中成功应用的 Green (2007) 的社会网络分析法 (Social Network Analysis) 测度珠三角城市—区域的功能多中心性。

1. 研究单元

本节以广佛肇、深莞惠和珠中江等都市圈作为区域尺度的研究单元;以 9 市为城市尺度的研究单元;借鉴《中山城市总体规划 (2005—2020 年)》和《东莞市域总体规划 (2005—2020 年)》的片区划分方法将未设区县的中山和东莞划为 4 个组团和 5 个片区,以 55 个行政区作为次城市尺度的研究单元。

2. 数据来源与获取方式

据统计年鉴,珠三角城轨最重要的起讫城市广州与深圳的公路客运量分别占总客运量的 96.80% 与 75.00%,表明公路客运是珠三角最主要的客运方式,所以本节以公路客运流表征城际客运功能联系。功能联系的能效与规模取决于载体的类型与数量;本节以客运班车为载体、以客运班次数据表征公路客运流;城际客运的班次规模基本上能反映地方客运供需与城际联系现实,故以替代性数据进行表征较为接近实际。本节通过广东省客运班车信息查询网 (http://www.chexintong.com/bus/index.jsp) 获取珠三角内汽车客运站点的等级、位置等信息和各站点每日城际长途客运进出班次、方向等数据 (见图 8–8) (数据版本 2012.07.07)。

3. 社会网络分析法

不同于地理网络分析强于理解空间距离架构,社会网络分析强调节点关联、从功能角度揭示社会网络的影响。城市的本质在于交互联系[1],因此

---

[1] [瑞士] 弗朗茨·奥斯瓦德、彼得·贝克尼:《大都市设计方法——网络城市》,孙晶、乐沫沫译,中国电力出版社 2007 年版,第 2—9 页。

城市—区域可被视作一种社会网络结构；应用社会网络分析从空间关系视角可较为准确地把握城市—区域功能多中心特征；所以本节借鉴经 Green 修正的社会网络分析法对珠三角功能多中心性进行测度。方法如下：首先，定义 PUR 的功能多中心度 P_F；$P_F = 1 - \sigma_F/\sigma_{Fmax}$（$0 \leqslant P_F \leqslant 1$）；其中，$\sigma_F$ 为被测度城市—区域中各节点功能联系等级的标准差，σ_{Fmax} 为假定的双节点网络中一个节点为 0、另一节点为网络中最高值的标准差。P_F 介于 0 和 1 之间，$P_F = 1$ 表明该城市区域为完全常规多中心，$P_F = 0$ 则表示为完全单中心。其次，定义网络密度 Δ；基于客运流数据的珠三角客运功能网络是有方向的赋值图形，故定义网络密度 $\Delta = L/L_{max}$（$0 \leqslant \Delta \leqslant 1$），L 与 L_{max} 分别为城市—区域中实际联系和潜在最大总联系，其比值的大小反映城市区域中功能联系的密集程度；进而获得基于某一功能联系的 PUR 专项功能多中心度 P_{SF}。$P_{SF} = (1 - \sigma_F/\sigma_{Fmax}) \times \Delta$；该专项功能多中心度反映的是城市—区域功能网络中不考虑节点间物理距离的多中心度，并且可以用来描述该区域中其他功能网络的多中心度。接着，基于测度获得的多个（假设为 n 个）专项功能多中心度

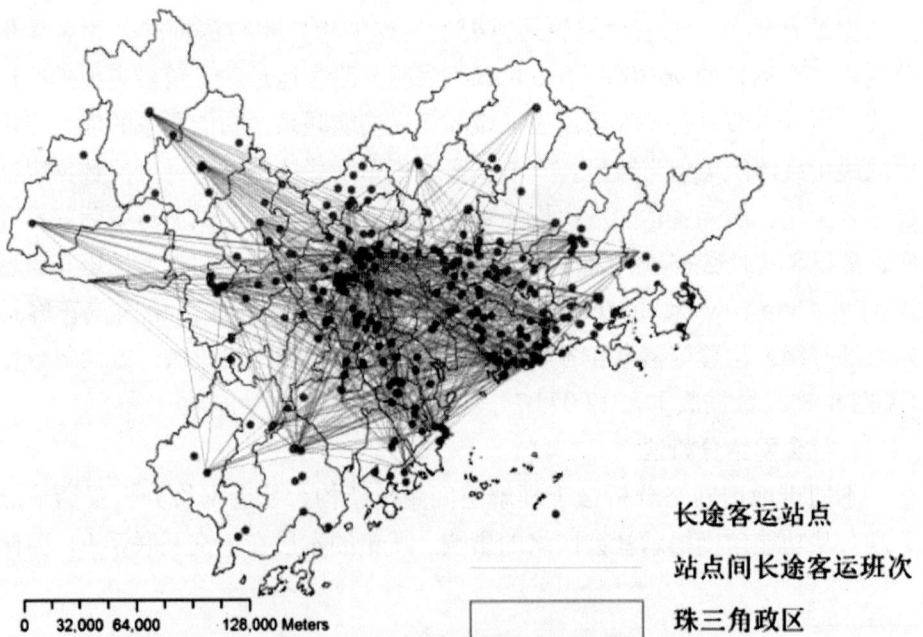

图 8-8　珠三角城市—区域汽车客运站点分布及客运班次连线图

可以获得综合功能多中心度 P_{GF}。$P_{GF} = \sum\limits_{n-1}^{n} P_{SF}(N_1, N_2, \cdots\cdots N_n)/n$（$N$ 为不同的专项功能网络）。最后，为了避免网络是由多个单中心网络组成的情况出现，引入附加修正数 Φ。$\Phi = 1 - \sigma_P (F, N_1, N_2, \cdots, N_n)$（$\sigma_P (F, N_1, N_2, \cdots, N_n)$ 为不同功能网络的标准差），最终获得 PUR 综合功能多中心度 $P'_{GF} = P_{GF} \times \Phi$。

（二）珠三角城市—区域客运交通流功能网络空间格局特征

随着区域一体化与信息全球化趋势的延伸，珠三角城市—区域的经济产业与城市社会不断发展，市场互动愈加活跃，区域内城际功能联系不断加强；珠三角城市—区域内近 300 个客运站点每日城际长途客运进出班次达到 2.35 万次，体现了珠三角城市—区域内紧密的客运功能联系。基于城际长途客运所形成的客运功能联系网络是珠三角功能 PUR 的专项功能网络之一，在一定程度上反映了珠三角城际功能联系特征；对于客运交通功能联系网络空间格局特征的分析有助于理解珠三角城市—区域功能多中心性特征。所以，本节将城市抽象为网络节点，把城际客运功能联系抽象为连接边，对由节点与连接边所组成的珠三角城市—区域客运交通流功能网络的拓扑结构和加权性质采用定量方法，通过可视化表达的方式进行推演。研究发现，珠三角客运交通流功能网络空间格局的特征主要体现为客运交通流的空间分布具有显著的规模效应和高度的尺度效应，客运交通流强度呈现随距离增加而迅速递减的距离效应，客运交通流的流动具有明确的方向效应，以及客运交通流网络组织具有突出的层次效应。

1. 客运交通流空间分布的规模效应

随着社会经济的发展和城际互动竞合的紧密，珠三角城市—区域内交通基础设施与城际交通环境不断改善；高速交通布局更为细密、长途客运站点总量不断增长，城际长途客运线路不断拓展，城际客运班次更为繁密，这促进了功能联系更为紧密的珠三角城市—区域功能网络的构建。珠三角城市—区域中客运交通流的空间分布具有显著的规模效应，这是城市—区域功能网络多中心发展的前提；具体表现在汽车客运站点规模总量较大，城际客运功能联系强度规模显著，各城市客运功能联系强度规模异化等方面。

　　客运功能网络以汽车客运站点为最基本的节点，汽车客运站点的规模总量在一定程度上影响了城际客运功能联系建立与规模；珠三角汽车客运站点的规模总量较大，为客运功能联系的构建提供广泛基础。珠三角拥有汽车客运站点共计 291 个，在空间分布上呈现为珠江口沿岸城市（深圳、东莞、广州、佛山等）紧密布局（各市拥有的汽车客运站点在 40—50 个），在区域边缘（惠州、江门、肇庆、中山等）松散分布（各市拥有的汽车客运站点在 20—30 个）（见图 8-8）。基于汽车客运站点和进出各站点的长途汽车客运班次建立起的城际客运功能联系网络的强度规模是城市间功能联系紧密与否的重要体现，具体表现在城市—区域内整体客运流强度和城市间成对客运流强度上；珠三角城市—区域内部显著的城际客运功能内联系强度规模在此两点亦有体现。从整体客运流的强度规模上看，每日 23512 次城际客运班次反映了珠三角内部具有较为紧密的客运功能联系；从城市间成对客运流的强度规模上，广—佛、广—深、广—莞拥有大规模的城际成对客运联系（城际客运联系在 1730—2770 班次），惠州和肇庆与多个城市的城际成对客运联系规模总量都相对较小（城际客运联系在 5—75 个班次）（见图 8-9）。在客运功能网络中城市是基本的分析单元，单个城市与其他城市客运功能联系的强度规模反映了城市在网络节点中的重要性；珠三角城市—区域各城市具有功能联系强度规模异化，反映了各市在功能网络中节点重要性的差异。每日进出各城市的客运流的最大强度规模出现在广州市（城际客运联系在 6000—8000 班次），深圳与东莞与其他城市间保持了较大强度规模的客运功能联系（城际客运联系在 2000—4000 班次），肇庆与惠州与其他城市的客运功能联系强度规模较小（见图 8-10）。

2. 客运交通流空间组织的尺度效应

　　尺度是地理学的核心概念之一，对于分析复杂的 PUR 具有重要意义；根据多中心的完整定义，多中心性是高度尺度敏感的，因此城市—区域功能多中心的研究是需要置于不同的尺度背景下的。多中心的尺度敏感与客运交通流功能联系与网络随尺度而剧烈变化是密切相关的；珠三角的客运交通流空间组织是具有显著的尺度效应的，这对珠三角城市—区域功能多中心性产生重要影响；具体表现在不同尺度中（以三大都市圈为基本单元的区域尺度、以 9 个城市为基本单元的城市尺度和以 55 个政区为基本单元的次城市

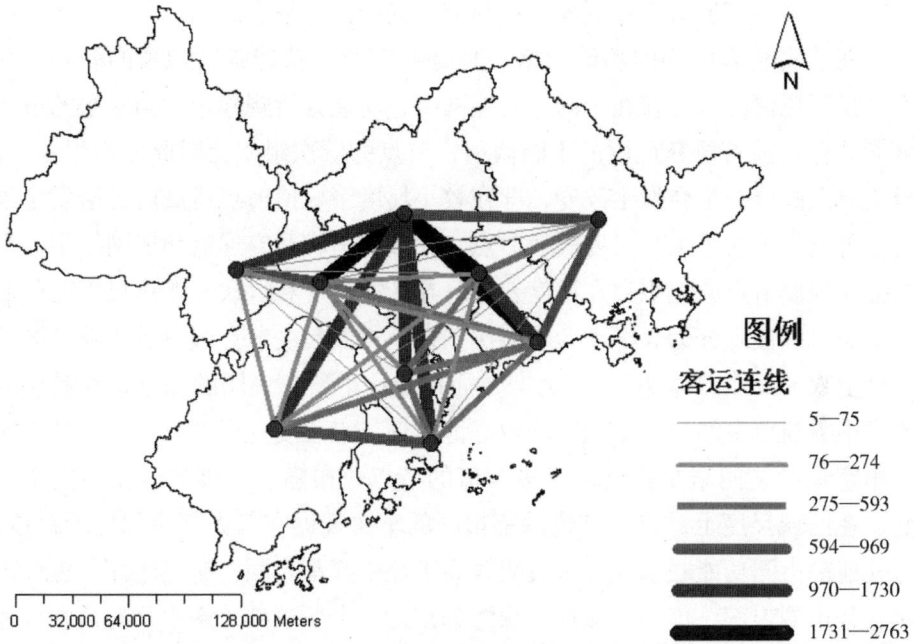

图 8-9　珠三角城市—区域城际客运联系分布图

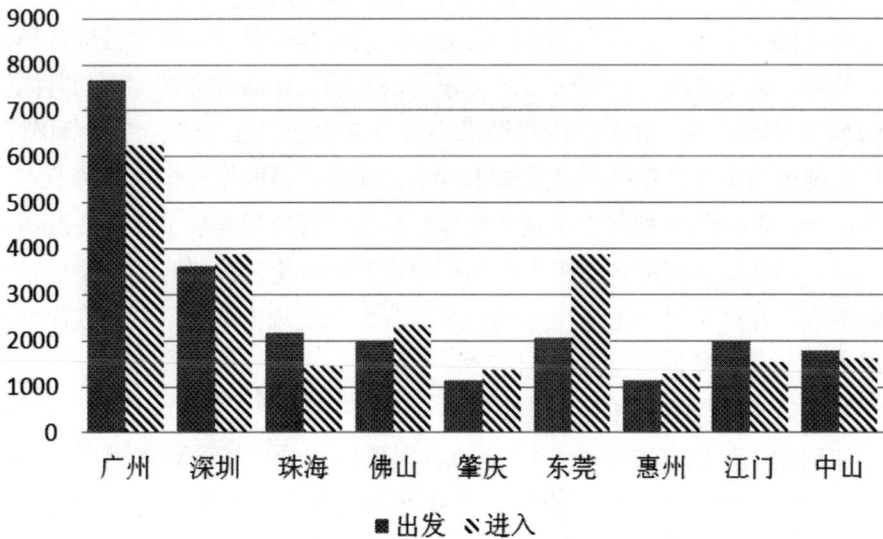

图 8-10　珠三角城市—区域各城市进出班次统计图

尺度等）客运交通流强度规模组织与分布的局部变异上。

在非完全多中心的功能网络中总是存在节点功能强度规模的差异，即不同强度规模的节点存在于同一功能网络，功能强度规模极大与极小的节点可能共存；随着研究尺度的不断微缩，节点的层次组织会因此而产生变化，极值节点的分布也会发生改变，即在较小尺度下极值节点所属区域会发生改变、可能并不属于上一尺度极值节点。在珠三角客运交通流功能网络中，不同强度规模节点的组织存在尺度差异。在区域尺度和（次）城市尺度上，节点组织分别被划分为3个和5个层次；这一方面是受节点数量的影响（区域尺度上仅有3个基本单元），另一方面也是出于研究说明的需求，在更小的尺度中需要更多的层次组织才能较好地体现节点强度规模的分异。此外，珠三角客运功能网络中强度规模极大值的节点分布随着尺度的变化而发生改变。在区域尺度上，进出广佛肇都市圈的车次规模在三大都市圈位于首位，与其他都市圈功能联系强度规模明显高于珠中江都市圈、略高于深广惠都市圈；在市圈内部，广州、深圳、珠海分别是3个所属都市圈中具有最大客运流规模的城市。随着尺度的下推，在城市尺度上客运联系强度规模极大值出现在广州，其次为深圳、东莞与佛山；可以发现，在区域尺度上分别属于功能联系强度规模极大值和次极值区域的肇庆与惠州则为城市尺度上客运联系强度规模极小值节点。在次城市尺度上，广州越秀区是客运联系强度规模极大值节点，其下依次为广州天河区、东莞西北部、珠海香洲区、广州荔湾区和深圳宝安区；客运联系强度规模极小值节点为江门江海区、广州萝岗区、肇庆鼎湖区与深圳盐田区；在次城市度上，功能联系强度规模极大值节点分布在广州，但在其他城市也出现了功能联系强度规模极大值节点；在城市尺度上具有功能联系强度规模极大值的广州也有如萝岗区这样客运流量居于末位的节点；在城市尺度上未及体现的客运联系强度规模的内部分异在次城市尺度上得到完整体现（见图8–11）。

3. 客运交通流空间布局的距离效应

流动的功能网络是产生于一定的空间环境中的，受到环境因素的影响较为强烈；因此，城际客运交通流功能网络是具有一系列的地理空间特性的，就包括有距离衰减特性。在珠三角城市区域中客运交通流功能网络的空间布局就受空间距离因素影响强烈，均衡的完全PUR功能网络造成消极作

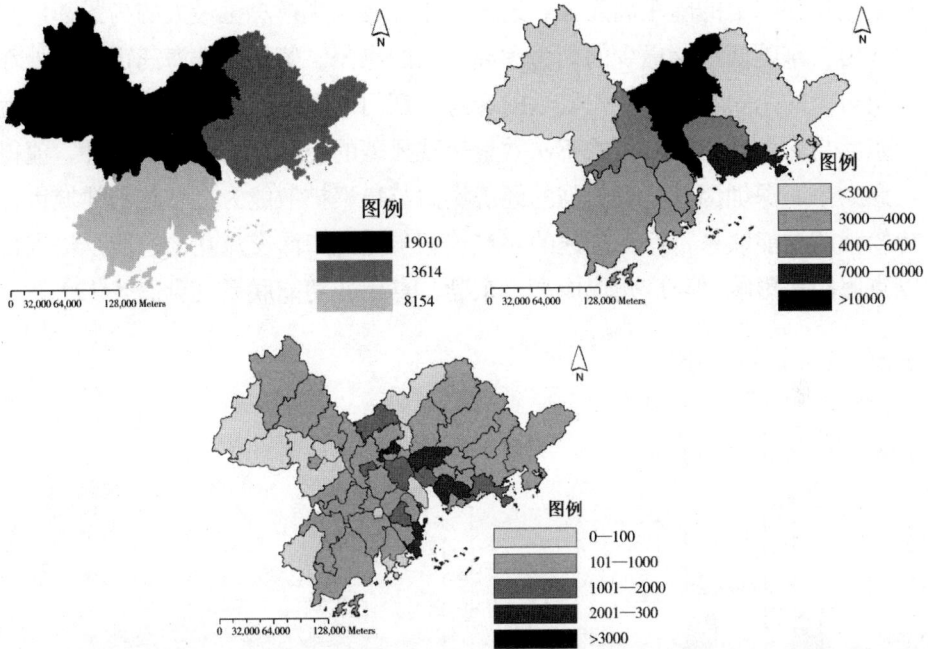

图8-11　珠三角城市—区域客运交通流规模总量在区域尺度、城市尺度和次城市尺度上的分异

用；具体表现为客运交通流强度规模的空间分布呈现核心—边缘特征，城际成对交通流强度随距离的增加而不断衰减。

　　以网络中功能联系极强节点为核心的非均衡的客运流功能网络往往会出现网络中其他节点距离核心越远、功能联系强度规模越弱的情形，这是地理距离因素作用于出行所导致的。在珠三角城市—区域，距离效应一方面体现在客运功能网络以广州为核心、客运流强度规模随着距离而梯度递减。广州的客运流功能联系强度规模在珠三角9城市中居于首位，是珠三角客运功能联系网络的核心。在珠三角东岸，深圳、东莞客运流功能联系强度规模依序弱于广州，在珠三角西岸，客运交通流强度规模呈现以佛山为过渡，江门、中山、珠海、肇庆为边缘的梯度递减特征；距离广州较远、位于珠三角边缘的肇庆与惠州的客运功能联系强度规模居于末位。另一方面，客运交通流强度随着空间距离增加而衰减的距离效应还体现在城市间成对交通流的强度分布上。以珠三角城市—区域的核心城市、与其他各城市都保持较为紧密客运功能联系的广州为例，珠三角其他城市进出广州的、带有方向的客运流总量呈现空间上的随距离衰减；进出广州客运流规模总量最大的为紧邻广州的佛山、东莞两市，最少的则为远离广州的惠州、肇庆、珠海三市，地处珠三角边缘的惠州与距离广州较远的珠海、江门的客运联系远低于与距离较近的东莞与深圳；指向广州的车次数量呈现显著的空间距离衰减。此外，值得注意的是，深圳因其具有较强的经济实力与集聚扩散能力，它与其他城市保持较强的功能联系，广深高速的存在进一步促进广深交流互动，所以深圳得以克服距离影响，与广州形成高于东莞、惠州的功能联系（见图8-12）。

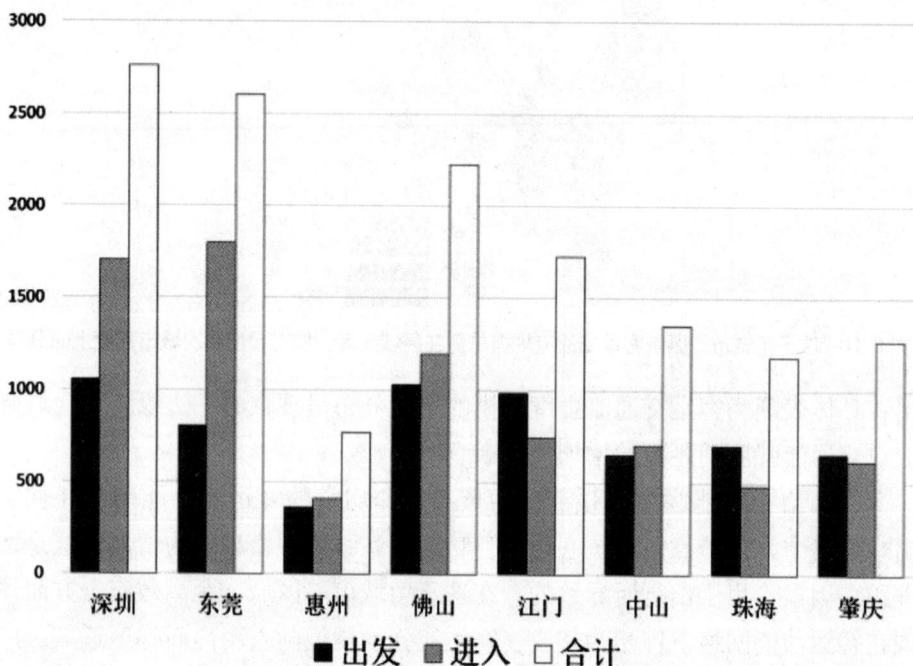

图8-12　珠三角其他城市进出广州客运班次统计

4.客运交通流网络组织的方向效应

客运交通网络中的连接边是以汽车客运站点为起讫的带有方向的客运流，所以也就构成了以节点为指向、不同的专项功能网络，如进入客运流功能网络、外出客运流功能网络。珠三角城市—区域客运交通流空间流动的方向性十分明确，从而形成具有不同多中心性的专项功能网络；本节对于珠三角客运流功能网络中客运流方向性的解读是基于出入单个城市带有方向的交通流规模总量的非对称性上。

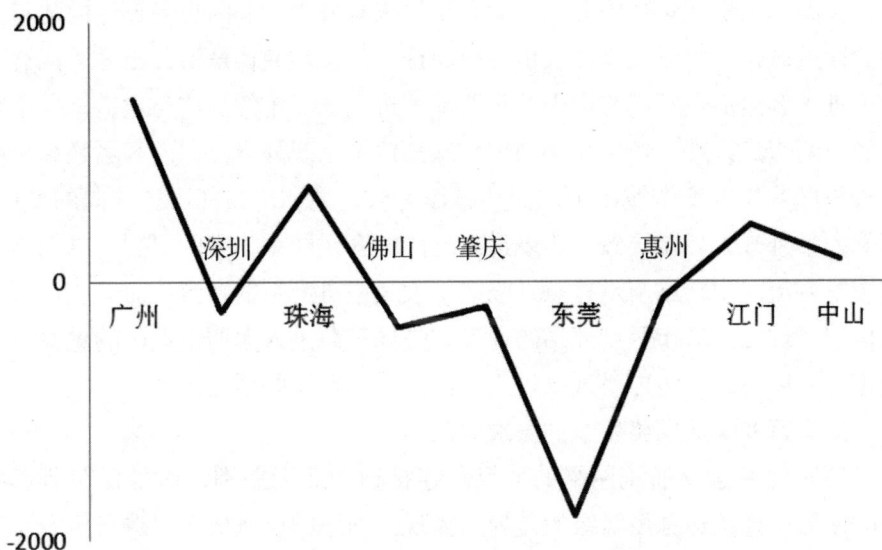

图 8-13 进出珠三角城市—区域各城市客运交通流规模总量差值图

在封闭的客运流网络中，进入单个节点和由该节点外出的带有方向的客运流规模总量是一致的，所以，对于单个节点其客运流是不具备方向性的；然而，对于开放的客运流网络，其内部各节点与网络外节点亦有客运功能联系，这就导致客运功能网络中进出节点的客运流规模总量的差异，呈现以进入或以外出为主的方向性。本节针对珠三角客运流功能网络展开的研究是基于区域内城市间的客运功能联系的，但由于珠三角城市—区域的非封闭性，其内部各市与珠三角以外的城市亦保持有紧密联系，所以进出珠三角各城市的客运流存在规模总量的非对称性，客运流空间流动具有方向效应。据归纳统计，广州、珠海、江门与中山外出车次高于进入车次，客运功能联系的方向以外出为主；东莞进入客运量显著高于外出客运量，客运功能联系明显的以进入方向为主；深圳、佛山、肇庆、惠州外出与进入客运流量较为接近，在客运功能流动总保持外出与进入较为均衡的动态平衡、偏向于以进入方向为主（见图 8-13）。然而，相似的客运流空间流动的方向性并不一定具有相同的内在动因，而是与不同的城市节点的城市性质与职能密切关联。以外出方向为主的 4 个城市中，广州作为区域性的交通枢纽城市，具备较强的交通集聚与疏散职能，疏散职能的强势使得广州在客运流的方向上显得外向性；珠海作为珠三角边缘大陆交通联系的末端城市，同时也是连通内陆与澳门的通道城市，大量入境旅客由珠海向珠三角疏散使得珠海外出客运流显著大于进入客运流；江门与中山是粤西地区进入珠三角的门户与通道，大量客流经由两市进入珠三角，使得两市在珠三角中呈现外出方向的客运联系。以进入方向为主的 5 个城市中，深莞惠作为外向型和出口加工型导向的城市，集聚大量外来人口是导致三市以进入方向的客运联系为主的原因；佛山是广州疏解客流的中转站与承接点，吸收了大量来自广州的客流；而肇庆作为珠三角与泛珠三角城市区域连结的通道，是珠三角进入大西南地区的重要节点城市，所以在珠三角内呈现以进入车次为主要客运联系方向。

5. 客运交通流网络组织的层次效应

现实的客运交通流网络的节点和连接边并非无差别，而是存在节点层级的差异、连接边强度等级的差异，体现出网络的层次效应。珠三角客运交通功能网络具备显著的层次性，这也是珠三角功能多中心发展过程中的重要特征；主要表现在客运站点的层级布局和成对客运功能联系的层级分布两方面。

节点与连接边层级的存在说明功能网络的完全多中心尚未实现；节点功能性差异越突出、连接边层级越显著，多中心的均衡发育程度就相应降低，网络中节点功能性与连接边趋于一致是功能多中心实现的重要条件。具体而言，网络节点组织的层级性是由节点的规模差异和节点的等级差异所构成的。从珠三角客运站点布局中可以发现，客运站点的数量呈现以区域性中心城市及其所在区域、边缘和外围城市、边缘城市三个层级逐层分布的特征；广州、东莞、深圳、佛山所具有的站点数量规模最多，其中又以高等级的一级和二级站点为主；肇庆、中山、江门、惠州拥有的客运站点数量规模位列第二层级，站点则以二级和三级站点为主；位于第三层级的珠海拥有的客运站点数目仅为 15 个，且以四级车站为主（见图 8-14）。连接边的层级差异在珠三角客运流功能网络中表现为单个城市拥有的功能联系线的差异以及由此形成的层级。本节定义了首位功能联系线与次位功能联系线，即在网络中城际客运功能联系强度处于第一层级与第二层级的连接边；从由成对的城际长途客运交通联系形成的网络结构图中可以发现，珠三角城市区域形成了以主要枢纽城市广州（具有 3 条首位功能联系线，4 条次位功能联系线）、深圳、佛山、深圳（1 条首位功能联系线，1 条次位功能联系线）构成的客运交通功能联系网络的核心层级，以及由其他拥有低位功能联系线的城市构成的二三层级。

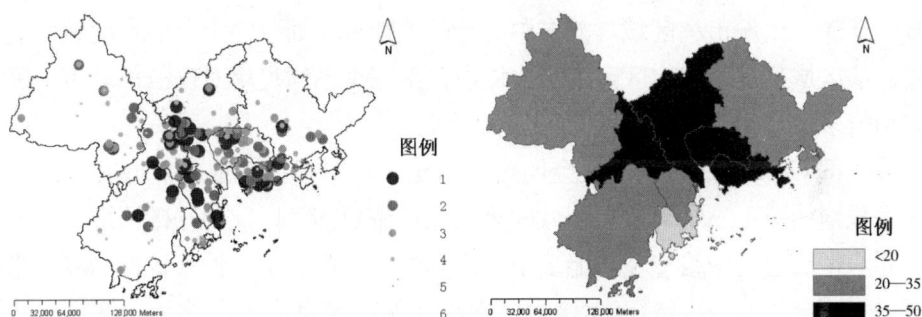

图 8-14　珠三角城市—区域客运站点等级分布图与总量层级图

（三）珠三角城市—区域空间功能多中心性特征

广州一直是珠三角政治、经济与文化的中心，深圳的崛起打破了珠三角城市区域的单中心结构，转变为广深双中心格局。随着珠三角城市区域一体化的深入发展，珠三角各市城际功能联系不断强化与深入，并由此形成多个向整个珠三角区域提供履行专项职能功能的节点组织，推动了珠三角功能 PUR 的形成。本节应用 Green（2007）的社会网络分析方法，以长途客运班次数据作为客运交通流的动态性替代数据，从不同尺度对珠三角整个城市区域、不同地区对珠三角内部区域的功能联系网络的专项功能多中心度（进入）、专项功能多中心度（外出）和综合功能多中心度进行了测度，获得了珠三角城市—区域不同尺度下的功能多中心发展程度、珠三角内部不同区域的多中心程度差异。由于暂时未能获得相同数据基础的其他城市—区域功能多中心程度，以及多时段的客运交通流数据，无法实现对珠三角城市—区域功能多中心发展的横向比较与变化的纵向比对。本节仅就获取的珠三角城市—区域的功能多中心度展开分析，把握珠三角功能多中心发展特征，认为珠三角的功能多中心是高度尺度敏感的，其功能多中心的变化具有方向性、存在地区性差异，并且发现不同专项功能多中心度和综合功能多中心度具有变化同向性。

1. 珠三角多中心性的尺度敏感性

多中心的完整概念是高度尺度依赖的，某一尺度上的多中心可能在另一尺度上是单中心，因而不能用固定而简单地用城市—区域形态来表述。本节对于珠三角城市—区域功能多中心性的解读首先即从多中心的尺度敏感展开，从区域尺度、城市区尺度和次城市尺度三个不同尺度对珠三角城市—区域功能多中心度进行了测度与分析。

根据 Green（2007）的社会网络分析法，本节根据获取的城际客运班次数据分别构建了三个尺度上的城际客运交通流矩阵，以此为基础测度带有方向的客运交通流网络专项功能多中心性和综合功能多中心性。根据测度结果可以发现，在以三大都市圈作为基本单元的区域尺度上，珠三角城市—区域功能网络的进出专项功能多中心度和综合功能多中心度均达到了 0.35 及以上，远远高于以 9 城市为基本单元的城市尺度和从以 55 政区为基本单元次城市尺度；城市尺度与次城市尺度上的专项（综合）功能多中心度分别在 0.09 和 0.01 左右（见图 8–15）；较大尺度（区域尺度）上的珠三角城市—区

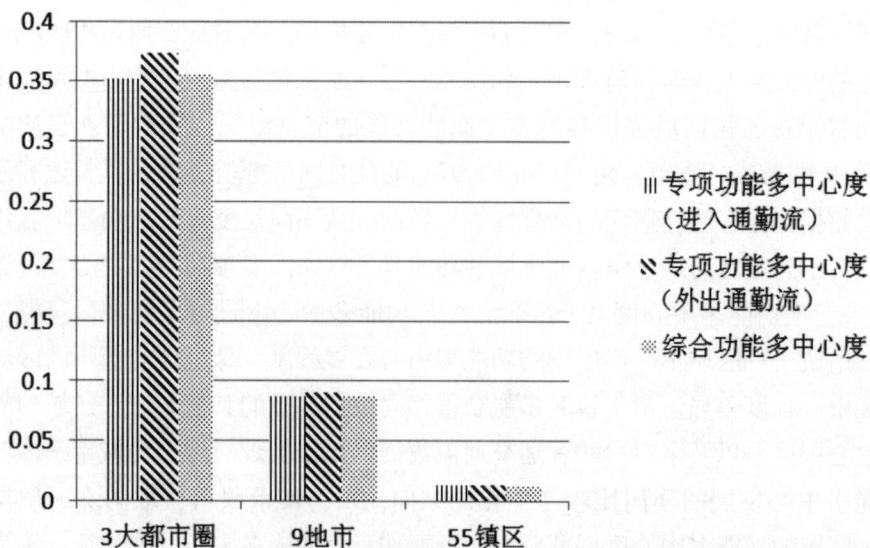

图 8–15　区域尺度、城市尺度与次城市尺度下的珠三角城市—区域功能多中心度

域具有较高的功能多中心性，而小尺度（城市尺度和次城市尺度）珠三角城市—区域的功能多中心则相对较低，这种不同尺度下珠三角功能多中心性存在的显著差异体印证了功能多中心的尺度敏感。

不同尺度上多中心性存在显著差异，因而无法单取其一来论证珠三角城市—区域功能多中心发育程度，只有通过与相同数据基础、相似研究尺度的实证研究横向比较加以实现；然而，已有的研究由于数据基础和研究单元尺度存在差异，无法从定量上通过横向比较实现对珠三角城市—区域功能多中心发育程度进行判断；但是，可以结合 Champion（2001）对功能多中心发展阶段的分析方法对珠三角功能多中心程度进行定性划级。Champion（2001）将 PUR 的发展区分为离心发展、包含发展与融合发展三个类型与阶段；融合发展是规模趋近的城市在空间上均衡分布的较初级状态，离心发展是城市集聚区以小型中心地围合发展的较高级的状态，包含式发展介于两个发展阶段之间。对于珠三角城市—区域而言，在改革开放初期的经济起步阶段，呈现出小城镇遍布、各自为政、城镇间缺乏相互联系的"遍地开花"式空间形态上的多中心，处于融合发展阶段；随着经济的腾飞，在地理空间上各市不断发展、依旧保持形态上多中心，而珠三角出现更多城市开始提供中心功能、城际功能联系亦不断加强，逐步出现并形成功能上的多中心；城市—区域的发展阶段处于包含式发展阶段；近年来区域一体化是珠三角城市—区域重要的发展方向，城市功能联系网络更为织密，网络架构不断完善，功能联系的迅速发展推动了珠三角向更为成熟的 PUR 快速发展，已近进入离心发展阶段。

2. 珠三角多中心性变化的方向性

城市—区域功能多中心性是随着测度节点行政等级和空间单元破碎程度的变化而变化的，这种变化呈现出一定方向性。其变化趋势是随着测度节点行政等级的降低、空间单元破碎程度的提高，城市—区域功能多中心性不断降低，并且不存在逆转或其他特异情况。基于上一节对不同尺度上珠三角功能多中心性的测度，可以发现珠三角城市—区域功能多中心度测值的变化趋势是由区域尺度向城市尺度、次城市尺度依次降低，并无逆转，变化趋势存在确定的方向性（见图 8-15）。

随着测度空间单元碎化功能多中心度的不断降低多中心性变化的方向

性与不同尺度下客运能联系分布的均衡程度密切相关；因为功能多中心在于强调流的多方向而不仅是流的强度，趋于均衡的客运功能联系表现出的是越高的功能多中心程度。在以三大都市圈为基本单元的区域尺度下，区域间客运流分布较为均衡，均方差值较小，表明区域间功能联系的趋近、各区域在由其所构成的三节点城市—区域功能网络中等级趋同，整个城市—区域呈现出较强的功能多中心性。在以 9 城市为测度单元的城市尺度中，客运交通流强度呈现以广州、深圳为中心的双核分布，惠州、肇庆与其他城市的客运功能联系强度和广州、深圳与其他城市客运功能联系强度相比存在较大落差，这种客运流强度分布随距离增加而呈迅速梯度递减的态势，使得该尺度上珠三角城市—区域等级结构较区域尺度更为显著，功能多中心性特征则较为弱化。在 55 个行政区为空间单元的次城市尺度下，政区间客运功能联系强度差异更为显著，呈现出以广州越秀区、广州天河区、东莞西北部、珠海香洲区、广州荔湾区和深圳宝安区等少数政区为主的多极核分布趋势，珠三角区域整体的多中心发育特征并不显著。

3. 珠三角多中心性的地区差异性

基于地理环境、社会背景和经济发展的差异，对于珠三角城市—区域内部地区的研究常从珠江口东西两岸以及三大都市圈入手，对其共性与差异性进行探讨。在对珠三角内部区域的功能多中心性测度过程中，本节发现在珠三角城市—区域内，不同区域的客运功能网络多中心性也呈现较为显著的地区性差异，主要表现在珠三角东西两岸多中心性的分异、三大都市圈多中心发育程度。

改革开放以来，珠江口东西两岸采取了不同的发展路径，拥有不同的社会经济和文化特征，在地表空间上表现功能多中心性的差异。经测度可以发现珠三角东岸的专项（综合）功能多中心度显著高于西岸区域（见图8-16）。东西两岸功能多中心发展的差异来源于城市间功能联系的强度与布局；包括东莞、深圳、惠州在内的东岸地区，城市之间具有较西岸城市更强客运流强度、城市间功能联系紧密与均衡；所以，在城市数量相对较少的东岸，城际间客运流强度的等级分布差异小于西岸地区，具有更为均衡的多中心结构。同样的差异也出现在三大都市圈中。值得关注的是，三大都市圈功能多中心性的差异体现了功能多中心发展与区域经济实力和功能联系的非

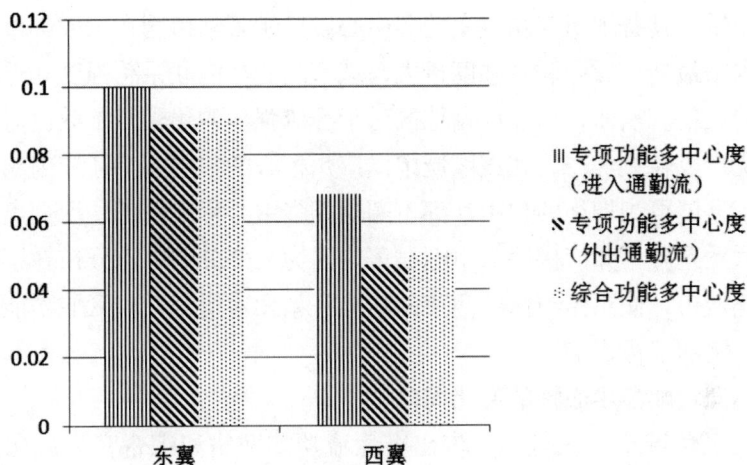

图 8–16　珠三角东岸、西岸地区功能多中心度图示

线性关联，中心功能发展与功能联系在空间上的均衡分布才是 PUR 发展的必须。

在珠三角三大都市圈地区功能多中性的测度中，珠中江都市圈的功能多中心发育程度最高，最弱的则是广佛肇都市圈（见图 8–17），这与三大都市圈各自的区域经济发展和功能联系强度水平相悖。珠中江都市圈体现出较高的功能多中心发展程度，因其城市间存在最为均衡的功能联系和相对均等

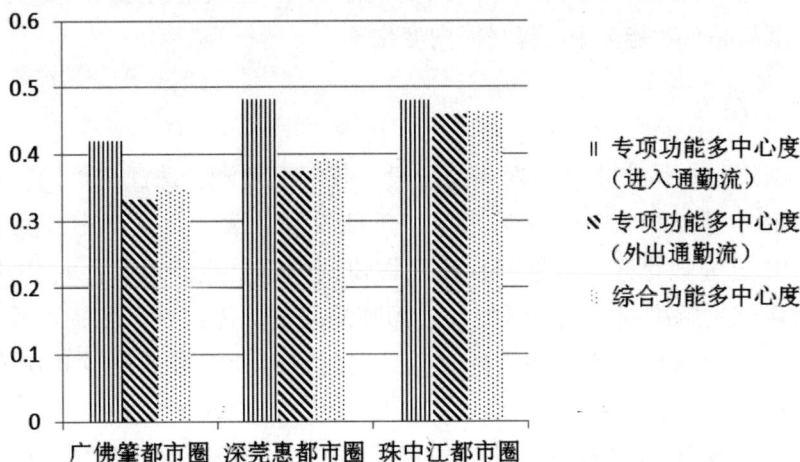

图 8–17　珠三角城市—区域三大都市圈功能多中心度图示

的相互作用，具备地形与功能上的多中心。广佛肇都市圈在三大都市圈中区域经济水平最高、城际联系强度最大，城市间的功能联系总强度几近珠中江都市圈的三倍。然而，由于广州地区对于客流强烈的集聚与扩散、对比于佛山与肇庆形成较大优势，在该区域中以广州核心的单中心特征较为明显，所以相对于发展更为均衡的珠中江都市圈功能多中心程度较低。深莞惠都市圈的功能联系差异不如广佛肇都市圈显著，因为大部分的客流分布在了深圳和东莞两座城市，使惠州与深莞两市的功能联系相对弱化，对区域功能多中心度造成一定的消极影响。

4. 不同功能多中心性的变化同向性

在珠三角城市—区域中，进出客运流功能网络和综合客运流功能网络是具有不同的功能多中心性的。通过进一步的比较可以发现，在多尺度、多区域的功能多中心度的研究中，专项功能多中心性（进入通勤流）、专项功能多中心性（外出通勤流）和综合功能多中心性在同一研究区域不同研究尺度、不同研究区域同一研究尺度等区域多中心研究中表现出的变化具有同向性。对珠三角不同空间单元尺度的功能多中心的测度可以发现，专项功能多中心性（进入通勤流）、专项功能多中心性（外出通勤流）和综合功能多中心性的变化趋势总是随着空间单元的碎化同向递减的。对于相同的城市尺度、不同的研究区域（东西两岸和三大都市圈），随着外出通勤流构成的功能网络的专项功能多中心度在不同区域下的递减，进入通勤流网络专项功能多中心度和综合功能多中心度呈同向变化。

（四）结论

我国正处在城市化高速发展的阶段，长江三角洲、珠江三角洲、京津冀地区和中原城市群等大型城市区域不断发展壮大，呈现多中心发展趋势。PUR成为强化区域发展，促进区域协调的重要空间组织；对PUR展开实证研究是解决我国城市区域发展面临的问题，优化城市区域发展，增强区域参与全球竞争实力的重要基础，同时也有利于推进我国PUR的理论研究。

珠三角城市—区域一体化进程的不断深入、城市间功能联系的逐渐强化与趋于均衡，都推动着区域功能网络多中心格局的逐步凸显。为了探讨珠三角城市—区域功能多中心特征，本节以流动空间与城市网络理论为基础，以珠三角城市—区域城际长途客运班次数据为客运流的替代数据，分析了珠三角客运交通功能网络的空间特征；借鉴 POLYNET 的研究经验、运用 Green（2007）的社会网络测度方法，完成对珠三角 PUR 功能多中心和地区功能多中心的定量测度，并对其特征展开分析。研究结果表明，珠三角城市—区域客运交通流呈现客运交通流的空间分布具有显著的规模效应和高度的尺度效应，客运交通流强度呈现随距离增加而迅速递减的距离效应，客运交通流的流动具有明确的方向效应，以及客运交通流网络组织具有突出的层次效应。基于客运交通流功能联系测度的珠三角城市—区域功能多中心性可以发现，珠三角功能多中心性已经进入离心阶段，且认为珠三角的功能多中心是极具高度尺度敏感的，其功能多中心的变化具有方向性、存在地区性差异，不同功能网络的多中心性具有变化同向性。

由于受信息获取所限，本节无法收集足够数据完成对珠三角城市—区域多中心多时段、动态发展的测度与分析。随着珠三角城市—区域城际轨道的发展与信息技术的不断推进，将为研究珠三角 PUR 的研究提供更多时段、更为完整的数据支持。此外，基于高端生产者服务业数据的功能多中心测度则能从另一角度丰富 PUR 的研究，这也是本研究未来的侧重点之一。另一方面，珠三角城市—区域功能多中心的不断提高对跨界区域空间政策和治理提出了更高要求。在市场经济的推动下，跨越行政边界的城市基础功能的发展日趋繁荣，越来越多跨越区域界线、涉及多个政府权限的跨域事务的产生迫使区域空间治理模式产生变革，形成了多中心、多层次的复合的区域治理格局。积极有效地推动空间政策的拟定与调试，促进多中心跨界治理，是研究珠三角 PUR 协调、快速发展的重要内容。

三、珠三角城市—区域城际轨道交通流空间格局的多中心性

经济全球化与区域一体化的发展趋势之下，具有形态、功能和治理三个维度特征的多中心城市—区域（Polycentric Urban Region，简称 PUR）成为新时期重要的区域空间组织形式。所谓形态多中心反映的是城市—区域的

地理表象，可以通过地理学或形态学加以定量测度①；功能多中心强调的是城市—区域内不同的城市空间节点区别分工、功能互补与相互合作，进而形成高效紧密的功能网络体系②；治理多中心是城市—区域形态与功能多中心发展到一定阶段所产生的对于决策、管治和治理的需求③。在城市—区域多中心特征中最为本质的特征是功能多中心，它是实现城市—区域网络化发展最为关键的阶段。在我国，北京，上海，广州等一些特大城市已经具有单个城市的多中心空间结构④；随着城市化进程的不断推进，由多个城市组成的网络化、多中心的城市—区域开始发展，例如长江三角洲、珠江三角洲地区等⑤。

　　产业空间的集群化发展、交通基础设施的高速拓进与信息通讯技术的快速进步推动了城市内部及城市之间人流、物流、技术流、信息流、资金流等要素的流动，基于功能联系的流动空间重构了区域关系，改变了区域中顶层节点和其他节点的关系，使得城市—区域内不同城市的中心职能在地理空间上剧烈重组、不断交织，出现多中心的城市功能结构。区域尺度上的功能多中心不仅具有等级特征，更具备强烈的内在多元节点的相互联系性和连接各个独立城市的空间流动性，这使得彼此原本独立的城市能够相互合作、形成富有创造力的城市集合体⑥。因此，对于功能多中心城市区域定量研究的关键在于反映城市之间相互联系的流数据⑦，例如 APS 企业（Advanced Producer Service，即高端生产者服务业）的邮件、电话等信息流数据⑧、城际

---

①　罗震东、朱查松：《解读多中心：形态、功能与治理》，《国际城市规划》2008 年第 1 期。

②　罗震东、何鹤鸣、耿磊：《基于客运交通流的长江三角洲功能多中心结构研究》，《城市规划学刊》2011 年第 2 期。

③　张京祥、罗小龙、殷洁：《长江三角洲多中心城市区域与过层次管治》，《国际城市规划》2008 年第 1 期。

④　卢明华：《荷兰兰斯塔德地区城市网络的形成与发展》，《国际城市规划》2010 年第 6 期。

⑤　J. R.Friedman, *Regional Development Policy: A Case Study of Venezuela*, Cambridge：MIT Press, 1966.

⑥　P.Hall, K.Pain, *The Polycentric Metropolis: Learning from Mega-city Regions in Europe*, London：Earchscan, 2006；马学广、李贵才：《西方城市网络理论研究进展与应用实践》，《国际城市规划》2012 年第 4 期；马学广、李贵才：《欧洲多中心城市区域的研究进展和应用实践》，《地理科学》2011 年第 12 期。

⑦　马学广、李贵才：《世界城市网络研究方法论》，《地理科学进展》2012 年第 2 期。

⑧　路旭、马学广、李贵才：《基于国际生产者服务企业布局的珠三角城市网络空间格局研究》，《经济地理》2012 年第 4 期。

交通流数据① 等。目前，国内关于城市关系和城市网络的定量研究普遍以静态的、城市属性数据为分析比较的基础，对动态流数据的研究则相应较为缺乏，忽视了城市系统中各个城市相互依赖关系的重要性；其原因在于资金流、通信流和交通流的数据较为缺乏且难以采集，以及多数对于城市—区域的研究视角仍旧停留在传统观念上，并未向更为动态、流动的城市关系视角转变。

本节以珠三角城市—区域为研究对象，借鉴在 Peter Hall 领导的欧盟POLYNET 项目（Sustainable Management of European Polycentric Mega-City Regions，即欧洲多中心巨型城市区域可持续发展管理）成功应用的经验②，应用城际轨道交通流作为替代性数据表征城际轨道交通功能联系，分析珠三角城市—区域轨道交通功能联系网络的特征，以社会网络分析法测度并探讨珠三角城市—区域的功能多中心性和功能多中心发展趋势，以期形成具有理论价值与实践意义的研究成果，补充国内基于动态性数据的城市区域的研究内容，为区域政策的制定与调试提供借鉴。

（一）研究设计

城市—区域的功能多中心是通过规模不等、相对独立的城际互补性功能联系的分布来判断的，而不仅以空间上的均衡分布与发展（即形态多中心）为依据；所以，选取能够表征城市区域内部城际功能联系的动态性数据是测度城市区域功能多中心的关键。城际功能联系主要是建立于 APS 企业的有效连接上，可以通过商务旅行、信息交流、通信往来等流数据表现。本节基于流数据的可得性与准确性，以城际轨道交通流为替代性数据，表征城际客运功能联系，并以此测度珠三角城市区域功能多中心性。

城市—区域的功能多中心特征的研究是基于城际功能联系的，而区域轨道交通流是城际功能联系最主要的要素之一。城市之间存在着物质与虚拟的功能联系，包括有物流、客运流、资金流、通信流等；其中轨道交通流是始终存在于城市之间的物质联系，是资金、信息往来联系的重要载体。随着

① 蔡莉丽等：《基于客运交通流的珠三角城市区域功能多中心特征研究》，《经济地理》2013 年第 11 期。

② 马学广、李贵才：《全球流动空间中的当代世界城市网络理论研究》，《经济地理》2011 年第 10 期。

通讯网络和互联网络的出现与发展，客运功能联系所表征的资金、信息联系功能相对减弱，但是在人口流动、高端会务、社交往来、社会文化联系等方面仍具有重要的意义。以区域轨道交通为载体、包含大量商务人员、外来务工人员在内的人口流动是珠三角城际功能联系最为主要的内容之一。对于快速城市化的珠三角城市区域而言，九个城市之间大量人员交互流动是其空间流动最为显著的特征之一。因此，在珠三角城市—区域中与区域轨道交通流所表征的内容也更为丰富。所以，对于珠三角这样的发达城市区域来说，区域轨道交通是城际功能联系中最为主要的要素之一，是反映城市—区域功能多中心的重要方面。

1. 研究区域与数据来源

珠三角城市—区域作为经济全球化深入推进的区域是我国城市化水平最高城市群之一；作为区域一体化较为成熟的空间组织实体，珠江三角洲是一个不断发育、趋于成熟的城市—区域；所以，选取珠三角具有较强的代表性，通过功能多中心研究折射珠三角城镇群的发展与变化具有理论与实践价值。本节选取珠江三角洲城市区域为研究对象，以《珠江三角洲地区改革发展规划纲要（2008—2020年）》中的规划主体为研究范围，以包括广州市、深圳市、珠海市、佛山市、江门市、东莞市、中山市、惠州市和肇庆市在内的9个城市为应用研究尺度。

随着区域交通基础设施不断改善，珠三角城市—区域交通网络化发展趋于显著。珠三角城际轨道交通是以已建成的以广州为核心、以广深与广珠城际轨道为主轴、覆盖珠三角主要城市并衔接港澳地区的城际轨道交通网络为基础的；随着珠三角城际轨道交通的连接效率与总体运行能力不断提高，其高效便捷、整洁安全等特点，日益成为愈加拥挤的城市—区域内市民商务旅行、城际通勤所青睐的出行选择。本节选取覆盖珠三角城市—区域9个城市中7个城市的城际轨道交通线路，即广深（广州—深圳）线、广珠（广州—珠海）线和广新（广州—新会）线作为珠三角城际轨道交通功能网络的基础①。

---

① 2013年底建成通车的深厦高铁联通了惠州与深圳，但尚未形成长效稳定的城轨交通客运功能联系，故本节暂未将惠州列入研究多中心功能多中心的节点选择；但基于覆盖整个珠三角轨道交通网络功能联系的分析是本节未来持续关注的重点。

城市之间客运功能联系必须倚赖一定的载体，通过空间相互的流来实现，而流的能效与规模则取决于载体的类型与数量；由于准确的客运通勤流规模数据难以获取，本节以珠三角内城际区域轨道交通为载体，以区域轨道交通站点每日经停次数作为替代性动态数据表征城际客流联系强度，进而表征珠三角城市—区域内的城际轨道交通功能联系（见图 8–18）。因为在珠三角地区，城际区域轨道交通基本上是站点到站点的直达形式，城际区域轨道交通开通与否和区域轨道交通站点经停的次数数量规模基本上能够反映地方客运供需与城际联系现实，故以替代性数据进行表征是比较接近实际的。城际轨道交通动车组在各城市每日经停次数数据来自中国铁路时刻网（www.shike.org.cn），对珠三角高速铁路联系较为紧密的城市所开通的城轨动车组经停车次数据逐一统计（数据版本：2013 年 7 月 20 日）。

2. 研究方法

本节借鉴在 POLYNET 研究中得到成功应用的较为成熟的多中心测度方

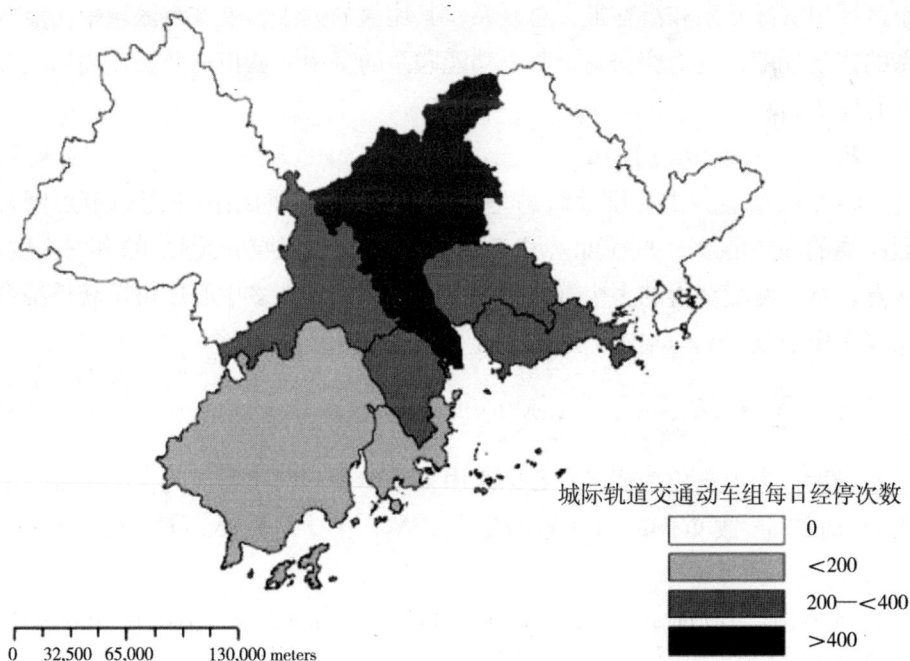

图 8–18　珠三角城市—区域行政区划及城际轨道交通动车组每日经停次数强度空间分布图

法，即 Green（2007）的社会网络分析法（Social Network Analysis）[1] 对基于城际轨道交通功能联系的珠江三角洲城市—区域功能多中心性进行测度。该方法对多中心的定量测度需要满足四条要求，包括多中心的城市体系中存在较多规模不等的大中小城市，且不由单个大城市作为主导，城市等级—规模呈现对数线型，且较为平坦的长线型比较为陡峭的短线型更具有多中心性[2]。具体测度方法如下：

首先，定义多中心城市区域的功能多中心度：

$$P_F = 1 - \sigma_F/\sigma_{F\max} \quad (0 \leq P_F \leq 1) \tag{公式1}$$

其中，σ_F 为被测度城市区域中各节点功能联系等级的标准差，$\sigma_{F\max}$ 为假定的双节点网络中一个节点为0、另一节点为网络中最高值的标准差；P_F 介于0和1之间，$P_F = 1$ 表明该城市区域为完全常规多中心，$P_F = 0$ 则表示为完全单中心。

其次，定义网络密度 Δ。基于客运流数据的珠三角客运功能网络是有方向的赋值图形，故定义网络密度 $\Delta = L/L_{\max}$（$0 \leq \Delta \leq 1$），L 与 $L_{\max}$ 分别为城市区域中实际联系和潜在最大总联系，其比值的大小反映城市区域中功能联系的密集程度，进而获得基于某一功能联系的多中心城市—区域专项功能多中心度 P_{SF}：

$$P_{SF} = (1 - \sigma_F/\sigma_{F\max}) \times \Delta \tag{公式2}$$

该专项功能多中心度反映的是城市—区域功能网络中不考虑节点间物理距离的多中心度，并且可以用来描述该区域中其他功能网络的多中心度。接着，基于测度获得的多个（假设为 n 个）专项功能多中心度可以获得综合功能多中心度 P_{GF}，其中 N 为不同的专项功能网络：

$$P_{GF} = \sum_{n-1}^{n} P_{SF}(N_1, N_2, \cdots, N_n)/n \tag{公式3}$$

最后，为了避免功能多中心网络由多个单中心网络组成的情况出现，引入附加修正数 Φ。$\Phi = 1 - \sigma_P (F, N_1, N_2, \cdots, N_n)$（$\sigma_P (F, N_1, N_2 \cdots\cdots$

① N. Green, "Functional Polycentricity A Formal Definition in Terms of Social Network Analysis", *Urban Studies*, Vol.44, No.17 (2007), pp. 2077-2103.

② K.Spiekermann, M.Wegener, "Evaluating Urban Sustainability Using Land-use Transport Interaction Models", *European Journal of Transport and Infrastructure Research*, Vol.4, No.3 (2004), pp. 251-272.

N_n）为不同功能网络的标准差，最终获得多中心城市—区域综合功能多中心度 $P'_{GF} = P_{GF} \times \Phi$。

（二）珠三角城市—区域轨道交通功能联系特征分析

本节将应用社会网络分析法对珠三角城市—区域的功能多中心性进行定量测度，该方法强调了节点城市之间的互动结构关系，因此，城际轨道交通节点城际功能联系强度规模与分布差异、轨道交通网络的联系密度与结构分布均为影响城市—区域功能多中心性的关键。故本节将城市抽象为网络节点，把城际客运功能联系抽象为连接边①，对由节点与连接边所组成的珠三角客运交通流功能网络的拓扑结构和加权性质采用定量方法、通过可视化表达的方式进行推演。首先对城轨交通功能网络的发展、强度特征、密度与标准差三方面进行分析，以期基本掌握珠三角城市—区域轨道交通功能联系特征。研究发现，珠三角城际轨道交通网络建设尚未完善，城际功能联系网络的强度特征表现出显著的规模效应及市际差异，城际功能网络的密度尚未饱和，功能联系空间分布的等级差异成为影响功能多中心的关键。

1. 城际轨道交通功能联系网络的阶段性发展

随着社会经济的发展和城际互动竞合的紧密，珠三角城市—区域内城际轨道交通基础设施不断完善，城际交通的联结效率与总体运行能力不断改善，这些都促进了城轨交通功能联系更为紧密的珠三角城市—区域功能网络的构建，功能多中心特征逐步凸显，但是尚未形成覆盖全区域的、城际之间具有直达线路的完善的轨道交通网络。

根据 Green（2007）对于功能多中心基本规则的定义，功能多中心的城市—区域必须同时满足以下两条规则：在多中心城市区域空间中必须包含一个以上的城市节点，且节点需要具有功能性的相互连结②。所以，在珠三角城际轨道交通功能联系网络中，功能多中心的城市—区域必须具备两个及以上的城市，且每个城市必须与其他城市具备城际轨道交通功能联系，若一个城市与其他城市没有功能联系，则无法纳入为功能多中心城市—区域范围。

① 覃成林、李红叶：《西方多中心城市区域研究进展》，《人文地理》2012 年第 1 期。
② 陈伟劲等：《珠三角城市联系的空间格局特征研究——基于城际客运交通流的分析》，《经济地理》2013 年第 4 期。

所以，为了满足测度多中心城市—区域的基本规则，需要重新定义基于城际轨道交通功能联系的多中心城市—区域。城轨功能网络是以城轨站点为最基本的节点单元、以城轨线路为功能联系的载体，城轨线路及站点的规模总量深刻影响着城际客运功能联系网络的建立与发展，珠江三角洲城际轨道交通是以广州、深圳与珠海为主要枢纽，形成广深、广珠和广新 3 条城际轨道交通线路；城际轨道交通网络经停站点 18 个（见图 8–19），覆盖了珠三角城市—区域内的主要城市，有效实现了以广州为核心的城际一小时交通网；但是，从珠三角城市—区域城际轨道交通的建设与通车情况可以发现，肇庆与珠三角其他城市没有形成有效的轨道交通功能联系，2013 年底建成通车的深厦高铁尚未使惠州与其他城市形成长效稳定的客运功能联系；所以，为了更为贴近现实地反映城市—区域城际轨道交通的客运功能多中心的本质，在测度珠三角城市—区域城际轨道交通功能多中心时本节剔除了惠州与肇庆，对其余 7 座城市构成的城际轨道交通功能网络的多中心特征进行测度。

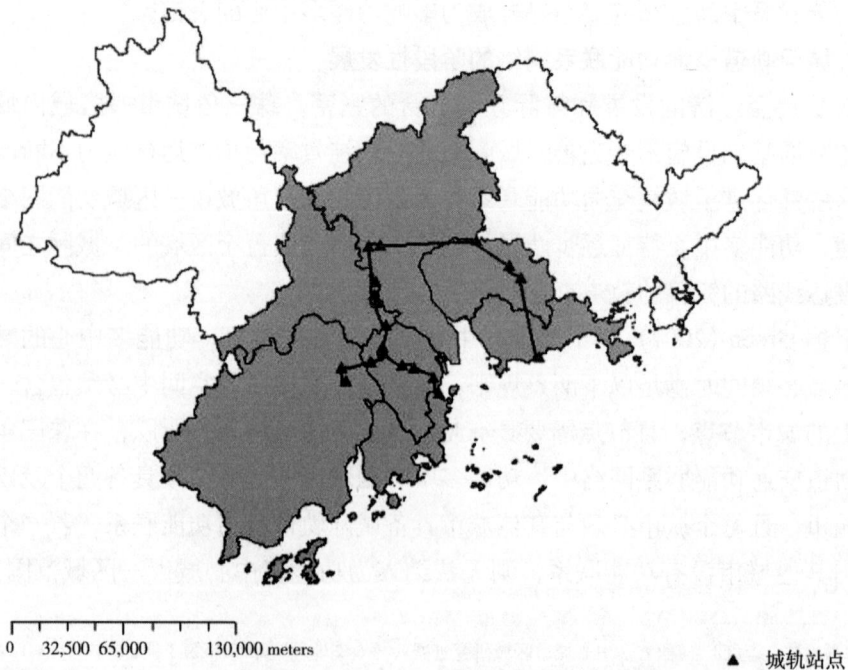

▲　城轨站点

图 8–19　珠三角城市—区域轨道交通站点及线路分布图

2. 城际轨道交通功能联系强度特征的规模效应与市际差异

成熟的功能多中心城市区域是建立在密切且均衡分布的功能联系上的。在珠三角城市区域中，城市之间轨道交通功能联系较强，但是城际功能联系的空间分布并未达到理想的均匀分布状态。研究发现，珠三角城市—区域中城际轨道交通功能联系的强度特征在空间分布上具有显著的规模效应，各城市客运功能联系强度规模异化。

珠三角规模总量较大的城轨站点为城轨交通功能联系网络的构建提供了广泛基础。基于城轨站点和进出各站点的动车经停班次建立起的城轨交通流功能网络的强度规模是城轨交通功能联系紧密与否的重要体现，具体表现在城市区域内整体客运流强度和城际成对客运流强度两方面。从整体客运流强度上看，每日1010次城轨交通经停班次反映了珠三角内部具有较为频繁的客运功能联系；从城际成对客运流的强度上看，广—佛、广—深、广—莞、深—莞拥有大规模的城际成对城轨交通功能联系，江门与多个城市的城轨交通联系规模总量相对较小（见图8–20）。

在城市—区域城轨交通功能网络中城市是重要的分析单元，单个城市与其他城市城轨交通功能联系的强度规模反映了城市在网络节点中的重要性。珠三角各市城轨交通功能联系强度规模的异化反映了各市在客运功能网络节点中重要性的差异。每日轨道交通经停班次的最大强度规模出现在广州市（与各市轨道交通功能联系统计达589次[①]，每日经停班次81次），深圳和东莞与其他城市间保持了较大强度规模的客运功能联系（与各市轨道交通功能联系统计达300—400次），江门和珠海与其他城市的客运功能联系强度规模较小（与各市轨道交通功能联系统计小于100次）（见图8–20）。珠江三角洲地区的轨道交通客运功能联系的强度规模具有强烈的广州指向性。

[①] 城际轨道交通不同于城际长途客运以点到点的方式进行节点之间的连接、不受道路等线性基础设施的影响，城际轨道列车在起点与终点间必然会经停数个站点；在珠三角城际轨道交通中，城际轨道交通仅以广州、深圳、珠海、新会（江门）作为起讫点。其中，行驶于广深线的城际轨道列车必然经停深圳，而行于广珠、广新线的列车必然经停中山和佛山。在无法统计各站点准确客流的情况下，以经停班次作为替代性动态数据就会产生这样的效果，如，珠三角东翼的广—莞—深间城际轨道交通功能联系在两城市间强度一致，且高于珠三角西翼其他城市。在珠三角西翼的广珠线与广新线在广州、佛山和中山三市共用一条线路，使得经由中山和佛山的列车数量高于珠海与江门，呈现较强的城际功能联系。

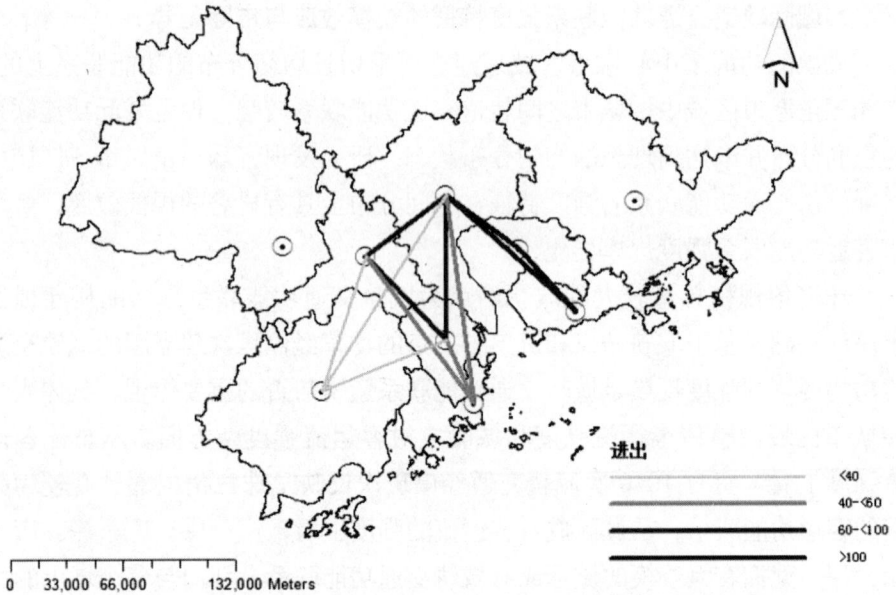

图 8–20　珠三角城市—区域城际城轨交通客运功能联系强度分布图

3. 城际轨道交通功能联系的密度分布与等级差异

城际轨道交通功能联系的强弱并不与城市—区域的功能多中心成线性关系，偏向于个别城市的轨道交通功能联系可能是加剧功能单中心的形成、削弱多中心特征，所以，根据社会网络分析方法的定义，较强的城际轨道交通功能联系是构建区域的功能多中心的总体量化反映，而功能多中心特征与城际轨道网络矩阵的密度与标准差密切关联。研究发现，珠三角城际轨道交通网络密集程度有所欠缺，存在不同城市间的等级差异。

根据社会网络分析法定义，网络密度是实际联系和潜在最大总联系的比值，该值的大小反映城市—区域中功能联系的密集程度。在珠三角中最大轨道交通功能联系出现在广—深、深—莞、广—莞之间，即日均 81 次经停班次，假设珠三角城市—区域内各城市间都具有最大功能联系，则在考虑收发的方向性后可以发现，珠三角内潜在最大功能联系为 $81 \times 7 \times 6 = 3402$。然而实际情况是，进出珠三角各个城市的轨道交通仅为 1010 次，珠三角城际轨道交通的密度并不为 1，而是小于 1。在一定程度上，轨道交通密度越趋近于 1，越说明城市之间存在更为密集并趋近于潜在最大值的城际轨道交通功能联系。

轨道交通进出矩阵中各个城市存在不同的进出班次，城市区域中各节点功能联系等级的标准差的存在说明功能联系的差异，标准差值与双节点网络的标准差值越小，说明城际之间功能联系强度越趋近，等级差异越小，越具备功能多中心性。在珠三角城市区域中，假定的双节点网络，即一个节点为 0、另一节点为网络中最高值即 292，其标准差为 146，所以影响标准差比值的是实际进出车次标准差。珠三角城市—区域进入车次与外出车次的标准差值分别为 70.65 和 72.48。标准差的存在反映了珠三角城际轨道交通联系在不同节点间的差异，说明功能联系等级差异的存在。

（三）珠三角城市—区域功能多中心性的测度与比较分析

从数据基础与方法上完成对珠三角城市—区域轨道交通功能联系的分析之后，本节对基于城际轨道交通功能联系的珠三角城市—区域的功能多中心展开测度，并与应用相同方法和数据基础的国内外研究进行比较，发现珠三角城市区域具有较高的功能多中心性。由于珠三角轨道交通呈现明显的东西两翼发展特征，本节比较探讨了珠三角东西两翼次区域的功能多中心的特征，发现东西两翼功能多中心性存在显著差异。此外，本节对珠三角城市—区域多中心发展阶段展开探讨，发现珠三角已经进入多中心离心发展阶段。

1. 珠三角城市—区域功能多中心的测度

经测度可得，基于进入通勤流的功能多中心度为 $P_{SF}(CI) = 0.1532$；基于外出通勤流的功能多中心度为 $P_{SF}(CO) = 0.1520$。基于进入、外出功能多中心度以及附加修正值的测算，以动车组为交通联系为数据基础的珠三角城市区域综合功能多中心度为 $P_{SF} = 0.1522$。

由于采用相同的测度方法、用车次信息表征通勤功能联系，本节将珠三角的功能多中心度与欧洲 8 个巨型城市区域功能多中心度、长三角功能多中心度进行比较[①]。参考其他相关研究，从与长三角功能多中心度的比较中可以发现，也可以得出基于客车数据的功能多中心度更能反映珠三角城市区

---

① 罗震东：《长江三角洲功能多中心程度初探》，《国际城市规划》2010 年第 1 期。

域功能多中心的发展水平的结论。通过比较可以发现，基于客车车次数据的珠三角的功能多中心度低于莱茵鲁尔地区，与兰斯塔德地区、英格兰东南部、长三角地区较为接近，高于莱茵—美茵地区、大都柏林地区（见图8-21）。这说明珠三角地区的多中心度在世界范围内的多中心城市区域内处在中上水平，反映出珠三角城市—区域已经是较为典型的功能多中心的城市—区域。

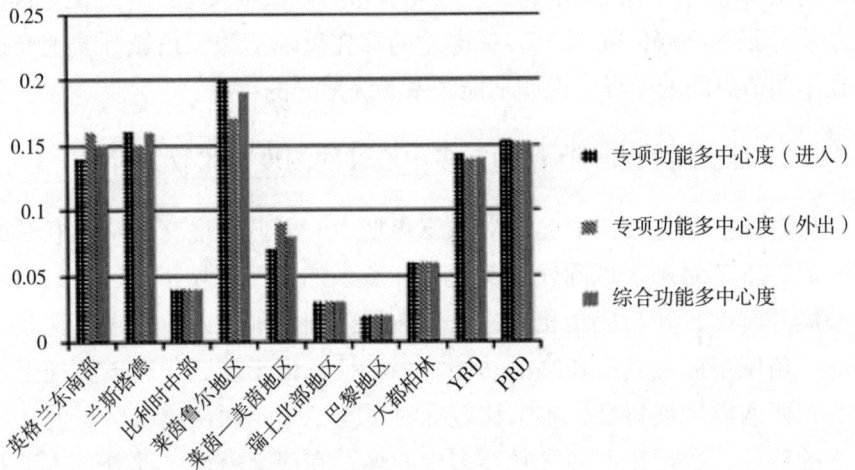

图8-21 珠江三角洲区域与欧洲城市巨型城市区域、长三角区域功能多中心度比较

2. 珠三角东西两翼功能多中心的比较

由于珠三角城市—区域内部地区的地理环境、社会背景和经济发展存在较为显著的差异，相应的研究通常从珠江口东西两翼入手，对其共性与差异性进行探讨。在区域尺度上，珠三角在世界范围内已经成为较为典型的多中心城市区域。在对珠三角内部区域的功能多中心性的测度过程中，本节发现在珠三角不同区域的客运功能网络多中心性呈现较为显著的地区性差异，主要表现在珠三角东西两岸多中心性的分异。了解形成城市区域功能多中心特征的内部区域性差异，有助于从区域一体化发展角度推进区域整体功能多中心的发展。

改革开放以来，珠江口东西两岸采取了不同的发展路径，拥有不同的社会经济和文化特征，在地表空间上表现功能多中心性的差异。经测度可以发现珠三角东翼的专项／综合功能多中心度显著高于西翼区域（见图8-22）。珠三角东翼以广州—深圳—东莞为基础构成的次城市区域，由于往来广州与深圳之间的动车必然经停东莞，在无法准确获得客流数量的现实条件下，以经停班次表征客流数量的方式使得东翼次城市区域内两城市之间的功能联系均一致，城市轨道交通功能联系的密度为1，标准差为0，功能多中心度为1，说明东翼城市是完全的城际轨道交通功能多中心城市区域。在珠三角西翼，以广州—佛山—中山—珠海—江门为基础构成的次城市区域，其进入功能多中心度与外出功能多中心度、综合功能多中心度都显著高于珠三角整体区域，说明珠三角东西两翼缺乏有效的轨道交通功能联系，对于珠三角城市区域功能多中心的形成与提升产生了消极的影响。

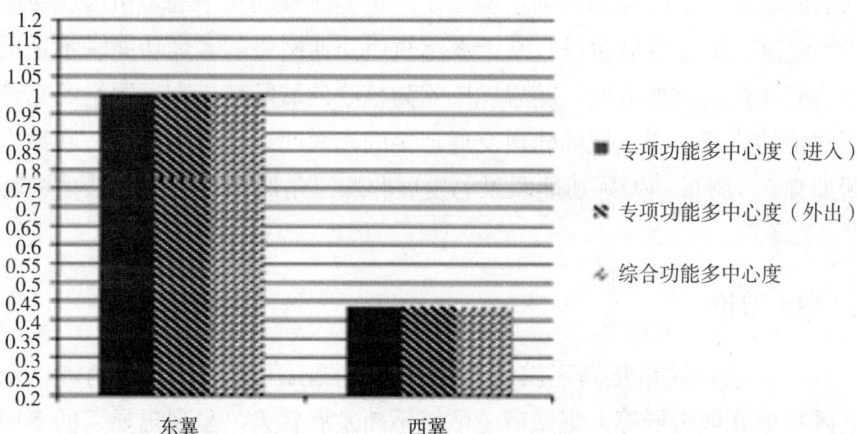

图8-22　珠三角东西两翼城际轨道交通功能多中心度

3. 珠三角城市—区域功能多中心发展分析

Champion（2001）将多中心城市区域的发展区分为离心发展、包含发展与融合发展三个类型与阶段①。融合发展是规模趋近的城市在空间上均衡分布的较初级状态，离心发展是城市集聚区以小型中心地围合发展的较高级的状态，包含式发展介于两个发展阶段之间。对于珠三角城市—区域而言，改

---

① A. G. Champion, "A Changing Demographic Regime and Evolving Polycentric Urban Regions: Consequences for the Size, Composition and Distribution of City Populations", *Urban Studies*, Vol.38, No.4 (2001), pp. 657-677.

革开放以来，珠江三角洲地区在外资的带动下出现雄厚的经济中心，成为驰名中外的世界工厂，各个城市都具备各自的经济社会发展的特质，小城镇遍布、各自为政、城镇间缺乏联系的"遍地开花"的形态的多中心开始出现①。随着经济的腾飞，珠三角的地方政府通过产业的转型升级建立起具有高度竞争力的产业集群，企业间互补联系不断增强，在地理空间上各市不断发展，在保持形态多中心的基础上珠三角出现更多开始提供中心功能的城市，城际功能联系亦逐步加强，通过通信、交通、金融等多方面的功能联系的紧密加速了城市区域功能多中心形成与发展，渐现功能上的多中心，城市区域的发展阶段处于包含式发展阶段。近年来区域一体化成为珠三角城市—区域重要的发展方向，城市功能网络组织更为织密、网络架构不断完善，繁密的功能联系与城际互动推动了珠三角向更为成熟的多中心城市区域快速发展，已经进入离心发展阶段；基于城际轨道交通网络的客运功能联系是反映城际功能联系的重要方面，随着以广州为核心的城际轨道交通网络的完善和中深大桥的修建，通过城际轨道交通连接的东西两岸地区社会经济联系将会不断加强②，将推动城际功能联系的发展和珠三角城市—区域功能多中心的凸显。

（四）结论

我国正处在城市化高速发展的阶段，长江三角洲、珠江三角洲、京津冀地区和中原城市群等大型城市—区域不断发展壮大，呈现出显著的多中心发展态势。多中心城市—区域成为强化区域发展，促进区域协调的重要空间组织；对多中心城市—区域展开实证研究是解决我国城市—区域发展困境，优化城市区域发展路径，增强城市—区域参与全球竞争实力的重要基础，同时也有利于推进我国多中心城市—区域的理论研究。珠三角城市—区域正处于城市化高速发展的阶段，呈现出显著的多中心发展态势。珠三角多中心城市—区域的发展促进了区域一体化进程的推进，成为协调区域的重要空间组织形式。针对珠三角城市区域功能多中心的研究能够补充多中心城市—区域

---

① 徐江、叶嘉安：《珠江三角洲城市群规划中的空间重构与区域治理研究》，《城市与区域规划研究》2009 年第 3 期。

② 陈浩、陆林、郑嫚婷：《珠江三角洲城市群旅游空间格局演化》，《地理学报》2011 年第 10 期。

的理论研究，实证研究的结果也为我国多中心城市—区域的实践、解决区域发展问题、优化区域发展提供重要线索。

本节以流动空间与城市网络为理论基础，探讨基于城际轨道交通功能联系的珠三角城市区域功能多中心特征，借鉴了在 POLYNET 中成功应用的 Green 的社会网络分析方法，完成了对珠三角城市—区域功能多中心的测度。研究表明，珠三角城市区域城际轨道交通功能联系网络正处于高速发展阶段，城际轨道交通功能联系强度呈现规模效应与市际差异，城际轨道交通功能联系的密度与标准差还有发展调整空间，向更为紧密和均衡发展。基于城际轨道交通功能联系的功能多中心测度结果表明，珠三角城市—区域的功能多中心性在世界上典型的城市区域中处于中上水平；对于东西两翼多中心度的测度与分析发现，东西两翼城市间缺乏有效的城际轨道交通功能联系对于珠三角城市区域功能多中心产生严重的消极影响，珠三角城市—区域功能多中心度进入离心发展阶段。

由于信息来源的限制，本节无法获取准确的城际轨道交通经停各站点的客流信息，这对于测度的准确性造成一定影响；此外，多个时段的完整数据的获取难度使得动态发展的测度与分析还未能展开。随着珠三角城市—区域城际轨道的发展与信息技术的不断推进，将为研究珠三角多中心城市—区域的研究提供更多时段、更为完整的数据支持。此外，基于高端生产者服务业数据的功能多中心测度与分析，则能从另一角度丰富多中心城市区域的研究，这也是未来研究的侧重点之一。另一方面，珠三角城市—区域功能多中心的不断提高，对跨界区域空间政策和治理提出了更高要求。在市场经济的推动下，跨越行政边界的城市基础功能的发展日趋繁荣，越来越多跨越区域界线、涉及多个政府权限的跨域事务的产生迫使区域空间治理模式产生变革，形成了多中心、多层次的复合的区域治理格局。积极有效的推动空间政策的拟定与调试，促进多中心跨界治理，是研究珠三角多中心城市区域协调、快速发展的重要内容。

第 九 章

山东沿海城市—区域城际空间联系格局特征[①]

关系型数据较差的可获取性导致学术界对城市与区域空间联系的研究长期处于"巧妇难为无米之炊"的窘境。由英国著名地缘政治学家、世界城市网络研究开拓者 P.Taylor 所倡导的企业流研究方法成为解析区域空间联系的重要手段。此外，城市交通流也成为表征区域空间联系的重要切入点。

一、山东沿海城市—区域的城际企业流空间联系格局

鉴于金融业是全球经济一体化的重要因素，Sassen 从金融市场入手，探究世界城市间的网络关系，提出了"高端生产者服务业"（Advanced Producer Service，简称 APS）的概念并运用到世界城市研究中。Taylor 等借鉴 APS 的区域扩张特征，以其总部、区域中心、办事处等在全球城市体系中的分布情况，构建商务企业的连接关系，将企业汇总起来得出全球城市的网络构成关系，提出的连锁网络并以此来进一步研究世界城市网络关系。将 APS 视角下城市网络的研究方法引入区域城市网络体系研究始于以霍尔为首的 POLYNET 项目组对欧洲城市体系组织的分析城市研究当中。在这些研究过程中，APS 的理论与方法的研究范围也从世界城市网络逐步深入到区

① 本章内容根据马学广、贾朝祥、张瑞敏《城市群体区域空间联系格局的多尺度研究——以山东沿海城市带为例》（《青岛科技大学学报》社会科学版 2015 年第 4 期）修改而成，马学广作为第一作者和通讯作者。

域城镇网络格局。

城市网络已在城市与区域规划领域获得广泛关注，被用以理解地理邻近、规模相当、功能各异的城市为主体的大都市区化过程。从发展阶段看，山东省处于城市化高速发展时期，外向型经济逐步聚集，中小城市和城镇发展迅速，城市体系面临空间布局的转型。从形态上看，山东省已初步形成了城市群和城市带的带动发展模式；从研究基础看，山东省的基础数据和区域空间规划资料相对完备，可以支持"城市网络"的定量分析。本节借鉴世界城市网络的研究经验，采用高级生产者服务业公司办公网络分布数据，以城市服务值和连通性为衡量指数，分析山东省沿海城市—区域城市网络的空间结构特征，为探讨区域空间形态与区域协调发展提供新的视角。

（一）分析方法

从 APS 视角入手分析区域城市网络体系的方法，主要是通过测度 APS 公司在功能性城市区（Fuctional Urban Region，简称 FUR，本节指代的是县级行政区域）中的办事处等级规模，建立其在各 FUR 间的等级联系网络，反映该城市在此 APS 公司联系中的地位。将多个 APS 公司耦合起来统一考虑，即能得出基于 APS 公司的城市网络连接情况，以此来反映城市与城市之间的功能分工、信息传递等网络联系。这种通过将城市作为网络中节点来研究的方法的优势是易于获取数据，用办公机构的地理分布来印证城市之间是否存在持续性的功能互动，即使在不能准确获得公司业务量数据的情况下，也可以揭示出城市之间功能联系的强度和基本格局。该方法的关键在于将 APS 公司的空间分布信息转化为城市间的连通关系。

1. 研究对象选择

本节通过测量高端生产者服务业公司的地址信息及业务联系来分析城镇网络空间结构。生产者服务业是广义中介经济的一部分，主要组成部分包括保险、银行、金融服务、房地产、法律服务、会计和专业协会等。本节选择在山东设有总部或分支机构的咨询管理公司、银行、会计事务所、保险公司、物流公司、律师事务所6个行业的60家高端生产者服务业公司作为研究对象。通过访问 APS 公司的网站获取其办事处的分布地点和规模信息，基于此种信息收集方式进行企业选择，在对这些部门进行企业选择时参考行业如下：

银行：中国 50 大商业银行（发布机构：标准普尔）；会计：2013 年会计师事务所综合评价前百家信息（发布机构：中国注册会计师协会）；保险：2013 年中国保险公司排名（发布机构：中国保监会）；物流：2013 年中国物流企业 50 强（发布机构：中国物流信息中心）；律所：2013 中国内地 IPO 业务 TOP50 律所（发布机构：《方圆律政》杂志）；咨询管理机构：2013 山东省咨询管理机构排名（发布机构：职友集网站）。

具体选择方法：上述名单中的公司，在研究范围内的 9 个地级市中设有两个以上（含两个）办事处的，纳入研究公司名单中。在 6 个部门中，共选取了 10 家银行、10 家会计师事务所、10 家保险公司、10 家律师事务所、10 家物流公司和 10 家咨询管理公司，共计 60 家 APS 公司。在对公司进行选取后，进一步对已选取公司在各个城市的办事处等级和规模进行量化，获取服务值信息。最终，全部 FUR 中的 APS 公司服务值数据可以量化为一个73 个 FUR×60 家公司的矩阵。

2. 研究区域与研究单元

本节的研究区域为山东沿海城市—区域，包括青岛、烟台、潍坊、威海、东营、滨州、日照、淄博和济南。其中济南与淄博虽不临海但其与各沿海城市关系密切，故也在本研究区内。本研究区共 9 个地级以上城市包含73 个县市区（见图 9-1）。山东西部连接内陆，从北向南分别与河北、河南、安徽、江苏四省接壤，东部山东半岛伸入黄海，总面积 8.34 万平方千米，人口共 4774.02 万人。

3. 连通度分析方法

借鉴世界城市网络研究的计算方法，将企业地址信息转化为 m 个生产者服务业公司在 n 个城市分布的数据库，然后将世界城市网络量化定义为一个关于 V 的矩阵 X，V_{ij} 是这个矩阵 X 的初始数据，表示公司 j 在城市 i 提供的"业务量"。在本研究中，采用公司 j 在城市 i 的办公室数量和规模（包括总部与分公司）来衡量 V_{ij}。主要包括以下 4 个指标：

公式（1）：公司 j 在城市 a 与城市 b 之间的连通值 $R_{ab,j}$

$$R_{ab,j} = V_{aj} \cdot V_{bj} \quad (j = 1, 2 \cdots\cdots m) \tag{1}$$

公式（2）：城市 a 与城市 b 之间的总体连通值 R_{ab}

图 9-1 山东沿海城市—区域城市网络的研究单元示意

$$R_{ab} = \sum R_{ab,j} \quad (j=1, 2\cdots\cdots m) \tag{2}$$

公式（3）：城市 a 在网络中的总体连通值 N_a（每个城市都连接 $n-1$ 个城市）

$$N_a = \sum R_{ai} \quad (i=1, 2, \cdots n；且 i \neq a) \tag{3}$$

公式（4）：城市 a 在网络中的连通度 L_a

$$L_a = (N_a / \sum N_i) \quad (i=1, 2, \cdots n) \tag{4}$$

4. APS 企业等级量化

参考国内外相关文献，将办事处的等级规模量化为 0—4 之间的整数，即服务值。其中 0 表示该 APS 公司未在此 FUR 设立办事处；1 表示办事处规模明显偏小或需要依赖其他 FUR 办事处才能实现其功能；2 表示一般办事处的功能，当办事处为区域性总部或规模数倍于其他一般办事处设其值为 3 的功能；当办事处为区域性总部，设其值为 3；4 是该公司的总部设在此地。这样的量化方法只需在取值 1 和 2 之间、2 和 3 之间进行主观判断，可以最大限度避免主观判断的误差。

（二）山东沿海城市—区域城市网络的空间特征

对高端生产者服务业企业网络的分析包括两个方面：单一城市研究单元的连通度分析和城市研究单元之间的连通值分析，从"点"和"线"两个角度归纳网络的基本特征。通过划分各城镇研究单元的连通度等级，分析城市网络节点的连通度特征，主要结论如下：

1. 基于服务值的城镇区域格局分析

（1）服务值等级分布明显，有明显的地域空间差异

通过计算各FUR的服务值总和，将其分为3个等级，从图9-2可以明显看出，各区域服务值等级分布明显。其中青岛和济南的服务值近似作为最高等级；第二等级包括淄博、烟台和潍坊，从图可以看出在地理位置上淄博、东营和潍坊位于青岛和济南之间，而烟台紧邻青岛。第三等级包括威海、日照和滨州，可以明显发现这三个城市位于青岛沿海城市带的最西端、最南端和最北端。

从空间分布来看，山东沿海城市—区域第一与第二等级FUR服务值较大且差距较小，集中在山东省中西部地区且连接成片；在鲁东威海、鲁南日

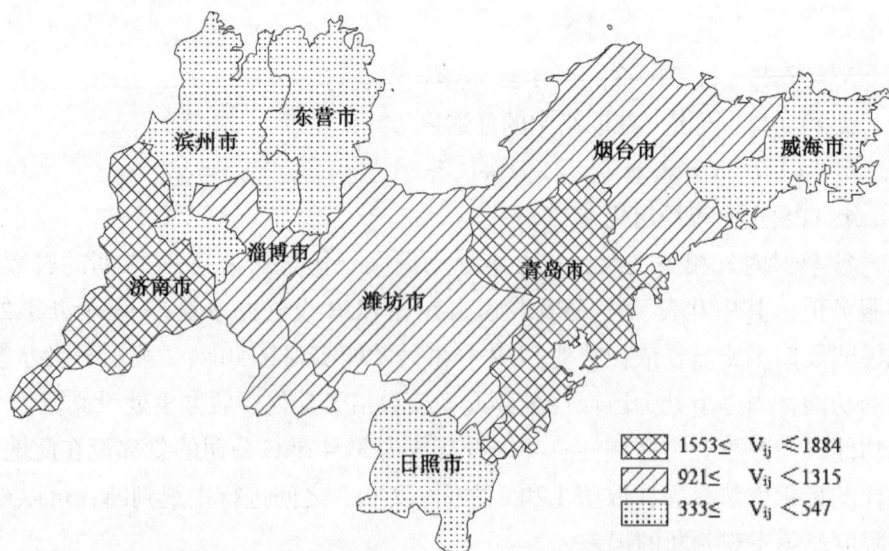

图9-2　山东沿海城市—区域FUR的服务值等级分布

照和鲁北滨州 FUR 服务值较小，差异不明显。因此山东省各地区 FUR 分级现象明显，地理位置及行政重心导致的地理空间差异明显，围绕青岛市与济南市向外扩展，边缘地区缺乏次高等级的点来带动周边 FUR 的发展。

（2）分行业城市网络特征呈现"大网络型"和"小网络型"

通过 APS 各行业的服务值归一化的数值大小来表示 APS 来表示在各地区的布局（见图9-3），发现6个行业的服务业公司分为两种类型，分为"大网络型"，包括银行业、保险公司；"小网络型"，包括律咨询管理公司、师事务所、会计事务所和物流公司，其网络规模、组织结构和空间布局存在明显差异。

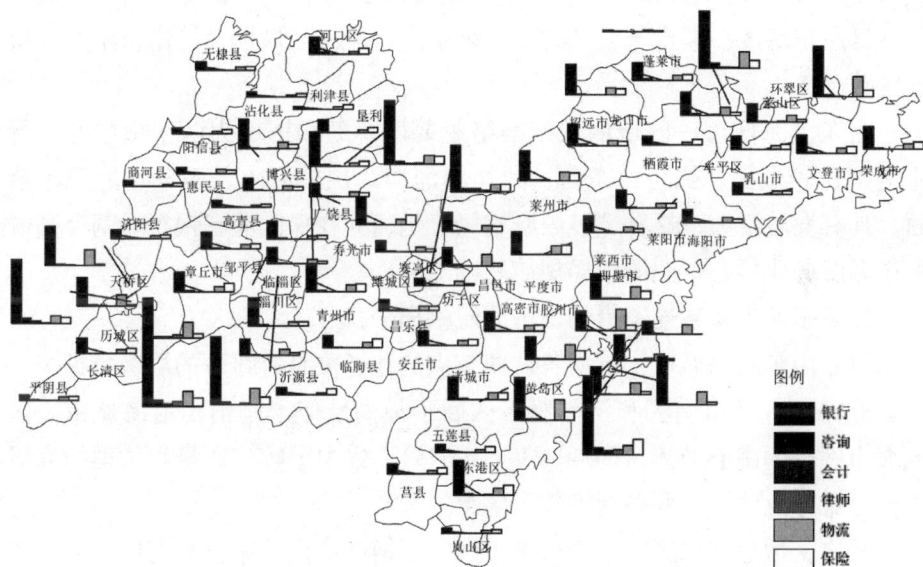

图 9-3　山东沿海城市—区域带各行业办公地布局分析

首先，从网络规模上看，银行和保险公司服务值较大，办公机构数量较多，几乎各个 FUR 均有分布，而且每个 FUR 办事处不止一处，而律师事务所、会计事务所和物流公司服务值与银行业和保险公司相差巨大，办事机构较少，仅分布在少数的 FUR。

其次，从组织结构上看，银行业、保险公司倾向于建立一个大而全的服务网络，在各地区分布有"省级总部——地市级总部——县市区分支"的三层次结构，而律师事务所、会计事务所和物流公司网络相对简单，在山东除了总部，几乎都是同级别的分所，等级层次不明显。

咨询管理公司网络则更加简单，除主要城市市区设有办事处外，只有其他少数地区有办公室和联络处。

第三，从网络的空间布局来看，银行和保险公司分布广泛，遍布各个县区市，尤其是银行，几乎在各个乡镇均有分行，触角遍及山东沿海城市—区域各处。保险公司分布与银行分布基本相当，只有少数县市区保险公司单一，无其他保险公司。会计师事务和咨询管理公司多集中于济南和青岛的中心城区，在其他地区分布数量较少且分散。律师事务所基本上集中分布于济南历下区和青岛市南区两大中心。物流公司多集中在于青岛市南区、黄岛区、日照东港区、烟台芝罘区、威海环翠区等沿海区域以及济南市中区等市直辖区。

山东沿海城市—区域的城市网络主要以青岛和济南为两个主中心，行业类型比较全面，烟台、东营、潍坊和淄博为次中心点，服务功能还不全面，具有发展潜力，这种"多中心格局"是建立在保险业和银行业两个高端生产者服务业核心行业的布局规律基础上的。

2. 基于城市体系连通度的城市区域格局分析

（1）山东沿海城市—区域各城镇节点的连通度具有显著的层级特征

首先，青岛市南区和济南历下区属于最高层级，是山东沿海城市—区域城市网络的中心节点（$0.040 \leqslant L_a < 0.045$），集中了较多数量和类型的高级生产者服务业公司，服务网络较为健全。

其次，烟台芝罘区、济南市市中区、淄博张店区、东营东营区共 4 个内陆市辖区的 FUR 处于次高等级，属于次中心节点（$0.030 \leqslant L_a < 0.040$），集中了一定数量、多种类型的高级生产者服务业公司。

第三，荣成市、即墨市、诸城市、东港区等部分县市以及龙口区、崂山区、福山区等部分市辖区共 23 个 FUR 属于第三等级（$0.024 \leqslant L_a < 0.030$），集中了类型和数量相对较多的生产者服务业，其中主要是银行业和保险以及物流分公司。

第四，环翠区、黄岛区、奎文区、市北区、历城区 5 个 FUR 处于第四等级（$0.012 \leqslant L_a < 0.024$），生产者服务业的类型和数量偏少，仅有保险公司

和银行的低等级分支机构的分布。

第五，文登区、昌邑区、蓬莱区、河口区、莱西市、邹平县、长清区、博山区、莒县等39个FUR属于第五等级（$0.0012 \leqslant L_a < 0.012$）。这些FUR中的县市大部分位于鲁西地区，位于内陆，比较闭塞，导致连通度较低，而少量的市辖区连通度低的原因是其周围的其他市辖区连通度较高，取代了该地区的部分服务功能，例如潍坊奎文区连通度很高，导致其周围的坊子区、寒亭区与潍城区连通度处于较低等级。

其中，日照岚山区、烟台长岛县和滨州无棣县连通度等值最低，与其他区域差异明显，究其原因，主要是由其地理位置决定的。长岛县位于烟台北部的一个海岛上，与其他地区联系不便，导致其连通度很低。岚山区与无棣县因位于研究区边缘，与研究区内部地区关系松弛，其联通度在本研究区内地。

总体来看，山东沿海城市—区域的各个县市区均分布有高端生产者服务业公司，服务网络已相对较为健全，但是区域差异明显，尤其是鲁西部分县市区连通度较低，与服务值分布相比，连通度缩小了区域差异。

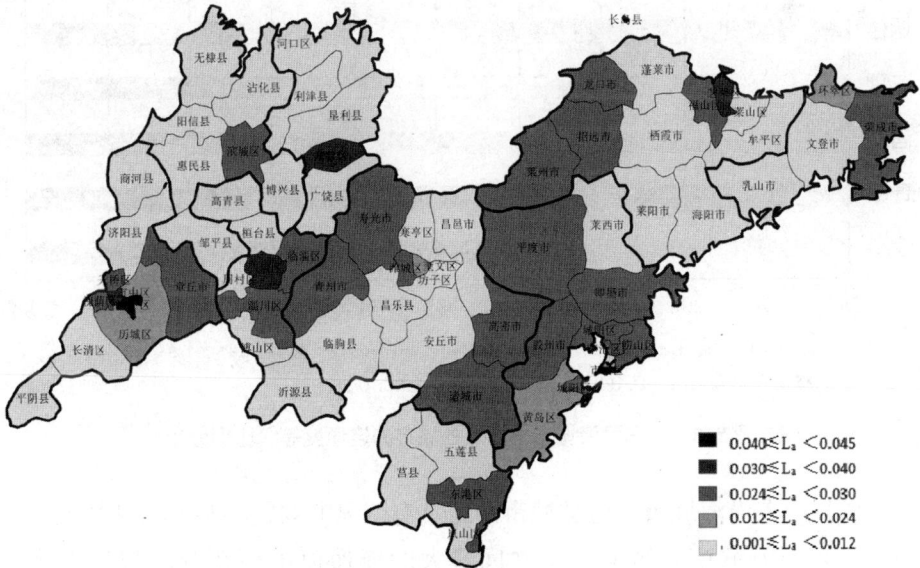

图9-4 山东沿海城市—区域企业城市连通度等级

（2）山东沿海城市—区域城市网络具有尺度变异特征

从宏观尺度上看，山东沿海城市—区域城市网络的中心节点在东部沿海地区比较集中，在其他地区较为分散，主要围绕青岛与济南两个节点扩展。

如图 9–5 所示，将研究单元分为 5 个等级，分析它们在各个城市中所占的比例，可以看出青岛和济南所包含的城镇单元连通度最高，淄博、东营、烟台、潍坊组成的沿海区域连通度次之，威海、日照、滨州等边缘区域连通度最低。9 个城市连通度最高的城镇节点均是该城市行政中心。城市中心区有良好的交通条件和服务设施优势，容易吸引高端生产者服务业公司集聚。上述尺度变异特征反映了地域经济活动高度分离的同时又在局部范围内高度整合，表现出网络系统特有的开放而统一的拓扑特征。

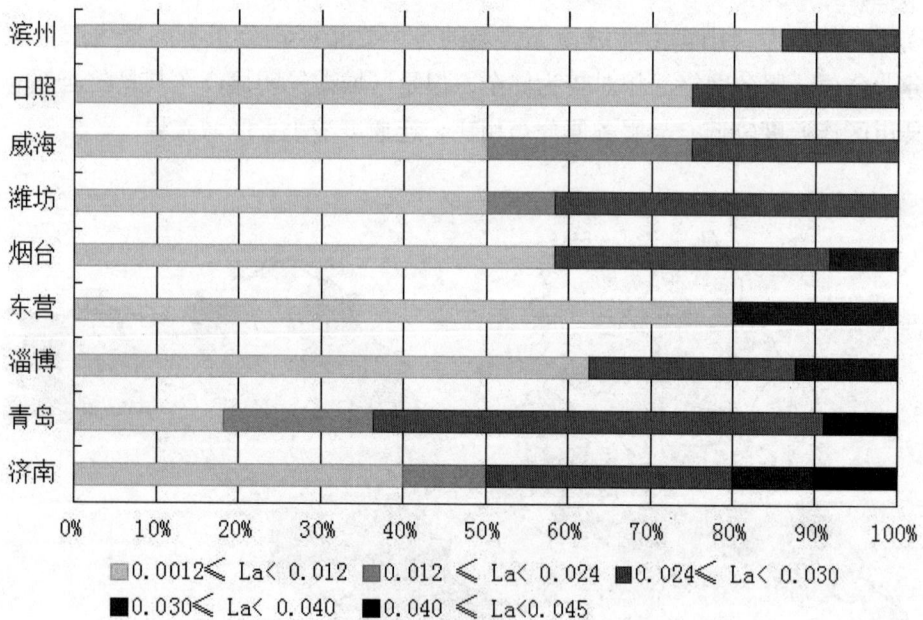

图 9–5　山东沿海城市—区域各城市的连通度等级比例分布

（3）山东沿海城市—区域城市网络具有明显的双核心和层次性特征

山东沿海城市—区域城市之间最大的连通值出现在青岛与济南之间（$R_{max}=98$），设城市之间的连通度 $P_{ab}=R_{ab}/R_{max}$，对 P_{ab} 分级并作出城市研究单元之间的连通网络结构图（见图9-6），可以明显地看出山东沿海城市—区域城镇网络体系具有明显的双核心，以青岛和济南为中心，向外辐射，形成不规则四边形，青岛—济南为网络主线，研究区西部区域网络性较弱。总体来说，山东沿海城市—区域城镇网络体系已初步形成，但是中部地区联系最强，西部最弱，具有明显层次性。

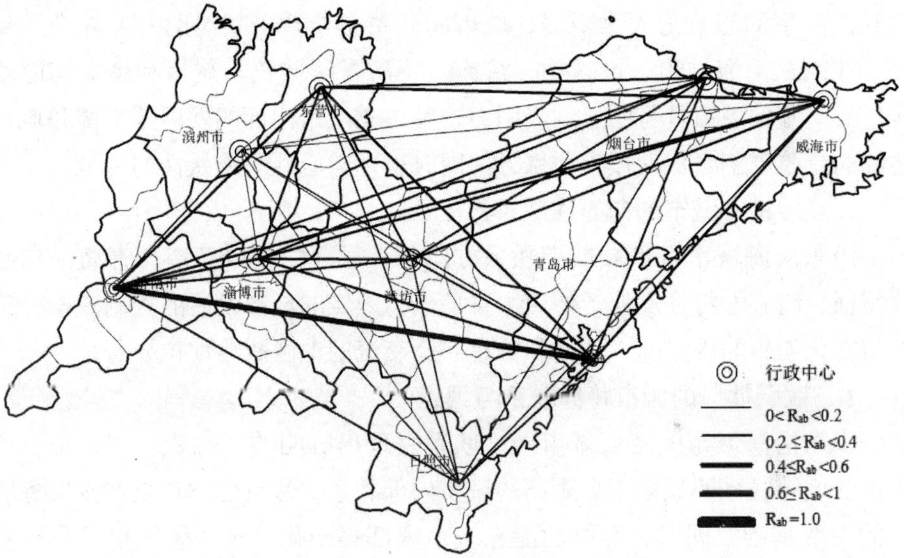

图9-6 山东沿海城市—区域高级生产者服务业企业网络联系分析

（4）山东沿海城市—区域多中心性变化的方向性

山东沿海城市—区域连通度的空间分布随着网络节点行政等级和空间单元破碎程度的变化而改变，这使得网络多中心性变化呈现一定的方向性，具体表现为山东沿海城市—区域网络多中心性由城市尺度向县区尺度依次降低。在城市尺度中，济南与青岛的连通度与服务值出于第一等级，两地在网络中趋于同级、呈现较强的多中心性。在县区尺度中，县区间联系强度差异更为显著，呈现出以少数县区为主的多极核分布趋势，区域多中心特征并不显著。

（5）山东沿海城市—区域多中心的地区差异性

山东沿海城市—区域网络空间的多中心性呈现显著的地区差异性，主要表现在鲁中与胶东双中心发育程度上的差异。山东沿海城市—区域胶东地区的多中心性显著高于西岸，其主要原因不仅在于胶东地区的联通度大于鲁中，还在于胶东的城际联系的等级差异小于鲁中，更具多中心性。

（三）山东沿海城市—区域城市联系方向的空间组织特征

在城市网络的空间组织逻辑中，交通和通讯技术的发展使得距离因素对经济联系的影响力大为减弱，城市间联系主要基于功能的差异性和互补性。在山东沿海城市—区域中，济南、青岛是区域核心城市和高端功能载体，对于其他城市具有明显的吸引力，且由于城市内部的发展不平衡和城市之间的行政分割，促使城市联系方向同时呈现向心性和跳跃性的特征。

1. 连接核心城市的向心性联系特征

山东沿海城市—区域城市联系方向具有显著的指向济南、青岛的向心性特征。向心性特征反映了济南、青岛作为区域的经济发展的控制中枢、制度与文化创新的源空间、技术和信息广泛交流的地区战略地位显著。

2."跳跃性"的城市跨界联系与组织

山东沿海城市—区域城市网络联系表现出鲜明的"跳跃性"特征。长距离的城际联系明显多于短距离的城市内部联系，邻近性不再是产生服务联系的主要基础。同时，网络功能在城市内部集中化，一些研究单元形成功能意义上的"孤岛"，东营、滨州、威海都仅有一个片区被网络覆盖，各孤岛间形成"跳跃性"的网络联系。从区域管制的角度看，为适应城市网络的"跳跃式"发展，应当增强跨行政边界的区域协调行动，在区域统筹的思路下布局交通基础设施和生态基础设施，才能促进高端资源的有效流转与疏导，才能加快山东沿海城市—区域一体化进程，推动山东沿海城市—区域功能网络的形成和发展。

（四）结论与启示

基于高级生产者服务业视角的山东沿海城市—区域城市网络体系的研究结论如下：

（1）基于服务值对山东沿海城市—区域城市网络体系的分析发现，其城市网络具有多中心和非均衡性的结构特征，以青岛市和济南市构成的双核为服务中心，淄博、烟台和潍坊为次中心，其余城市为一般节点的体系网络，高级生产者服务业的服务值呈等级分布，且中部和西部区域之间差异明显，服务值较大的区域未连接成片，仅靠点状辐射，分行业形成"大网络型"和"小网络型"。因此，基于高端生产者服务业的山东沿海城市—区域城市网络体系发育还处于初级阶段，与珠三角地区及长三角地区的城市网络体系有较大差距。

（2）基于连通性对山东沿海城市—区域城市网络体系的分析发现，山东沿海城市—区域城镇网络体系具有一体化、层级性的特点。各城镇节点的连通度具有显著的层级特征，研究区中部、西部连通度呈现明显层级特征，城市网络具有尺度变异特征，中心城区与外围城市的发展不均衡。城市网络特质在一定程度上被银行、保险等高端生产者服务业核心行业的办公网络布局规律所决定，咨询管理公司、律师事务所、会计事务所及物流公司服务业的网络体系连通度很弱，仅在少数的几个县级市设有办公机构。

本研究证明，通过高端生产者服务业公司业务联系的方法研究我国城市网络体系具有一定作用。虽然在经济规模、产业结构、发展背景等方面与珠三角及长三角地区等有较大差距，但是山东沿海城市—区域正处于经济高速发展时期，已建立起相对比较全面的服务网络体系，此种方法能够在很大程度上表现出山东沿海城市—区域的城市网络格局。但不可忽视的是，这种研究方法一直被用于分析世界城市网络，反映全球化的社会经济实践过程，当应用它分析特定区域的城市网络格局时，面临由全球向地区的尺度转换，高端服务公司在全球尺度和地区尺度的组织方式具有差异性，因此该方法的适用性尚有待讨论。基于中国经济的发展水平及山东省工业产值比重较高的背景下，高端生产者服务业之间的联系在城市之间的联系中是否占主导地位还需要探讨。

二、山东半岛蓝色经济区的城际客运流空间联系格局

在全球化和信息化背景下，城市区域成为高度城市化地区重要的地域空间组织形式，日益取代城市成为参与国际竞争的基本单元。随着交通和通

讯技术的发展，多中心城市区域内部城镇被高速公路、高速铁路和电信电缆所传输的密集的人流和信息流——"流动空间"——连接起来。各类资源要素在全球和地区尺度上快速流动，推动着不同城市之间的人流、物流、信息流、资金流和技术流交互作用，进而形成城市网络。在城市网络中，主导的空间形式由之前的地方空间变为流动空间。流动空间是通过流动运作的社会架构，通信技术发展推动不相邻的节点的物质流动、形成网络组织。城市区域则可以被看作是社会空间流动过程。因此，当前以流动空间和城市网络理论为基础，通过定量测度和定性分析相结合的方式研究城市区域功能多中心逐渐成为区域研究的重点。

（一）研究地域范围和研究方法

1. 研究地域范围

山东半岛是环渤海地区与长江三角洲地区的重要结合部、黄河流域地区最便捷的出海通道、东北亚经济圈的重要组成部分，海洋经济发展基础良好，在促进黄海和渤海科学开发、深化沿海地区改革开放、提升我国海洋经济综合竞争力中具有重要的战略地位。山东半岛蓝色经济区范围包括山东全部海域和青岛、东营、烟台、潍坊、威海、日照 6 市及滨州市的无棣、沾化 2 个沿海县所属陆域，海域面积 15.95 万平方千米，陆域面积 6.4 万平方千米。2009 年，区内总人口 3291.8 万人，人均地区生产总值 50138 元。

根据研究需要，本研究的研究对象为规划的山东半岛蓝色经济区所有行政区及滨州市的滨城区、惠民县、阳信县、博兴县和邹平县。即本研究对象选取了青岛、东营、烟台、潍坊、威海、日照以及滨州共 7 个城市。

2. 数据来源和选取

本节的研究区域是山东半岛蓝色经济区的青岛、烟台、威海、日照、潍坊、东营、滨州 7 个城市，为了更详细地表征内部城镇节点的功能状态，选择县（区）作为研究单元，即将蓝色经济区划分为 56 个研究单元（视为城市功能区）。通过山东省客运班次信息查询网（http：//www.sdjtcx.com/passageStation/passageSelect.jsp），得到 7 个城市（56 个功能区）中 75 个车站共 14384 次发车班次城际客运交通流（搜索时间：2014 年 5 月 1 日）。

3. 数据分析方法

本研究目的在于通过城际客运交通流表征山东半岛蓝色经济区内部各功能区节点之间的联系状态，进而分析该经济区的多中心结构。因此，在数据分析上主要采取两个尺度——一个是城市尺度，一个是以县（区）单位为基准的功能区尺度。分别具体分析不同空间尺度下城市和功能区单元通达度及连通性的变异特征，并且创新性地进行城市内部与外部的中心区（城市中心区即地级市市辖区）和郊县（包括各个地市的县级市、县单位）相关分析，试图从多维多尺度分析蓝色经济区功能各节点之间的功能联系。

（二）城市尺度上山东半岛蓝色经济区城市联系强度的空间分异

第一，山东半岛蓝色经济区已形成由 1 个主中心、2 个副中心和 4 个次中心构成的城市网络联系格局。

对于城市尺度下交通客运流的分析，发现山东半岛蓝色经济区 7 个城市基本形成了以青岛为主中心，以烟台、潍坊为副中心，以威海、东营、滨州、日照为次中心的 1 个主中心、2 个副中心、4 个次中心的空间联系格局。城市的对外辐射能力以及通达度以青岛为首，青岛成为整个山东半岛蓝色经济区的中心城市以及枢纽城市，其次是烟台和潍坊，威海、东营、滨州、日照的辐射能力相对较低，通达度也相对较低（见表 9–1、表 9–2）。

表 9–1 山东半岛蓝色经济区城市尺度发出、到达车次数据表

出发站	发向其他六市车辆班次（To）	其他六市发向该市车辆班次（Ti）	城市发出到达车次合计（Ts）
青岛	2005	1663	3668
烟台	1950	1424	3374
潍坊	1492	1727	3219
威海	712	779	1491
东营	661	426	1087
滨州	255	738	993
日照	265	583	848
合计	7340	7340	14680

表 9–2　山东半岛蓝色经济区 Ts（输入输出合计）车次聚类表

类别	Ts（合计）	城市数量	班次（平均值）	标准差
1	青岛	1	3668.00	0
2	烟台、潍坊	2	3296.50	109.60
3	威海	1	1491.00	0
4	东营、滨州、日照	3	976.00	120.40

根据表 9–1 及表 9–2 数据，青岛市与其他六市的客运交通联系明显高于其他地区，联系强度最高，输入及输出车次合计达 3668 次；烟台和潍坊与其他六市的联系强度也高于其他地区，但低于青岛，联系强度大约为 3300 左右。并且可以看出山东半岛蓝色经济区的副中心城市之间的联系强度差异明显低于次中心城市之间的联系强度差异，反映了烟台与潍坊之间的联系强度相近。

山东半岛蓝色经济区城市可以分为两类，一类是 To＞Ti，即输出车次大于输入车次，包括青岛、烟台、东营三市，To（输出）可以表征城市作为区域中心城市的对外辐射能力；一类是 Ti＞To，即输入车次大于输出车次，包括潍坊、威海、滨州、日照四市，Ti（输入）可以表征城市作为区域枢纽城市的辐射能力。

这一结果表明，青岛、烟台、东营三座城市作为区域中心城市的对外辐射能力较强。其中，青岛、烟台主要作为蓝色经济区东部地区的主要功能节点城市，东营主要作为蓝色经济区西部地区的主要功能节点城市，主要辐射范围在西部地区。

潍坊、威海、滨州、日照四市主要功能是蓝色经济区的区域枢纽城市，四座城市作为区域枢纽城市的对外辐射能力较强。其中，以潍坊最为明显，从地理位置看，其地处蓝色经济区的中心位置，因此可以将其作为整个蓝色经济区的交通枢纽城市和通道城市。

第二，连接核心城市的向心性联系特征。

山东半岛蓝色经济区联系方向具有显著的指向青岛、烟台和潍坊的向心性特征（见表 9–3、表 9–4）。

表 9–3 山东半岛蓝色经济区各城市的主要联系方向

	首位联系线	次位联系线
青岛市	烟台	潍坊
东营市	滨州	潍坊
烟台市	青岛	潍坊
潍坊市	青岛	烟台
威海市	烟台	青岛
日照市	青岛	潍坊
滨州市	东营	潍坊

表 9–4 山东半岛蓝色经济区各县区首位联系和次位联系表

	首位联系线	次位联系线		首位联系线	次位联系线		首位联系线	次位联系线
市南区	芝罘区	环翠区	福山区	栖霞市	海阳市	昌邑市	潍城区	高密市
市北区	胶州市	即墨市	莱山区	文登市	荣成市	昌乐县	寿光市	青州市
崂山区	即墨市	平度市	牟平区	环翠区	莱阳市	临朐县	潍城区	青州市
李沧区	胶州市	潍城区	海阳市	潍城区	芝罘区	环翠区	芝罘区	莱阳市
城阳区	即墨市	平度市	莱阳市	莱西市	栖霞市	荣成市	环翠区	芝罘区
四方区	海阳市	乳山市	栖霞市	芝罘区	莱阳市	文登市	环翠区	芝罘区
黄岛区	即墨市	胶州市	蓬莱市	栖霞市	芝罘区	乳山市	芝罘区	环翠区
即墨市	四方区	黄岛区	龙口市	芝罘区	潍城区	东港区	黄岛区	四方区
胶州市	四方区	胶南市	招远市	莱州市	芝罘区	岚山区	东港区	莒县
胶南市	四方区	胶州市	莱州市	招远市	平度市	莒县	东港区	四方区
平度市	四方区	潍城区	长岛县			五莲县	东港区	潍城区
莱西市	莱阳市	即墨市	潍城区	寿光市	安丘市	滨城区	沾化县	惠民县
东营区	滨城区	广饶县	奎文区	寿光市	诸城市	无棣县	滨城区	惠民县
河口区	垦利县	滨城区	坊子区			沾化县	滨城区	东营区
广饶县	寿光市	邹平县	寒亭区	寿光市	青州市	惠民县	滨城区	无棣县
垦利县	河口区	广饶县	青州市	昌乐县	潍城区	阳信县	滨城区	惠民县

	首位联系线	次位联系线		首位联系线	次位联系线		首位联系线	次位联系线
利津县	滨城区	惠民县	诸城市	安丘市	四方区	博兴县	无棣县	
芝罘区	栖霞市	四方区	寿光市	潍城区	青州市	邹平县	滨城区	无棣县
市南区	芝罘区	环翠区	安丘市	潍城区	四方区			

在城市尺度上，区域枢纽城市为青岛（3条首位联系线和1条次位联系线）、烟台（2条首位联系线和1条次位联系线）和潍坊（5条次位联系线）。在功能区尺度上，区域枢纽节点也是集中在青岛、烟台和潍坊的功能区空间分析单元，其中青岛四方区4条首位联系线和5条次位联系线，烟台芝罘区5条首位联系线和5条次位联系线，潍坊潍城区6条首位联系线和4条次位联系线。向心性特征反映了青岛、烟台和潍坊作为蓝色经济区的枢纽城市对其他地市的经济吸引力较强。向心性特征反映了青岛作为山东半岛蓝色经济区的龙头城市，烟台和潍坊作为骨干城市，对于促进山东半岛蓝色经济区的加快发展、优化产业结构、提升总体竞争力具有重要的拉动作用。

第三，山东半岛蓝色经济区内部城际联系强度东西部地域差异特征明显。

山东半岛蓝色经济区以潍坊为分界，联系强度呈现出东强西弱的特征。交通连通性最好的城市是青岛、烟台、潍坊，而东营、滨州、威海、日照的交通连通性较弱（见表9-5）。表9-5是将城市交通流数据录入SPSS软件，利用系统聚类方法，将42个城市交通流方向通过聚类分为8类所得。根据表3数据，蓝色经济区连通性最好的是第1类，城市是烟台—青岛，交通流达到793；其次是第2类，城市是青岛—烟台、青岛—潍坊，交通流均值达到676；再次是第3类，城市是烟台—潍坊，交通流达到547；然后是第4类，城市是烟台—威海、潍坊—青岛，交通流均值达到446。而连通性最低的第8类中所涉及的城市化中以滨州、东营为主，均值为26，而东部地区的青岛、烟台、威海、潍坊则连通性较好，多属于规模较高的前几类。因此，可以判断出蓝色经济区城市内部连通性呈现东强西弱的局面。

第四，蓝色经济区客运交通流具有明显的距离效应。

表 9–5　山东半岛蓝色经济区城市尺度交通流聚类表

类别	交通方向	类别数量（共 42）	班次（平均值）	标准差
1	烟台—青岛	1	793	0
2	青岛—烟台、青岛—潍坊	2	676	45.25
3	烟台—潍坊	1	547	0
4	烟台—威海、潍坊—青岛	2	446	21.21
5	东营—滨州、潍坊—烟台、威海—烟台	3	316	16.52
6	青岛—威海、青岛—日照、东营—潍坊、潍坊—东营、潍坊—日照、潍坊—滨州、威海—青岛	7	226	25.70
7	青岛—滨州、烟台—日照、威海—潍坊、日照—青岛、日照—潍坊、滨州—东营、滨州—潍坊	7	104	23.11
8	青岛—东营、东营—青岛、东营—烟台、东营—威海、东营—日照、烟台—东营、烟台—滨州、潍坊—威海、威海—东营、威海—日照、威海—滨州、日照—东营、日照—烟台、日照—威海、日照—滨州、滨州—青岛、滨州—烟台、滨州—威海、滨州—日照	19	26	20.21

　　蓝色经济区城际客运交通流存在明显的距离衰减特性，具体表现为客运交通流规模呈以青岛为核心的"中心—边缘"特征。青岛的客运交通输入及输出规模居七市之首，是蓝色经济区客运交通网络联系的核心，越向区域外围客运交通流规模越小。以青岛地区为例，其他六地市输入青岛的客运流联系强度呈现空间上的距离衰减特性，输入青岛最大的客运交通流为临近的烟台，规模为 793 次，其次为临近的潍坊，规模为 461 次；最小的为远离青岛的滨州，规模仅为 41 次。

（三）功能区尺度上山东半岛蓝色经济区城市联系强度的空间分异

　　第一，功能区尺度通达度分析。

　　蓝色经济区功能区单元同样分为两类（见表 9–6），一类是 To>Ti，包括芝罘区、龙口市、奎文区、平度市、胶南市、市北区、蓬莱市、招远市、城阳区、文登市、东营区、临朐县、荣成市、安丘市、乳山市、广饶县、李沧区、河口区、市南区、五莲县、莱山区、寒亭区、沾化县、岚山区、崂山区、牟平区、福山区共 27 个县区单位，表明这一类县区单位作为区域中心城市的对外辐射能力要比作为区域枢纽城市的辐射能力要高。第二类是 Ti＞To，包括潍城区、莱阳市、寿光市、青州市、四方区、栖霞市、诸城市、滨城区、昌邑市、莱西市、即墨市、莱州市、海阳市、黄岛区、胶州市、高密市、东港区、莒县、惠民县、无棣县、环翠区、阳信县、垦利县、邹平县、昌乐县、利津县、博兴县、长岛县共 28 个县区单位，表明这一类功能区单位作为区域枢纽城市的辐射能力要比作为区域中心城市的对外辐射能力高。

功能区尺度下，通达度最好的县（区）单位是芝罘区和潍城区，发出车次均值为 878 次；其次为龙口市，发出车次为 684 次，然后是胶南市、平度市、奎文区，发出车次均值为 566 次；市北区、莱阳市、蓬莱市、寿光市通达度也较高，发出车次均值为 433 次。功能区尺度下，通达度最低的是垦利县、利津县、福山区、昌乐县、博兴县、邹平县，所涉及的城市主要有东营市和滨州市。因此，也可以看出蓝色经济区西部地区的通达度较低，而东部地区的烟台、青岛等地通达度较高，同样存在东西地域差异。

表 9–6　山东半岛蓝色经济区县（区）尺度车次表

空间单元	To（输出）	Ti（输入）	Ts（合计）	空间单元	To（输出）	Ti（输入）	Ts（合计）
芝罘区	897	801	1698	河口区	217	37	254
潍城区	858	1442	2300	市南区	210	26	236
龙口市	684	300	984	莱州市	194	439	633
奎文区	594	27	621	五莲县	193	122	315
平度市	589	417	1006	海阳市	190	212	402
胶南市	515	203	718	黄岛区	188	241	429
莱阳市	464	555	1019	胶州市	171	497	668
市北区	437	9	446	高密市	159	299	458
寿光市	428	451	879	东港区	140	499	639
蓬莱市	401	247	648	莱山区	136	4	140
招远市	375	312	687	寒亭区	128	0	128

续表

空间单元	To（输出）	Ti（输入）	Ts（合计）	空间单元	To（输出）	Ti（输入）	Ts（合计）
城阳区	374	0	374	莒县	115	236	351
青州市	365	388	753	惠民县	105	105	210
文登市	352	244	596	无棣县	103	118	221
东营区	343	251	594	沾化县	95	94	189
四方区	342	1089	1431	岚山区	91	0	91
临朐县	336	266	602	崂山区	87	0	87
栖霞市	320	340	660	环翠区	87	531	618
诸城市	318	321	639	阳信县	82	89	171
荣成市	315	102	417	牟平区	76	12	88
安丘市	306	260	566	垦利县	45	113	158
滨城区	294	502	796	邹平县	39	150	189
昌邑市	275	320	595	福山区	38	26	64
莱西市	269	375	644	昌乐县	37	265	302
即墨市	266	468	734	利津县	16	38	54
乳山市	253	197	450	博兴县	1	144	145
广饶县	252	198	450	长岛县	0	1	1
李沧区	219	0	219	坊子区	0	0	0

说明：由于长岛县和坊子区数据未能找到，故做 0 处理。

第二，功能区尺度下城市中心区的集聚效应。

通过山东省客运班次信息查询网得到山东半岛蓝色经济区 56 个功能区节点共 1134 个有数据的交通流方向，将其录入 SPSS 软件，利用系统聚类方法，将 1134 个功能区交通流方向通过聚类分为 8 类（见表 9-7）。基于表 9-7 数据的分析发现，蓝色经济区内部功能区之间的联系仍以城市内部交通为主要方向，尤其是城市内部郊县地区到城市中心区的联系强度最大。通过比较规模（均值）最高的前四类发现，交通方向均是由城市内部郊县地区发往城市中心市辖区的交通流，因此可以判断出功能区尺度下蓝色经济区连通性最好的均是城市郊县到城市中心区的交通流，由此反映了中心城市的集聚效应和中心性较强；也反映了蓝色经济区仍处在城市发展的初级阶段，并没有进入以城际之间的强联系对为主要交通流方向的高级发展阶段。通过分析聚类结果也同样得出蓝色经济区东部地区城市的内部功能区连通性强，而西部地区城市的内部功能区连通性较弱，反映了西部地区中心城市的集聚效应和中心性不高。

表 9–7 山东半岛蓝色经济区县区交通流聚类表

类别	交通方向	类别数量（共 1134）	班次（平均值）	标准差
1	平度市—四方区	1	236	0
2	寿光市—潍城区、安丘市—潍城区、昌邑市—潍城区	3	149	9.02
3	胶南市—四方区、文登市—环翠区	2	120	0.71
4	即墨市—四方区、胶南市—黄岛区、胶南市—胶州市、平度市—潍城区、东营区—滨城区、栖霞市—芝罘区、龙口市—芝罘区、临朐县—潍城区、莒县—东港区	9	99	6.56
5	莱西市—莱阳市等	28	72	5.10
6	莱西市—即墨市等	35	51	3.75
7	栖霞市—招远市等	63	35	3.88
8	胶州市—潍城区等	993	7	7.00

（四）山东半岛蓝色经济区区域功能多中心特征

1. 山东半岛蓝色经济区多中心性的尺度敏感性

多中心是高度尺度依赖的，某一尺度上的多中心可能在另一尺度上是单中心，因而不能从单一的尺度对城市区域的多中心进行表述。本节从城市尺度和功能区尺度两个不同的尺度对城际客运交通流展开研究分析，通过数据分析表明，城市尺度下的蓝色经济区具有较高的功能多中心性，而功能区尺度下，蓝色经济区功能多中心性不明显。近年来，区域一体化成为山东半岛蓝色经济区重要的发展方向，山东半岛蓝色经济区发展规划中明确指出要培育三个城镇组团，分别是青岛—潍坊—日照组团、烟台—威海组团以及东营—滨州组团，城市功能网络的组织架构不断完善，繁密的城际功能联系推动了山东半岛蓝色经济区向更为成熟的多中心城市区域迈进，已经进入离心发展阶段。

2. 山东半岛蓝色经济区多中心性的地区差异性

山东半岛蓝色经济区东西部地区的客运交通联系网络的多中心性呈现出显著的地区差异性，主要表现为东部地区各单元之间的客运交通流联系强度高，内部城市之间的客运联系差异相对较小，故更加具有多中心性，而西部地区各单元之间的客运交通流联系强度低，内部城市之间的客运联系差异相对较大，多中心性不十分明显。其中，以青岛—潍坊—烟台地区形成的内部联系网络联系强度最大，经济水平相对较高，多中心性最为明显。

3. 山东半岛蓝色经济区形成全面竞争的多中心结构

根据山东半岛蓝色经济区城市联系强度的空间分异以及不同空间范围的联系特征分析得知，从城市尺度上看，山东半岛蓝色经济区已经形成了1个主中心、2个副中心和4个次中心的多中心城市联系格局。青岛作为副省级城市虽然仍处于山东半岛蓝色经济区的核心和龙头地位，但是烟台作为特大城市正在奋起直追，潍坊作为大城市也逐渐成为整个山东半岛蓝色经济区的枢纽城市，经济发展紧追其后，威海、东营、滨州、日照也正在按照《山东半岛蓝色经济区发展规划》内容努力发展自身经济，已颇具规模。从功能区尺度上看，虽然青岛、烟台的主城区仍具有强大的吸引力和支配力，但是潍坊的主城区、寿光、龙口、招远等地也依靠自身地域特色逐步发展成气候，潍城区的小商品销售、寿光的大棚蔬菜、招远的矿产等，各城市发展各具特色，表明山东半岛蓝色经济区已经进入了全面竞争的多中心发展阶段。

（五）结论

随着山东半岛蓝色经济区发展规划的出台，蓝色经济区内部城市联系不断加强，城市区域功能网络的多中心结构日益凸显。对山东半岛蓝色经济区展开实证研究，进行多中心结构的研判，是制定适宜的区域空间政策的前提，也是推动多中心城市区域健康发展的重要基础。研究发现，山东半岛蓝色经济区已经形成了以青岛为主中心，以烟台、潍坊为副中心，以威海、东营、滨州和日照为次中心的多中心城市联系网络格局，但是内部仍然存在东西部地域差异，东部地区城市之间联系强度明显高于西部地区，东部地区城市的吸引力和辐射力也明显高于西部地区。对于山东半岛蓝色经济区的研究发现，山东半岛蓝色经济区的多中心性具有尺度敏感性、地区差异性，并且已经形成全面竞争的多中心结构。

第 十 章

海岸地带城市—区域空间治理的理论与方法

随着经济全球化和区域一体化的不断推进，传统上囿于行政区划、政府主导、各自为政的管控型治理模式日益显现出越来越窘迫的管理弊端，以行政区划为界的管理模式难以适应公共管理的新实践，建立起多样性、整合性、跨区域的新型空间治理模式正是我国区域治理创新的必然选择。作为现代城市发展的新型空间组织，城市—区域跨越多个行政单元，以规模经济和设施集约优势日益成为全球最具发展活力的地区，在世界及地区经济、社会发展和政治生活中发挥着主导作用。本章将梳理和总结城市—区域空间治理的重要理论研究成果，为城市—区域空间治理实践提供必要的理论支撑。

一、行政边界地带跨政区空间治理体系的构建①

传统的"核心—边缘"研究视角下的行政边界地带伴随着不断激化的社会冲突与矛盾而获得前所未有的发展机遇，行政边界地带的跨政区协调为行政区域由孤立发展走向联合创造了契机。随着中国市场化进程的推进和国内统一市场的不断形成，生产资料跨区域流动愈加频繁，因此行政边界地带得以发挥出越来越重要的桥梁和纽带作用。随着地方政府作为独立经济主体

---

① 本节内容根据王爱民、马学广、陈树荣《行政边界地带跨政区协调体系构建》(《地理与地理信息科学》2007 年第 5 期) 修改而成。

角色的强化，区域间基于资源占有与共享的合作与竞争、冲突不断激化，行政边界地带跨政区空间治理机制的研究正成为区域协调与发展的焦点之一。

（一）国内外相关研究述评

1. 国外研究述评

目前国外直接以"行政边界地带—地方政府—跨政区协调"为主题的研究文献较少，在有关大都市治理、大型廊道空间管治和区域协调的文献中涉及相关内容。不少学者从地理学和景观学角度对行政边界地区的地理特征、发展问题、差异与整合、地方主义、城乡冲突等进行了广泛的探讨①。Jochem de Vries（2003）在《西北欧大型廊道：跨空间管治》一文中指出：连接西北欧主要城市的大型廊道面临空间管治的挑战，从根本上看，其成功与否取决于部门之间、政府—私人、国家—地方跨边界协调②。针对日益增长的边界问题压力，相当多的文献探讨了跨边界领土争端、民族冲突、地方政策矛盾、水资源安全、大气污染管理、资源协作开发、交通通信网络建设、区域合作等问题③。区域合作包括当地与区域公共、私人和非营利性实体等所组成的网络协作关系，以及区域集团与更高级政府的合作④。Meek（2000）认为，在美国大都市管理中出现了联邦—州—地方统治范式向全

---

① H. K.David, J. Häkli, *Boundaries and Place：European Borderlands in Geographical Context.* Lanham：Rowman & Littlefield, 2002；D.Rumley, J.V.Minghi, *The Geography of Border Landscapes*, London：Routledge, 1991；J. P. Reganold, "Boundary Review Boards：a Legislative Approach to Manage Growth Conflicts in the Urban Fringe in Washington State", *Political Geography Quarterly*, Vol.13, No.3 (1986), pp.183-197.

② de Vries Jochem, H.Priemus, "Megacorridors in North-west Europe：Issues for Transnational Spatial Governance", *Journal of Transport Geography*, No.11 (2003), pp. 225-233

③ J. Anderson, L.O. Dowd, *Culture and Cooperation in Europe's Borderlands*, New York：Rodopi, 2000；N. Brenner, "Decoding the Newest "Metropolitan Regionalism" in the USA：A Critical Overview", *Cities*, No.19 (2000), pp.3-21；J.Anderson, L. O.Dowd, "Borders, Border Regions and Territoriality：Contradictory Meanings, Changing Significance", *Regional Studies*, No.33 (1999), pp.593-604；G.D.Naschold, "the Interface Management Frontier：Modernizing Local Government", *The International Public Journal Management*, No.2 (1999), pp.68-69；K.Lieberthal, D. Lampton, M.Bureau, *Political, and Decision Making in Post-Mao China*, Oxford：University of California Press, 1992.

④ L. McCarthy, "The Good of the Many Outweighs the Good of the One-Regional Cooperation Instead of Individual Competition in the United States and Western Europe？", *Journal of Planning Education and Research*, No.23 (2003), pp.140-152.

球—区域—邻里治理范式的转移①。Sullivan and Skelcher（2002）分析了英国地方跨域合作演进的原因，指出政治环境、操作机制及财政状况是影响政府间跨域合作的重要因素；要促使跨政区问题能得到圆满解决，可以采用契约（Contract）、伙伴关系（Partnership）及网络（Network）三种形态，利用可行的合作机制、协同发展组织，甚至"公司治理"（Corporate Governance）来增进其解决能力，以提供政府经营之重要发展途径②。

西方学者对跨政区协调研究的内容主要涉及多重行为主体利益关系协调及不均衡问题、政府和非政府组织跨地区协调能力的建设、城市地区政府结构与功能对快速变化的社会经济适应性等方面。从理论支撑看，涉及管治理论、全球化理论、地方变化理论和冲突理论，但目前对相关理论的梳理与整合仍较薄弱。其研究视角大多从都市政府管治出发，对跨区域的政府合作以及都市内部的政府合作、合并、协调模式进行研究，以城市地区地方政府作为基点研究的则相对较少。中国的政治体制、行政体制和文化特质与西方国家存在较大差异，特定的国情条件下，"地方政府—行政区域"对地方社会经济发展产生"放大效应"。在借鉴国外学者跨政区协调理论和方法的同时，对中国特有现象的内在作用机制进行研究，可以丰富目前的跨行政区协作理论。

2. 国内研究述评

行政边界地带是以行政边界为轴线向行政区内部横向延展一定宽度、沿边界纵向延伸的窄带型区域，是多个行政区之间的接壤地带，具有明显的自然过渡性和不可分割性，还往往与文化边界区域重合③。边界是地理区域存在的必要条件，对不同区域的空间联系和区域社会文化差异产生重大影响④。行政边界地带往往是资源密集区、生态敏感区、民族聚居区和经济欠发达区，既面临着被逐步边缘化的现实困境，又隐含着强大的后发优势，因而渐渐成为区域研究的新视点。目前国内学者对边界地带的研究大多集中在

---

① J. W. MeeK, "Policy Networks: Implications for Policy Development and Implementation", *A Journal of Faculty Papers. University of La Verne*, La Verne, California, No.11（1998），pp.1-24.

② H.Sullivan, C.Skelcher, *Working across Boundaries*, New York: Palgrave, 2002.

③ 陈钊:《行政边界区域刍论》,《人文地理》1996 年第 4 期。

④ 宋飏、王士君:《地缘城市跨国整合发展研究》,《地域研究与开发》2006 年第 1 期。

跨国冲突与合作、空间组织与形态、城镇化、环境冲突与资源管理、经济协作与可持续发展等内容上①。在研究方法上，主要采取理论思辨与案例剖析相结合的手段，定量研究方法有逐渐加强的趋势，比如采用 Barro 回归方程结合重力模型对区域经济一体化进程中边界效应的度量②，采用大系统分解协调原理和博弈理论对跨边界区域水资源冲突与协调体系构建的尝试③，采用主成分分析和聚类分析对京津冀全球城市区域和长江三角洲都市连绵区边界的划定等④。

　　在现行的行政管理体制和经济运行模式下，行政边界地带沉积了大量的矛盾和冲突，其中包括行政边界地带的土地权属争端、边界水污染与水资源开发利用纠纷、边界矿产资源开发无序、边界共生旅游资源恶性竞争、基础设施布局的各自为政与重复建设、边界地带产业结构同构与地方保护主义盛行等。对这些矛盾和冲突的解析乃至协调机制的建立是政府、民间以及学术界等共同关心的问题。目前国内对边界地带研究尚处于探索和理论雏形阶段：在空间地域上，研究区域多集中于省级边界上，对县、镇、村边界地带冲突与协调的理论与实证研究均不足；在研究内容上，多侧重于边界权属纠纷、水事纠纷、旅游资源开发争端等某一方面或单一要素分析，对边界地带综合性研究明显欠缺，并呈现出地理学、经济学、管理学等不同学科分割独

　　① 丁四保：《我国的省区：它的地理边界和它的必然发展》，《人文地理》2001 年第 2 期；方维慰：《区域一体化趋势下国家的边界功能》，《西安联合大学学报》1999 年第 2 期；李铁立：《边界效应与跨边界次区域经济合作研究》，中国金融出版社 2005 年版；郭荣兴：《中国省级边界地区经济发展研究》，海洋出版社 1993 年版；郭荣兴：《我国省级边界地区自然资源开发的政策建议》，《科技导报》1995 年第 2 期；安树伟、张素娥：《政府行为与蒙晋陕豫交界地带经济合作研究》，《西安财经学院学报》2003 年第 4 期；安树伟、张素娥：《中国省区交界地带经济活动基本特征分析》，《重庆工商大学学报》（西部论坛）2004 年第 3 期；安树伟、张素娥：《协调成本与行政区交界地带的环境整治——对黄河小北干流段整治的研究》，《人文杂志》2004 年第 2 期；汤建中、张兵、陈瑛：《边界效应与跨国界经济合作的地域模式——以东亚地区为例》，《人文地理》2002 年第 1 期；刘玉亭等：《省际毗邻地区开发模式探讨》，《地理学与国土研究》1999 年第 4 期；方创琳、毛汉英：《跨省毗邻区域经济区协作发展重点与对策建议》，《国土与区域经济》1998 年第 1—4 期合刊；肖金成：《省域中心与边缘地区的经济发展差距——一个长期被忽视的现象》，《重庆工商大学学报》（西部论坛）2004 年第 3 期。

　　② 李郇、徐现祥：《边界效应的测定方法及其在长江三角洲的应用》，《地理研究》2006 年第 5 期。

　　③ 杨志峰、曾勇：《跨边界区域水资源冲突与协调模型与应用（1）：模型体系》，《环境科学学报》2004 年第 1 期。

　　④ 于涛方：《京津冀全球城市区域边界研究》，《地理与地理信息科学》2005 年第 4 期；于涛方、吴志强：《长江三角洲都市连绵区边界界定研究》，《长江流域资源与环境》2005 年第 4 期。

立研究的状态；此外，不同行政级别的行政边界效应及其差异，地方政府跨边界合作机制等都还有待深入研究。

（二）行政边界地带跨政区空间治理体系的构建

行政边界地带跨政区协调研究的理论框架由参与协调的利益相关者、协调议题、协调行动方略以及协调目标等四部分组成，其内在关系构成跨政区协调的"金字塔"模型（见图10–1）。

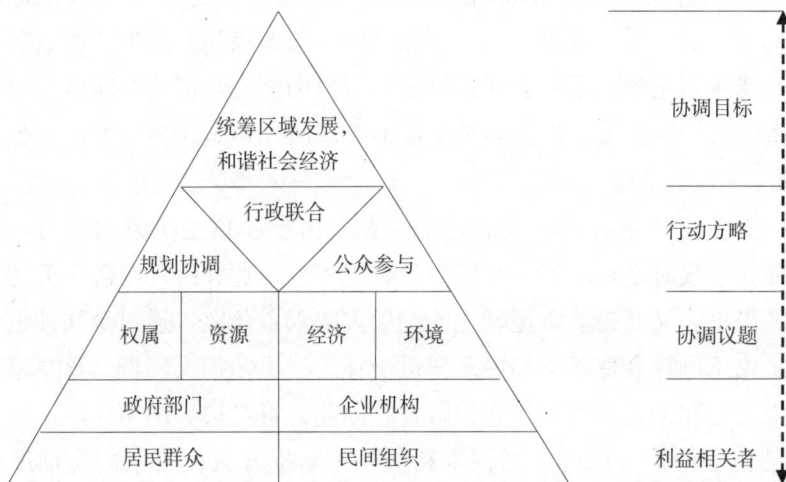

图 10–1　行政边界地带跨政区空间治理体系的"金字塔"模型

参与协调的利益相关者是跨政区协调活动的行为主体，他们根据自身可支配资源的丰歉程度在跨政区冲突协调中占据不同的位置，对区域协调进程产生强度不等的影响。协调议题指的是跨政区协调所要面对的争议对象。各利益相关者在不同协调议题中的参与程度及其对协调结果的支配能力差异很大。协调行动方略是全体利益相关者为达到特定目标而采取的手段，不同的议题可以根据实际情况采取同样的行动方略。最终的协调目标指的是针对某一议题各利益相关者采取适当的行动方略所达到的借以消除纠纷的约定。

1. 行政边界地带跨政区空间治理的利益相关者

行政边界地带冲突往往盘根错节牵一发而动全身，因此跨政区协调涉及众多的利益相关者。概括而言，包括地方政府、企业、当地居民和民间组织（NGO）。长久以来，地方政府都是跨政区协调的主导力量，但不容忽视的是，其他利益相关者在协调过程中正以积极的态度发挥着越来越重要的作用。

凝聚区域关系焦点的地方政府，在多元行为主体的博弈互动中，迅速成为影响区域协调与整合的重要因素。不断推进的市场化进程和分权改革，使地方政府成为地区利益的行为主体，在地方经济事务处理中的活动空间显著扩展，在推动地方经济发展中表现出强大的活力。一方面，经济全球化的压力，驱动着地方政府采取加强区域合作策略，以应对来自其他地区的竞争；另一方面，受市场机制的驱策和地区利益的吸引，地方政府就各种资源控制开展激烈竞争。研究表明，行政障碍性因素已经成为影响区域协调与发展的主要限制性因素，但在当前阶段地方政府仍然是跨界公共事务处理的行动轴心。

社会主义市场经济的发展给予企业自由发展自主决策的权力，使企业成为独立于政府之外的另一个资源配置主体，企业在跨界经济事务协调中往往既是当事人又要扮演举足轻重的调解人的双重角色。通过全面建设小康社会以避免急剧社会变革中的民众利益受损，让更多的人民群众分享社会发展的成果，是和谐社会建设的宗旨所在。因此，行政边界地带跨政区协调的根本还是在于维护人民群众的根本利益并不断提升人民群众的生活质量。另外，民间组织（NGO）的大量涌现是经济发展、公民意识提高的结果，是社会和历史进步的标志。民间组织是政府联系群众的桥梁和纽带，能够替代政府行使部分社会服务职能。民间组织在争取资源向弱势群体流动以及帮助教育弱势群体方面扮演着至关重要的角色，在跨界争端调解中发挥出越来越强大的力量。

2. 行政边界地带跨政区空间治理的主要议题

行政边界地带冲突的复杂性是由利益相关者之间的相互作用产生的，而这种互动关系最集中地体现在边界上[①]。传统的行政边界地带矛盾与冲突主要集中在少数民族聚居的中西部偏远落后地区、省际交界地带的山区、江河湖泊流域地区等，主要表现为土地、矿藏、森林、草场、水域等自然资源

---

① 李琼：《社会冲突的新视角：边界冲突》，《学术探索》2004 年第 10 期。

的归属与开发权益分配之争，部分是历史遗留原因造成的，部分是各自为政盲目开发造成的，地方政府是边界冲突管理的唯一主体。随着我国社会经济的发展，近年来（尤其是进入 21 世纪以来）行政边界地带冲突表现出新的特征。第一，从边界冲突的地域分布上看，随着东部沿海地区的发展，其省际、市际、县际甚至镇村之间经济利益的矛盾冲突层出不穷，表现为比传统边界冲突更加细碎更加多元的态势。第二，从边界冲突的内容上看，资源之争仍是边界冲突的重要主题，但具体表现为区际合作发展基础上的利润分享和风险共担机制不合理所造成的冲突。第三，从边界冲突管理的主体上看，地方政府仍旧是边界冲突管理的主要参与者，但同时，与边界事务利益相关的企业、组织和群众逐渐参与到边界冲突管理的过程，使得边界冲突问题显性化，从隐秘走向公开。第四，从对待边界冲突的态度上看，人们逐渐意识到由于利益分化的原因，冲突是不可避免的，但冲突的结果并不总是消极的，可以通过冲突管理（比如签订边界互利开发协议，建立区域合作组织、采取协作式规划等）的方式由"零和博弈"的囚徒困境走向互利共生的多赢局面。

综上所述，行政边界地带跨政区协调的主要议题包括边界权属争议、边界共生资源开发与利用、多边经济合作与竞争以及边界生态环境治理等。跨政区协调的独特之处在于涉及两个以上行政区的利益平衡问题，而无处不在的工商业资本、不断成长壮大的民间组织以及人民群众不断强化的公众参与意识使得行政边界地带跨界争端的解决愈加复杂。

（1）行政边界地带权属争议及其解决

行政区域的权力机关在行使法令时，必须有明确的边界线作为保障和依据。边界线不清，导致边界纠纷迭起，这已成为全国性的问题。据不完全统计，仅 2003 年、2004 年两年，国务院解决省界纠纷 40 多起。研究发现，省、县两级行政界线两侧 1—5 千米范围内最易发生纠纷，而中国共有省、县两级行政区域界线近 48 万千米，按此计算，界线管理范围涉及超过 288 万平方千米的地区①。因此，做好界线管理工作，至少直接关系到中国 30%

---

① 董学良、尹道军:《浅析我国省级行政区划弊端及改革方向》,《中南财经政法大学研究生学报》2006 年第 2 期。

国土范围的稳定问题。正是由于边界的模糊性，所以权属争议及其所引发的冲突成为边界争端的一个重要方面。为此，我国政府在 1989 年就出台了《行政区域边界争议处理条例》，开始将行政边界地带的管理纳入制度建设范畴。2001 年底又组织完成了全国省、县两级行政区界线的全面勘定，继而在此基础之上正式颁行《行政区域界线管理条例》(2002)，把行政边界地带的管理作为我国制度建设的重要内容而不断完善。而行政区域界线管理信息系统的建立，为解决边界争议、有效管理行政区域界线并更好地保管勘界成果提高了效率①。

(2) 行政边界地带共生资源的开发与利用

边界纠纷作为一种特殊的人地矛盾表现形式，是地理、历史、资源和社会等因素彼此交织、互为激化的结果，其实质是围绕资源问题形成的利益冲突②。20 世纪 80 年代后期土地等资源有偿使用制度的施行使人们意识到资源的占有是区域发展的关键，再加上行政边界勘定前历史沿袭的模糊的边界习惯线在外界压力作用下的不稳定性，导致行政边界地带利益冲突频繁发生并不断尖锐化。在对甘青农牧交错带少数民族地区行政边界纠纷诱引的分析中，笔者提出必须从争夺对抗、分割隔离的边界资源利用方式中摆脱出来，建立边界资源有偿调剂互补机制③。

随着我国旅游事业的发展，历史文化资源开发热潮不断升温，行政边界地带旅游资源开发的矛盾与冲突也逐渐表面化和普遍化。有学者探讨了行政区共有旅游资源与行政区域的地缘关系，将其总结为行政区边界共生旅游资源（如广西资源县与湖南新宁县的边界区域八角寨）、行政区同名旅游资源（如"香格里拉"、"桃花源"、"赤壁"等）以及行政区区间共生旅游资源（如"丝绸之路"、"茶马古道"、"万里长城"等）三种类型④。对于多边行政力量干预边界旅游资源开发所导致的"壶口悖论"⑤ 行政旅游区现象，可以

---

① 龚丽：《省级行政区域界线管理信息系统的实现和应用》，《信息技术》2006 年第 2 期。

② 王爱民、刘宇、缪磊磊：《少数民族地区行政边界纠纷的诱因和对策探讨——以甘青农牧交错带为例》，《干旱区资源与环境》2002 年第 4 期。

③ 王爱民、刘宇、缪磊磊：《少数民族地区行政边界纠纷的诱因和对策探讨——以甘青农牧交错带为例》，《干旱区资源与环境》2002 年第 4 期。

④ 胡丽芳：《旅游资源与行政区域的地缘关系及其影响》，《社会科学家》2003 年第 9 期。

⑤ 安树伟：《"壶口悖论"：对黄河壶口瀑布开发方式的研究》，《经济地理》2005 年第 2 期。

采取行政区划调整、自然区域型旅游规划、跨政区旅游产品创新、打造无障碍旅游大市场四项措施予以解决①，但从根本上讲，还是要处理好利益相关者之间的博弈关系，寻求利益群体博弈的均衡点②。

　　此外，由于边界地带大多是少数民族聚居区，具有丰富多样的民族文化资源，因此边界资源开发与促进民族区域发展紧密相连，对于促进各民族共同繁荣、维护各民族和谐共生的民族关系有着重大意义③。随着国民经济的迅速发展，省际河流因水利水电工程建设、水资源配置、水资源管理、水灾害处理、水环境保护等所导致的水事纠纷一直有增无减④，由于边界水事纠纷往往涉及两个以上的地方政府、众多相关企事业单位、影响不断扩大的民间团体，再加上生存攸关的人民群众，因而成为边界冲突的重灾区。因此，必须逐步从"对话型合作"转向"制度型合作"，以促使水资源与社会经济协调、可持续发展⑤。

　　（3）行政边界地带经济合作与竞争

　　行政边界地区往往远离行政权力中心和经济辐射中心，在距离衰减作用下从政府和市场的辐射收益有限，因此省区边界地带成为"阳光照不到的边缘区"，它们与省域中心地区的经济发展差距比东西部地区和城乡之间的差距还要大⑥。由于行政区划、政府职能和地方政府行为对区域经济的刚性约束，再加上行政边界地带复杂的空间约束条件⑦，区域内各种生产要素更难实现空间优化组合，行政区边界地带形成了"行政区边缘经济"现象⑧，其特征表现为历史形成的密切的地缘关系、相似的生产条件和生产力水平、

　　①　张建：《重视区域旅游合作开发中的行政区划因素》，《科学·经济·社会》2005年第1期。
　　②　王凯：《旅游开发中的"边界共生"现象及其区域整合机制》，《开发研究》2004年第1期；阳宁东、周幼平：《"边界共有资源"开发的初步探讨——由杭州"曲线东扩"想到的》，《四川大学学报》（哲学社会科学版）2004年增刊。
　　③　张河清：《对构建"大湘西"旅游圈的初步设想》，《经济地理》2004年第4期。
　　④　徐高洪、郭生练：《省际河流冲突与对策措施》，《水资源研究》2005年第4期。
　　⑤　蒋英姿、江溢、成新：《太湖流域省际边界地区水资源保护问题与对策》，《水资源保护》2006年第3期。
　　⑥　肖金成：《省域中心与边缘地区的经济发展差距——一个长期被忽视的现象》，《重庆工商大学学报》（西部论坛）2004年第3期。
　　⑦　郭荣兴：《中国省级边界地区经济发展研究》，海洋出版社1993年版。
　　⑧　安树伟、母爱英：《省级"行政区边缘经济"与统筹区域协调发展》，《重庆工商大学学报》（西部论坛）2005年第12期。

区位的边缘性和经济的不发达性、以交通为代表的基础设施滞后性、无法替代的生态功能和不可忽视的社会功能、日渐突出的区位功能等①。

行政边界地带落后的经济发展环境成为全面建设小康社会最薄弱的一环，因此推动边界地带通过经济联合走向共同富裕成为统筹区域发展的关键一步。有学者建议通过流域综合开发的方式推动边界地带经济发展和社会进步，促进边界地带流域要素流动，优化区域资源配置，改善交界地带空间发展形态②。还有学者针对省际边界地带落后地区城镇化过程中出现的"水平城市化"现象以及边缘效应作用下的省际边缘区发展进行了实证研究，指出统筹城乡发展是和谐社会建设的重要举措③。此外，针对经济发达地区经济腹地跨行政区扩展所导致的经济资源竞争现象，王登嵘④以东莞市为例，基于管治理念提出建设跨行政边界工业园区以整合区域发展的新思路，建立政府—企业—政府的互惠互利关系及长效合作机制成为跨边界协调的重点。张兴华⑤对地处江浙沪三省（市）边界地带的嘉兴市经济发展中"区域边界因素"的制约作用及嘉兴在沪嘉杭经济合作中的区域定位与行政阻隔、产业接轨序列和层次等问题进行了深入剖析。

(4) 行政边界地带生态环境治理

实施可持续发展战略，促进人与自然的和谐发展，是实现我国建设社会主义小康社会的迫切要求⑥，而中国传统文化一向崇尚"天人合一"自然观，因此推动"环境友好型"社会建设也是和谐社会建设的重要组成部分。但目前我国行政边界地带的环境问题、环境资源关系已成为重要的区际社会关系和社会矛盾，极大地影响着区域协调发展，不断引发地区间的摩擦、纠

---

①　安树伟、张素娥：《政府行为与蒙晋陕豫交界地带经济合作研究》，《西安财经学院学报》2003年第4期。

②　安树伟：《流域开发：蒙晋陕豫交界地带经济综合开发的战略选择》，《经济经纬》2004年第1期。

③　郭荣朝：《省际边缘区城镇化研究》，中国社会科学出版社2006年版；朱传耿、王振波、仇方道：《省际边界区域城市化模式研究》，《人文地理》2006年第1期。

④　王登嵘、丁镇琴、张润朋：《基于管治理念的区域整合新手段：建设跨行政边界工业园区》，《规划师》2005年第2期。

⑤　张兴华：《嘉兴经济发展中区域边界因素的分析与启示》，《浙江经济高等专科学校学报》2000年第5期。

⑥　中华人民共和国国民经济和社会发展第十一个五年规划发展纲要，见 http://www.chinanews.com.cn/news/2006/2006-03-16/8/704064.shtml

纷和冲突①。安树伟② 通过对黄河小北干流段两岸滩地的纠纷与解决的分析，从行政区之间协调成本的角度对我国行政区交界地带的环境整治问题进行分析，认为黄河北干流河务局的成立是一种制度变迁，其直接效果是协调成本的降低。吴晓青等③ 提出缺乏补偿是江河上游与下游地区间矛盾产生的重要原因也是环境问题难以解决的重要原因，必须建立由政策法律制订机构、补偿计算机构、补偿征收管理机构等组成的区际生态补偿体系来加以防御和克服。对生态环境的破坏性开发往往产生"环境弱势群体"，这一问题已经得到了政府、企业和民间环保组织的关注④。但由于治理区域问题的各类主体都存在着内生性的不足，因此将受影响的利益相关人组织成相应的供应单位分摊成本实施共管就被列入可供考虑的行动方略⑤。

行政边界地带的复杂性决定了跨界争端的多样性，而参与主体的利益多样性又增加了争端解决的复杂性。权属争议是最基本最常见的协调议题，对各种资源及其利用方式的控制与反控制、对边界经济要占有的合作与竞争、对边界地带生态资源开发所导致的环境外部性的协调与控制等等构成了行政边界地带跨界协调的主要议题。

（三）行政边界地带跨政区空间治理的行动方略

1. 技术途径：规划协调

行政边界地带的形成往往是行政区划及其演变的结果。90 年代以来，国内学者对行政区划的研究焦点之一就是跨行政区的规划与协调。严重敏较早地对跨行政区区域规划给予了关注，强调通过"利益协调机制、政策调控手段、组织管理和政区制度改革"来解决区域经济一体化中的跨行政区域发展与规划问题。⑥ 张尚武对区域整体发展理念及规划协调机制在规划实践中

---

① 吴晓青等：《区际生态补偿机制是区域间协调发展的关键》，《长江流域资源与环境》2003 年第 1 期。
② 安树伟、张素娥：《协调成本与行政区交界地带的环境整治——对黄河小北干流段整治的研究》，《人文杂志》2004 年第 2 期。
③ 吴晓青等：《区际生态补偿机制是区域间协调发展的关键》，《长江流域资源与环境》2003 年第 1 期。
④ 黄锡生、关慧：《试论对环境弱势群体的生态补偿》，《环境与可持续发展》2006 年第 2 期。
⑤ 刘亚平、颜昌武：《区域公共事务的治理逻辑：以清水江治理为例》，《中山大学学报》（社会科学版）2006 年第 4 期。
⑥ 严重敏、周克瑜：《关于跨行政区区域规划若干问题的思考》，《经济地理》1995 年第 4 期。

的应用进行了探索。①20 世纪 90 年代中期以来广泛开展的经济区规划（如珠三角城市群协调规划）、城市概念规划（如广州概念规划）、都市圈规划（如大北京都市圈规划）等都是跨越城市边界的区域联合规划。实行差异化功能定位、实现城市发展扬长避短、明确利益分配格局是跨政区规划协调成败的关键所在。

2. 组织途径：行政联合

近年来，与都市管治理论、全球化理论、区域经济一体化理论和区域竞争理论相结合，国内学者更多地转向城市地区跨政区行政组织的空间创新和区域经济整合研究②。"行政经济区"产生的根源是经济体制转型与行政体制变革的不匹配③，为了能在全球竞争体系中占据更高的地位，强化区域内的联合已成为政治权力机构与经济发展机构的主动要求④。与此同时，跨越行政辖区的大量社会经济问题的存在，使得公共管理日益呈现出一种碎片化的趋势，对当代世界各国的行政发展提出了新的挑战。通过行政联合以协调城市间的利益冲突，解决区域范围内所有城市共同面对的问题，已是世界各国发展的趋势⑤，地方政府必须跨越边界彼此合作，走"复合行政"的道路⑥。目前，中国经济最发达的长三角地区、珠三角地区、京津唐地区等纷纷成立区域协作组织，在统一的合作框架下建立争端调解机制，实现区域整体利益的帕累托最优，促进了区域整体实力的提升。

3. 社会途径：公众参与

对行政边界地带跨界争端的协调必须发动各利益相关者积极参与。党和国家高度重视公众参与在地方公共事务处理中的作用，因此在《中华人

①　张尚武：《区域整体发展理念及规划协调机制探索》，《城市规划》1999 年第 11 期。

②　刘君德：《论中国大陆大都市区行政组织与管理模式创新——兼论珠江三角洲的政区改革》，《经济地理》2001 年第 2 期；刘君德、舒庆：《中国区域经济的新视角——行政区经济》，《改革与战略》1996 年第 5 期；刘君德：《学习贯彻十六届五中全会精神推进我国行政区划体制改革健康发展》，《经济地理》2006 年第 1 期；宁越敏、施倩、查志强：《长江三角洲都市连绵区形成机制与跨区域规划研究》，《城市规划》1998 年第 1 期；周振华：《论长江三角洲走向"共赢"的区域经济整合》，《社会科学》2002 年第 6 期。

③　张京祥等：《都市密集地区区域管治中的行政区划影响》，《城市规划》2002 年第 9 期。

④　张京祥、程大林：《由行政区划调整到都市区管治》，《规划师》2002 年第 9 期。

⑤　卓越、邵任薇：《当代城市发展中的行政联合趋向》，《中国行政管理》2002 年第 7 期。

⑥　王健等：《"复合行政"的提出——解决当代中国区域经济一体化与行政区划冲突的新思路》，《中国行政管理》2004 年第 3 期。

民共和国国民经济和社会发展第十一个五年规划》中明确提出：健全党委领导、政府负责、社会协同、公众参与的社会管理格局，推进社会管理体制创新[1]。目前，公众参与已经成为自然资源决策过程中的法定必要程序[2]，而《中国 21 世纪议程》中亦设有"团体及公众参与可持续发展"专章。

行政边界跨界争端处理的过程不仅仅是政府行使权力的过程，还应当是人民群众积极参与、民间组织提供支援、企业发挥经济动员的系统工程。人民群众由于缺乏必要的专业知识、强大的经济动员能力、必要的社会影响力而在跨政区协调中处于弱势群体的地位，因此有必要引入民间组织为其代言，以实现政府为代表的权力组织、企业为代表的经济组织和以人民群众为主民间组织为辅的社会组织三者之间的利益平衡。

以和谐社会和环境友好型社会建设为宗旨，作为新生力量的民间组织正在发挥着越来越强大的力量。比如在 2003 年的"怒江保卫战"、2004 年的"26℃空调"行动、2005 年的"圆明园湖底防渗事件"等活动中都发挥了强大的决策干预能力，这是因为民间组织能够弥补"政府失灵"和"市场失灵"的缺陷[3]，不仅可以向公众宣传和普及资源和环境保护知识，提供专业性咨询服务以解决环境问题，还可以对政府和企业的环境行为进行监督。因此，在行政边界地带跨政区协调中尤其要把人民群众组织起来，并融入民间组织以发挥其知识专业化的强项及其强大的社会动员能力。

（四）结语

中国的区域发展正面临着跨政区整合及其协调机制重构的挑战，区域发展的种种重大问题、冲突和矛盾在"行政边界地带——地方政府——跨政区协调"这一主题下交织和渗透，并在行政边界地带聚焦放大。行政边界地带面临着产业结构冲突、地方利益冲突、资源利用和边界环境管理等一系列问题，成为诸多矛盾最为集中的区域。对行政边界地带的摩擦、竞争、合作的应对与处理，迫切需要新的社会规制与制度安排，以有效解决多重行为主

---

[1]　中华人民共和国国民经济和社会发展第十一个五年规划发展纲要，见 http：//www.chinanews.com.cn/news/2006/2006-03-16/8/704064.shtml

[2]　刘华、屠梅曾、侯守礼：《自然资源决策领域的公众参与模式研究》，《中国软科学》2006 年第 7 期。

[3]　中华环保联合会：《中国环保民间组织发展状况报告》，《环境保护》2006 年第 5B 期。

体之间跨行政区的利益冲突与协调问题。新的社会经济和政治现实带来的各种挑战，超出了已有理论体系的解释能力，显示出"跨地区协调"研究的重要理论价值和社会现实意义。边界地带跨政区协作引发的一系列问题，迫切需要从理论上进行解释：边界地带区域冲突类型、成因及其互动机制是什么？内外力驱动下的多重行为主体在边界地带的行为方式、行为决策、响应模式如何？如何提高边界地带跨政区协作中的制度建设能力和公共机构的开发能力？在符合中国国情基础上，如何创造性地构建跨政区协作的政体理论？目前各级政府、团体机构在跨政区合作上开展的各种探索性实践活动，已强烈地表现出理论指导的滞后性，更反映了对该主题进行深入系统研究的迫切性和必要性。

二、权力视角下的城市空间资源配置①

空间资源是城市社会生产与再生产过程中必不可少的稀缺资源，城市空间资源的配置主要采用国家计划调控、市场自发调节或者两者相互结合的方式。然而就其实质而言，城市空间资源的配置过程实际上是城市权力组织之间竞争、合作、冲突等博弈过程的结果。因此，从权力组织、权力运作、权力格局的视角出发对城市空间资源的配置过程进行解析，可能更加接近其本质。

（一）权力视角的理论基础

1. 权力的概念和内涵

从权力的论述，常被应用在诸多研究领域，尤以政治学最为广泛。古希腊哲学家亚里士多德认为，"人天生就是一种政治动物"，在人性发轫之初，权力便已随同父权家长制的管理格局而被同时生产出来。但权力的概念并非为政治学所独有，它已经广泛地渗透进社会学、经济学、管理学、地理学等诸多领域，成为一种独特的研究视角。

在传统的政治学、社会学研究中，权力一直被看作是一种"支配—压

---

① 本节内容根据马学广、王爱民、闫小培《权力视角下的城市空间资源配置研究》(《规划师》2008 年第 1 期) 修改而成，马学广作为第一作者和通讯作者。

抑"机制。罗素（1938）指出权力就是一种支配力，是"行使有意图的控制"①。Jordan（1999）认为权力是一种"支配、控制甚至是压迫"的关系状态②。Dahl（1961）则将权力概念解释为权力主体与权力客体之间"行动—反应"（Action-Response）的关系形式③。此外，Olsen and Marger（1993）将权力的属性概括为稳定性、强制性、不对称性、相对性、意图性和工具性6个方面④。而在以福柯为代表的后现代权力研究中，则把权力看作是社会生产（social production）的工具而不仅仅是社会控制（Social Control）的工具，它强调在非零和博弈的情况下为各行动者（Actors）创造出更多的权力，以共同合作来达成集体目标，而不强调权力一方对其他行动者的支配和控制⑤。在城市研究领域，传统权力理论见诸城市政体（Urban regime）研究、增长联盟（Growth coalition）研究等方面，后现代权力理论则见诸治理（Governance）理论、参与（Participate）理论中。目前二者有日趋合流的趋势，比如政体治理（Regime Governance）思想的提出⑥。

因此，作为一种研究视角，权力体现了权力主体与权力客体之间的不对称关系，它采取差异化的运行模式，但同时又是一个整合资源、消除差异、凝聚共识以达成群体认同的过程。权力的本质不是差异，而是立足差异寻求整合以建立秩序的动态过程。

2. 权力资源与权力依赖

权力是一个多层次的概念，社会行动者借以合作或竞争的基础称之为权力资源⑦，权力资源是权力运作的基础，它的流动引发了权力竞争与合作。

---

① B. Russel, *Power: A New Social Analysis*, Unwin Books: Sovereignty, 1975.

② T. Jordan, *Cyberpower: The Culture and Politics of Cyberspace and the Internet*, London: Routledge, 1999.

③ R. A. Dahl, *Who Governs?: Democracy and Power in an American City*, New Haven: Yale University Press, 1961

④ M.E. Olsen, M.N. Marger, *Power in Modern Societies*, Boulder: West view Press, 1993

⑤ C. Stone, "Urban Regimes and the Capacity to Govern: A Political Economy Approach", *Journal of Urban Affairs*, Vol.15, No.1 (1993), pp. 1-28; B.Hindess, *Discourses of Power: from Hobbes to Foucault*, Cambridge, Mass: Blackwell Publishers, 1996.

⑥ R. A. A.HiraI, H. C.Theodore, "Toward a Theory of Global Regime Governance", *International Journal of Political Economy*, Vol.33, No.4 (2003), pp. 4-27.

⑦ R.W. Rhodes, *Understanding Governance: Policy Networks, Governance, Reflexivity and Accountability*, Buckingham: Open University Press, 1997.

权力资源包括：（1）权威：决定政策方向或授权给其他团体的权力，通常是政府机关的资源。（2）合法性：指的是组织是否具有民意基础或能否代表某一政策领域内的利益相关者。（3）资金：即组织的财政能力。（4）信息：指制定政策所需的各项信息与获取信息的能力。（5）组织基础：包含人力资本、专业技术、土地和设备等。权力资源伴随着人类社会生产力的发展而不断演进，并且通过权力竞争与合作在不同权力组织间流动。现代社会中拥有较多权力资源的组织，权力互动过程中往往会取得优势地位，甚至能主导政策的制定，掌控政策执行的关键环节。

权力博弈的参与者，除了政府部门之外，还包括其他私营部门与第三部门，由于没有任何的行动者能单独依靠自身资源解决所有问题，所以他们之间存在着权力依赖（Power Interdependence）关系①。权力依赖主要表现为以下几点：（1）致力于集体行动的组织必须依赖其他组织的资源而发展；（2）为了达成目的，各组织必须交换资源和磋商共同的目标；（3）经由组织互动而形成的支配性联盟（Dominant Coalition）在游戏规则框架内，运用种种策略来管制资源的交换过程；（4）交易的结果不只是取决于参与各方的资源，也取决于游戏规则和交易的环境系统。权力的相互依赖性表明，出于权力资源的多样性，社会权力秩序的建立必须经由参与者相互协商谈判或交易而达成。

3. 权力与空间互动

在权力/空间研究方面，亨利·列菲弗尔（Henry Lefebvre）和迈克尔·福柯（Michel Foucault）是重要的先驱。空间是他们所共同关注的重要问题，列菲弗尔偏重于空间对社会生产的意义，而福柯则着力于空间的微观权力分析。此外，布尔迪厄（Pierre Bourdieu）和卡斯特尔斯（Manuel Castells）等在该领域对前人的理论都有所发展。

列菲弗尔认为，空间里弥漫着社会关系，它不仅被社会关系支持，也生产社会关系和被社会关系所生产②。他认为空间是社会关系的产物，空间中的移动和位置关系也是社会关系的再现。因此，空间是政治的、意识形

---

① R.W. Rhodes, "the New Governance without Government", *Political Studies*, Vol.44, No.4 (1996), pp. 652-667.

② 包亚明：《现代性与空间的生产》，上海教育出版社 2003 年版。

态的，它事实上是一种充斥着各种意识形态的产物，而政治环境、文化领导权、意识形态及权力关系左右着空间的形成、变迁甚或消失①。福柯是将空间议题置于社会理论格局之中的关键人物之一②。福柯在他所建构的权力、知识和空间三元组合中，通过空间概念来研究与权力和知识之间的关系③。他认为，空间是任何公共生活形式的基础，也是任何权力运作的基础，空间本身就是权力的展现，所以透过社会空间的系统可以清楚了解权力关系彼此间的影响。在布尔迪厄的理论中，空间是社会差异逻辑运行的产物，它不仅制造、反映社会差异，而且还是承载、复制这种差异的载体④。空间格局的秩序不仅再现了一个对世界事物的理解，更是这个群体的自我再现，而且它会依循这个再现系统重现的规则，作为继续其运作的秩序。立足于列菲弗尔的空间生产理论，卡斯特尔斯提出空间是一种社会产物，其意义乃是人类由不同的过程、社会利益、集团的冲突过程所建构出来的⑤。

　　综上所述，空间是权力的隐喻和象征，空间的生成和延展渗透着权力的逻辑，空间是权力关系的构筑物。因此，城市空间的形成和发展、城市空间的分配和布局可以看作是社会群体和组织权力运作的结果。

（二）城市空间资源配置的组织演化

　　权力最普遍的解释便是用来表达行动的差别能力：谁能做什么？谁不能？谁有权力，谁没有权力？因此，权力组织分化及其对城市空间资源配置的影响是一个重要角度。Hawley（1986）提出，"每个社会行动是一种权力的展现，每个社会关系是一种权力的平衡，而每个社会团体或系统则是一种权力组织"⑥。基于权力依赖关系，Cole and John（2001）认为城市治理网络是一种组织间相互依赖关系，并且这些关系存在于需要获取其他组织所拥有的

---

　　① H. Lefebvre, *The Production of Space*, Oxford：Blackwell Ltd, 1991.

　　② 何雪松：《空间、权力与组织：福柯的地理学转向》，《学海》2005 年第 6 期。

　　③ B. Hindess, *Discourses of Power：from Hobbes to Foucault*, Cambridge, Mass：Blackwell Publishers, 1996.

　　④ [法] 皮埃尔·布迪厄、[美] 华康德：《实践与反思》，中央编译出版社 2004 年版。

　　⑤ M.Castells, *The City and the Grassroots：A Cross-cultural Theory of Urban Social Movements*, Berkeley, CA：University of Berkeley Press, 1983.

　　⑥ H.A.Hawley, *Human Ecology：A Theoretical Essay*, Chicago：University of Chicago Press, 1986

资源，或单一组织无法发挥某种功能、无法实现特定目标的情况下①。由于个体对利益的追求受到自身的局限，使得个体不得不寻求利益相关者，共同利益的实现是组织得以产生的基础，只有具备了组织的形态，真正意义上的权力方可形成。

1. 改革开放前我国城市空间资源配置中的权力组织架构

单位体制是理解新中国成立后我国城市社会组织格局及当今我国社会变迁的一个重要视角②。改革开放前，我国社会的基本组织是规模不等、职能不一、等级各异的"单位"，这些行政化的"单位"是联系统一的国家权力和分散的社会成员之间的唯一中介。统揽全部资源的中央政府以单位作为资源配置的基本单元，按照单位的性质、等级和规模，依照国家计划的安排有秩序地评定资源配置的多寡。在这样一个封闭的资源分配体系之下，居民生活完全依附于单位，无从获得体制外资源。单位具有政治、经济与社会功能三位一体的特点，因此单位不仅是一个生产组织单位，还是一个社会地位分配的政治组织、个人寻求社会救助和支持的社会组织。改革开放前我国城市空间资源配置的权力组织架构是中央政府—地方政府—单位的三级制，权力资源自上而下流动，地方政府之间、单位之间相互隔离。

2. 改革开放后我国城市空间资源配置中的权力组织架构

改革开放后，我国开始了体制转型。转型的首要任务是要创造多样性③，打破"单调均一"的积累方式及其均质的景观，重新分割以单位为基础的生产与再生产空间，创造新缝隙市场（Niche Market）。持续的转型过程对我国城市权力组织的分化起到了重要的促进作用：（1）地方权力的重新组织造成了资本和信息的空间流重组；（2）地方政府在地方经济发展中开始扮演着重要的角色；（3）政府监督部门和下级单位之间的资本流从垂直转为水平方向④。中国的制度转型被西方社会概括为三个相互联系的基本方面：分权

① A.Cole，P.John，*Local Governance in England and France：Routledge Studies on Governance and Public Policy*，London：Routledge，2001.
② 杨卫国：《人与"单位"的变迁》，《百科知识》2007年第7期。
③ 吴缚龙：《中国的城市化与"新"城市主义》，《城市规划》2006年第8期。
④ 吴缚龙：《市场经济转型中的中国城市管治》，《城市规划》2002年第9期。

化、市场化和全球化①。

全球化带来了信息、资本、技术和劳动力的广泛流动，不仅改变了改革开放前封闭僵化的权力运作方式，还带来丰富的体制外资源。全球资本以跨国公司为载体，以外商直接投资（FDI）为工具，以国际经贸合作组织为依托（比如 WTO、APEC 等），嵌入地方社会经济生产系统，跨国资本和国际非营利组织成为城市空间资源使用和塑造的重要力量。

市场化促使计划经济体制向市场经济体制转变，市场机制在资源配置中所起越来越显著的作用，导致新兴社会阶层的崛起。我国市场化取向的经济改革，一方面促进了现代化企业制度的建立，通过将单位体制下的剩余劳动力和社会管理职能向政府与社会的转移提高了国有企业生产效率，使之获得经济增长的生命力；另一方面促进了非公有制经济的蓬勃发展，使得新兴社会阶层涌现出来。这些新兴社会阶层包括民营科技企业的创业人员和技术人员、受聘于外资企业的管理技术人员、个体户、私营企业主、中介组织的从业人员、自由职业人员等新兴社会阶层（尤其是私营企业主阶层）与城市政府结成"不受约束的增长联盟"②，在我国城市权力格局中起到了举足轻重的作用；与此同时，新兴的社会阶层也迫切地提出了自己的政治诉求，城市社会权力组织向纵横交错的扁平化网络方向发展。

以分税制为代表的一系列权力下放改革授予地方政府自主发展经济的权限，使得地方政府获得了超常规发展的动力，促进了我国城市经济的突飞猛进，但与此伴生的"政府企业化"倾向和"地方政府权力强化"现象给城市空间资源配置和治理带来了隐忧。以中央政府向地方政府权力下放为特征的行政体制改革使得地方政府获得更多的资源，掌控了更大的自主决策权。一方面可以更有效率地对地方事务作出实事求是的决策，另一方面则由于权力的"地域化"而导致了地方政府行为趋利性和非规范性的产生。

综上所述，在体制转型和全球化、市场化、分权化背景下，改革开放后我国城市权力组织发生了较大分化（见图 10-2）。原本单纯的中央政府—

① 张京祥、殷洁、罗小龙：《地方政府企业化主导下的城市空间发展与演化研究》，《人文地理》2006 年第 4 期。

② 陈炳辉：《福柯的权力观》，《厦门大学学报》（哲学社会科学版）2002 年第 4 期。

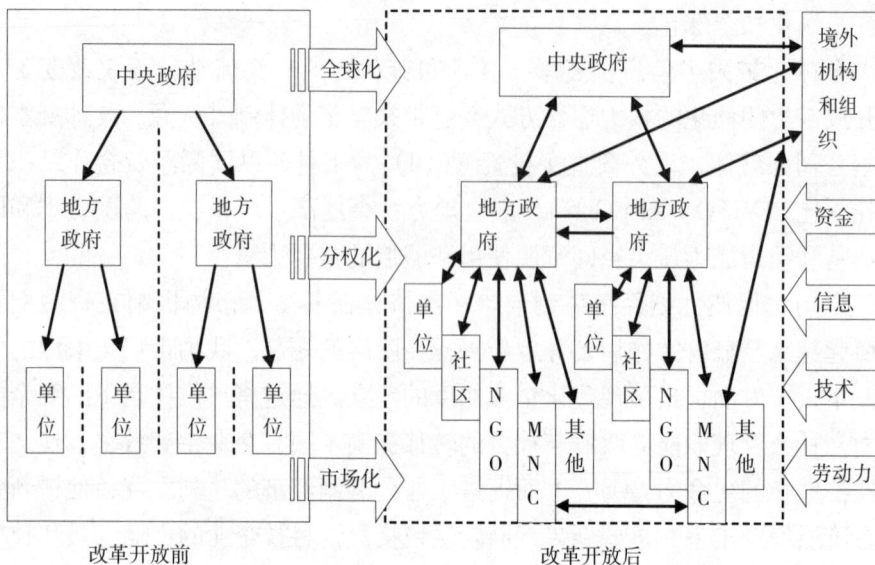

图 10−2　改革开放前后我国城市权力组织的分化

注：NGO：Non-government Organization，非政府组织 MNC：Multi-national Corporation，跨国公司。

地方政府—单位三级纵向权力组织格局发生了质变。在纵横交错的权力关系中，以地方政府为代表的政府权力组织、以国资、民资和外资为代表的市场权力组织、以社区和非营利组织为代表的社会权力组织三者之间纵横捭阖，既为了争夺流动的权力资源而相互竞争，又因为权力资源的相互依赖性而互相合作，形成了多中心网络状的权力格局。城市空间资源配置的权力组织也随着我国的体制转型而趋向于分散化、多样化，组织分化的程度也在不断提高。权力组织的多极化给城市空间发展带来了空前的挑战，城市空间资源配置的过程演变成各社会组织相互竞争、寻求权力平衡的过程。

（三）城市空间资源配置的权力运作

权力运作是权力的动态属性。福柯通过"规训性权力"（Disciplinary Power）的概念，描述了现代社会是如何通过监视、检查、管理等规范化手段实施对人的支配和控制的[①]；Dahl（1961）的权力运作则可简化为"权力主

───────────

[①]　陈炳辉：《福柯的权力观》，《厦门大学学报》（哲学社会科学版）2002 年第 4 期。

体—行动—权力客体—反馈—权力主体"的循环互动方式①。在城市空间资源配置的过程中，各种权力组织（包括政府、企业和市民等）常常会赋予空间不同的意义而导致彼此竞争和角逐。权力运作是通过权力组织间的参与机制、竞合机制和整合机制而实现城市空间资源的优化配置。

1. 城市空间资源配置的参与机制

Gaventa（1982）从授权（Empower）和去权（Powerless）的辩证角度总结了权力运作参与机制的三个面向理论②。权力的第一个面向指的是决策中对特定参与者或议程的强制性支配、影响和控制，体现的是权力运作的不平等性和支配—压制的作用机制。由于各权力组织所占有权力资源的不平等性，在城市规则的制定过程中，形成了城市权力格局的中心—边缘格局，处于权力中心的支配性权力组织主导了权力规则的制定，并且将自身利益最大化，被边缘化的其他权力组织则处于附庸地位。这种决策参与机制类似于"公众参与阶梯"③中的"非参与"类型。各权力组织之间势力并不均衡，支配性权力组织虽然邀请其他权力组织参与决策，但并不尊重其意志，边缘权力组织的正当权力和利益被漠视。或者当出现意见分歧时，支配性权力组织不仅不接纳其他权力组织的意见，还强制其接纳自己的看法或政策。虽然支配性权力组织也将边缘性权力组织纳入决策程序，但它往往仍旧主导城市空间资源的配置过程，边缘性权力组织的正当要求往往会被忽略或不能完全满足。这一面向还表现为边缘性权力组织通过资源扩充、与其他权力组织的联盟等方式扭转其边缘状态进而主导权力运作过程。

权力的第二个面向指的是在程序上将特定参与者或议程排除于决策议程之外，体现的是权力运作的途径、方法和工具层面。这种权力运作方式既可以表现为支配性权力组织通过非决策方法使得某些群体沉默或某些议题无法推动，也可以表现为边缘性权力组织诉诸舆论、示威、质询等方式向支配性权力组织施加压力以强迫其修改参与程序以获得权力运作的自由和空间。

① R. A. Dahl, *Who Governs?*: *Democracy and Power in an American city*, New Haven: Yale University Press, 1961.

② J. Gaventa, *Power and Powerlessness*: *Quiescence and Rebellion in an Appalachian Valley*, Chicago: University of Illinois Press, 1982.

③ R. Arntein, "A Ladder of Citizen Participation", *Journal of the American Institute of Planners*, No.35 (1969), pp. 216-224.

由于程序的问题，特定权力组织虽然有参与的权力和能力，但由于缺乏可行的参与渠道而被排斥在权力运行之外。这种决策机制类似于"公众参与阶梯"中的"象征性参与"类型。支配性权力组织采用规划公示、专家咨询或者召开听证会等形式咨询其他权力组织的意见，但这些意见是否被采纳是次要的事情，决定权仍然掌握在支配性权力组织手中。虽然有权力参与城市空间资源的配置，但由于支配性权力组织的权力运作程序设计方面的问题而使得边缘性权力组织的要求被忽略或者不能完全满足。或者边缘性权力组织通过修正权力运作的程序而获得参与权力运作的机会、能力。

权力的第三个面向指的是在意识形态或制度格局上排斥特定参与者或议程的决策但仍强制其执行权力主体的意图[1]，表现的是权力运作的规则和制度层面。权力主体通过意识形态的强化或制度建设让特定群体成为无权力者，因此在这样的社会制度格局中，权力客体唯有改变社会的制度格局，才能改变权力关系。也就是说，在特定的决策制度下，边缘性权力组织无从参与决策，只有改变制度和规则才能使他们获得参与权力运作的权力。比如说，通过设定的决策程序有针对性地将某些权力组织或个人排除的权力运作方式。在我国，外来人口在居住地住房、福利等权力的被限制就是这一权力面向的体现，只有改变住房制度、户籍制度等权力规则，外来人口才能进入城市空间资源配置的决策程序，才能维护自身的权益。

总之，在城市空间资源的配置过程中，当边缘性权力组织处于权力第三个面向时，他们很难和支配性权力组织对抗，所以首要任务就是修正规则和制度，以给予他们平等参与权力运作的权力。只有这样才能把他们提升到权力的第二面向。当边缘性权力组织提升到权力的第二面向时，还要努力排除被设定的议程，通过组织合作和联盟等手段改变力量对比，督促支配性权力组织尊重其权益，让自己能进入到权力制度里，到达权力的第一面向。进入权力的第一面向之后，边缘性权力组织已经获得了平等参与决策的权力，可以通过权力资源的流动改变权力格局，甚至由边缘性权力组织转化成支配性权力组织。

---

① Ş.Lukes, *Power: A Radical View*, London: Macmillan, 1974.

2. 城市空间资源配置的竞合机制

权力资源的流动带来了权力组织的分化，各种权力组织在特定的游戏规则和意识形态下展开竞争、合作和博弈。在权力竞合分析之前，需要作出两个假设：首先假设权力资源是稀缺的，所以才会引起权力主体的相互竞争；第二，假设权力组织是自利的且其行为都是符合自身权力最大化的理性行为。权力格局的建立，往往是由支配性权力组织出于维护自身利益的需要而建立的。而支配性权力组织之所以能从众多权力组织中击败竞争对手从而脱颖而出，是由于其所掌握的权力资源所形成的综合能力高于其他权力组织之故。因此，有必要引入度量权力组织权力高低的变量，本节称之为权力强度指数。

$$F(P) = G_1*F(R_1) + G_2*F(R_2) + G_3*F(R_3) + G_4*F(R_4) + \cdots G_N*F(R_N)$$

上式中 $F(P)$ 表示任意权力组织的权力强度函数；$F(R_N)$ 表示该权力组织所拥有的任意权力资源函数；G_N 表示任意权力资源在制度或规则中的重要性程度。

从上面公式可以看出，任意权力组织的权力强度是其所拥有的各项权力资源的函数，而各权力资源在该函数中的权重则由其在城市发展战略中的重要性地位所决定。城市空间资源的配置是多重权力组织相互竞争与合作之后形成的权力平衡。权力组织为了争夺空间资源而进行竞争，其结果有三种状态，可以用三种模型来表述。首先，形成零和博弈下的覆盖模型。城市各权力组织展开势不两立的资源争夺大战，城市空间资源最终由权力强度最高者掌控，其他权力组织所得为零。这种模式的例子是土地拍卖和行政划拨。前者由价高者竞得，后者则由政府直接把土地资源分配给用户，不存在中间多个权力组织竞争的情况。第二，形成非零和博弈的合力模型。虽然参与城市空间资源配置角逐的各权力组织在权力强度上已经分出高下，但各方都不愿意放弃该资源，最终权力平衡的结果是参与各方以股份制的形式进行合作开发。第三，形成调和模型。前提条件与非零和博弈相同，最终的权力平衡是采取把公共资源重新分割的形式，以达到利益平衡的目的。

3. 城市空间资源配置的整合机制

根据前述权力组织的分化，将全社会权力的权力组织简化为由以地方政府为代表的政府权力组织、以国资、民资和外资为代表的市场权力组织、以社区和非营利组织为代表的社会权力组织三种形态。三种权力组织互相博弈的结果就是形成某种支配性权力组织实现对各权力组织、权力资源的系统性整合，进而形成维护支配性权力组织利益的权力格局。

表 10-1   城市空间资源配置的权力格局①

权力格局形态	基本特征	适用环境	存在的问题
代议民主的权力格局	公众通过推选代表而实施间接统治；代表被认为是公共利益的维护者；代表督促政府官员施政，官员通过官僚体系来运作权力	相对同质化并存在有限的文化多样性的社会，支配性权力组织是政府，权力组织分化程度低，依靠科层/权威体制运行	代表和官员容易受到多方压力而影响其权力的施行；公共利益模糊性和公众利益的分散性难以调和；代表各官员不能充分了解公众的愿望遑论维护其利益
多元民主的权力格局	社会基本单位是高度分化的权力组织；代表和官员成为某些利益集团的代表；政治的核心是利益集团间的相互竞争	它鼓励各社会团体对自己关心的事务提出主张，表达独特的利益和偏好；规划成为相互竞争的利益集团之间调解和斡旋的过程	利益集团之间的零和博弈造成社会资本的流失；集团利益侵害公众利益，比造成 NIMBY（Not in My Back Yard）等反对邻避设施运动的兴起
法团主义的权力格局	各权力组织的地位不平等；政府为强势利益集团或集团联盟所左右；弱势群体的话语权被无形之中剥夺	政府与强势权力组织形成支配性权力组织；权力仅在有限的几个利益集团间分享	"公共利益"被看作是支配性权力组织的利益；对某些社会群体利益的关注优先于社会整体利益，造成社会不公正的加剧

经过对各权力组织、权力资源的整合，最终形成了城市空间资源配置的三种权力格局（见表 10-1），它们是城市权力组织之间纵横捭阖交互作用而形成的权力平衡。首先，代议民主（Representative Democracy）的权力格局是非常普遍的权力分配形态，市民把资源配置的权力授予选举产生的代表和官员，其他权力组织处于附庸位置或没有渠道参与决策程序。第二，多元民主（Pluralist Democracy）的权力格局假设社会是由高度分化的权力组织

---

① P. Healey, *Collaborative Planning: Shaping Places in the Fragmented Societies*, Hampshire: Palgrave Macmillan, 2006.

构成，鼓励社会团体积极参与自己所关注的事务。这一模式下，政府隐身幕后监督决策过程，市民分化成各种利益群体，他们以规划方案为工具对空间资源展开自由竞争。这种决策模式下，公众参与获得最大程度的支持，但在竞争博弈中所有的利益集团都互相平等的假设备受批评和责难。第三，法团主义（Corporatism）权力格局正是源于对多元民主权力格局的反思。法团主义权力格局是在权力共享（Shared-power）的世界里，有限的几个强势利益集团组成权力联盟分享支配权。公共利益被支配性权力组织的利益所取代。分权制、全球化和市场化背景下的我国城市政府也已经出现了"政府企业化"的倾向，政府本身已经分化成独立的利益主体，在城市发展中往往会和大型经济组织结成"增长联盟"①，城市发展代表了政府和工商组织的利益。

综上所述，城市空间资源配置的权力运行是通过各权力组织的参与机制、竞合机制和整合机制而形成支配性权力组织主导的权力格局。城市空间资源配置的主导权由支配性权力组织掌握并制定相应的配置规则。

（四）当前我国城市空间资源配置存在的问题

各权力组织资源整合的结果是形成了支配性权力组织主导的权力格局，在此格局之下，边缘性权力组织的空间需要受到压制，因而造成了在各权力组织间空间配置的不平等。在空间——社会的复杂过程中，空间的不公平加剧了社会的两极化发展②。城市空间既是社会不同权力组织博弈的场域，又成为竞相追逐的重要资源。拥有丰富的资本、文化和权威等权力资源的组织往往能够在城市空间配置中占据优势，以便更好地实现对社会的控制；而权力资源贫乏的组织则被边缘化，造成城市空间的破碎化和社会不平等的加剧。

1. 代议民主权力格局下，政府成为独立的利益主体，公共利益难以保证

长期以来，世界各国普遍采用的都是代议民主的空间资源配置模式，由国家行使资源配置的权力，政府是公共利益的代言人。但由于这一模式本

---

① 罗小龙、沈建法：《中国城市化进程中的增长联盟和反增长联盟——以江阴经济开发区靖江源区为例》，《城市规划》2006年第3期。

② 高宏宇：《社会学视角下的城市空间研究》，《城市规划学刊》2007年第1期。

身所存在的公共利益模糊性和公众利益的分散性等问题，使得公共利益并没有得到很好保证。同时，20世纪80年代以来流行欧美的"新政府运动"又使得政府成为独立的利益主体，公共利益尤其难以获得保证。在我国，城市化成为一种生产手段，城市规划参与到城市化空间生产从"筹款"、"产品策划"到"推销产品"的全过程，城市规划的功能也涵盖了城市发展建设的全过程，远远超过了计划经济时期仅仅"执行"、"实施"国民经济发展计划的层面[①]。因此，在城市空间资源配置中，政府需要和社会需要存在较大的矛盾，政府利益侵占了社会利益。尤其是分税制改革之后，地方政府产生了强大的利益倾向，地方政府打着"经营城市"的旗号，实际上是在体制转型的非规范环境里攫取最后的经济和政治利益[②]。

2. 法团主义权力格局下，多重利益主体的追逐使得城市公共空间异化

法团主义权力格局下，城市空间资源的配置掌握在政府和少数工商业精英手中，城市空间成为资本再生产的载体，公众利益受到漠视，公共空间被挤占或异化。受自身利益最大化需要的引导，再加上城市社会格局的高速变迁，城市中越来越多的空间被商业化和私有化。城市中的公共空间被各类型的组织、机构和个人划分为大小不同的地盘，城市空间被区隔化[③]。许多具有资源垄断性、历史价值性和环境优美的稀缺空间资源被通过权力干预和资本交易而被少数有钱人或有权人占有和垄断，留给城市全体成员共同使用的公共空间资源则在各种势力侵蚀下萎缩。因此，法团主义权力格局仍旧束缚了公共利益的表达。

3. 作为城市空间配置的主要手段，城市规划成为支配性权力组织维护和扩大其利益的工具

城市规划受政治制约，政治对城市规划的作用机制实际上在于权力和利益对城市空间和土地的处置权[④]。城市规划是人类对其居住形式或目标进行空间构造的调整过程，这种空间上的互动必然折射于人与人之间的

---

① 张庭伟：《城市化作为生产手段及引起城市规划功能转变》，《城市规划》2002年第4期。

② 张京祥、殷洁、罗小龙：《地方政府企业化主导下的城市空间发展与演化研究》，《人文地理》2006年第4期。

③ 张鸿雁：《城市空间的社会与"城市文化资本论"——城市公共空间市民属性研究》，《城市问题》2005年第5期。

④ 庞文治、于进海：《政治对城市规划的作用机制与影响》，《规划师》2007年第S1期。

利益关系的变化，利益的表达、约束、平衡和实现是城市规划的社会过程①。在城市空间资源配置的过程中，政府、企业和市民团体常常会从自身需要出发赋予空间不同的意义，具有支配地位及权力大的团体最终取得对空间的支配权并赋予空间独特的意义，因此，空间就成为社会不平等关系的场域。受内外部政治因素影响，城市规划意味着在一定地域范围内的多种利益抉择，在考虑各种行动方式的过程中会偏向不同的利益集团，而忽略或损害另外一些利益集团的利益。因此，在城市空间资源的配置中，城市规划维护公共利益的宗旨受到质疑，而成为维护支配性权力组织利益的工具。

（五）结论

城市空间资源的配置不仅仅是政府计划调控或市场自发调节的过程，更是一个社会权力运作的过程，是市场无形的手、政府有形的手和社会隐形的手互相博弈的结果。分权化、市场化和全球化背景下的我国体制转型带来了城市社会各阶层的分化，并形成强弱不等、性质不一、功能各异的权力组织。为了实现自身利益的最大化，各种权力组织在空间资源的配置中动用各自的权力资源展开激烈角逐。在利益聚合和离散机制作用下，在既定的游戏规则中，各权力组织进行竞争和合作并最终形成支配性权力组织而获得对空间资源的支配权。

三、地方政府治理方式从行政分权到跨域治理的变革

改革开放以来，在行政分权（Decentralization）的影响下，我国社会经济发展取得了显著成绩，但同时也出现了地区之间以邻为壑、地方保护主义盛行、行政分割与社会经济资源的非整合性等问题，使得地方政府难以独立解决与日俱增的跨政区、跨部门、跨领域的公共事务（即横跨性公共议题，Cross-cutting Issues）。这些问题不仅改变了传统上中央政府与地方政府之间的垂直关系，也影响了地方政府之间的水平关系，更凸显地方政府与社

①　吴缚龙：《利益制约：城市规划的社会过程》，《城市规划》1991 年第 3 期。

区、企业以及非营利组织之间建立互利合作关系的重要性。因此，地方政府应努力发展与中央政府、其他地方自治团体、社区组织、民间企业以及非营利组织之间的权力共享关系，在处理横跨性公共议题的过程中，根据问题属性、资源配置、权责分担及不同主体特性等因素，建立适当的跨域治理（Governance Across Boundaries）机制。

跨域治理理念是学术界对西方发达国家为20世纪70年代能源危机以来的政府改革和公民社会崛起所做的理论总结，是对府际关系理论（Intergovernmental Relation Theory）、地方治理理论（Local Governance Theory）和伙伴关系理论（Partnership Theory）的有机整合。府际关系理论聚焦于西方发达国家20世纪70年代以来对中央政府与地方政府关系、地方政府之间关系所作的调整，把目光投射到跨越两个或两个以上行政区的合作[1]；而地方治理理论则针对政府改革所引发的政府与企业、民间组织、社区等利益集团之间关系的调整[2]；伙伴关系理论则指出府际关系和地方治理调整后的运作方式[3]。跨域治理理论的提出，既是对府际关系理论研究内容的扩充，又是对地方治理理论研究范围的外在扩展，伙伴关系的引入提高了上述理论的可操作性，实现了对上述3个研究领域的理论整合。

（一）20世纪70年代以来英国和美国的地方治理变革

自20世纪70年代石油危机以来，西方发达国家普遍面临政府规模不断扩大、政府财政危机、社会结构破碎化（Fragmentation）问题。以分权化、市场化、民营化、合作化为重要特征的英国和美国的地方政府改革引领了这一时期的新公共管理运动（New Public Management）。这一改革思潮使得地方政府间关系重新调整，以适应社会治理环境的变化。从中央集权到地方分权，通过权力向下转移和地方政府企业化激发了地方经济发展的活力。从地

---

① R.Agranoff, "Direction in Intergovernmental Management", *International Journal of Public Administration*, Vol.11, No.4 (1988), pp. 357-391.

② T.Bovaird, E.Loffler, *Public Management and Governance*, London and New York：Routledge, 2003.

③ S. Langton, "Public-Private Partnership：Hope or Hoax？", *National Civic Review*, No.72 (1983), pp. 256-261.

方分权到跨域治理，不仅促进了地方政府与中央政府之间的互动，而且强化了地方政府之间的合作，还实现了地方政府与社会各阶层的联动，促进了社会资源的优化与整合。

1. 英国地方政府治理范式的变革

20 世纪 70 年代能源危机的爆发使得西方发达国家纷纷进行大规模政治经济改革，以应对全球局势的变迁。英国撒切尔夫人内阁组建后，以"新右派"（The New Right）的政治理念为基础开始了地方财政限制、民营化、市场准入及组织重组等一连串的改革。通过大幅裁减公共支出、改善财务管理、推动公共事业民营化、改变政府机关的层级节制关系为契约或准契约关系等措施提高了政府工作效率，促使政府现代化。撒切尔政府所实行的民营化、市场化和分权化等改革策略，也成为各国推行政府治理模式变革所效仿的对象[1]。它强调市场竞争、结果导向，公共部门朝向"小政府"（Minimal State）的方向发展，同时公共服务的提供也从传统的由政府提供改为民营化、外包化，并增进公私伙伴关系（Public-private Partnerships）的规模与范围。然而由于过分强调"引进市场竞争机制"、"顾客导向"，使得政府角色趋于模糊，以致功能发挥重点失调[2]。

1997 年英国新工党大选获胜后，"联合政府"（Joined-up Government）成为布莱尔内阁的主要诉求之一[3]。一方面是由于撒切尔时期的行政改革只讲求专业分工而忽略垂直及水平整合的重要性，在引入竞争机制的同时却忽视了部门之间的合作与协调，带来了分散化的制度结构[4]；另一方面，则是由于公共部门职权功能的分散化而阻碍了公共政策所欲达成的目标。对此，新工党政府希望推出新型的改革取向取代过去的竞争型政府模式。协作型政府（Collaborate Government）主张以合作伙伴的方式，促使公共部门之间以及公共和私营部门、非营利组织三者相互合作，以跨越本位主义，为大众提

---

① B.Lane, *Environmental Indicators and Sustainability*: *Experiences from the United States*, Paper presented at Taipei, Taiwan on December 1, 2002.

② R.Leach, S.J.Percy, *Local Governance In Britain*, New York: Palgrave, 2001.

③ R. B.Denhardt, J. S. Denhardt, *The New Public Service*: *Serving*, *not Steering*, New York: M.E.Sharpe, 2003.

④ S.Horton, D. Farnham, *Public Management in Britain*, St. Martin's Press: New York, 1999.

供更好的公共服务，主要措施包括建立准自治非政府组织、地方策略性伙伴关系、公共服务协议以及地方协议等①。

2. 美国的"企业精神政府"运动

自 20 世纪 70 年代开始，美国联邦政府因财政状况逐渐恶化，各种对地方补助制度出现许多重大变革。为解决"双环困境"② 问题，Osborne and Gaebler（1992）提出了"企业精神政府"（Entrepreneurial Government）理念，提出建立拥有竞争性、导航性和预见性的政府，发挥政府的"企业性"，督促政府向社区和其他治理组织分权，推进"顾客—任务—结果"的改革导向，建立市场化企业化的新政府，同时实施"国家绩效评估"对地方政府改革进展实时评估③。由于在面对地方财源日渐不足与必须维持一定公共服务的课题上，共同合作能降低政策执行上的成本与经费，并有效达成原先政策的效果，此后，美国地方政府间的区域性合作运动及组织兴盛起来。在美国地方政府管理中出现了由联邦—州—地方统治范式向全球—区域—邻里治理范式的转移④。美国 20 世纪 80—90 年代对于地方政府间的区域性合作相当盛行，原因在于面对地方财源日渐不足与必须维持一定公共服务的课题上，共同合作能降低政策执行的成本与经费，并有效达成原先政策的效果，地方政府间跨域合作的主要形式有信息交换、共同学习、评估与探讨、共同计划、共同负担财务支出和联合行动 6 个层级⑤。合作方式包括组建半官方性质的地方政府联合组织、设立功能单一的特别区及其专门机构、政府间签订合约等⑥，其中以契约形式签订的州际协定是实现美国州际合作与解决州际争端

---

① A. M. Thomson, "Collaboration：Meaning and Measurement", in *Collaborative Strategies & Multi-organizational Partnerships*, T. Taillieu eds., Coronet Books Inc, 2001, pp.267-276.

② 双环困境（Catch-22 Situation）是指地方政府行政改革在"降低行政成本"与"提升服务质量"两个目标间存在的两难抉择。如果地方政府试图降低行政成本，最直接的方式就是删除部分施政计划，裁撤机关并精简职员，但此举势必遭到政府职员本身的顽强抵抗；如果地方政府试图提升公共服务质量以满足人民需求，最重要的方式就是通过增加税收来增强自身的财政能力，但此举必然会遭到社会各界的反对和排斥。

③ D.Osborne, T.Gaebler, *Reinventing Government：How the Entrepreneurial Spirit Is Transforming the Public Sector*. Reading, Massachusetts：A William Patrick Book, 1992.

④ J. W. Meek, "Policy Networks：Implications for Policy Development and Implementation", *A Journal of Faculty Papers. University of La Verne*, La Verne, California, No.11 (1998), pp. 1-24.

⑤ K. S.Christensen, *Cities and Complexity：Making Intergovernmental Decision*, London：Sage, 1999.

⑥ 黄勇：《美国大都市区的协调与管理》，《国外城市规划》2003 年第 3 期。

最为重要的机制之一①。

3. 英国和美国地方政府治理变革对我国的启示

从英、美两国的政府改革历程可以看出，为了摆脱能源危机，西方发达国家采取了权力下放的路径，通过对政府治理范式的改革，激活了地方社会经济的发展。在资源有限的情况下，跨域治理的方式就成为一个新的解决途径与尝试办法。地方政府不得不强化政府之间、政府与企业、社区和非政府组织等的合作与互动，以共同解决区域内的交通问题、空气污染、水资源保护、垃圾处理等公共难题。

通过对英国和美国地方政府治理方式变革的分析，可以得到以下启示：(1) 行政分权是世界趋势，在市场化程度越来越高、区域联系愈加紧密的今天，如何既能调动地方政府的发展积极性，又能规避行政区破碎化的弊端，是我国深入推进行政体制改革的重要内容。(2) 可以通过规划参与、听证会、跨政区公共服务供给等渠道建立多样化的合作伙伴关系以实现组织重建、凝聚共识，满足社会各阶层的需要，提高公共服务的质量和效率。(3) 充分发挥企业部门的资本优势、效率优势，以多种合作形式改善公共服务绩效。(4) 向社区和非营利组织（NGOs）分权授能，促进公众参与，这既可提高政府行政合法性，也便于了解基层真实信息，更有利于整合社会资源。

（二）分权制下地方政府行为特征及其伴生的问题

凝聚区域关系焦点的地方政府，在多重行为主体中，迅速成为影响地方社会经济协调发展的重要因素。市场化进程和分权改革，使地方政府成为地区利益的行为主体。一方面，经济全球化的压力驱动着地方政府采取加强区域合作、共创竞争力策略，以应对来自其他地区的竞争；另一方面，受市场机制的作用和地区利益的驱动，地方政府在各种资源控制上开展了激烈竞争，而现行的行政制度的内在缺陷也强化了地方政府间的冲突与摩擦。

1. 地方政府逐利性的显化

我国市场经济体系的发育过程，既是社会资源配置方式的变革过程，也是社会生活秩序和社会生活逻辑的演变过程，同时也是地方公共事务治

---

① 何渊：《洲际协定——美国的政府间协调机制》，《国家行政学院院报》2006 年第 2 期。

理模式的变迁过程①。随着社会经济、政治条件的变化，地方政府的地位和能力也经历了一个演变过程，学术界对地方政府认识的角度也出现了由"权力"到"利益"，再到"权利"的变化②。随着中国市场化分权改革的推进，地方政府正逐渐演化成独立的利益主体，提出了独立的利益要求。改革开放以来中国体制转型的渐进性和不彻底性，地方政府越来越明显地表现出追逐利益的行为特征，更多地从自身的经济利益角度进行决策和行动，展开类似于企业间的激烈竞争，导致地方政府行为趋利性和非规范性的产生与不断膨胀，出现了明显的"政府企业化"倾向。因此，黄强等认为，地方政府业已成为分利集团，其利益已经开始凝固并具有对外排斥性③。朱玉明也认为，地方政府行为具有明显的利益取向性，其利益回报分化为地方利益、政府利益、官员利益三个层次④。正如一些学者所指出的，近年来地方政府打着"经营城市"的旗号，实际上是在体制转型的非规范环境里攫取最后的经济和政治利益⑤。综上所述，学术界基本达成共识：市场经济条件下，地方政府不再仅仅是地方民众的公共事务管理机构，而是分化出独立的经济利益，存在着异于公共利益的独立的价值取向。

2. 地方政府间的竞争与合作分析

城市发展和变革的压力来自许多挑战，这些挑战尤其与高速城市化和城市的大规模扩展有关。从计划经济时期到社会主义市场经济时期，地方政府间关系发生了巨大变化。改革开放后我国地方政府间关系已经由单一性走向多样性，由垂直联系为主发展为横向联系为主，由冷变热⑥。国内一些学者围绕"地方利益与地方政府间竞争的合理性与非良性问题"进行了讨论⑦。在地方政府竞争方面，竞争类型主要体现在中央政府、地方政府和辖

---

① 何显明：《市场化进程中的地方治理模式变迁及其内在逻辑——基于浙江的个案研究》，《中共浙江省委党校学报》2005 年第 6 期。

② 高锴芳：《重新认识地方政府：从权利、利益和权力的视角》，《理论探索》2006 年第 2 期。

③ 黄强、郑力：《后全能时代中央与地方政府的博弈及思考》，《唯实》2006 年第 2 期。

④ 朱玉明：《地方利益、政府利益与官员利益——对地方政府行为的经济分析》，《东岳论丛》2006 年第 1 期。

⑤ 张京祥、殷洁、罗小龙：《地方政府企业化主导下的城市空间发展与演化研究》，《人文地理》2006 年第 4 期。

⑥ 谢庆奎：《中国政府的府际关系研究》，《北京大学学报》（哲学社会科学版）2000 年第 1 期。

⑦ 周业安：《地方政府竞争与经济增长》，《中国人民大学学报》2003 年第 1 期。

区企业之间。与中央政府的博弈主要体现在区域制度、区域增长和区域管理权限上；地方政府之间的竞争体现为流动性要素和制度、政策上的博弈，与辖区企业的博弈则体现为权责之争①。受不同等级层次的行政力量干预、扭曲和信息不对称的影响，地方政府之间的竞争具有非公平性、非规范博弈性特征②。在地方政府合作方面，加强府际合作是当代治理变革的趋势。其中，地区本位主义、尚未建立有效的合作协调机制、财政经费分担、缺乏相关法律与制度的保障等成为府际合作的主要障碍③。总之，市场化取向的改革强化了我国地方政府的竞争性特征，对社会经济发展资源的垄断和争夺难以形成区域整体整合发展的氛围，因此有必要采取措施消除地方之间的壁垒，建立和谐互动的府际关系。

3. 地方政府的变异行为分析

转型时期地方政府的变异行为正受到学术界越来越多的关注。作为我国社会经济运行中特殊的利益主体，在片面追求地方利益的驱动下，地方政府呈现出各种变异行为，主要表现为纵向的控制和反控制行为以及横向的互相封锁和自成体系④。其根源在于地方政府的短期行为倾向⑤，解决问题的关键在于改进和完善地方政府执政的制度环境。而另有学者认为，地区利益主体的形成和地区经济利益的刚性化以及现行体制的缺陷才是导致地方政府行为不规范的根源⑥。出于扮演不同社会角色的需要，地方政府及其人格化代表（即官员）在社会对其制约及适应社会的互动中产生了行为异化的现象，导致地方保护主义及其他变异行为的滋生⑦。此外，诸多学者基于行政学、政府经济学、新制度经济学、产权理论和代理结构理论等对地方保护主义的基本特征、形成原因、区域经济冲突与危害进行研究⑧。

以上分析表明：行政分权使得地方政府获得了超常规发展的动力，但与

---

① 蔡玉胜：《中国地区经济发展中的地方政府竞争类型分析》，《人文杂志》2006 年第 2 期。

② 刘汉屏、刘锡田：《地方政府竞争：分权、公共物品与制度创新》，《改革》2003 年第 1 期。

③ 汪伟全、许源：《地方政府合作的现存问题及对策研究》，《社会科学战线》2005 年第 5 期。

④ 庞明礼：《我国地方政府竞争行为的制度分析》，《湖北经济学院学报》2003 年第 3 期。

⑤ 徐瑛：《地方政府短期行为与区域经济冲突》，《中西部发展论坛》2003 年第 3 期。

⑥ 张倩肖、蹇光伦：《地区发展中的利益冲突：市场封锁及抑制》，《唐都学刊》1999 年第 2 期。

⑦ 谢玉华：《地方政府领导者的社会角色与地方保护》，《社会主义研究》2006 年第 1 期。

⑧ 樊明：《地方国有与地方保护主义——中国横向经济协作的制度障碍》，《当代经济研究》2001 年第 3 期；陈甬军：《中国地区间市场封锁问题研究》，福建人民出版社 1994 年版。

此相伴生的"政府企业化"和"政府逐利化"等现象带来了新的治理问题。由于地方政府之间互动政策的缺失，地方行政仍然沿袭计划经济时期孤立、封闭和僵化的运行模式，导致地方政府滋生大量的变异行为，地方政府之间难以展开有效合作。论其根源，仍在于行政条块分割、有缺陷的政绩考核机制、以垂直流动为特征的府际互动机制难以适应当前日益频繁的网络状府际水平互动。对此，地方政府之间、政府各部门之间跨域治理尤其重要。

（三）我国地方政府跨域治理的主要模式

行政分权与多重利益主体的形成，以及伴随而来的日益显性化的冲突，客观上要求重构治理模式以适应变革的社会环境。当前我国地方政府正逐渐面临越来越多的跨区域、跨部门以及跨领域的横跨性议题，这些问题的解决均有赖政府与政府、政府与企业以及政府与非营利组织等机构的协同合作。因此，"跨域治理"就成为我国一种超越分歧、跨越领域以协同互动的地方治理新模式。跨域治理终结了传统上由政府直接提供公共服务的历史，而改为更多元的渠道和模式来传递服务。同时，跨域治理必须经由许多利害关系者公平协商的过程，更有助于政府获得居民的认同，因而弥补传统代议民主不足之处①。

结合英美诸国的地方治理范式变革的经验以及跨域治理理论，我国的地方政府跨域治理途径主要有：（1）宏观分权（Decentralization）与微观赋权（Empowerment）相结合，引入市场化竞争手段，将地方政府的部分权力和职能向其他治理组织转移，尤其是结合我国"市民社会"的发育以及非公有制经济的蓬勃发展，把决策权力向企业、社区和非营利组织转移，吸纳和融合体制外资源以扩大公共利益。（2）协调治理组织间的合作关系，平衡城市政体内部的权力关系，以利益协调为基点，促使治理规则由支配性规则向共识性规则转变，形成各治理组织协商一致的跨域治理新规则。（3）综合运用行政化手段和市场化手段调整地方政府间关系，实现府际合作，促使地方政府由竞争型政府向合作型政府转变。

---

① G. Stoker, *Transforming Local Governance: Form Thatcherism to New Labor*, Hampshire: Palgrave Macmillan, 2004.

1. 以分权化为导向，分权与赋权相结合，引导公众参与，确立公私合作伙伴关系，推动公共权力向社区、企业和非营利组织转移

"跨域治理"的第一个模式就是在地方政府、企业、社区以及非营利组织之间建立权力共享的合作伙伴关系，以发挥各治理组织的资源优势，弥补其他组织之不足。Langton认为公私部门伙伴关系是20世纪80年代后最为流行的概念之一，其包含政府、企业、非营利组织团体及个别的市民在追求实现集体需求上共同合作并分享彼此的资源。

传统的公共部门拥有无可比拟的资源配置的权威和合法性，但往往欠缺效率和弹性。相比而言，企业组织在资金、技术、设备和效率上都拥有比较优势，而社区和非营利组织则凭借充实的社会资本，既是公共部门合法性产生的渊源，又是私营部门的消费市场。因此，三者之间相互制衡，通过合作伙伴关系的建设，公共部门获得效率和认同，企业组织拓宽利润来源，而社区和非营利组织则得到平等参与的权力，整合了社会资源，提高了公共服务的多样性、效率和质量，同时分担了社会经济发展的风险。因此，以合作伙伴关系（见表10-2）为主要形式的跨域治理是应对社会经济发展的重要策略。分权伙伴关系的建立是以宏观上中央与地方政府、地方政府与其他社

表10-2 公私合作伙伴关系的类型及其主要特征①

类型名称	参与者	运行方式	适用领域
联合生产型合作伙伴关系	公共部门和企业团体（国资、外资或民资）	公私合营或民营化等经营方式	公共服务的提供，比如水利、交通或旅游等
共同资源型合作伙伴关系	公共部门、企业团体（国资、外资或民资）以及社区组织	权力下放基层或转移给市场、社会，鼓励民营化或公私合营	环境保护、城市开发或公共安全等
合办投资型合作伙伴关系	以地方政府和民间企业为参与者居多	主要采取公私合营的方式，鼓励民营化	基础设施建设、城市土地开发、公共服务提供
协作型合作伙伴关系	参与者除公私营部门外，还结合社区组织及非营利组织	跨部门、跨领域的合作，采取契约、政府合作等多种形式	科教文卫、社会治安、灾害防治等社会事务

① H.Sullivan，C.Skelcher，*Working across Boundaries*，New York：Palgrave，2002.

会经济组织之间权力转移为特征的，而赋权伙伴关系的建立则是地方政府向社区、向个体组织权力转移的表现形式。

合作伙伴关系的建立，不但可以充分整合社会资源，还可达成公众参与和决策民主化的效果，有助于引入体制外资源，提高公共部门的办事效率。例如，它将企业精神纳入行政体系，促进了政府与民间部门合作，使得决策行为更具效率、市场性及弹性。我国分权制改革的重大成果之一就是在保持公有制经济主导地位的同时，促进了非公有制经济的蓬勃发展，进而诞生了以私营企业主为代表的新型社会阶层①。随着我国市场化改革的逐步深入，地方政府有必要在城市公共服务和公共物品供给中引入市场机制，政府为市场资本进入该领域提供诱因，以公私合营的方式实现投资主体多元化、融资方式多样化和资金配置市场化的新格局，以提高城市建设的经济效益和社会效益。

赋权旨在让人们拥有稳定可及的渠道，可以运用权力介入决策②，使个人获得参与社区、文化、经济、社会和政治系统的权力，对利益攸关的事情有充分的决定权。Osborne and Plastrik（1997）的"企业精神政府"在社区层面上的行动强调政府通过赋权机制授予社区参政议政的权力，政府要规划出有社区认同的政策方案，并且能够与社区团体建立"伙伴关系"③，并在城市规划、社会福利、学校、邻里社区等层面上实践。社区层面的公民参与不仅可以弥补代议制度的缺失，还能让公民体会到自身的责任。同时激发公民认同自身所处的环境，关注公共事务的运作以强化政策的合法性基础。以互动形态而言，公共行政与公民社会并非两个孤立的个体，而是相互活动与影响的体系。在互相尊重与合作所形成的氛围下，有效处理复杂多变的公共事务，提升公民自主意识与自我治理的能力。

---

① 佚名．我国新社会阶层具 8 大特征，聚集大部分高收入者，见 http：//news.xinhuanet.com/fortune/2007-06/11/content_6224379.htm

② M.Marjorie，G.Craig，"Community Participation and Empowerment：The Human Face of Structural Adjustment or Tools for Democratic transformation？" In *Community Empowerment：A Reader in Participation and Development*，M.Marjorie，G.Craig（eds.），London：ZED Books，1995，pp.1-11.

③ D.Osborne，P. Plastrik，*Banishing Bureaucracy：the Five Strategies for Reinventing Government*，Addison-Wesley Publishing Company，Inc，1997，pp.203-240.

2. 协调治理组织间的合作关系，维护城市政体的权力均衡，以利益协调为基点，促使治理规则由支配性规则向共识性规则转变

斯通（Stone）、罗根（Logan）和莫罗奇（Molotch）等创建的城市政体理论（Urban Regime Theory）强调在各社会治理组织之间建立一种非正式但相当稳定的关系，借此达成持续性的协调与相互利益的满足[1]。因此，政体思想的实质是在各治理组织之间建立参与、协调与合作的权力关系，这种权力关系的着重点在于社会生产（Social Production）而非社会控制（Social Control）[2]，并非关注于控制和对立，而是关注于如何获取资源与协调行动的能力。而政体的形态则包括政府组织与市场组织结盟的促进增长的战略、受到社区力量制约的政府与资本结盟的管理城市发展的战略、社区与政府合作同时排斥资本参与的维持现状的战略以及维持低收入阶层利益的激进战略四种[3]。

毋庸置疑，与西方国家地方政府财政窘迫的状况不同，我国的地方政府拥有非常强大的体制资源，在城市政体中处于绝对的支配地位。而以跨政区、跨领域、跨部门为特征的跨域治理模式则要求地方政府推动决策民主化，释放公众参与的权力，促使治理规则由地方政府垄断的支配型规则向凝聚各治理组织利益的共识性规则转变。以城市规划为例，它作为公共资源配置、公众利益表达的方式，是各治理组织权力制衡的结果，是城市政体结构和治理规则的表现。利益的表达、约束、平衡和实现是城市规划的社会过程[4]，因此有必要通过"利益协调机制、政策调控手段、组织管理和政区制度改革"来解决区域经济一体化中的跨行政区域发展与规划问题[5]。城市规划作为公共利益表达的一种方式，作为城市公共资源分配的一种规则，需要利益相关的各治理主体的积极参与。城市规划不应该仅仅是各个治理组织

---

① C.Stone, "Urban Regimes and the Capacity to Govern: A Political Economy Approach", *Journal of Urban Affairs*, Vol.15, No.1 (1993), pp.1-28.

② 社会生产强调在非零和博弈的情况下为各行动者创造更多的权力，以共同合作来达成集体目标；而社会控制则强调权力是用来控制其他行动者的工具，即各行动者间的权力状态是一种零和博弈，为了实现自身利益的最大化，各参与者之间势必形成一种冲突不断的竞争与对抗关系。

③ 张庭伟：《1990年代中国城市空间结构的变化及其动力机制》，《城市规划》2001年第7期。

④ 吴缚龙：《利益制约：城市规划的社会过程》，《城市规划》1991年第3期。

⑤ 严重敏、周克瑜：《关于跨行政区区域规划若干问题的思考》，《经济地理》1995年第4期。

利益均衡的结果，更应该是各治理组织基于空间资源分配所达成的共识的汇聚。

3. 综合运用行政化手段和市场化手段调整府际关系，促进地方政府由竞争型政府向合作型政府转变

跨域治理的第二个模式就是通过调整地方政府之间的关系，促进地方政府由竞争型政府向合作型政府转变。无论是我国的分权制改革，还是英国的"竞争型政府"改革、美国的"企业精神政府"改革，都期望把地方政府塑造成充满竞争力的市场行为主体，以谋取利益为宗旨，以相互竞争为发展动力。但这种竞争导向的政府改革同时导致了政府间联系的脆弱，导致众多跨越行政区、跨部门、跨领域的公共事务（如流域水污染、大型基础设施建设以及 SARS 防治等公共安全问题）难以得到及时有效的处理。因此，有必要调整地方政府之间的关系，实现府际跨域治理（见表 10-3）。跨域治理的工具主要有政府之间建立非正式的策略性伙伴关系或者通过正式签订契约而得到稳定的合作，或者采取更加正式的方式成立政府联盟甚至最终实现合并。随着正式化程度的提高，地方政府之间合作的弹性越来越小，各地方政府的自主权逐渐被更高一级合作组织上收。

表 10-3　地方政府跨域治理的主要工具①

区域合作形式	非正式策略性伙伴关系	行政契约	共同行动协议	公共服务协议	参与者同意让渡出部分自主性以建立城市（或区域）联盟	合并
治理工具	以信任为基础，参与者通过规则的建立以厘清责任，分享权力，规范集体行动	建立各方遵循的共同规则，明确各自的责任和权力，是一种相对正式的合作形式			参与各方共同协商拟定权责	科层/权威
常用表述	网络	伙伴关系			城市或区域联盟	整合

我国地方政府跨域治理呈现出阶段式演进发展的特征，总体上由相互隔绝，走向互惠合作，行政化手段和市场化手段交互使用。大致可以分为以下 3 种模式：

① H.Sullivan, C. Skelcher. *Working across Boundaries*, New York：Palgrave, 2002.

第一模式是传统计划经济体制下的资源整合互助方式。由于生产资料由中央政府统一调度和分配，因此地方政府之间以中央政府的计划指令为中介而实现资源流动。但是，由于地方政府经济发展的自主性差，所以普遍缺乏社会经济互动的动机和能力。

第二种模式是市场经济条件下的行政化功能整合方式。主要是通过政府间的对等协商实现互惠合作。常见的操作方式有行政区划调整、建立城市联盟或中介协调机构等。通过行政区划调整，地方政府实现了版图扩张，经济规模扩大，降低了行政成本，但为行政区划调整所付出的巨大政治、经济和社会成本，行政合并的正面效应往往被缓慢而艰难的磨合过程所抵消①。而建立城镇联盟或者中介协调机构的方式则在保留地方自主权的前提下实现了功能整合。比如通过建立"厦漳泉城市联盟"、"长株潭一体化都市区"、"中山市城镇组团"等政府联盟形式以及"长江三角洲城市经济协调会"、"泛珠三角经济区行政首长联席会议"等城市和区域组织形式实现社会经济资源的整合。

第三种模式是市场经济条件下的市场化功能整合方式。主要是通过交易、契约、协议等方式约束各方行为，实现互惠合作。常见的操作方式有通过地方之间签署公共服务协议、共同行动协议和行政协议等方式发展合作关系，达到地方政府间的功能整合的目的。比如建立跨境工业园区②、共建产业转移园区③、实行基本农田易地保护、共建城市轨道交通等，

（四）结论

我国的行政分权改革提高了地方政府自主发展的积极性，促进了地方社会经济的蓬勃发展，但决策分散化也导致跨政区、跨部门、跨领域公共事务难以协调的问题，因此，地方政府的治理方式面临二次变革。借鉴西方发达国家的成熟经验，结合我国30多年改革开放的成果，笔者建议：首先在

---

① 张京祥、范朝礼、沈建法：《试论行政区划调整与推进城市化》，《城市规划学刊》2002年第5期。

② 王登嵘、丁镇琴、张润朋：《基于管治理念的区域整合新手段：建设跨行政边界工业园区》，《规划师》2005年第2期。

③ 佚名：广东大建"产业转移园区"助推山区加速发展，见 http://news.xinhuanet.com/newscenter/2005-07/08/content_3195379.htm，2005-07-08.

坚持分权化、全球化和市场化改革的前提下，通过宏观分权与微观赋权相结合，打破封闭的体制内循环方式，引进并整合体制外的社会经济资源，把决策权力向企业、社区和非营利组织转移。其次，基于目前社会治理组织不断多样化的发展趋向，统筹协调各治理组织间的关系，促进城市政体内的权力平衡，以利益协调为基点，促使治理规则由支配性规则向共识性规则转变，形成各治理组织协商一致的跨域治理新规则。第三，综合运用行政化手段和市场化手段调整地方政府间关系，实现府际合作，促使地方政府由竞争型政府向合作型政府转变。总之，地方政府的跨域治理已经成为当前社会经济发展迫切而重要的问题，这一问题的解决，有赖于我们更深入地探索适合我国国情的新途径。

四、城市—区域增长的网络化空间治理机制[①]

20 世纪 70 年代以来，生产的分散化与管理的集中化导致国家间的竞争逐步演变为骨干城市及其所依托的城镇群体之间的竞争，全球化的经济治理机制不再集中在国家机器上而更多地聚焦于世界城市上。这些世界城市及其周边所连成的巨型都会区域取代了国家的角色而成为世界经济调节网络的重要节点。"城市区域"成为国内外把握城市与区域发展方向的认识工具和实践工具，成为我国推进城镇化的抓手、发展区域经济的重要空间方式和参与全球竞争的前沿阵地。但城市区域内部高度繁密的行政分割造成行政区之间以邻为壑与重复建设，经济发展诱发的利益群体分化和资源分配不公进一步加剧了社会极化，造成城市区域空间治理的困境。而 20 世纪后半期地理学研究中政治经济学研究范式的兴起对上述不协调现象提出了新的分析路径，这种方法以结构马克思主义为基础，对复杂的社会、政治和经济因素进行研究，不仅占据了社会科学研究的主导地位，也成为重要的地理学研究方法[②]。本节以政治经济学研究方法为分析框架，对城市区域增长的网络化空间治理机制进行系统性的研究。

---

① 本节内容根据马学广《城市区域增长的网络化治理研究》，《城市问题》2011 年第 8 期修改而成，马学广作为第一作者和通讯作者。
② 汪原：《迈向过程与差异性——多维视野下的城市空间研究》，东南大学博士学位论文，2002 年。

（一）国外研究进展

城市区域增长是城市内部、外部各种社会力量相互作用的物质空间反映，拥有资源或影响力的力量在相互作用之后的合力的物化，体现为城市空间的重组或扩展。而城市空间的政治经济学就是要揭示出空间组织形式是如何由它嵌入其中的特定生产组织来生产的，以及它又是如何反作用于这些生产组织的。国外学者对城市增长的网络化治理研究可以从研究背景、方法、视角、内容等方面归纳为以下几个方面。

1. 从理论背景上看，城市政治经济学为城市区域增长的空间治理提供了理论基础

自从 20 世纪 70 年代城市政治经济学兴起后，西方城市空间发展研究多年来的主轴都围绕在政治、经济与意识形态上，城市政治经济的方法论成了研究城市空间发展的主流。城市增长意识形态的出现肇始于第二次世界大战后，随着战后欧美发达国家城市规模不断扩张，城市政府在有限的财政税收之下已经无法有效地实施治理，只有鼓励和吸引更多工商业投资，才能改善地方财政状况和满足城市居民对公共服务与社会福利的需求，因此城市与区域增长成为主流意识形态。西方空间政治经济学分析把地理现象解释成政治经济关系及其相互作用的结果，认为社会个体及其组织的空间行为和经济空间格局是由其特定的生产方式、权力结构、劳资关系、生产关系以及资源和财富的分配方式决定的[①]。城市政治经济学研究强调建筑环境的产生和变化与社会生产与再生产过程密切相关，资本、城市发展的组织形式及相关社会机构是主要作用因素，城市空间的生产被镶嵌在一个复杂的政治、经济与文化的网络之中，政府干预和房地产发展在其中居于核心地位并进而改变了城市的空间结构。在政治经济学的视野下，城市是许多利益、价值和观点相左的社会个体和组织在界定城市意义的过程中激烈竞争和冲突的产物，是不断增长的各种经济和社会生活网络的交点。

2. 研究方法上，城市政治经济学成为城市与区域空间治理的重要方法工具

20 世纪 70 年代以来，以城市增长为核心价值理念，西方政府引入企业

---

① 顾朝林、于涛方、李平：《人文地理学流派》，高等教育出版社 2008 年版，第 56 页。

化治理方式并与工商业组织结成"增长联盟",形成城市治理的增长型政体,城市就此成为一架"增长的机器"。以政府为中心的政治体制和以市场为中心的经济体制是政治经济问题中最重要的两种结构因素,城市区域增长的治理必须以了解相关结构中相关行为者的特性与互动过程为前提。城市发展前景与经济增长与众多地方团体的利益息息相关,城市中不同力量共同组成了"增长的联合体",而城市持续且永无止境的增长正是它利益的源泉①,城市增长可以为地方政府带来更多的税收,提高政治精英的社会支持度,提高居民物业的价值,为开发商、企业主、金融业者等带来经济上的巨大回报。依附于土地的政治经济精英影响着城市发展决策,以达到促进人口增长、工商业经济规模扩张以及更多土地开发等目的,城市成为政府和各种利益集团的"增长机器"②,成为政府、资本家及地方精英等追求利益同构、资源互赖和权力共享的场域,而共同推动城市增长的不同力量则因具体目标的差异而组成了不同的增长联盟。以城市区域的增长为主要价值取向的"增长结盟"由公共部门的政治企业家所主导,他们整合各种利益集团联盟以增强其权力基础,城市的发展与空间的变化正是增长联盟行动的结果。城市政府、工商企业集团、社区等社会行动者因共同的利益而紧密结合在一起并建立起合作性的非正式制度安排,运用繁荣和增长的意识形态来获取其行动的正当性并以此共同推动城市的增长③。虽然政治经济精英主导下的增长联盟促进了地方经济发展,但所得利益并非平均分配给地方居民享有,而增长的成本却常要由地方居民来承担。

3. 研究视角上,由孤立转向关联,行动者网络成为重要的空间治理研究途径

现代世界发展中的市场需求、国家干预以及社会行动者互动都会影响到城市发展的方向。当今社会是网络化的社会,无论信息传播、交通往来还是人际互动都呈现出网络化的形态,网络成为描述当今社会形态的关键

---

①　[美] 安东尼·奥罗姆、陈向明:《城市的世界——对地点的比较分析和历史分析》,　　译,上海人民出版社 2005 年版,第 50 页。

②　H. L.Molotch, "The City as a Growth Machine: Toward a Political Economy of Space", *American Journal of Sociology*, Vol. 82, No.2 (1976), pp.309-332.

③　K.Mossberger, G.Stocker, "The Evolution of Urban Regime Theory: the Challenge of Conceptualizations", *Urban Affairs Review*, Vol. 36, No.6 (2001), pp.810-835.

词，它强调将个人或组织置于网络结构中来观察，强调从相互联系的而不是相互孤立的角度来研究社会组织或个体之间的关系。作为一种组织间协调方式，"网络"突破了传统的等级节制体系，转而强调跨越不同政府层级和功能领域的相互依赖的网络①。利用网络模型来刻画社会行动者间关系以及分析社会关系模式和规律的方法被称为"行动者网络理论"（Actor-Network Theory，简称 ANT），ANT 以"网络"来描述行动者之间的关系，而"关系"则是行动者之间资源传送或流动的通道②。行动者网络既是公共行政组织、工商企业组织以及民间组织等在共同目标和利益共享激励下互利合作的组织形式，又是行动者获取行动能力、推动目标实现的桥梁和工具。行动者网络既对社会行动者提供了机会又同时施加了限制，个人、群体或组织的行为及获取的资源都受到与其他网络成员之间关系的影响，行动者通过沟通、谈判、协作等社会互动行为变无序为有序③。由于没有任何行动者能单独依靠自身资源解决所有问题，所以他们之间存在着资源相互依赖关系，即使各参与者拥有不同的目标与利益，但都必须依赖其他参与者作为达成其目标的手段④。行动者网络在城市研究中应用的代表性理论是"增长网络"理论⑤，认为政治精英、企业精英和来自社会各个阶层的行动者在增长的意识形态和不同的结构性约束条件下相互结合与互动而形成网络，并进而推动城市土地开发和城市经济增长。

4. 研究内容上，地理空间从城市到区域再到城镇密集区，形成了城市企业主义治理方式和区域"多中心—多层次"的空间治理格局

治理（Governance）的理念来源于 20 世纪 70 年代的西方，它的运行机制不是仅仅依靠政府的权威，而是凭借合作网络的互动，多元社会行动者通过资源整合与功能协调而形成的网络化多中心权力格局和多层次的行动方案

---

①　刘坤亿：《全球治理趋势下的国家定位与城市发展：治理网络的解构与重组》，《"国立"台北大学行政暨政策学报》2002 年第 34 期。

②　J. Law, J.Hassard, *Actor Network Theory and After*, Oxford and Keele：Blackwell and the Sociological Review, 1999, pp.15-50.

③　郭俊立：《巴黎学派的行动者网络理论及其哲学意蕴评析》，《自然辩证法研究》2007 年第 2 期。

④　S.Whatmore, *Hybrid Geographies：Natures Cultures Spaces*, London：Sage, 2002, pp.59-62.

⑤　M.Gottdiener, *The Decline of Urban Polities：Political Theory and the Crisis of the Local State*, London：Sage, 1987, pp.1-20.

是治理理论的核心①。广义的城市治理是指城市和城市区域决策得以制订和落实所牵动的社会过程,标志是以政府主导的传统型城市管理模式快速被政企合作主导的"城市企业主义"治理模式所取代②。这是因为传统的政府垄断供给主导下的政策方式不能有效地配合地区发展需要,因此需要引入工商资本和社会资金,全球市场竞争中的市场压力迫使市政当局放弃部分自治权并扮演起企业型角色。城市企业主义的治理模式将市场精神与企业经营的手段引入城市治理过程中,地方政府将市场机制、竞争、创新、公私合伙、风险承担等企业经营方略和企业营销手段整合于城市环境开发中,形成政府与企业强力推动地方发展的增长联盟或结盟的合伙机制。在区域层面上,越来越多跨越区域界线、超越单一政府权限的跨域事务的产生迫使地方政府治理模式产生变革,形成了"多中心—多层次"的区域治理格局③,并被纳入欧盟区域政策中,如"欧洲空间发展展望"也采取伙伴合作式的政策行动。

综上所述,"网络"已经成为描述和解析社会互动行为的独特视角,基于多元行为主体关系调试的治理理论成为应对社会多元分化的良策。城市区域成为全球经济增长的主阵地,增长成为城市与区域发展的核心。在空间政治经济学指导下,利用"行动者网络"作为整合各种社会组织和力量的工具,为城市区域增长的治理提供了理论依据和可供选择的路径。综合国外学术界的相关研究成果,可以得出以下结论:首先,"网络"已成为描述和解析社会互动行为的独特视角,它以一种结构化的方式来建构行为主体之间的关系,并将要素流动和网络化互动形态纳入分析范畴。其次,20世纪70年代以来全球化、市场化和分权化的多重动力塑造并强化了当今社会片断化、拼贴化和破碎化的形态特征,基于多元行为主体关系调试的治理理论成为应对社会多元分化的良策。第三,增长(包括经济、社会、空间等多个领域)成为城市与区域发展的核心,也成为城市与区域研究的重要命题,并且衍生出增长联盟、增长机器、增长网络、城市政体等理论模型,构成了城市政治

---

① [美]迈克尔·麦金尼斯:《多中心治理体制与地方公共经济》,毛寿龙等译,上海三联书店2000年版,第1—3页。

② D.Harvey, "From Managerialism to Entrepreneurialism: the Transformation in Urban Governance in Late Capitalism", *Geografiska Annaler*, Vol. 71B, No.1 (1989), pp.3-17.

③ E.Gualini, "Challenges to Multi-level Governance: Contradictions and Conflicts in the Europeanization of Italian Regional Policy", *Journal of European Public Policy*, Vol.10, No.4 (2003), pp.616-636.

经济学理论体系的主体框架。

（二）国内研究进展

从 20 世纪 80 年代末开始，以各利益集团之间的权力与责任的调整为中心的城市与区域治理研究在全球范围内兴起，中国城市化的驱动力量也发生了新的变化，形成了以政府间自发的、多元行动主体和共同目标的联盟组织，推动地方经济"合作网络"的形成和发展[①]。国内学者对城市区域增长的网络化治理研究可以从研究方法、意识形态、组织形态以及空间尺度等方面归纳为以下几个方面的成果。

1. 从研究方法上看，政治经济学取向愈加明显，地方政府成为空间治理研究的焦点

目前，在部分海外中国城市研究学者的推动下，国内城市与区域治理研究方法的政治经济学取向愈加明显[②]，政府角色转变与职能变迁及地方政府与其他社会行动者的关系、体制转型和制度变迁的社会环境[③]，等成为独特的分析视角。在经济全球化、市场化、分权化的综合作用下，中国的经济与社会发展正在经历着深刻而全面的转型。凝聚着区域关系焦点的地方政府，在多元行为主体的博弈互动中，迅速成为影响区域协调与整合的重要因素，公共行政主体、公共利益主体和地方经济利益主体三重身份的自相矛盾使得地方政府成为区域矛盾和冲突最为集中的一极[④]。政府制定和执行公共政策的时候不再时刻代表着"全体社会成员的利益"，而是有选择、有偏好地代表其中某种利益，甚至可能是政府自身的利益，地方政府实际上已经成为一个超级公司[⑤]，对政治经济利益的追求成为地方政府关注的核心内容，城市空间资源成为"政府企业化"的重要载体。因此，改革开放塑造出了大批的"增长型政

---

①　陶希东：《跨省区域治理：中国跨省都市圈经济整合的新思路》，《地理科学》2005 年第 5 期。

②　沈建法：《城市政治经济学与城市管治》，《城市规划》2000 年第 11 期。

③　张京祥、殷洁、罗小龙：《政府企业化主导下的城市空间发展与演化研究》，《人文地理》2006 年第 4 期；罗小龙、沈建法：《中国城市化进程中的增长联盟和反增长联盟》，《城市规划》2006 年第 3 期。

④　马学广、王爱民、闫小培：《从行政分权到跨域治理：我国地方政府治理方式变革研究》，《地理与地理信息科学》2008 年第 1 期。

⑤　张京祥、吴缚龙：《从行政区兼并到区域管治——长江三角洲的实证与思考》，《城市规划》2004 年第 5 期。

府"，由于受到行政区经济、政绩考核、增长联盟等众多因素的影响，不可避免地出现了寻租、行政区经济等与成熟市场经济多不相融的非规范行为。

2. 从意识形态上看，增长成为城市与区域空间治理追求的目标，城市空间增长与扩张是其物质表现形式

改革开放以来，城市增长已经成为我国各级地方政府的核心目标和"在发展中解决各类矛盾"的主要方法[1]。城市区域发展的动力已经由自上而下型和自下而上型的二元驱动转向政府、企业和个人三者交相互动的多元推动力[2]，并进而发展到地方政府与资本力量合作共建"增长联盟"来推动城市空间扩张与重构，地方政府和各种社会力量的决策对城市空间的结构形态塑造起着重要作用。城市空间增长是一个社会、经济、自然要素相互作用下的复杂空间过程，城市空间结构的变动反映了其内在的经济和社会文化的转变，由制度变迁与技术革新、工业化与信息化及劳动分工、人口的空间集聚等因素扩展形成[3]。城市空间结构的增长始终受到自组织的生长和有意识的人为控制这两个力的制约与引导，城市空间结构实际上是不同利益群体间调整、平衡的图景，两者交替作用而构成城市增长过程中多样的空间形式与发展阶段。

3. 从城市区域增长的空间尺度上看，城市与区域空间治理在城市社区—大都市区—城镇密集地区三个尺度上延展，多中心—多层次治理的雏形开始显现

城市与区域的治理，在空间尺度上涉及社区、都市区和城镇密集地区等多重尺度。当今世界区域、城市发展的总体态势呈现出城镇日益呈现出群组化、网络化的演进特征，城市群、大都市带、都市连绵区、城镇密集地区等城镇群体形态成为新时期中国城市化的主导形态。虽然城镇密集地区日渐成为支配全球和区域经济命脉的主要空间载体，但其仍存在诸多治理的困境，部分学者分别从行政区划调整、跨省都市圈和跨境城市区域等角度提出城镇密集地区区域治理体系框架。同时，由于公民社会的崛起以及跨境跨界事务的增多，中国城市与区域管治正朝着多中心—多层次管治方式

---

① 何丹：《城市政体模型及其对中国城市发展研究的启示》，《城市规划》2003年第11期。
② 崔功豪、马润潮：《中国自下而上城市化的发展及其机制》，《地理学报》1999年第2期；宁越敏：《新城市化进程——90年代中国城市化动力机制和特点探讨》，《地理学报》1998年第5期。
③ 赵燕菁：《高速发展条件下的城市增长模式》，《国外城市规划》2001年第1期。

转变①。

综上所述，增长导向下的城市区域治理问题受到越来越多国内学者的关注，但其研究成果理论探讨多，实证分析少；静态研究多，动态研究少；孤立研究多，关联性研究少；横切面研究多，纵贯性时序演变分析少。因此，与不断增长的城市区域广泛存在的剧烈的矛盾和冲突看来，理论研究远远落在了现实的后面，亟须在新的理论方法指导下的更多、更深入、更系统化的整合性研究。

（三）研究展望

综合国内外研究成果可以看出：城市增长的治理一直是中外学术界关注的热点问题，国外研究注意平衡各类行动者（政府、企业、社区组织等）之间的职能和需求，在不同的空间尺度上，采取分散的、多元的、自下而上的方式实现多层次和多中心治理。相比国外的研究而言，国内城镇密集地区的治理研究虽然已经取得了部分成果，但实证的数量、尺度、深度、方法以及理论提升等方面仍然存在较大的补充和完善的空间，借此推动我国城市化理论的反思和重构②。

1. 城市区域空间治理的增长网络分析

以增长为目标而协同行动、共享成果的行动者网络即"增长网络"，增长网络由节点（社会行动者，比如地方政府、工商组织、社区组织等）、流质（行动者之间传递的资本、信息、技术、空间资源等）和网络（行动者之间的关系形态）三部分构成。在对增长网络的结构进行分析和总结的基础上，有必要对城市增长网络的类型以特定标准为依据进行分析，同时对各种类型增长网络的形态和功能进行深入剖析。通过归纳和总结当前我国城市区域增长网络的结构和类型特征，借鉴国外同类型地区相似案例处理的经验和教训，提出相应的增长网络架构优化措施和发展方向。

① 杨春：《多中心跨境城市—区域的多层级管治——以大珠江三角洲为例》，《国际城市规划》2008年第1期；张京祥、罗小龙、殷洁：《长江三角洲多中心城市区域与多层次管治》，《国际城市规划》2008年第1期。

② 张鸿雁：《中国城市化理论的反思与重构》，《城市问题》2010年第12期。

2. 行动者网络的空间增长政体分析

采取共同行动的社会行动者在增长导向下联合行动过程中体现出的权力分配关系即"增长政体"。增长政体是动态的，受正式或非正式规则的支配，对增长网络的成员可能是约束性的，也可能是非约束性的。增长政体是阶段性的和动态性的，受特定时期成员之间力量对比的影响，增长政体的结构形态、运作方式和持续性具有明显的路径依赖特征，受地方文化传统、社会经济发展的路径、区域发展阶段和外部环境的影响较大。因此，必须以区域城市化发展的路径和状态为依据，分别考察行动者网络的增长政体的构成。

3. 行动者网络的空间增长制度分析

行动者网络的建构、演进甚至解体都是在特定的区域政治经济环境之中产生的，建议从以下几个途径切入：首先，对改革开放以来"以经济建设为中心"的增长意识形态进行分析；其次，探讨我国由计划经济体制向社会主义市场经济体制转型的宏观政治经济背景下，行动者网络的演变及其对城市区域治理的新要求；第三，以全球化、市场化和分权化为代表的中国政策制度的变迁对区域治理产生了何种影响也是增长制度分析的重要内容；第四，随着中国对外开放程度的不断加大，世界经济波动将会对我国城市区域治理产生重要的影响，探讨政治经济环境突变中区域的制度环境变化及其适应过程。

4. 行动者网络的空间增长管理分析

增长并不是万能的，在城市区域增长的过程中也不断积累着新的矛盾和问题。因此，城市区域治理必须加强引导和管理，美国、欧盟和日本等国家和地区在这方面已经积累了相当多的经验和教训，为我国城市区域增长管理的实施提供了借鉴的基础和平台。同时，对于我国城市区域当前基于行政区经济和政府主导的增长管理政策也需要加以梳理和评判，以作为对国外经验借鉴和嫁接的基础。除此之外，还需要对于增长管理政策在形式和内容上进行优化，这表现在对增长管理政策制定过程中政策网络的设计、利益相关者的参与，以及对实际增长管理政策作出符合时势和区域特色的调整。再者，从行政、经济、法律和空间等几个方面对增长管理网络加强调控和管理。另外，对于城市区域增长过程中普遍存在的跨行业、跨部门、跨领域等"横跨性"议题的存在，也要制定出相应的管理机制。

（四）结论

　　城市区域增长的网络治理是当前国际城市研究的热门话题，政治经济学研究方法的引入是国际人文地理学研究范式向对地理现象的体制环境、社会文化、关系网络、空间尺度等层面多维转向的反映，顺应了快速城市化背景下协调城镇密集地区多元利益主体关系以形成新的城市与区域发展动力研究的需要。立足于政治经济学的分析框架，本节揭示出城市区域增长过程中的关键社会行动者（政府、开发商及社区组织与居民等）及其网络关系对空间增长过程的治理关系、目标、尺度、格局等特征，并且对该领域的拓展研究提出了更进一步的展望，有助于深化这一范畴的理论与实证研究。

第 十 一 章

珠三角城市—区域空间治理的实践

全球化和市场化背景下的城市与区域发展已经超越了行政区划的限制，众多的城市通过多种多样的功能性联系而与周边其他城市链接在一起，形成不断扩张、壮大的地域性功能网络，这就为跨越行政边界的区域公共事务的空间治理研究提出了挑战。

一、城镇密集地区的地方政府跨域空间治理①

改革开放以来，我国的社会经济体制转型有力地促进了地方经济的发展，以东部沿海地区为代表形成了城镇密集地区。目前，越来越多的迹象表明，以跨区域、跨部门、跨领域为特征的横跨性议题（Cross-cutting Issues）正成为城镇密集地区地方治理（Local Governance）的重要内容。这些议题的影响范围跨越了原有的区域界线，超越了单一政府的职能和权限，迫使地方政府治理模式发生变革。以往研究大多从空间视角切入，着力点在于城镇密集地区的概念、形成与演化机制、空间整合与管制等层面②，较少涉及对

---

① 本节内容根据马学广、王爱民、李红岩《城镇密集地区地方政府跨域治理研究——以中山市为例》（《热带地理》2008 年第 2 期）修改而成，马学广作为第一作者和通讯作者。

② 孙一飞：《城镇密集区的界定——以江苏省为例》，《经济地理》1995 年第 3 期；胡序威等：《中国沿海城镇密集地区空间集聚与扩散研究》，科学出版社 2000 年版；张京祥：《城镇群体空间组合》，东南大学出版社 2000 年版；刘荣增：《城镇密集区发展演化机制与整合》，经济科学出版社 2003 年版。

其横跨性议题的讨论，因此难以适应目前城镇密集地区发展的需要。本节以地处珠三角城镇密集地区的中山市为例，尝试对这一问题进行理论探索。改革开放 30 多年来的发展，中山市形成了空间上连绵一体、经济上关联互动、环境上同存共生的城镇群体。但也出现了有限空间资源背景下镇级政府之间各自为政、资源争夺、基础设施不衔接以及共同性的环境污染、生态保护、土地资源匮乏与发展空间逼仄等问题，因此亟待采取新的治理方式以化解冲突和矛盾。

（一）横跨性议题解决的西方经验

西方研究表明，跨域性议题的解决需要通过"协同授权"（Collaborative Empowerment）而达到"跨域治理"的目标[1]。"协同授权"来源于组织间的权力（资源）依赖关系。由于没有任何行动者能单独依靠自身资源解决所有问题，所以他们之间存在着权力依赖关系[2]。权力（资源）依赖主要表现为以下几点：①致力于集体行动的组织必须依赖其他组织的资源而发展；②为达成目的，各组织必须交换资源和磋商共同目标；③经由组织互动而形成的支配性联盟（dominant coalition）在游戏规则框架内，运用种种策略来管制资源的交换过程；④交易的结果不只是取决于参与各方的资源，也取决于游戏规则和交易的环境系统。权力的相互依赖性表明，出于权力资源的多样性，社会权力秩序的建立必须经由参与者相互协商谈判和交易而达成。

"跨域治理"议题涵盖了地理空间上的跨政区联合行动，组织单位中的跨部门交流，传统公共部门与私营部门、民间组织之间的伙伴关系，及横跨各种政策领域的专业化合作，是一种超越分歧、跨越边界以协同互动为目的的新型治理模式[3]。它的出现是因为当代社会经济发展中错综复杂的问题均有赖政府与政府、政府与企业以及政府与非营利组织等机构的协同作用。它终结了传统意义上由政府直接提供公共服务的历史，而改以更为多元的渠道

① H. Patsy, *Collaborative Planning: Shaping Places in the Fragmented Societies*, Hampshire: Palgrave Macmillan, 2006.

② A.W. Rhodes, "Power Dependence: Theories of Central–Local Relations: A Critical Reassessment", In *New Research in Central-Local Relations*, M.Goldsmith, Vermont.Stone: Clarence N, 1986.

③ R.Agranoff, M. Michael, *Collaborative Public Management*, *New Strategies for Local Governments*, Washington D C: Georgetown University Press, 2003.

和模式来传递服务。同时，它经由许多利益相关者公平协商而达成，更有助于政府获得居民的认同，因而弥补了传统代议民主之不足[①]。"跨域治理"的实施主要是通过在地方政府、企业、社区以及非营利组织之间建立权力共享的合作伙伴关系，以充分地发挥各行为主体的资源优势，弥补其他组织之不足。

（二）中山市区域经济发展的特点

分权化、市场化和全球化的互动体现了我国由计划经济向社会主义市场经济转型的基本过程[②]。改革开放以来，中山市发挥毗邻港澳、信息便利的优势，营造良好的投资环境以引进港澳台和国外资本发展"三来一补"企业、"三资"企业，并卓有成效。在中央政府一系列分权改革政策的推动下，中山市乡镇企业蓬勃发展，民营经济方兴未艾，走出了一条以国有集体经济为龙头、非公有制经济协调发展为特色的"广东四小虎"之路[③]。从总体上看，中山市区域经济呈现专业化、多元化和综合化的发展态势。

第一，以专业化为特征的地域经济组织构成了中山市区域经济发展的主体。由于资源禀赋、地缘关系的差异以及社会经济基础的不同，中山市在不同发展路径下形成了以乡镇为基本单位、专业化发展为主导的性质迥异的特色经济（见表11-1）。目前，中山市拥有22个国家级产业基地、11个省级专业镇、7个广东省产业集群升级示范区，具有非常明显的产业集群优势，以城镇为依托，专业化经济获得强大的空间依托和广阔的发展空间。

第二，产业资本呈现多元化特征，资本结构良好，内外源经济协调快速增长。20世纪80年代，中山市区域经济以国有集体资本为支柱，跻身广东"四小虎"之列。此后10年，国有资本的优势随着国企改革而衰落，但以"三来一补"、"三资企业"为主体的境外资本迅速崛起成为中山经济的支柱。进入21世纪后，中山市民营经济迎头赶上，目前已经形成国有资本、

---

① G.Stoker, *Transforming Local Governance*: *Form Thatcherism to New Labor*, Hampshire: Palgrave Macmillan, 2004.

② Y.D.Wei, Decentralization, Marketization and Globalization: the Triple Process Underlying Regional Development in China, *Asian Geographer*, No.1&2 (2001), pp.7-23.

③ 樊荣强:《广东四小虎批判之四——中山之忧》，2004年1月30日，见http: //business. sohu. com/2004/01/30/59/article218825905. shtml.

表 11–1　中山市区域经济发展的基本特征

工业化属性	自上而下型工业化	自下而上型工业化	
		外资主导型	内资主导型
初始条件	政府投资、政策倾斜	政策优惠；地缘关系、区位优势	地方文化特质；偶然性因素
地方文化特征	较弱或与经济发展联系不强；不强调企业家精神	不强调地方文化特质，不强调企业家精神，外来企业间的内部联系促成了良好的产业氛围	一般拥有悠久或浓厚的地方工商业文化，居民富有企业家精神，一般具有良好的产业氛围
企业性质	国有企业、集体企业为主	三来一补企业、外资企业为主	乡镇企业、个体私营企业为主
产业扩散形式	由中心向外围渐次扩散，存在距离衰减现象	平行发展，区域间联系弱，易于形成专业化城镇	据点式发展，区域间联系弱，易于形成专业化城镇
地方产业联系	与地方产业联系弱，属于政府投资型飞地	根植性弱，嵌入本地社会经济系统；属外资型飞地	根植于本土文化，地方联系强
镇（区）	石岐区、东区等	火炬区；三乡、坦州；南头等	小榄、古镇、沙溪、大涌等

外资、民资协同共进的良好资本结构（见图 11–1）。总体上看，以中心城区为代表，国有资本占有相当重要的地位；而西北部地区、东部（南部）地区则分别是民营资本和外资占主导的区域，资本的空间分布呈现出不均衡的分布状态。

第三，区域经济发展的综合化导向。主要体现在资本的流动跨越了行政边界而在全市范围内寻求空间整合，尤其在一些镇（区）的边界地带，多种资本、多种产业交错融合，形成了新时期中山区域经济的新特点。此外，鉴于专业化经济与生俱来的高风险性，很多专业城镇走上了多种产业类型综合发展的道路，如小榄镇的五金、电子音响产业，古镇的灯饰、花卉产业，大涌的红木家具产业和牛仔服装产业等。综合化的发展导向在不影响现有主导产业发展的前提下发展替代产业，有效地规避了专业化的风险。

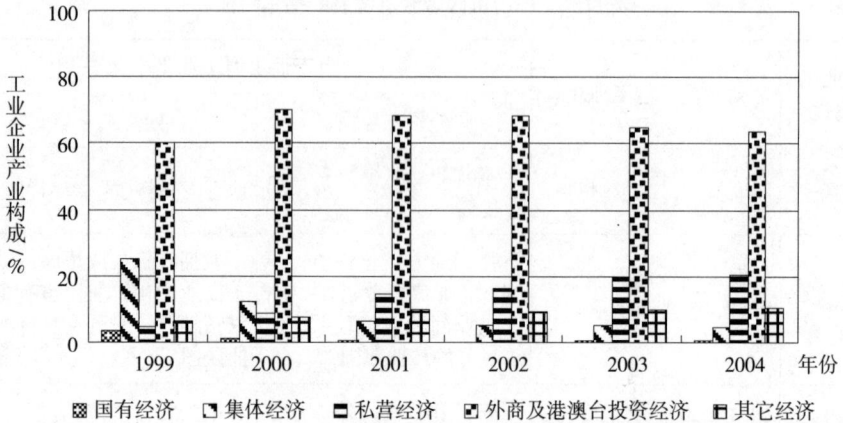

图 11-1　中山市规模以上工业企业的经济类型①

（三）中山市区域经济发展的横跨性议题

　　虽然行政分权在调动地方政府积极性、减轻政府负担、向社区提供公共物品等方面具有明显优势，但其弊端开始显现。例如，地方政府的制度创新难以产生更广阔的社会经济效益，只能提供地方性公共物品和服务，难以克服跨地区外部效应问题（如流域污染问题），无法得到提供公共物品或服务的规模经济效益（如大型的区域性基础设施难以协调建设）；不利于解决收入再分配和宏观经济问题②。

1. 土地资源瓶颈使地方化经济的空间扩展受阻

　　土地是一种数量有限且承载着较多功能的重要资源，社会经济发展对土地需求的增长与土地稀缺性之间的不协调历来是土地利用的核心问题③。中山市专业化经济发展到目前规模所遇到的首要问题就是土地资源的制约，这对中山经济稳定快速、可持续发展已经构成威胁（见表 11-2）。规模日渐膨胀的企业急于实现产业空间扩张，但目前的"行政区经济"格局限制了这一冲动，企业不得不搬迁或异地办厂，造成地方税源流失和产业集聚效应的

---

　　①　资料来源：中山市统计年鉴（2000—2005）。

　　②　杨帆：《地方政府与地方城镇发展——城市规划难以回避的一个体制问题》，《城市规划》2003 年第 11 期。

　　③　王万茂、李俊梅：《城乡一体化与土地利用组织》，《城市研究》1999 年第 2 期。

削弱。同时，由于区域发展差距的存在，各镇（区）土地存量、土地价格存在较大差异，这就为社会经济资源的跨政区流动提供了条件。

表11-2　中山市各镇（区）土地资源约束强度①

土地资源约束强度	经济状况			
	经济发达区域	经济实力较强区域	中等发达区域	经济落后区域
低度约束（10%—30%）	—	—	—	—
中度约束（30%—60%）	—	坦洲	民众、板芙、港口	
高度约束（60%—80%）	城区	古镇	东凤、大涌、黄圃	南朗、横栏、五桂山
高强约束（80%—90%）	火炬	东升、南头		
刚性约束（>90%）	小榄	沙溪、三乡	三角	阜沙、神湾

2. "行政区经济"阻碍了生产资料的流通、产业融合及跨政区产业协作

行政区经济是在计划经济向市场经济转轨过程中出现的，是与区域经济一体化相悖的一种特殊的、过渡性质的区域经济，它表现为行政区划对区域经济发展的刚性约束①。分割的镇区行政经济发展模式不仅造成镇区之间经济发展差距的扩大，也造成跨镇区分工与协作的障碍。一些产业拓展力和扩张力强的镇区（如小榄镇、火炬区等）因受空间限制，优势产业发展受影响。而且，以镇、村为基本开发单元的工业化形式，土地集约利用水平低下，地块过于破碎、分散，难以引进大型项目并形成规模效应。因此，必须从分割的"镇区行政经济"走向区域经济一体化的"组团经济"、"集群经济"。

3. 自下而上的发展导致跨行政区的交通联系不畅和市政设施布局困难

受镇区行政管理和行政经济分割的影响，道路、市政等基础设施建设各自为政，没有形成一个统一协调、高效的运行系统，降低了设施的使用效率；重大基础设施建设大多只是基于单一性考虑，缺乏基础设施之间的整合

---

① 刘君德：《长江三角洲地区空间经济的制度性矛盾与整合研究——中国"行政区经济"的案例分析》，《杭州师范学院学报》2000年第1期。

与互动，造成跨政区生产资料的流通障碍。此外，受服务容量以及设施本身的环境外部性影响，污水处理厂、垃圾填埋（焚化）厂等市政设施难以以镇（区）为单位选址布局，客观上需要考虑超越行政区的限制进行设施布局协作。

4. 自然资源的完整性与行政空间的分割性矛盾导致现行的生态环境保护措施难以奏效

受行政分割限制，中山市发展过程中遇到如下难题：跨镇区垃圾、污水处理工程难于有效实施；行政分割导致各镇区之间用地功能不兼容，工业、居住互相干扰，生产用地包围生活用地，生产污水、噪音、过境交通等影响居住质量；工业生产侵占山林、水道、池塘、湿地等，造成生态环境质量下降。工业用地大多沿河涌布局，既存在侵占河涌绿地的现象，又对河涌造成污染。电镀、漂染等企业布局于河流上游，造成整个流域水体污染。

综上所述，地方基层政府在分权改革的制度激励之下获得自主发展的动力，致力于吸引投资并集中在其行政区域范围内发展，从而出现城市地域化现象[1]。但区域经济规模发展到一定程度之后，行政区成为区域经济扩张的桎梏，导致大量横跨性议题的产生，在侵蚀社会经济发展成果的同时，还阻碍区域经济的可持续发展，造成区域经济发展不平衡、贫富悬殊、社会破碎化等问题。因此，各自为政、以邻为壑的孤立发展模式已难以承载下一阶段城市协调发展的重任，客观上需要以全新的模式进行跨政区、跨部门、跨行业的资源整合。

（四）中山市跨域治理模式的构建

进入 21 世纪以来，城市（区域）治理问题已成为中国城市必须面对的一个重要课题。城市治理的分析框架包括多层次治理与城市政府自主空间、跨域治理与城市空间改造、治理能力与城市政府重组以及伙伴关系与多元利益主体[2]。中山市跨域治理主要包括如下 5 个方面。

---

[1] 沈建法：《中国城市化与城市空间的再组织》，《城市规划》2006 年增刊。
[2] 王佃利：《城市管理转型与城市治理分析框架》，《中国行政管理》2006 年第 12 期。

1. 跨政区基础设施共建

为打破行政区之间的空间壁垒，可以考虑以空间设施布局作为契机和切入点，实现区域空间结构重组，主要有基础设施建设、重大工程项目建设和有秩序的产业结构调整与空间转移等途径①。因此，通过区域内外重大基础设施的建设，可以提供区域合作的空间载体，连通区域内外的生产资料供应，提高生产协作效率，为跨政区产业协作与经济融合奠定基础。在《中山市第十一个国民经济和社会发展五年规划》中，该市规划了17项综合运输工程项目，总投资达291.39亿元，占计划总投资的38.98%。这些项目的建设都要征用多个行政单位和社区的土地，其投资主体涉及政府、企业及其他机构，因此有必要建立地方政府、企业和社区之间基于联合生产和合办投资的公私合营合作伙伴关系。

2. 跨政区生态专项区共建

具有空间不可分割性的生态环境资源，在界限分明的行政区划管理体制下往往难以得到完好保存，在管理上容易出现"公地危机"，而且由于资源利用外部效应的存在，导致环境纠纷层出不穷。通过建立专项区，旨在摆脱分割的行政区划造成的束缚，实现整体保护与合理利用。例如，五桂山周边地区（涉及五桂山镇、南蓢镇、三乡镇等）是珠三角西岸重要的生态屏障，过去在行政区划分割下遭到破坏；中山滨海地区尚存的濒临灭绝的红树林分散在不同镇区，由于各镇区各自为政，缺少有效的合作方式，致使珍稀资源受到破坏。专项区的建立，对于打破行政界限、实现资源的跨境维护十分有利，其建设涉及城市政府的总体规划、社区之间的统筹协作和市场资源的注入。因此，可以基于生态旅游资源的共生性特征在镇区政府之间建立共同资源伙伴关系和联合生产伙伴关系，以共同保护生态环境、开拓旅游市场。

3. 行政空间重组

社会经济发展的历史证明，每一次大的政治、经济变革都伴随着相应的行政区划与管理体制变革，行政区划在总体上必须与社会政治、经济发展相适应。随着我国政治、经济体制改革的不断深化，以市场导向为主、开放

---

① 陈修颖：《区域空间结构重组——理论与实证研究》，东南大学出版社2005年版。

性的区域经济一体化是空间经济发展的必然趋势①。国内外城市行政区划的实践经验表明，随着城市经济的不断发展，城市内部结构和外部形态都将发生变化，因而适时对现有行政体制进行改革和对行政区划作出调整是十分必要的②。大珠三角城市群经济圈存在着经济区域化和行政区域化两个空间，一定的经济区域化空间需要有相应的行政区域化空间，因此有必要通过行政资源整合，使行政资源与经济资源相辅相成，消除行政壁垒进而推动统一市场的发育③。

中山市跨政区空间治理的城镇组团在空间上以片区为单位，将中山市划分为西北组团、中部组团、东部组团和南部组团，采取渐进式托管过渡和行政合并的方式推进城镇组团的建设（见表11-3）。行政边界地带是一个复杂而敏感的地理空间，而行政边界地带复合型政区则是一个虚拟空间，组团设立的宗旨在于沟通镇（区）际的物流协作与产业融合，进行组团内部道路桥梁、市政管网、污水处理设施、垃圾填埋场（垃圾焚化厂）等基础设施的空间协调，通过跨境工业园的建设促进组团内部产业资本和土地资源的跨境合作与空间融合。

4. 强化社会动员与公众参与

社会动员和全民参与可以确保地方政府对普通市民所供给的基础设施和公共服务的发展与管理，确保地方政府所做的决定更能有效地接近社区，同时确保地方政府能够得到更多的资源、责任与政治的合法性。资金分担问题往往是城市公共服务提供中地方政府之间矛盾冲突的症结所在，我们可以转而面向民间，采取政府财政融资、市政债券、资金信托等多种融资方式来调解，这样既可以缓解城市政府的财政压力，也可以减少该领域城镇间矛盾的发生。而多数横跨性议题往往与当地社区居民的利益密切相关，以往的处理方式往往是居民参与不足和政府越位并存，导致社会资本流失甚至社会矛盾激化，这在权属争议、土地征用、房屋拆迁等关系居民切身利益的问题上，

---

①　刘君德：《长江三角洲地区空间经济的制度性矛盾与整合研究——中国"行政区经济"的案例分析》，《杭州师范学院学报》2000年第1期。

②　陈雄、李植斌：《城市化中行政体制改革与行政区划调整的必要性及面临的问题》，《求实》2003年第6期。

③　邓志阳：《大珠三角城市群经济圈区域化行政资源的整合》，《南方经济》2004年第2期。

表现尤为激烈。因此，必须强化社会动员，鼓励公众参与，吸收民间资本，采取非正式的处理方式来化解矛盾、解决争端。

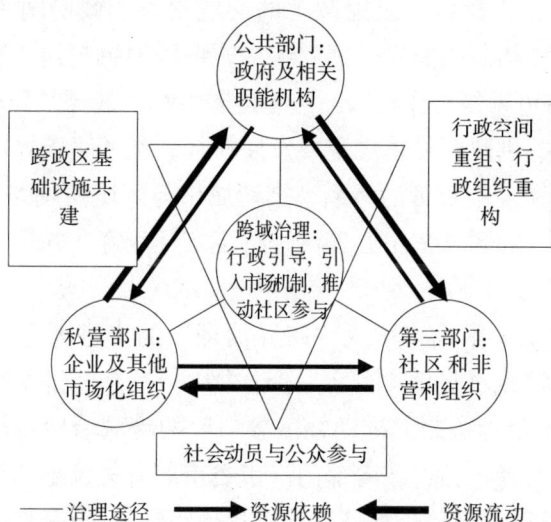

图 11-2 跨政区协调机制框图

表 11-3 中山市行政空间重组的策略安排

城镇组团名称	运作程序			实施评价
	第一阶段	第二阶段	第三阶段	
西北组团（以小榄为中心）	古镇托管横栏，小榄托管东升，南头托管黄圃	小榄托管阜沙，南头托管东凤	以合并代托管，整合成以小榄为中心、古镇和南头为副中心的三大区域	整合组团内的资源，实现区域产业结构调整和产业升级
中部组团（以中心城区为中心）	撤并港口和沙溪，托管大涌，由城区管理	待成熟后，合并大涌镇，实现中部区域大整合，促进中部组团可持续发展		加强了中心城区的服务功能和周边地区的生产功能
东部组团（以火炬为中心）	目前火炬开发区已托管南蓢镇	开发区托管民众镇	将南蓢、民众和三角等乡镇一同并入开发区，实现东部地区整合	有利于承接广州"南拓"带来的机遇，有利于扩大公共服务设施的服务范围和规模化经营
南部组团（以三乡为中心）	鉴于南部组团目前经济发展水平和区域一体化程度均较低等问题，不宜短期内对南部组团进行区域整合，可留待时机成熟再议			加强与珠海、澳门的经济合作互动

5. 行政组织重构

在国外，Sullivan and Skelcher（2002）分析了英国地方跨域合作演进的原因，指出政治上、操作上及财政上的问题是影响政府间跨域合作的重要因素；欲促使跨域间问题能获得圆满解决，可以采用契约、伙伴关系及网络3种形态①，利用可行的合作机制、协同发展组织，甚至"公司治理"来增进其解决能力，以提供政府经营之重要发展途径。类似于跨界治理的概念，顾朝林提出通过构建多中心管治体系来推动城市与区域发展的有效合作②；吴玉琴对珠三角地区的区域多中心管治进行了实证研究，并提出了区域多中心协调管治的方式③。

在机构设置上，中山市引入"跨界治理"的先进理念，对跨部门组织协作架构进行了探索（见图11-3）。基于中山市社会经济发展的实际，建立"行政主导，引入市场机制、推动社区参与"的跨域治理合作伙伴关系。参与跨域协调的行动者包括：政府部门（市委市府有关领导和镇区及有关职能机构负责人）、私营部门（企业及其他市场化组织）、第三部门（社区代表和行业协会等非营利组织）。

（五）结论与讨论

城镇密集地区由于人口集中、产业集聚而对公共服务、环境卫生、生活质量等具有更高的要求，同时以跨区域、跨部门、跨领域为特征的横跨性议题所产生的矛盾和冲突也愈加尖锐。为了缓解生产和生活、人口与环境、经济效益与社会公平之间的紧张状态，客观上需要地方政府与地方政府之间、地方政府与企业和社会之间建立共生共赢的合作伙伴关系以达到社会经济可持续发展。

以地方政府为主体的跨域治理是一个非常复杂而庞大的社会系统工程，尤其是当特定横跨性议题涉及较大的地方利益、部门利益的时候更会遇到来自各方强大的压力；况且引入公众参与机制后，可能会产生短时期内政府效

① H.Sullivan, C.Skeleber, *Working across Boundaries: Collaboration in Public Service*, New York: Palgrave Macmillan, 2002.

② 顾朝林等：《城市管治——概念·理论·方法·实证》，东南大学出版社2003年版。

③ 吴玉琴：《区域多中心管治研究——以珠江三角洲为例》，《云南地理环境研究》2003年第4期。

率下降、运作成本攀升等问题。但从长远来看，跨域治理是一个利益整合、资源整合的社会过程，跨域治理的实施有利于推动政府间合作、部门间协作以及政府与民间协同发展的开展，有利于社会经济的可持续发展，有利于降低社会治理成本。从这一意义上说，跨域治理是地方政府的迫切要求，也是我国地方治理的发展方向。

二、珠三角城市—区域跨界空间治理的经济圈机制①

在经济全球化的浪潮中，区域经济一体化成为一种趋势②。作为我国城镇密度最高、经济最发达、最具发展潜力的地区之一，珠江三角洲地区一直是我国改革开放的先行地区和重要的经济中心区域，珠江三角洲地区的协调发展也一直是社会各界普遍关注的问题③。珠江口两岸社会经济发展不平衡的问题在 20 世纪 90 年代以来的国家政策制度变革与全球产业转移和经济波动背景下更加凸显出来，区域跨界整合与治理研究成为一个重要的研究议题④。

广东省历来重视珠江三角洲的平衡协调发展，尤其是新世纪以来，为了实现把珠三角建设成为"世界级制造业基地和世界级城镇群"的目标，《珠江三角洲城镇群协调发展规划（2004—2020 年）》提出了"提升西岸，优化东岸"的空间发展战略。而在由国家发改委编制的《珠江三角洲地区改革发展规划纲要（2008—2020 年）》中，也将"提升珠江口西岸地区的发展水平"列入重要内容。2009 年，广东省《省委省政府关于贯彻实施〈珠江三角洲地区改革发展规划纲要（2008—2020 年）〉的决定》提出了推动广佛

---

① 本节内容根据马学广、李贵才《经济圈战略下的区域跨界整合研究——以珠西地区为例》（《地理与地理信息科学》2012 年第 6 期）修改而成，马学广作为第一作者和通讯作者。

② 林耿、许学强：《大珠三角区域经济一体化研究》，《经济地理》2005 年第 5 期。

③ 许学强等：《中国城乡转型与协调发展》，科学出版社 1998 年版；胡序威等：《中国沿海城镇密集地区空间集聚与扩散研究》，科学出版社 2000 年版；姚士谋等：《中国城市群》，中国科技大学出版社 2006 年版。

④ M. J. Enright et al.*The Greater Pearl River Delta and the Rise of China*，Singapore：John Wiley and Sons (Asia) Pte. Ltd，2005；杨春：《多中心跨境城市—区域的多层级管治——以大珠江三角洲为例》，《国际城市规划》2008 年第 1 期；施源、邹兵：《体制创新：珠江三角洲区域协调发展的出路》，《城市规划》2004 年第 5 期。

肇（广州、佛山、肇庆）、深莞惠（深圳、东莞、惠州）和珠中江（珠海、中山、江门）三大经济圈建设的思路，由此将相对分散的珠三角九市一体化思路转变为更具可操作性的三大经济圈融合发展战略。因此，经济圈战略成为珠江三角地区今后一段时期区域跨界整合的主要策略。

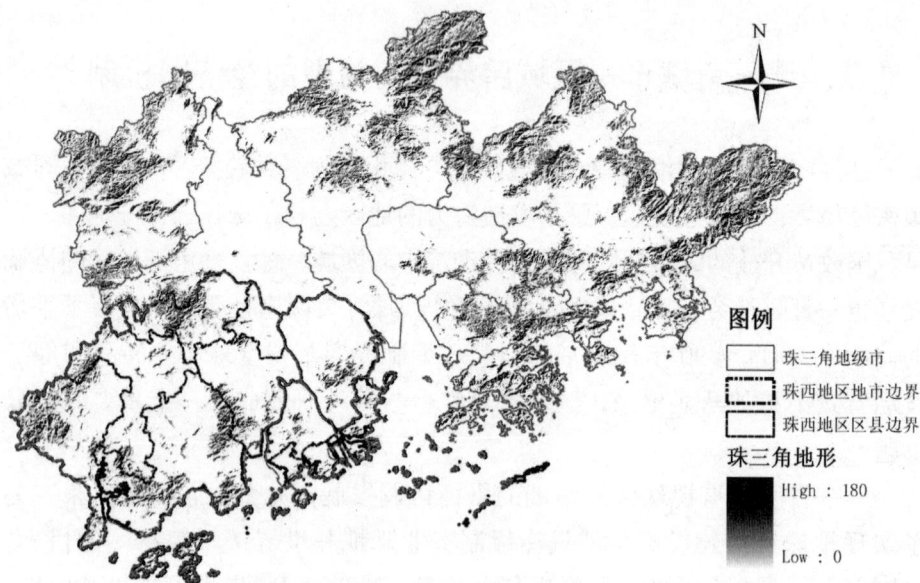

图 11-3　珠西地区区位示意图

　　本节所研究的珠江三角洲西岸地区（简称珠西地区）在地理上即指珠中江经济圈范围（见图 11-3）。2014 年，珠西地区土地面积 13037.66 平方千米，常住人口 924 万人，GDP 为 6763 亿元，是珠三角地区社会经济发展相对落后的一个区域。以经济圈的方式推进区域跨界整合以达到区域一体化的目的，其可行性需要实践检验，同时需要从学理上对其意义、问题、环境和策略等方面进行统筹考察。本节即以珠西地区为例，考察珠三角经济圈战略下区域跨界整合的问题和策略。

（一）珠西地区经济圈发展的意义

　　珠西地区在新的历史条件下被赋予新的发展使命，面临空前的发展机遇，作为珠三角发展的新杠杆、泛珠层面的战略节点，对于珠三角、大珠三角、泛珠三角地区乃至全国都将发挥重要的作用，经济圈战略的实施有助于加速珠西地区的一体化进程。

1. 珠西地区的发展是珠三角地区发展的新杠杆

经过 30 年的快速发展，珠三角东岸和中部地区的可建设用地开发已经接近极限，面临着土地资源紧缺和环境破环等约束限制，未来发展主要通过产业升级和空间品质提升进行，因此发展步伐势必放缓。而珠西地区作为珠三角后发区域，拥有较大的土地存量空间，保持了良好的资源环境条件，并且已经具备了良好的工业发展基础，在推进粤港澳一体化的进程中，极有可能成为带动珠三角地区进行产业转型和区域升级的新的增长极。因此，珠西地区为珠三角的进一步发展提供了新的动力和空间，成为珠三角进一步发展的战略重点。

2. 珠西地区的发展是缩小珠三角区域发展差距的必要环节

进入 21 世纪以来，中国区域发展思路由极化发展转为均衡协调发展，而珠三角地区的发展存在着严重的不均衡，最突出的即是珠西地区社会经济的相对落后。而在珠西地区内部，也存在严重的不均衡，珠西地区经济发展水平总体来看呈现出由东到西、由沿海到内陆梯级递减的发展特征（见图11–4）。区域内部发展的不平衡直接关系到整个珠三角地区能否如期率先基本实现现代化的目标，只有珠西地区社会经济得到发展才能促进珠三角的整体发展。

3. 珠西地区是维护港澳地区长期繁荣稳定的重要空间载体

珠西地区与港澳的协调发展不仅有利于弥补港澳土地资源有限和劳动力短缺的不足，也有利于通过创新型的空间发展模式，搭建港澳地区资本、技术、人才等优势资源进入内地的直接平台。推进港澳与珠西地区的协调发展，有利于谋划新的空间载体促进区域间人流、物流、资金流和信息流的大量聚集和高效流动，形成新的政策优势和体制创新优势，为珠三角地区深化改革、扩大开放和探索科学发展模式提供示范基地。

4. 珠西地区是泛珠三角层面合作发展的战略节点

珠西地区是珠三角联系我国内陆的门户，而西南各省同时亦是西部开发政策的关键区域和中国与东盟合作的平台地带。因此，要带动粤西和泛珠

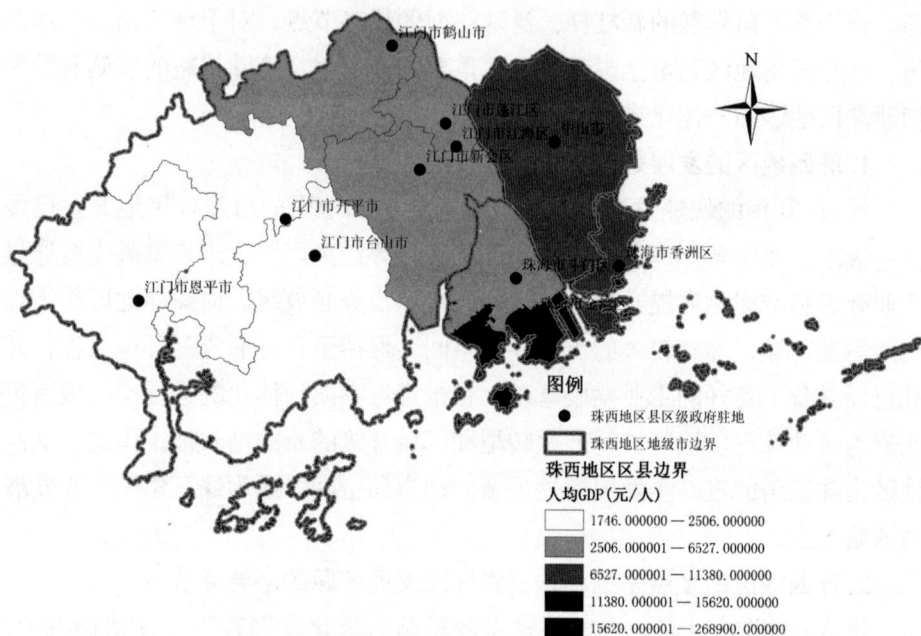

图 11-4　珠西地区人均 GDP 的空间分布示意图

三角西南省份的发展，广东必须提升珠西地区的发展，以促进珠三角经济格局的转变。金融危机以来，珠三角迫切需要向更广泛、更加多元化的市场区拓展，珠西地区正位于珠三角新兴市场区域的门户位置，是大珠三角连接粤西和中国西南地区的"桥头堡"，并通过西南地区与东盟国家紧密相连。因此，推动珠西地区的发展对确保粤东西两翼平衡发展、拓展大珠三角发展腹地以及促进中国—东盟的合作有着重要意义。

（二）珠西地区经济圈战略下发展的特点

珠中江经济圈战略的实施，提供了一个新的考察珠西地区城市发展的视野，也为珠三角一体化策略的实施提供了新的抓手。从珠中江一体化发展的角度出发、在与珠三角中部和东岸相比较的视野下，珠西地区呈现出一些新的特征，可以从经济发展、产业升级、集群经济、城镇化模式、城镇化空间格局及城际联系等角度加以辨识。

1. 珠西地区经济实力不断增强，但与周边发达地区的差距在不断拉大

改革开放以来，珠西地区整体经济实力不断增强，但与珠三角中部和东岸的经济差距不断拉大。珠西地区经济增长迅速，GDP 由 1980 年的 36.4 亿元增长到 2008 年的 3681.17 亿元，增长了 100 倍，整体经济实力获得较大幅度的提升，成为珠三角经济持续发展的重要一极。但与周边珠三角发达地区相比，珠西地区经济规模偏小，增长缓慢，总体发展相对滞后，2008 年珠西地区 GDP 仅占珠三角区域的 12.38%。以 GDP 为基准的珠西地区和珠三角其他地区的差距总体上在不断扩大，珠西地区与珠三角中部的经济差距（珠三角中部 GDP 与珠西地区 GDP 的比值）由改革开放以来最低时的 2.5 倍扩大到 2008 年的 3.60 倍，珠西地区与珠三角东岸的经济差距也一直在扩大，从 1980 年的 0.5 倍扩大到 2008 年的 3.48 倍（见图 11-5）。

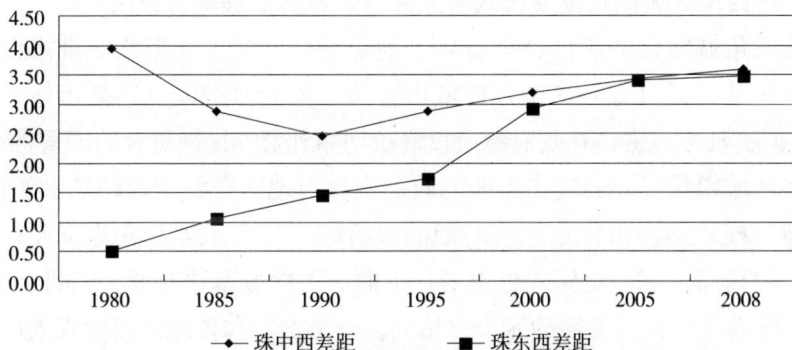

图 11-5 以 GDP 为基准的珠西地区和珠三角其他地区的差距变化

2. 珠西地区的产业发展正从制造业主导向服务业扩张转变

珠西地区形成了以集体经济和民营经济发展为主导、以家电为特色产品，国内市场和国际市场并重的制造业基地。珠西地区的工业化一直以轻型加工业为主，近年来逐渐强化装备制造业和重化工业的发展，已经成为珠三角"世界工厂"的重要一环，并且在产业转型的过程中不断向具有较高附加值的先进制造业和现代服务业延伸。但是，珠西地区各城市之间产业的同构化现象明显，行业结构相似性系数都在 0.8 以上，城市之间产业粘合度低，尚未形成区域范围内上下游互补和横向配套的产业体系。产业同构导致城市间缺乏专业化分工，带来城市重复建设、资源浪费并导致大范围的恶性竞争，影响了三地合作的深度和广度。

3. 以专业镇为代表的产业集群是珠西地区重要的产业组织形式

基于传统制造业的产业集群经济是珠西地区经济发展的重要形式，而各级各类工业园区和产业基地则是其重要的空间载体。珠西地区在改革开放 30 年的发展中侧重推进中心城市的综合化与小城镇的专业化同步发展，2000 年以来日渐繁荣的专业镇经济是珠西地区经济发展的重要形式。珠西地区已经初步形成了以专业镇为主导的、以中小企业为主体的产业集群，并在此基础上形成专业镇密集区①。从 20 世纪 90 年代后期开始，以地方性专业化生产为主要特征的专业镇经济逐渐发展成为带动广东省县域经济发展的重要引擎，"一镇一品"专业镇的区域特色经济已成为珠西地区经济的一大特点和重要支柱。

4. 珠西地区城镇化发展模式多元并举，城镇发展动力充足

珠三角城镇化的总体特征是以"前店后厂"为主要形式的港澳台资本的外向拉动，通过香港这个世界城市将珠三角城镇纳入世界城市体系的范畴②。但更具体地讲，在政府建设投资拉动和外资、民间资金的多重推动下，珠西地区城镇化发展表现出鲜明的政府主导与地区自发增长相结合的特征，城镇建设模式逐步由计划经济时期的政府单一投资主体转变为多元投资主体并存的局面，城市化模式也由"自上而下"的城市化转变为"自上而下"与"自下而上"共同发展的城市化格局。一方面，珠西地区产业发展的资本来源呈现出国有（集体）资本、民间资本以及外资多样错杂的特征；另一方面，改革开放 30 年来区域经济发展的投资主体呈现出国资（轻工业）—港台资（劳动密集型企业）—外资（技术密集型企业）—民资（传统制造业）—国资（重化工业）渐次主导若干产业形态并演替的特征。在当前的"第二次重化工业化"浪潮下，以国家投资为主的资本密集型工业，如造船、钢铁、汽车、化工等装备制造业和重化工业成为新时期珠西地区经济发展的热点。

---

① 闫小培、曹小曙：《大珠江三角洲区域空间结构及其调控机制》，《中国发展》2004 年第 3 期。

② 薛凤旋、杨春：《外资：发展中国家城市化的新动力——珠江三角洲个案研究》，《地理学报》1997 年第 3 期。

5.珠西地区城镇化的空间发展表现为平原和山地区域的不均衡及组团发展特征

珠西地区城镇东密西疏，城镇建设用地主要集中于东部三角洲冲积平原区，北部山地生态屏障和南部沿海丘陵山地人口密度较低。珠西地区城镇布局呈现出沿河、向海分布，顺交通线拓展的空间特征。沿河分布显示出适应珠西地区水乡地理和交通需求的传统城镇布局模式，向海分布是城市间面向国际市场竞争的临港产业空间争夺的反映，中心城区沿对外交通线向外蔓延，交通轴线对城市的发展和空间分布起到了重要的指引作用。同时，基于资源条件、区位条件、现状特征等的综合考量，"组团发展"是珠西地区城市规划和发展的共同取向，珠海业已形成主城区—次中心城—外围新城—中心镇构成的"多层次、组团型"的城市空间发展结构，中山市以四大组团协调来重组城镇空间，而江门市区空间结构也可以概括为"多心多核，带状组团式结构"。

6.珠西地区空间联系外强内弱，经济圈内部的城际联系和区域一体化有待加强

当代的城市区域发展逻辑已经从"地方空间"向"流动空间"转变，城市之间的联系和城市所在世界城市网络中的位置决定了城市竞争力的强弱和城市未来的发展潜力[①]。珠西地区各城市与香港、澳门、广州、深圳等大珠三角核心城市都具有较强的社会经济联系，但经济圈内部的城际联系较为薄弱。虽然在国家和广东省的区域发展战略中赋予珠海市整合珠西地区社会经济发展的重任，但珠海作为珠西地区的首位城市集聚度低、中心性弱，导致珠西地区城市各自寻求龙头城市带动，江门和中山的经济发展明显受到广佛都市圈的辐射和带动，而珠海则寻求通过港珠澳大桥建设与香港建立更紧密的联系，通过横琴新区的开发寻求珠澳都市圈建设以强化珠西地区龙头城市的地位。2009年以来，《推进珠中江紧密合作框架协议》的签署和一系列区域一体化措施的施行，为改善珠西地区城际联系和提升区域竞争力创造了条件。

---

① M. Castells, *The Rise of the Network Society*, Oxford: Blackwell, 1996, pp.1-10; P. J. Taylor, Specification of the World City Network, *Geographical Analysis*, Vol.33, No.2 (2001), pp. 181-194.

（三）珠西地区经济圈战略下的发展环境分析

经济圈战略的实施，将原本分散发展的社会经济力量进行了重组，为珠西地区的整体协调发展提供了具有较高可操作性的策略发挥时机。因此，有必要对珠西地区经济圈战略下发展中的机遇、问题和挑战进行深度梳理，为区域发展策略的研拟提供基础。

1. 珠西地区经济圈战略下的发展机遇

作为一个整体，与珠三角中部和东岸相比，珠西地区当前时期的发展正面临着一些新的机遇，对这些发展机遇的识别和把握是珠西地区跨步前进的前提。

（1）国家加强内地与港澳紧密合作，迫切需要建立科学发展观指导下的合作示范区

随着 CEPA 一系列文件协议的签署实施，粤港澳合作将在投资贸易、社会民生、科技文化、口岸基建等基础上进一步提升高度，促进港澳服务业更快地融入内地经济发展。珠西地区凭借丰富的土地资源和良好的人居环境，加上香港开拓内地市场、澳门拓展发展空间和粤港澳强化服务业领域深度合作的强烈需求，完全有条件建设成为环境友好型、资源节约型的合作发展示范区，实现"一国两制"下区域合作的制度创新。因此，加强珠西地区与港澳的合作有利于形成紧密合作的示范效应，凸显大珠三角在国家经济发展格局中的地位。

（2）广东省加快推进"双转型"，西岸是珠三角发展的未来和珠三角发达城市争夺的腹地

面对资源短缺环境下粗放发展模式难以为继的压力，广东省为提高产业国际竞争力而加快现代服务业和先进制造业"双轮驱动"，着力通过"双转移"的方式加快珠三角低端产业升级以创造优良的产业发展环境。在广东省推进产业结构转型的发展背景下，促进珠西地区制造业和港澳生产性服务业的融合，实现港澳服务功能内向拓进和广东市场功能外向延展的结合尤为重要。从发展的趋势看，西岸腹地的争夺将成为今后大珠三角区域竞合的重点和热点。广州目前在积极地加强同珠海、中山、江门等地的陆路交通联系，香港则在加强同珠海在机场、港口方面的合作并在积极地推动港珠澳大

桥的兴建，深圳也欲通过深中通道的建设加快进军珠江口西岸的步伐，珠西地区的发展成为周边地区普遍看好的"潜力股"。

（3）跨境跨界交通基础设施建设为珠西地区的发展提供了硬件保障

欠发达的道路交通系统一直是制约珠西地区区域经济均衡发展的主要因素。由于地缘上的区位劣势以及自然水网交错带来的高昂交通建设成本，珠西地区一直欠缺集中的交通干道网络，城市间的交通连接比起珠三角其他地区相对薄弱；而三市间普遍存在的"断头路"更加剧了路网衔接难度，严重阻碍了城市间的融合。2009 年以来，跨境跨界交通基础设施建设为珠西地区的发展提供了设施保障，港珠澳大桥、广珠轻轨、广珠铁路等一批交通基础设施的建设，将极大地改变珠西地区的交通条件，把香港、广州、深圳和珠西地区更紧密地联系在一起，将从根本上改变珠西地区的区位劣势，强化了珠三角核心城市对珠西地区的带动作用。通过沿海高速公路、广湛高速公路、珠江水系连接粤西地区和广西、云南、贵州、四川等省份，彻底改变珠西地区对外交通格局，珠西地区将成为粤西甚至我国西南地区连接港澳的枢纽，成为贯通我国西部公路主干网的重要节点。

2. 珠西地区经济发展中存在的问题

改革开放 30 多年来的沉沉浮浮塑造了珠西地区独特的发展路径，也显露出区域整体发展中存在的一系列不足和问题。

（1）相对封闭的专业化生产体系

与发达地区的专业化不同的是，珠西地区专业化生产的目的是为了避免资源不足条件下（也包括市场需求）的产品竞争，因此，并不具有发达地区专业化的典型特征——对地域分工与生产效率的更高追求。珠西地区的专业化生产体系从客观上形成了企业集聚，但尚未形成具有产业核心竞争力的产业集群。这表现为珠西地区的企业之间还未形成产业链上的分工合作关系，尚处于产业链中受支配的一环。珠西地区专业镇的形成，主要利用了交易环节的便利，降低了交易成本，利用了亲缘、业缘等，所以产业容易扎堆。但由于过于依赖交易环节，使这些专业镇相当脆弱，一旦交易链或价值链发生断裂，产业集群就会瓦解。

（2）缺乏创新的资源利用方式

珠西地区拥有以本地化资源（资本、企业家等）为主导的发展传统，类似于澳门专营制度的公共领域服务,但其副作用是在本已失衡的资本选择偏好的基础上,又增加了劳动力(特别是高端人才)的区位选择偏好,进而影响到珠西地区的技术创新与制度创新。同时,珠西地区以本地化资源为主导的发展传统,受制于本地小富即安的文化氛围,缺乏企业家的开拓精神,难以产生具有强大市场开拓力和资源整合能力的企业和品牌。在珠三角普遍进行技术和制度创新争夺人才的形势下,珠西地区处于不利境地。虽然珠西地区拥有深厚的制造业基础,但制造业在珠三角西部的前景却因其缺乏诸如科研设计、产品开发、市场推广及品牌发展等高附加值环节而大受限制。

(3)升级缓慢的产业链结构

珠西地区的产业集群大多生产技术门槛较低的成熟型产品,其内向型的市场需求导致产业升级的动力不足,产业链升级缓慢。珠西地区的产业集群大多采取"原材料高投入,产品价值低产出"的模式,由于有广大的国内市场和稳定的市场需求产业升级动力不足。即使是迫于产业竞争的压力,需要进行升级,也由于缺乏产业支持环境,企业可能就此关闭或选择转向风险更小的传统行业。从 2008 年金融危机以来中山东凤镇的表现来看,以燃具为主要家电项目的企业就因为内部相互压价的恶性竞争和外部需求减少而转向内衣等行业。

(4)中心职能弱化的区域空间体系

市场经济的本质是效率优先,以本地化资源为主导的相对封闭的专业化生产模式有利于空间的均衡发展,其不利影响在于珠西地区缺乏一个建立在更大范围分工基础上的、具有效率的门户和枢纽。珠西地区经济上诸侯割据,空间相对均衡,但产业相对脆弱,缺乏具有整合区域资源的龙头带动。这一方面导致区域功能不完整,更多的功能需要在区域外部去满足;另一方面也不利于产业的整合升级与空间的一体化发展。以珠西地区实际的面积和产业发展空间来说,需要一个在更大范围分工基础上的、有效率的门户和枢纽。

(5)珠西地区大量历史积累的跨界合作问题有待进一步突破

行政区经济与政府调控职能的缺位导致城际协调发展困难。尽管珠海、中山、江门三市已签署《推进珠中江紧密合作框架协议》,但多年"诸侯经济"积累的大量问题仍有待更大力度的突破。首先，基础设施建设受到行政边界的限制，依然以自我发展为中心，重复投资严重，忽视区域间的共建共享（比如江门与粤西地区的快速通道对接问题）。其次，行政边界地区正式的跨界合作薄弱。目前，官方层面在边界地区合作的主要内容是以项目形式展开的环境整治，其他形式的合作带有自发性质（比如珠海前山与中山坦洲地区体现为就业—居住的功能合作联系）。第三，珠西地区尚未实现资源的充分流动和统一整合，各城市习惯性的路径依赖式的独立演进，城际竞争多于合作，尚未形成带动区域整体发展的合力，制约着城镇化进程向深度和广度发展。

3. 珠西地区经济圈战略下的发展挑战

珠西地区经济圈战略的实施，其成功与否的判别标准之一即在于能否圆满地应对来自于发展模式、空间格局、扩大内需、转变增长方式和区域合作模式等诸多领域的新的挑战。

（1）如何推进经济发展模式的适度多元化，提升区域分工水平与生产效率

中国正在成为承接全球新一轮产业转移的重要阵地，具有一定工业基础和临港条件的城市开始争夺来自国际重化企业的投资和国内的政策支持。以轻型工业为主的珠三角地区产业结构正在改变，经济发展模式向适度多元推进，也开始通过政府强势介入大港口和大工业布点。珠西地区工业经济正迎来快速发展的时期，而且都确定重化工业等先进制造业和会展、物流等现代服务业发展的路径，各自以占领新一轮经济发展的制高点为目标，在一定程度上存在较大的内部竞争和重复建设情况，不利于区域整体的协调发展。因此，如何理顺区域内部各城市经济发展的侧重点、途径和模式，提升区域分工水平与生产效率，实现经济发展模式的多元化是珠西地区未来发展的一大挑战。

（2）如何在相对均衡的空间格局中构建区域的中心职能

珠西地区三城市在过去30多年的快速发展过程中，在经济发展上，上规模、争速度、求效益，以城市为单位形成了基本齐全的产业体系，城市间缺乏互补性；在空间上，在各自市域范围内以中心城区为中心，以各种等级的公路为基本骨架形成了相对均衡的城市区域空间格局，城市内部自成体

系，城市之间的设施缺乏衔接性；在经济联系上，珠海当前的经济实力不足以带动整个珠西地区的发展，而江门与广州、佛山、香港经济联系密切，中山更试图通过深中通道的建设获得珠三角东岸的产业辐射。因此，珠海、中山、江门三市在珠西地区内部的联系弱于各自与珠三角其他区域的联系。在相对分散的经济联系、相对均衡的空间格局中如何构建区域中心职能，是对珠西地区未来发展的重大挑战。

（3）如何加快城镇化与扩大内需的互动进程

2008 年的全球金融海啸对外向型经济的发展造成巨大冲击，珠西地区30 年的快速城镇化发展客观上存在着外部市场需求主导而国内有效需求不足的矛盾。在外部市场拉动乏力的现实背景下，扩大内需成为刺激经济复苏的主要途径。根据国际经验，在城市化率接近 50% 以后，快速城市化带来消费的积累效应，最终消费会从随城市人口的增长上升。虽然珠西地区城镇化率已超过 50%，但在产品不断丰富的情况下，消费占 GDP 的比重不断下降，城市化与内部需求的扩大出现明显脱节。因此，如何平衡推进城镇化发展与拉动内需之间的关系，如何为珠西地区扩大内需提供空间基础成为必须要正视的重大挑战。

（4）如何转变经济增长方式并提升区域人居环境品质

近年来，珠三角东西两岸发展失衡背后的动力机制正在悄然发生变化，各种要素投入的获利空间不断受到挤压，粗放的产业发展模式已经走到尽头。在资源要素成本不断抬升的时代，谋求新的发展模式已经成为珠西地区实现快速发展、率先发展和协调发展的关键。同时，从珠西地区各城市的工业结构"重化"的倾向来看，珠西地区工业污染负荷将有较大增加，对沿江及近岸海域的生态环境带来潜在威胁。如何在产业升级的同时保护生态环境、提升区域环境品质、维持良好的人居环境成为珠西地区区域经济未来发展不得不面对的重大挑战。

（5）如何推动"前店后厂"合作模式的转变

改革开放以来沿用至今的粤港"前店后厂"合作模式随着国际和国内环境的变化、珠三角经济水平的快速提高及两地间互动模式的变化而面临着重构的需求。虽然通过外商直接投资使珠三角与香港之间形成"前店后厂"的合作关系而创造了将社会主义市场经济和世界市场体系结合起来的先例①，但是当前的港澳与珠西地区为代表的珠三角一体化的程度已经远远超出"前店后厂"这一模式的实际内涵。而且，随着跨国企业的大量进入珠三角以及珠三角民营企业的崛起，这一体系已经不可持续②。在过去30年间，珠三角在发挥"厂"的功能的同时，"店"的功能也在不断增强，产业结构不断向更高层次转化，开始涉足港澳传统的优势产业（如物流、金融服务、中介服务等领域），与港澳展开竞争。面对这种变化，粤港澳急需探索一种新的分工协作模式，这为珠西地区的发展提出了新的挑战。

（四）珠西地区经济圈战略下的整合策略构建

经济圈战略的实施将珠西地区三市的发展凝聚在一起，如何从区域整体发展的高度把握住当前的机遇，同时化解城市之间发展中的冲突并弥补其不足以应对一体化发展的挑战，为珠西地区整体协同发展策略的构建提出了较高的要求。

1. 推动珠西地区经济发展模式的转变，加快构建现代产业体系

首先，优化现代服务业的区域分工，促进珠西地区与港澳在现代服务业领域的深度合作，重点发展金融、会展、物流等现代服务业，全面提升服务业发展水平。其次，加快先进制造业的发展，充分利用现有基础和港口条件，重点发展资金技术密集、关联度高、带动性强的现代装备、新能源、生物医药、船舶制造等产业。第三，提升区域分工水平与生产效率。过去珠西地区相对封闭的专业化生产体系并不适应建设世界级城镇群的发展要求，未来应依托港澳，积极构建与港深、广佛两大都市区的分工协作，构建珠西地区通往内地与世界经济的"桥梁"，提升珠西地区内部的区域分工与专业化生产效率。

2. 加快珠西地区城镇化发展，实施一体化策略，推动基础设施统筹建设

首先，推进城镇化进程。过去珠西地区城镇化速度相对缓慢，城镇化水平低于珠三角东岸和中部地区，这也成为制约珠西地区发展的一个重要因素。未来珠西地区要以积极推进城镇化为重点，优化产业结构，提升城镇化

---

① 薛凤旋、杨春：《外资：发展中国家城市化的新动力——珠江三角洲个案研究》，《地理学报》1997年第3期。

② 刘晓斌、伍晶：《珠三角经济转型与产业升级对策研究》，《东亚论文》2009年第70期。

整体发展水平，拓展珠西地区在世界级城镇群中的经济发展新空间。其次，扩大内部需求。珠西地区的城镇化要避免走珠江东岸地区城镇化与内需脱节的老路，要充分发挥后发优势，以扩大内需特别是增加居民消费需求为重点，提升城镇化质量。第三，加强区域性基础设施建设。重点在于统筹协调和大力推进区域一体化的大交通运输体系、重大基础设施，继续推进西岸三市在资源能源、环保、电力、信息等网络系统建设，实现产业同布、市场同体、交通同管、电力同网、信息同享、环保同治。

3. 加强珠西地区的城际产业分工协作，加快珠西地区多中心发展进程

珠西地区应发挥各市资源优势，强化产业分工与协作，以市场为导向，促进城市间资源整合与城市错位发展。首先，加快珠澳都市区发展，以港珠澳大桥建设为契机，推进珠澳协同发展和跨界通道对接，建设珠西地区交通枢纽；依托旅游业基础，打造以横琴岛为核心的"泛珠三角"区域商贸、会展、旅游平台，成为具有国际影响的休闲旅游胜地和区域性生活服务中心，带动珠西地区和粤西沿海地区的发展。其次，加快推进"珠中江澳经济圈"建设。把珠西地区的制造业、市场、劳动力、资源优势，与香港、澳门的商贸、金融、管理、人才等优势结合起来，促进澳门作为"三个平台"与珠西地区作为世界制造业基地的整合，提高区域整体竞争力，培育特色化的珠澳都市区。第三，加快区域一体化进程。坚持城乡统筹协调发展，加快珠海次区域级综合性中心、中山主城区与江门主城区次区域级专业化中心、珠海高栏港、中山东部组团、江门台山先进制造业基地以及专业镇的发展，加快珠中江城乡一体化步伐，为世界级城镇群的发展拓展功能空间。

4. 加快建设文明富裕的优质生活圈

首先，大力发展低碳经济，建立珠西地区的节能减排和土地节约使用新技术、新设备、新设计的推广机制；建立管理本区域水、燃料油、煤、电使用和工业气体排放的价格约束机制；建立资源环境耗用的评价考核体系。其次，推进环境共治，协调区域性重大项目布局；研究制定区域内生态补偿机制；根据区域环境承造能力的差异，设置企业进驻门槛；推行"环境同治"计划，共同治理区域环境；保护区域重大生态资源，维护生态环境安全。第三，倡导并践行生态文明，将珠三角区域环保合作塑造成国家的先进典范，令整个珠西地区成为全国实现"生态文明"发展目标的排头兵，将珠西地区打造成具有国际水准的优质生活圈。

5. 立足集群经济，推动珠西地区产业升级转型并强化城镇组团发展

立足现有集聚优势，继续加快推进产业集群建设，使之成为带动珠西地区产业升级和提高科技创新能力的重要引擎。首先，要不断加强对产业集群发展的指导和统筹，把培育发展产业集群作为各级政府发展经济工作的重中之重，加强工作的指导和协调。其次，以专业化园区为基地，整合产业集群的市政设施配套，建设专业化配套、社会化服务的工业园区。第三，加强产业集群产业链的整合，建立产业专业化、系统化、协作化整合的生产系统。同时，城镇建设应以组团状、有机联系的空间结构为发展框架。

6. 深化珠西地区与港澳产业分工，在 CEPA 指引下实现现代服务业的共同发展

基于珠西地区现代服务业的初步发展，利用港澳在服务业方面的优势，抓住 CEPA 在广东先行先试的契机，重构珠西地区与港澳在产业价值链上的分工模式，推动珠西地区与港澳服务业的合作，将粤港澳经济整合从制造业领域向服务业领域推进，促进珠西地区金融、物流、会展、文化创意、专业服务等现代服务业的发展，建立优势互补、厂店合一的新型分工协作模式。同时坚持产业高端化取向，推动"珠西制造"向"珠西创造"转变，发挥港澳在珠西地区制造业企业"走出去"的桥头堡作用，为珠西地区企业构建国际化分工网络服务。

（五）结论

经济圈战略的实施旨在以整合性的经济区凝聚壁垒森严的行政区，促进生产要素的自由流动和空间集聚，以社会经济合作的方式活化城市之间的关系，推动城市关系由行政区经济下的相互隔离向一体化经济下的互利合作转变。本节以珠江三角洲西岸地区为例，从探讨珠西地区发展的重要意义出发，识别出珠西地区经济圈发展战略下的主要特点，以机遇—问题—挑战的分析框架为基础，重点对珠西地区经济圈战略下的发展环境进行了较为深入的分析，并提出了推动珠西地区经济圈发展的主要策略。本节认为，经济圈战略的施行，以跨界区域整合的方式从城市间经济关系的一体化着手，弱化了行政边界的限制作用，加强了城市间的分工协作，提升了区域竞争优势。

总之，经济圈战略是城镇密集地区均衡协调发展的重要推进策略，是实现区域跨界整合的有力手段。

三、大珠三角城市—区域空间治理的政府跨境合作机制①

在当代中国地方政府主导型市场经济发展背景下，促进区域政府合作是在现行体制下实现区域一体化的理性选择②。改革开放以来，我国地方政府间关系已经由单一性走向多样性，由垂直联系为主发展为横向联系为主，由冷到热③。政府扮演区域治理过程中的重要角色是中国区域治理模式最具有代表性的特征，所关注的焦点都只是着重在政府间的合作与协调关系，而非涉及公私部门的合作与水平的政策网络结构④。而国际上普遍倡导的"区域治理"机制在通过地方政府间通过协商、签订协议和立法规范而建立起互惠合作的伙伴关系的同时，更加强调企业组织、民间社团等多元利益主体的参与和多渠道资源的投入与整合⑤。随着市场经济和市民社会的进一步发展，中国区域治理中的政府间关系正逐步消解高度一体化的传统集权体制，形成多中心治理、彼此合作和相互依存的新型政府间关系网络格局⑥。其主要特征表现为：首先，在区域一体化的大趋势下，各级地方政府都意识到区域整体协调发展的重要性，都积极参与到所在区域各种形式的政府间合作甚至跨区域政府间合作中。其次，制度层面的整合普遍开展并不断升级。一方面表

① 本节内容根据马学广、李贵才《政府合作型跨境区域治理研究——以大珠三角西岸地区为例》，《城市观察》2012 年第 10 期修改而成，马学广为第一作者和通讯作者。

② 张紧跟：《当代中国地方政府间横向关系研究》，中国社会科学出版社 2006 年版，第 121 页。

③ 谢庆奎：《中国政府的府际关系研究》，《北京大学学报》（哲学社会科学版）2000 年第 1 期。

④ 简博秀：《没有治理的政府：长江三角洲城市区域的治理与合作模式》，《两岸发展模式之比较与展望国际学术研讨会报告论文》，2006 年。

⑤ N.Brenner, "Globalization as Reterritorialisation: the Re-Scaling of Urban Governance in the European Union", *Urban Studies*, Vol.36, No.3 (1999), pp.431-451; D.K.Hamilton, "Organizing Government Structure and Governance Functions in Metropolitan Areas in Response to Growth and Change: A Critical Overview", *Journal of Urban Affairs*, Vol.22, No.1 (2000), pp.65-84; H.Sullivan, C. Sketcher, *Working across Boundaries: Collaboration in Public Services*, Palgrave Macmillan, 2002.

⑥ 罗小龙、沈建法：《长江三角洲城市合作模式及其理论框架分析》，《地理学报》2007 年第 2 期；杨春：《多中心跨境城市—区域的多层级管治——以大珠江三角洲为例》，《国际城市规划》2008 年第 1 期。

现为城市政府联合体和区域经贸协调会等为代表的政府间合作机构和政府高层首脑会晤机制的普遍建立①，另一方面是合作协议、宣言和共识等多种形式的地方政府间合作契约协议制度的普遍推广。本节将以大珠三角西岸地区为例，探讨以政府合作为主要推动力的跨境区域治理的历程、架构、问题和策略。

改革开放 30 多年来，珠江三角洲地区经济社会发展实现了历史性跨越，是我国改革开放的先行地区和重要的经济中心区域。2009 年，广东省《省委省政府关于贯彻实施〈珠江三角洲地区改革发展规划纲要（2008—2020年)〉的决定》提出建立中部广佛肇（广州、佛山、肇庆）、东岸深莞惠（深圳、东莞、惠州）和西岸珠中江（珠海、中山、江门）三大经济圈，通过三大经济圈各自融合发展来实现珠三角一体化的设想。在本节中，珠中江经济圈加上澳门特别行政区就是大珠三角西岸地区（简称大珠西地区）的范围。随着《珠江三角洲地区改革发展规划纲要（2008—2020 年)》（下文简称《珠三角改革发展规划纲要》）的实施、《内地与澳门关于建立更紧密经贸关系的安排》（下文简称 CEPA）的落实以及港珠澳大桥的启动，珠西地区将成为广东省新一轮经济发展潜力最大的区域，澳门与珠西地区的协调发展对于拓展大珠三角发展腹地、平衡广东省区域发展差异以及促进中国—东盟的合作具有重要意义。

（一）大珠三角西岸地区跨境治理发展历程

大珠西地区社会经济合作由来已久，澳门开埠后即作为东西方贸易的中转站。回归之前，澳门与珠西地区的生产合作表现为民间自发性特征，政府间的沟通与交流较少，合作形式为以企业为纽带、以比较优势为基础的功能性整合。回归之后，澳门与珠西地区合作呈现出以政府协调与市场导向相结合的特征，其经济融合经历了一个由非正式一体化向正式一体化演变的发展过程，其推动力也由最初的市场推动企业主导向市场和政府相配合的模式转变。

---

① 汪伟全：《论地方政府间合作的最新进展》，《探索与争鸣》2010 年第 10 期。

1. 改革开放前，大珠西地区以民间社会文化往来为主的区域合作形式

1535 年开埠后，澳门逐渐成为东西方贸易的中转站和远东最著名的国际商埠，我国南方各省的出口产品皆须先取道珠西地区，然后到达澳门转口，石岐、小榄、前山、江门、香洲等地因商业的繁荣而成为集镇。鸦片战争后，广州、香港、澳门、江门等城市先后开放为通商口岸刺激了珠西地区的经济发展，在澳门因航运优势丧失而趋于衰落之后，香港逐渐取代了它在珠西地区的地位，成为南北货运和贸易的中继港。新中国成立后，西方限制我国与海外的物资流通，粤澳两地居民自由往来的历史传统逐渐终止，粤澳官方往来和社会文化联系极少，直到"文化大革命"后期才渐渐恢复①。而珠西地区从原先小范围的参与国际贸易与交流走向对外封闭对内自给自足的发展模式，直到改革开放之初仍以农业生产为主，形成了联系松散的珠三角西岸城镇体系②。

2. 改革开放至澳门回归前，大珠西地区的民间市场化经贸合作

1978 年后，改革开放政策的实施重启了粤澳两地民间的社会文化和经济往来，大珠西地区跨境合作主要在经济领域展开，合作内容以招商引资和项目洽谈为主。澳门回归前，大珠西地区跨境经济合作主要在互惠互利的基础上由民间自发地推动，两地政府之间共同发展的合作意识和自觉互动行为很少，但两地经贸往来不断密切，形成了以劳动密集型制造业为主体的、"前店后厂"式的产业合作关系③，特点是产业间垂直分工多而水平分工少，零星合作与行业合作多而官方参与的策略联盟性合作少，劳动密集型的第二产业合作多而资金技术密集型的生产性服务业合作少。但这种经济合作模式都是各城市和港澳资本的单线联系，凭借的是各城市自身的亲缘、血缘或地缘联系，珠三角各城市之间的联系并不紧密，相互之间在发展上也缺乏协调。改革开放以来，大珠西地区经济合作虽然已从互通有无式的贸易往来发展到生产领域的资金、技术、人才、信息的互补合作，但总体上仍属民间的

---

① 孟庆顺、雷强：《粤港澳关系的历史变迁》，《大珠三角论坛》2003 年第 1 期。

② 司徒尚纪：《珠江三角洲经济地理网络形成、分布和变迁》，《国际中国历史地理学术讨论会论文》1990 年 10 月。

③ 薛凤旋、杨春：《外资：发展中国家城市化的新动力——珠江三角洲个案研究》，《地理学报》1997 年第 3 期。

分散性合作，层次较低且结合程度不高，两地优势未能充分发挥和互补。

3. 澳门回归以来，大珠西地区日趋紧密的规范化制度性合作

1999年澳门回归后，"一国两制"政策的施行将大珠西地区的合作治理推进到一个新的阶段，粤澳关系从不同国家治理下的对外关系变为在中央人民政府统一领导下的不同体制地区的国内关系。"一国两制"框架下的粤澳两地关系的发展不再仅限于区域经济关系，而更多地表现为区域行政关系①。粤澳合作由民间上升为政府间合作，从早期的贸易为主逐步扩展到投资、旅游、基建等诸多领域。澳门特区政府始终遵循"远交近融"的发展思路，把巩固和拓展对外合作关系特别是加强粤澳合作作为施政重点之一。2003年以来，CEPA及其补充协定的签署为粤澳合作提供了制度保障，为澳门产品进入内地市场提供了机遇，为粤港澳联手打造世界生产商贸中心奠定了基础。大珠西地区经贸合作逐渐从以工业投资为主的"前店后厂"向工业、服务业全面发展的"厂店合一"阶段转变。粤澳合作组织架构从粤澳合作联络小组会议升级到粤澳合作联席会议制度的转变推动着粤澳合作层面由局部合作向"一国两制"框架下由政府间多方位合作转变，粤澳合作逐步进入规范化和制度化轨道。

表11-4　澳门回归前后大珠西地区区域治理形式的变化

比较项	澳门回归前	澳门回归后
制度建设	自发、分散和市场导向的非正式合作	以市场合作为主、市场推动和政府协调相结合的合作
推动力量	自下而上的市场推动，企业主导	自上而下的行政推动，政府主导
经济一体化	基于制造业的一体化	基于服务业的一体化
合作领域	民间的有限合作	"一国两制"下由政府推动的全方位合作
劳动分工形式	以劳动密集型制造业为基础的"前店后厂"式的纵向分工合作格局	以资源优化配置和旅游服务业互动发展为核心的横向分工合作格局

4. 小结

珠三角地区经过最近30多年的高速发展而遭遇到土地、资源、环境、

---

① 白洁：《区域经济发展中珠澳政府合作的理论思考》，《行政》2003年第2期。

人口"四个难以为继"的瓶颈，加工贸易业在 2008 年全球金融海啸中遭受重创，"双转型"压力迫使珠三角地区重新反思发展路径问题。随着《珠三角改革发展规划纲要》和 CEPA 的实施，珠西地区的交通、区位、环境等昔日劣势正逐渐转变为优势，而其内在的文化底蕴、人文环境等也将成为珠三角新阶段发展的沃土，孕育着全新的机遇。

（二）大珠三角西岸地区跨境治理的基本架构

建立更大范围、更高层次的合作关系是粤澳双方适应日趋激烈的区域竞争需要的重要途径，粤澳合作在澳门回归以来取得了较大进展，经历了从弱到强、从分散合作到搭建平台、从低度依赖到深度整合的渐进过程。粤澳合作建立起了政府间定期对话机制，逐渐由自发性的民间合作上升为制度化的政府主导和全面推动阶段，由民间自发形式发展到由政府机构、半官方机构和民间机构结合的多领域、多层次、多渠道、多种形式的协调合作。

1. 大珠三角西岸地区跨境治理的组织架构

传统的政府间合作以具有隶属关系的纵向合作为主，政府间横向关系更多地表现为相互竞争。地方政府为了解决共同面临的治理问题而通过制订协议或设立委员会等形式而形成持久稳定的城市间双边或多边合作关系，以提供和协调更大范围的公共服务，解决垃圾处理、环境污染和公共交通等跨区域问题。珠西地区与澳门的合作目前没有专门的协调机构，而是依附于粤

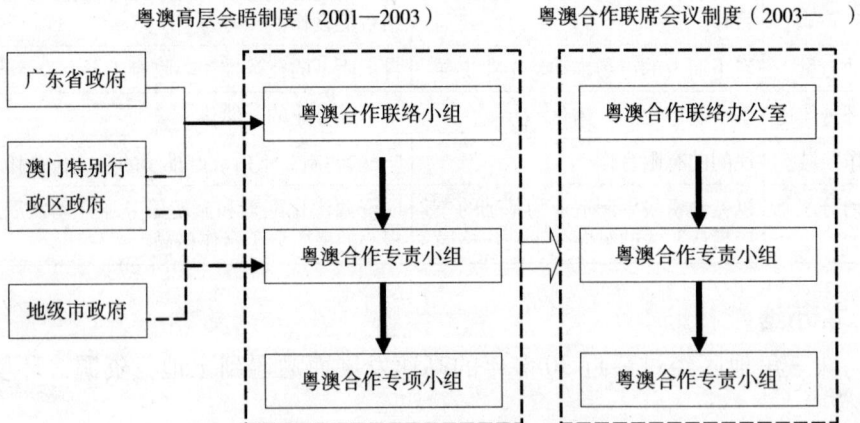

图 11-6　粤澳合作组织制度的演变

澳合作的联席会议架构。领导人联席会议和专责工作组相结合是大珠西地区跨境区域治理的组织特征，而粤澳合作联席会议是指导粤澳关系发展的最高层政府间对话机制。

澳门回归之后，粤澳合作从最初建立联系到成立联络小组，再到建立联席会议制度，合作机制日趋成熟，合作平台不断完善。澳门回归后的前三年，采取粤澳高层会晤制度来协调粤澳共通事务，主要工作通过粤澳合作联络小组展开，下设经贸、旅游、基建交通和环保合作四个专责小组以及多个下级专项小组，粤澳联络小组每年轮流在广东和澳门举行不少于一次的全体会议。2003 年，"粤澳高层会晤制度"升格为粤澳合作联席会议制度，粤澳合作联席会议成立联络办公室作为常设机构，下设若干项目专责小组，范围基本涵盖了供水、服务业、生态环保、科技教育、食品安全、跨界交通、中医药产业、珠澳合作等领域（见表 11-5）。专责小组之下还可以根据具体合作内容及项目的需要再分设相应的专项工作小组。

表 11-5　粤澳合作联席会议下的专责小组①

专责小组名称	专责小组名称
粤澳传染病防治交流合作专责小组	粤澳旅游专责小组
粤澳紧急医疗和消防救援合作专责小组	粤澳供水专责小组
粤澳中医药产业合作专责小组	粤澳服务业合作专责小组
粤澳应急管理联动机制专责小组	粤澳口岸合作专责小组
粤澳食品安全合作专责小组	共同推进横琴发展专责小组
粤澳药品安全专责小组	粤澳落实 CEPA 服务业合作专责小组
粤澳教育合作专责小组	港珠澳大桥专责小组
粤澳科技合作专责小组	珠澳合作专责小组
粤澳环保合作专责小组	珠澳跨境工业区建设专责小组

为了加强澳门与珠海市的合作，两地于 2008 年在粤澳合作联席会议的框架下成立了珠澳合作专责小组，以建立政府间直接沟通联系机制并深化两

---

① 通过整理历次粤澳合作联席会议材料而得，并通过网络信息加以补充。

地事务性交流与合作。珠澳合作专责小组下设珠澳跨境工业区转型升级、珠澳城市规划与跨境交通、珠澳口岸通关合作三个工作小组（另拟增设珠澳环境保护合作工作小组）。2010 年的珠澳合作专责小组提出以港珠澳大桥建设和横琴新区开发为动力，努力在重点区域、经贸、跨境基础设施建设、合作机制四个方面开创新局面，并着手对界河—鸭涌河开展合作治理。

2. 大珠三角西岸地区跨境治理的制度架构

澳门回归十多年来，CEPA 及其一系列补充协定的签署标志着澳门与珠西地区的一体化从基于市场导向的非正式一体化正式过渡到基于制度化的经济一体化，从"功能性融合"转向"功能融合与制度融合"相结合。粤澳在经贸往来、民生合作、跨境基建、落实 CEPA 协定等方面不断取得丰硕成果，粤澳两地已经形成了宽领域、多层次、优势互补的合作格局，而政府间合作协议是两地合作的重要形式和主要成果。政府间协议是实现合作和解决争端的最为重要的区域法治协调机制之一，它是若干个地方政府基于共同面临的公共事务问题和经济发展难题，依据一定的协议、章程或合同，将资源在地区之间共享、交换或重新分配组合，以获得最大的经济效益和社会效益的活动①。粤澳政府 2004 年以来已经签署了 20 余项合作协议（见表 11-6），为大珠西地区的合作治理提供了规范的制度框架。

表 11-6　粤澳政府合作的部分专项协议②

年份	合作成果	年份	合作成果
2004	《粤澳科技合作协定》	2008	《粤澳体育交流与合作协定》
2006	《粤港澳突发公共卫生事件应急合作协议》	2008	《粤澳城市规划合作框架协定》
2007	《粤澳供水合作框架协定》	2008	《关于成立珠澳合作专责小组的备忘录》
2007	《粤澳食品安全工作交流与合作框架协定》	2008	《粤澳应急管理合作协定》
2007	《粤澳紧急医疗和消防救援合作机制协定》	2008	《保障澳门、珠海供水安全专项规划》

---

① 何渊：《泛珠三角地区政府间协议的法学分析》，《广西经济管理干部学院学报》2006 年第 1 期。

② 根据历次粤澳联席会议公告和网络信息补充整理。

续表

年份	合作成果	年份	合作成果
2007	《粤澳食品安全工作交流与合作框架协议》	2009	《(粤澳)加强全面战略合作协定》
2007	《粤澳中医药产业合作框架协议》	2009	《粤澳职业技能开发合作协议》
2008	《粤澳旅游合作协定》	2009	《关于贯彻落实全国人大常委会决定，推进横琴岛澳门大学新校区项目的合作协议》
2008	《粤澳双方共同推进中医药产业合作项目协议》	2010	《关于探讨粤澳双方共建中医药产业合作基地的备忘录》
2008	《粤澳文化合作项目协定》	2010	《关于进一步做好粤澳合作框架协议起草工作的备忘录》
2008	《粤澳教育交流与合作协议》	2010	《珠澳开展澳门进口国外水果有害生物调查研究的合作协议》

2008年以来，江门、珠海等地政府部门先后与澳门特区政府签订了旅游、检疫等方面的合作协议，大珠西地区一体化进程不断加快。2010年3月，为有效贯彻落实《珠三角改革发展规划纲要》，粤澳两地政府决定共同制定《粤澳合作框架协议》，在"科学发展，先行先试"的原则指引下探索区域合作的新模式。

3. 大珠三角西岸地区跨境治理的规划指引

系统而又具有高度前瞻性的规划设计是实现区域治理的重要前提。《珠三角改革发展规划纲要》和《横琴总体发展规划》的出台，将粤澳合作纳入了区域经济发展规划并提升到国家战略层面。《珠三角改革发展规划纲要》从推进重大基础设施衔接、加强产业合作、共建优质生活圈和创新合作方式等方面支持港澳发展，《横琴总体发展规划》则把横琴定位为"一国两制"下探索粤港澳合作新模式的示范区。粤澳两地将全力促进上述国家战略的贯彻落实，大胆探索"先行先试"的安排，促进粤澳合作层次实现更大幅度的提升。我国首个跨不同制度边界的空间治理研究——《大珠三角城镇群规划研究》明确提出，澳门要成为世界上最具吸引力的旅游休闲中心和区域性商贸服务平台，而珠西地区则要以生态保护为主导，在规划、交通、产业、环保、科技、应急处理、港澳合作、服务粤西等方面开展紧密合作，全面提高区域发展水平和整体竞争力。因此，规划计划的制定为大珠西地区的发展提供了方向指引。

4. 大珠三角西岸地区跨境治理的空间平台

区域治理政策和行动的落实需要特定的空间平台，大珠西地区合作治理的空间平台主要是珠澳跨境工业区、横琴新区等跨境邻接地区和以港珠澳大桥为代表的跨境基建项目。珠澳跨境工业区是我国首个跨境工业区，以发展工业为主，兼具物流、中转贸易、商品展销等功能，是 CEPA 协议下粤澳经济融合的产物和主要载体。《珠三角改革发展规划纲要》要求以"先行先试"的精神探索建立与澳门的长期交流合作机制，形成"澳珠同城化都市区"，打造珠三角的另一空间增长极，带动珠三角西岸地区的发展。而横琴岛的合作开发则对粤澳合作具有更为重大的意义，横琴岛的开发通过创新合作机制与管理模式，共同打造跨界合作创新区，有利于弥补澳门土地资源有限和劳动力相对短缺的不足，有利于促进澳门经济适度多元化发展。在大型交通基建项目合作方面，港珠澳大桥的兴建将使珠西地区的交通地位大幅提升，而珠西线高速公路和广珠城际快速轨道交通等项目建设都加速形成澳门与珠西地区优势互补、分工合作、共同发展的格局。

（三）大珠三角西岸地区跨境治理的困境和问题

澳门回归以来，政府主导下的区域合作成绩显著，但仍然存在不少问题，经济合作的紧密程度滞后于两地经济发展的需求，大珠西地区区域治理机制尚需加以调整和完善。

1. 大珠西地区经济合作起点低、层次低，龙头带动能力弱

大珠西地区的合作始于民间经济交往合作，以珠西地区提供澳门民众日常生活品的民间合作为主，带有较大的自发性和分散性，产业分工和协作的层次较低，合作范围狭窄，远未达到结构性合作和经济整合的高级合作阶段。澳资在珠西地区的项目通常是投资少、见效快、附加值低的劳动密集传统加工制造型企业，高精尖技术项目很少，限制了合作双方对对方的市场、科技、人才、信息等优势的充分利用。澳门以中小企业为主，以旅游博彩业为支柱的产业结构对强调以发展高新技术产业为核心的珠西地区其辐射作用具有很大的局限性，直接影响了双方合作的广度与深度。

2. 大珠西地区"一国两制"框架下的区域经济深度融合难度较大

首先，珠澳两地的政治经济制度差异使珠澳经济在总体思路上的衔接存在现实障碍。澳门的自由港经济决定其政府对经济影响力较弱，加之缺乏中长期发展规划和策略，因而使经济调整和转型期发展方向与定位不明确。其次，"一国两制"政策因素使自由贸易区的形成受到限制。澳门是世界为数有限的高度开放的自由经济体，而珠西地区则正处于由计划经济体制向社会主义市场经济体制的转变过程中，两地在差异化管理体制背景下的跨境融合与合作尚需进一步磨合。

3. 大珠西地区合作组织方面的问题

有效的地方政府合作需要完善的、科学合理的组织机构作为保障。首先，当前政府间的合作组织大多采取高层领导磋商的会议制度与单项合作机制和组织的松散形式，但没有形成一套完善的制度和科学化的合作协调体系，一旦领导被调动就可能使合作机制失效。其次，地级市政府缺乏充分的直接对话平台。大珠西地区区域治理中的参与主体主要是省级政府部门和澳门特别行政区的对等部门，而与澳门有直接事务往来关系的各地级政府却无法直接参与其中，降低了区域治理的效率。第三，缺乏社会参与的渠道。政府在目前的大珠西地区治理机制中发挥了主导性的作用，但区域治理不能仅仅依靠地方政府的推动，还需要公民、私人部门以及非营利组织等社会力量的介入，从而形成网络化区域合作治理的态势。

4. 大珠西地区合作制度方面的问题

在形式上，政府间合作的内容大多是以"协议"、"备忘录"等形式发布，并没有上升到法律的层面，导致合作各方的权益得不到有效的保障；在内容上，合作协议的条款内容具有很强的宣言性特征，缺乏法律上的权利义务规定，缺乏相关的责任条款和惩罚机制；在执行上，缺乏专门的执法机构和协调机构，削弱了协议的法律拘束力和执行力，进而影响了协议的实施效果；在实施保障上，缺乏有效的激励约束机制、利益协商机制、争端解决机制等。目前来看，大珠西地区政府间合作协议的主要作用在于探讨和建议，协议的落实取决于双方的自愿行动，这种非制度化的形式在涉及实质利益竞争时往往由于分歧太大而无法协调。

5. 大珠西地区区域协调的经济手段尚不健全

区域协调除行政协商、法律规范外，还需要经济手段的运用。制度环境的差异导致大珠西地区经济协调机制的建立无论是政府层面还是市场层面均有较大难度，诸如环境污染的责任界定问题、上游生态环境保护的补偿机制等问题由于经济手段的缺乏而一直未能建立。一些诸如区域发展基金、结构基金等经济协调手段也尚未建立，区域协调缺乏资金支持，许多事务停留在口头或书面协议上，导致诸多政策流于形式而无法切实施行。

6. 大珠西地区区域合作模式需要升级

珠西地区的经济发展在传统的"前店后厂"合作模式下受到较大限制，港澳制造业的转移缓解了提高技术水平的压力，却延长了劳动密集型产品的生命周期，客观上阻碍了珠西地区产业升级和高技术产业的发展。因此，在大珠西地区区域合作模式中迫切需要从"前店后厂"向"结构性、整体性合作关系"转变，从"低层次垂直分工的要素简单互补"向"水平、垂直型分工并重的全面优势要素互补的多元化、规范化分工合作"转变[①]，以提高两地经济素质和经济实力，增强抗风险能力。

（四）大珠三角西岸地区跨境治理的策略

推进大珠西地区社会经济合作的不断深入，关键是要从体制上入手，建立起科学、合理、高效的协调机制，加强信息交流，实现澳门与珠西地区的互利共赢。

1. 制度层面的区域整合

制度层面的整合是推动区域经济一体化的关键，合理的制度安排有利于降低系统内的交易成本。首先，区域合作制度的建立。在区域合作过程中，区域政府间针对区域整体发展所达成的共识，必须要有制度性的合作规则来保证。有必要制订各地共同遵守的区域公约，促进达成对地方政府和经济主体具有约束力的经济合作框架协议；同时，建立相应的监管和仲裁机制，保障框架协议的实施。其次，实施区域利益共享和利益补偿机制，建立规范的财政转移制度，通过调整产业政策，利用不同区域的发展优势，使

---

① 关秀丽：《入世后澳门与内地经贸关系研究》，《经济研究参考》2001 年第 41 期。

不同产业的利益在不同地区实现合理分享；同时，建立区域共同发展基金制度，为扶持落后地区发展、区域共享的公共服务设施、环境设施、基础设施建设等筹集资金。

2. 组织层面的区域整合

推动区域协作性公共管理体制平台的建立，要有一个完善的组织管理机构和操作机制来保证区域一体化政策措施的有效执行、监督和评估以及政策实施过程中的争端处理①。首先，进一步完善行政契约保障，健全区域内政府合作的监督体制，其具体措施是引入行政契约的责任条款和争端解决机制。其次，建立政府间信息资源共享体制。有计划、有组织地进行系统的区域信息资源开发，以便于企业组织和社会公众更有效地获取各种经济信息。第三，建立更加有效的城市间对话平台，将目前粤澳高层领导会晤—专责小组（专项小组）执行的双层交流制度扩充为粤澳高层领导会晤—珠西澳门高层领导会晤—专责小组（专项小组）的三层交流制度，赋予珠西各市与澳门政府间直接对话的权利。第四，完善公众参与制度和形式。大珠西地区目前的区域合作还不是真正意义上的区域治理，区域政策的制定与执行过程完全是由政府主导并由具体政府职能部门来完成的，缺乏非政府组织或私人部门的参与。因此，需要充分调动私人部门和非政府组织等在区域合作中的参与积极性，以提高区域决策的代表性和实施效率。一方面要建立和完善公民参与机制，既要从法律上确定公众参与公共行政的合法性，又要从制度和程序上保障公众参与权力的实现。另一方面，推动其他治理组织的参与。可以考虑先行试点成立两类区域性社会组织，一是研究咨询类组织，包括建立专家学者为主体的咨询委员会，对重大规划及重大事项提供咨询；二是建立跨区域的同业、行业协会，为大珠西地区的企业和居民提供顺畅的信息渠道和充足的社会经济信息。

3. 规划层面的区域整合

依托横琴开发，构建珠澳区域发展新高地。要实现《珠三角改革发展规划纲要》提出的要求，关键在于培育珠（海）澳（门）都会区。首先，以港珠澳大桥建设为契机，推进珠澳协同发展，让珠海能够发挥起支撑澳门适

---

① 吕志奎：《州际协议：美国的区域协作性公共管理机制》，《学术研究》2009年第5期。

度多元化发展的关键作用，同时借助澳门的经济势能和国际化窗口的优势，提升珠海城市地位，珠澳共同承担起带动珠西地区发展的任务。其次，共同建设珠澳都市区十字门 CBD，打造成具备国际水准的未来横琴新区中心区和珠海新城市中心，并以此启动横琴开发。第三，加快横琴开发，建设商务服务基地和区域创新平台，形成珠江口西岸地区新的增长极。第四，在适度发展临港产业的同时，打造以横琴岛为核心的"泛珠三角"区域商贸、会展、旅游平台，使之成为具有国际影响的休闲旅游胜地和区域性生活服务中心，带动珠三角西岸和粤西沿海地区的发展。

4. 经济层面的区域整合

加快珠西地区产业升级，推动澳门经济多元化。城市间合作应采取政府推动与市场主导相结合的原则，促进生产要素在城市间的自由流动。大珠西地区目前集聚水平不高，缺乏发展龙头，珠海和澳门的经济总量和辐射能力与带动西岸地区发展的要求尚有一定差距。但是，《珠三角改革发展规划纲要》明确了珠海作为珠江口西岸核心城市的战略地位，赋予其带动珠西地区协同发展的重任。于是，珠海市委、市政府提出了"模式引领（走建设生态文明发展道路）、实力带动（切实提高经济实力和城市综合竞争力）和功能辐射（加快建设区域性交通枢纽、产业基地和服务中心）"的珠江口西岸核心城市建设规划。因此，应以珠澳同城化为契机，加快推动珠海与澳门在基建对接、通关便利、产业合作、服务一体化方面的合作，共同打造珠江口西岸优质生活圈。同时，加快建设粤澳合作机制的创新区和珠西城市服务区，为珠西地区承接港澳产业转移和产业升级提供平台。

5. 设施层面的区域整合

实施区域一体化策略，加强跨境跨界地区基础设施合作，推进大珠西地区城际基础设施共建共享。首先，形成沟通国内外的现代化交通、通讯设施网络，包括以澳门机场和珠海机场联动的国际国内航空网络；以珠海港为龙头，澳门、中山、江门等中小港口为配套的港口群；以广珠高速公路为骨干的陆路交通体系；粤澳两地信息网联网，再通过建设联结中国西南地区的高速公路。这样，粤澳合作就具备了更完善的交通和通讯条件。其次，统筹协调和推进西岸城市在资源能源、环保、电力、信息等网络系统建设，实现产业同布、市场同体、交通同管、电力同网、信息同享、环保同治。第三，以港珠澳大桥的建设为契机，加快以交通为重点的基础设施建设，发挥珠海作为珠西地区与港澳联系的桥梁和纽带作用。第四，推进城市邻接地区的规划和建设衔接，除了目前已开展的供水、交通和通信一体化之外，还需要加强跨界轨道、高速公路等交通设施无缝衔接以促进生产要素高效流动。

（五）结论

总体而言，大珠西地区的区域治理在澳门回归以来取得了重大进展。本节在对大珠西地区跨境治理的发展历程中，总结了澳门与珠西地区从民间自发合作到政府制度性协作、从分散合作到搭建平台、从低度依赖到深度整合的渐进过程，而这一过程还将继续在日趋激烈的区域竞争环境中深化下去。同时，大珠西地区的跨境治理已经在组织架构、制度架构、规划指引和空间平台等方面取得了较大的成就。但由于两地特殊的"一国两制"制度架构的存在，以及两地相对较弱的经济发展基础、相对松散的历史经贸联系以及跨境治理架构中存在诸多有待完善的缺陷，大珠西地区跨境治理机制尚需进一步完善。于是，本节从制度、组织、规划、经济和设施五个方面提出了区域整合的策略，以期在现有合作基础上进一步优势互补和整合资源，建立起更大范围、更高层次的合作关系。

总之，在"一国两制"背景下的跨境治理过程中，必须借助于政府干预型协调模式，这既是发展政府主导型市场经济的需要也是弥补市场制度供给不足的一种必然选择。大珠西地区的区域治理既要解决当前存在的主要问题而又要规避可能存在的风险，其必然选择是加快市场经济成长步伐，建立政府干预、市场协调与民间协作之间的治理平台，通过双方关系和合作成果的制度化来推动跨境区域治理机制走向成熟。

第 十 二 章

山东沿海城市—区域空间治理的实践[①]

在传统农业社会和工业社会时期，政府在社会治理中遇到的问题较为单一，公共事务较为简单，地方能够独立有效提供当地生产生活所需的服务，无须寻求外界的合作。但 21 世纪以来，随着经济全球化、区域一体化的发展，地方政府在社会治理过程中遇到的问题日益复杂，市场经济的发展，也使得独立的物品、服务供给难以满足当地生产生活需要，寻求外界合作成为政府公共治理的重要内容，区域政府间的跨界合作也成为现行体制下实现区域一体化的理性选择[②]。任何政府都不会孤立存在与行政环境中，需要与其他地方或部门联动决策[③]。在这种趋势下，学者们对于区域内政府间的跨政区合作展开了一系列的研究。其中学者们对区域内政府合作的机制构建提出了自己的观点，郑文强等（2014）将政府间跨政区合作机制总结为动态机制和静态机制[④]。王健等（2004）提出形成多中心、自主治理的合作机制[⑤]。陈瑞莲等（2007）通过对泛珠三角区域政府的合作研究，将泛珠三角区域政府合作的主要制度总结为论坛和合作洽谈会、高层联席会议制度、日

---

① 本节部分内容根据马学广、孙凯《山东沿海城市带地方政府跨政区合作研究》（《青岛科技大学学报》[社会科学版] 2015 年第 3 期）修改而成，马学广作为第一作者和通讯作者。

② 张紧跟：《当代中国地方政府间横向关系研究》，中国社会科学出版社 2006 年版，第 121 页。

③ 蔡英辉：《政府间伙伴关系：合作治理之路》，《经济体制改革》2013 年第 5 期。

④ 郑文强、刘滢：《政府间合作研究的评述》，《公共行政评论》2014 年第 6 期。

⑤ 王健等：《"复合行政"的提出——解决当代中国区域经济一体化与行政区划冲突的新思路》，《中国行政管理》2004 年第 3 期。

常办公制度以及部门衔接落实制度①。刘亚平等（2010）提出未来我国区域政府合作可采用的策略模式，强调通过沟通协调机制、信息共享机制和利益补偿机制实现区域政府自主合作的横向问责②。李辉（2014）以协同理论为分析框架，对区域一体化中地方政府间合作的预期以及挑战做了分析研究③。此外，还有很多学者就区域政府合作治理展开了实证研究，提出了政府间跨界合作的模式以及存在的问题。彭正波等（2008）分析了长三角地方政府合作行为，并构建了相应的政府合作模式④。马学广（2012）就大珠三角政府合作型跨境区域治理进行了探讨⑤。傅永超等（2007）对长株潭一体化过程中合作问题进行了分析⑥。就山东省而言，也有不少学者对其区域政府跨界合作进行了研究。李辉等（2011）对山东半岛蓝色经济区建设中地方政府间合作现状进行分析，并提出了相应的合作策略⑦。王佃利等（2013）以山东半岛城市群为例探讨了跨域治理理论在区域管理中的应用问题⑧。曹现强（2005）对山东半岛城市群区域经济一体化态势下的政府合作建设进行研究，提出了同一行政区划下的制度整合、地方政府合作多元协商机制⑨。

通过对相关文献的梳理可以看出，学术界关于区域政府合作治理的研究取得了丰富的成果，对山东半岛城市群与山东半岛蓝色经济区的区域治理研究也较多，但目前还没有从山东沿海城市—区域（山东沿海城市—区域主要涉及青岛、烟台、威海、潍坊、日照、滨州、东营，济南、淄博9个城市）角度探讨山东沿海城市—区域城市政府间的跨政区合作问题，本节对山

① 陈瑞莲、刘亚平：《泛珠三角区域政府的合作与创新》，《学术研究》2007年第1期。

② 刘亚平、刘琳琳：《中国区域政府合作的困境与展望》，《学术研究》2010年第12期。

③ 李辉：《区域一体化中地方政府间合作的预期与挑战——以协同理论为分析框架》，《社会科学期刊》2014年第1期。

④ 彭正波：《长三角区域政府合作：现状、困境与路径选择》，《经济与社会展望》2008年第9期。

⑤ 马学广：《城镇密集地区政府合作型跨境区域治理研究——以大珠三角西岸地区为例》，《城市观察》2012年第5期。

⑥ 傅永超、徐晓林：《府际管理理论与长株潭城市群政府合作机制》，《公共管理学报》2007年第2期。

⑦ 李辉、王学栋：《山东半岛蓝色经济区建设中的地方政府间合作研究》，《中国石油大学学报》（社会科学版）2011年第6期。

⑧ 王佃利、史越：《跨域治理理论在中国区域管理中的应用——以山东半岛城市群发展为例》，《东岳论丛》2013年第10期。

⑨ 曹现强：《山东半岛城市群建设与地方公共管理创新——兼论区域经济一体化态势下的政府合作机制建设》，《中国行政管理》2005年第3期。

东沿海城市—区域跨政区合作的组织机构、合作机制、治理模式、合作领域以及存在问题进行研究分析，提出优化地方政府跨政区合作的建议。

一、山东省区域空间政策演变

（一）山东省区域空间政策的发展演变

"七五"以来，山东省区域空间政策发生了多次变化（见表 12-1）。"七五"时期强调建设胶东沿海经济区和鲁西内陆经济区，"八五"时期强调东西结合、共同发展。"九五"期间，山东省在全国率先提出建设"海上山东"的发展战略，并把它与黄河三角洲开发并列为两大跨世纪工程。"十五"期间，为推进落后地区的开发，又提出了建设京九沿线和鲁南大陆桥。之后，山东省区域空间政策开始关注一些重要节点的发展，2004 年提出"东部突破烟台、中部突破济南、西部突破菏泽"战略。"十一五"以来，山东省逐渐开始强调面上的空间战略，从"十一五"时期的"一群一圈一带"建设（山东半岛城市群、省会城市群经济圈、鲁南经济带），再到"十二五"期间，结合国家战略提出"二区一圈一带"发展新格局（山东半岛蓝色经济区、黄河三角洲高效生态经济区、省会城市群经济圈和鲁南经济带）。

表 12-1　山东省区域空间政策的演变①

时期	区域战略
1981—1983 年	青岛和烟台等沿海重点城市带动战略
1986 年	东西结合、共同发展战略
1988 年	优势互补、平等互利，相互促进，共同发展
1991 年	"海上山东"战略，致力于发展"蓝色产业集聚带"
1992 年	全面开放，重点突破，梯次推进，东西结合，加快发展
1994 年	跨世纪城市"两带五群"发展战略
1995 年	"海上山东"和黄河三角洲两大跨世纪工程的开发建设

① 张臻：《山东省区域政策实施及对区域协调发展的影响研究》，山东师范大学硕士学位论文，2012 年。

续表

时期	区域战略
2000 年	《山东省城镇体系规划（1996—2010）》提出"两大中心、四个层次、五条轴线"空间战略
2001 年	城镇化促协调发展
2002 年	建设鲁南经济带，老工业基地
2002 年	部署山东半岛城市群发展战略研究，提出三大都市圈建设，首提城市群发展战略
2003 年	胶东半岛制造业基地
2004 年	"三个突破"和龙头带动战略
2004 年	建设山东半岛城市群
2005 年	发展县域经济
2007 年	"一体两翼"
2007 年	鲁南经济带
2008 年	省会城市群经济圈与海洋经济发展战略
2008 年	胶东半岛高端产业集聚区
2009 年	《黄河三角洲高效生态经济区发展规划》上升为国家战略
2010 年	重点区域带动战略
2010 年	胶东半岛城市群和省会城市群一体化规划
2011 年	《山东半岛蓝色经济区发展规划》上升为国家战略
2012 年	《山东省城镇化发展纲要（2012—2020 年）》提出加快培育山东半岛城市群和济南都市圈

（1）"六五"至"七五"计划时期（1981—1990 年）

山东省 20 世纪 80 年代以前城市发展基本处于中心极化阶段，济南和青岛"双中心"，全省城市空间分布不均匀，城镇人口规模结构呈"哑铃"状。1981—1983 年，山东省选择沿海城市为突破口，确定了以沿海重点城市带动大片开发的战略方针，重点发展沿海的青岛、烟台、威海及省会城市济南。

"七五"期间，山东省制定了东西两大片、六大经济区的布局设想，强调优势互补，以省会济南和山东半岛沿海地区作为双核平衡发展。"两大片"

包括胶东半岛沿海经济区、鲁西内陆经济区；而六个经济区则涵盖了以烟台—威海—青岛—潍坊为核心的胶东地区，以淄博—东营—滨州市为核心的鲁北地区，以临沂—日照为核心的鲁东南地区，以济南—泰安—莱芜为核心的鲁中地区，以德州—聊城为核心的鲁西北地区，以济宁—枣庄—菏泽为核心的鲁西南地区。

1988 年出台的《关于进一步加强东西部地区横向经济联合促进全省经济协调发展的意见》，提出了"优势互补，平等互利，相互促进，共同发展"的工作思路，提出搞好点片开发，有计划地组织开发沿海滩涂、海岛、渤海湾岸线和黄河三角洲等建设。

20 世纪 90 年代初，山东省提出了以青岛为龙头，烟台、威海、新石铁路、津浦铁路、济青公路两侧设区布点，以半岛为依托，沿青、烟、威环海公路和胶济线，自东向西，梯次推进，形成全省东中西互促互动的整体格局。

(2) "八五"至"九五"计划时期（1991—2000 年）

1991 年，山东省制定建设"海上山东"战略，致力于发展"蓝色产业聚集带"。山东省的区域发展重点为依托交通轴线展开布局，重在突破优势地区、打造产业高地、形成产业聚集带，提高全省区域经济总体水平。

1994—1995 年，山东省城镇体系发展提出跨世纪城市"两带五群"发展布局规划研究，"城市带"、"城市群"在山东出现。"两带五群"分别指的是沿胶济铁路发展带和沿京沪高速公路发展带，以及烟台城镇群、威海城镇群、日照—临沂城镇群、东营—滨州城镇群、莱芜—新泰城镇群。

1995 年，"九五"计划明确提出建设大、中、小城市和乡镇四个层次的现代化城镇体系，形成胶济、新石、德东、京九四条产业聚集带，发展胶东沿海、鲁中南山区、鲁西北平原三个各具特色的现代化农业区，推进"黄河三角洲"和"海上山东"两大跨世纪工程。

2000 年，《山东省城镇体系规划（1996—2010 年）》提出了"两大中心、四个层次、五条轴线"的总体格局，实现以点带线，以线带面。山东确立了"全面开放，重点突破，梯次推进，东西结合"的战略，形成"二、三、六"的总格局，即全省分为山东半岛沿海经济开发区和鲁西内陆经济开发区两大片，以交通干线和港口为依托，形成胶济、新石、德龙三条各具特色的产业聚集带，贯穿鲁东、胶东、鲁东南、鲁西南、鲁西北、鲁北六个经济区。
"九五"期间，提出"四、四、三、二"的框架展开布局，即构筑起大、中、
小城市和乡镇四个层次相互配套的现代化城镇体系，形成以优势明显的重化
工业基地和高新技术产业为依托的胶济、新石、德东、京九四条产业集聚
带，建设胶东沿海、鲁中南山区、鲁西北平原三个各具特色的现代农业区，
加快实施黄河三角洲开发和"海上山东"建设两大跨世纪工程。

（3）"十五"计划时期（2001—2005 年）

2002 年 5 月，山东省开始山东半岛城市群发展战略研究，随后提出三
大都市圈建设。

2003 年，山东省提出了"一群三圈"的区域空间发展结构，第一次提
出山东半岛城市群的概念，"三圈"即济南都市圈、青岛都市圈和济宁都
市圈。

2003 年，山东省提出了"一个龙头，三个突破，三个战略，东西发展"
的工作思路。一是发挥青岛龙头作用，要求青岛站在高起点、瞄准大目标、
实现新跨越，建设成为我国区域性经济中心、对外开放重要基地、世界知名
城市，以青岛带半岛，以半岛带全省。二是推动"三个突破"，东部突破烟
台、中部突破济南、西部突破菏泽，明确各自定位，加强跨地区协作，促进
东中西联动。三是规划建设"一群一圈一带"的区域发展空间格局，将山东
半岛城市群、济南都市圈和鲁南经济带作为发展重点。

（4）"十一五"计划时期（2006—2010 年）

2006—2007 年，在全国发展城市群、经济圈以促进产业人口集聚的背
景下，由突破东、中、西重点城市转为发展城市群、经济圈、经济带，提
出了东部优化发展，建设现代化半岛城市群；中部加速崛起，建设济南城市
圈；西南地区强化开发开放，建设鲁南城市带。同时，优化提升海洋经济
区、综合开发黄河三角洲、打造胶东半岛制造业区，加快建设鲁中南山地生
态经济区。

2007 年，山东省八届十五次全委会议作出了打造山东半岛城市群、省
会城市群经济圈、鲁南经济带、黄河三角洲高效生态经济区和海洋经济强省
"五大板块"的形象概括。山东省提出了"一体两翼"区域发展和海洋经济
战略，"一体"指从东部沿海沿胶济铁路向西到省会济南周围，"两翼"即北

翼黄河三角洲及周边地区和南翼鲁南经济带。"一体两翼"区域发展战略改变过去主要从"东中西"横向坐标考虑全省区域发展的思维框架,侧重于从"北中南"纵向坐标观察和思考问题,把"五大板块"连成一个有机整体,从新的角度对指导和推动区域发展作出新的概括。

2008 年,山东省制定了《胶东半岛城市群和省会城市群一体发展规划》,山东省解决区域经济发展不平衡的思想,从过去的在东西横向上解决差距问题,转而从南北纵向上探求区域经济平衡发展。

2009 年,国务院正式批复《黄河三角洲高效生态经济区发展规划》,至此山东第一个国家级区域规划诞生,黄河三角洲高效生态经济区上升为国家战略。胡锦涛同志 2009 年视察山东,提出了"要大力发展海洋经济,科学开发海洋资源,培育海洋优势产业,打造山东半岛蓝色经济区"。2009年,"中共山东省委山东省人民政府关于大力推进新型城镇化的意见"(鲁发[2009] 21 号,2009 年 10 月 31 日)提出了"一群一圈一区一带"的城镇空间格局,"一群"指的是山东半岛城市群,"一圈"指的是济南都市圈(涵盖济南、淄博、泰安、莱芜、德州、聊城、滨州),"一区"指的是以东营、滨州为中心的黄河三角洲城镇发展区,"一带"指的是鲁南城市带(涵盖日照、临沂、济宁、枣庄、菏泽)。

2010 年,山东省十一届人大三次会议上作的政府工作报告中提出了"重点区域带动战略",重点实施四大举措:一是着力打造山东半岛蓝色经济区;全力推进黄河三角洲高效生态经济区建设;扎实推进胶东半岛高端产业聚集区、省会济南和鲁南临港产业带建设;推动西部地区加快发展。

此后,山东又实施"点、轴、面"发展的"三点五轴五面"发展战略。其中,"三极点"包括济南、青岛、济宁,而"5 轴"则包括胶济—济聊线、兖石—济菏铁路沿线、东部沿海地带、京九铁路山东沿线地带以及德东铁路沿线、鲁北地区主要交通干线。"5 面"包括:以胶济线为轴的鲁中经济区,包括济南、淄博、泰安、莱芜、潍坊;以兖石铁路为轴的鲁南经济区,包括日照、临沂、济宁、枣庄;以山东沿海线为轴的沿海经济区,包括青岛、烟台、威海;以京九铁路为轴的鲁西经济区,聊城、菏泽;以德东铁路为轴的鲁北经济区,包括德州、滨州、东营。

（4）"十二五"计划时期（2011—2015年）

2011年1月，《山东半岛蓝色经济区发展规划》上升为国家战略。至此，山东省形成了多区域带动的协调发展战略。2011年，在《山东省城镇体系规划（2011—2030年）》中提出"双核四轴五组群"的城镇体系空间结构。"双核"指的是济南和青岛，"四轴"指的是济青聊城城镇轴，沿海城镇轴，京沪城镇轴，鲁南城镇轴；"五组群"指的是青—潍—日城镇组群，济—淄—泰—莱城镇组群，烟—威城镇组群，济—枣城镇组群，东—滨城镇组群。

2012年，《山东省城镇化发展纲要（2012—2020年）》提出加快培育山东半岛城市群和济南都市圈，走大中小城市和小城镇、城市群协调发展的山东特色城镇化道路。计划到2020年，基本形成山东半岛城市群、济南省会城市群经济圈、黄河三角洲城镇发展区和鲁南城镇带一体化快速发展新格局，形成以城市群为主体，以特大城市和大城市为龙头，以县城和中小城市为支撑，以小城镇为节点，以新型社区为单元的城镇化发展布局。

总之，不断加深的经济全球化和区域一体化正在深刻地改变着传统的空间格局，近年来山东省出台了一系列城镇空间发展的战略构想，对未来城镇化空间发展的方向进入深度探索阶段。这些探索主要包括"一群一圈一带（一区）"、"五大板块（山东半岛城市群、济南都市圈、鲁南经济带等）"、"一体两翼"、"山东半岛蓝色经济区"和"黄河三角洲高效生态经济区"等。这些空间战略力求引导人口、产业实现科学的空间布局，有助于城市阶段性目标的实现，使城市化空间结构向更加合理、有序的方向发展。

（二）山东省城镇化空间政策的演变

（1）东部发达地区与西部落后地区的关系摇摆不定，亟待从战略高度上明确共同发展的必要性与可行性，坚定"东西联动"基本战略。20世纪80年代末到90年代初，山东省东部、西部的分异比较清晰，东西部地区共同发展的战略是主流。之后的20年（即1990—2010年间）则主要突出强调东部地区的率先发展，西部地区总体处于战略盲区或非重点区域。

（2）东部沿海发达地区发展重点和空间组织模式摇摆不定，亟待进行战略性的空间优化和重组，突出青岛的龙头带动作用。从总体开发的模糊概

念到沿海地带的重点发展，从海上山东到半岛城市群再到蓝色经济区，这种
不断转变的空间战略导致东部发达地区空间组织方式具有极大的随机性和不
确定性。

（3）内陆与沿海两大城镇体系始终存在，内部结构不断重组、演替发
展。改革开放以后，国家发展重点逐渐由内地转向沿海，大力发展外向型经
济，因此东部沿海地区成为最活跃的经济地带。1984年，青岛、烟台作为
沿海开放的14个口岸，促进了胶东半岛沿海城市的发展。国务院批复山东
省"蓝黄战略"——山东半岛蓝色经济开放区（2011年）、黄河三角洲高效
生态经济区（2009年），进一步促进沿海城市群发展。与此同时，济南都市
圈规划、山东半岛城市群总体规划、鲁南经济带规划等一系列规划的编制，
进一步强化了内陆城镇密集地区的发展地位，两大城镇体系进一步完善发
展，体系之间互动发展，组成更为稳定的综合体系。

（4）不同规划目标之间存在较大差异，城市功能紊乱，降低了可执行
性。半岛城市群规划中，"青岛—烟台—威海"被规划为一个城市组群，建
议按照统一的城市规划展开城市建设；而在蓝色经济区规划中，青岛、潍
坊和日照被规划为一个组群。在《关于促进海洋产业加快发展的指导意
见》中，威海、烟台、日照被规划为山东海洋经济发展的"东南翼"，而
在半岛城市群规划中则是由日照、临沂、枣庄、济宁菏泽五个城市构成了
"南翼"。

（5）空间规划政策中形成不同的空间格局，忽略了区域治理一体化。
从整体规划思路上来看，不论是半岛城市群规划还是蓝色经济区规划，主
要思路便是通过功能分区实现城市组团，同时强化单个城市海洋经济特色。
以"一体两翼"规划思路为例，一体两翼的规划使得不同区域很难融合到
一块，其实质还是山东省经济的分区：济南城市圈；青岛龙头；北部黄河三
角洲地带；南部经济新区。在海洋经济上并没有政策上的特殊规划。此外，
空间政策缺乏配套措施，难以通过内部城市治理的协同一致以实现利益
分配的均衡。因此尽管空间格局做了调整，内部治理结构仍然难以适应新
形势。

总体来看，山东省空间政策经历了多个发展阶段，相对来说变动频繁、
目标模糊，区域内部城市定位较模糊，难以形成整体范围内的规模效应。应

当注意的是，蓝色经济区空间规划作为关系到国家综合实力发展和国际竞争战略的重要方面，不应当随地方政府机构变化而频繁更替。蓝色经济区规划必须放长眼光，综合考虑，制定出科学、可持续发展的规划纲要，并在今后数十年中坚持执行。在此过程中，渐进调整必不可少，但不宜出现过大的变动。

二、山东沿海城市—区域空间治理的组织机构

完善的组织机构建设，是跨政区合作常态化的有力保证。发达国家形成了模式化的组织机构，主要有地方政府协会、管理委员会、特别区，相对应的比较典型的如美国南加州政府协会、温哥华管理委员会、美国南海岸大气质量管理区。国内跨政区合作中比较常见的组织形式有市长联席会、领导小组。目前在山东沿海城市—区域的跨政区合作中比较规范的组织机构有山东省区域发展推进战略工作领导小组，日照市接轨青岛、融入半岛城市群工作领导小组。

（一）山东省区域发展推进战略工作领导小组

山东省区域发展推进战略工作领导小组是山东省区域性战略规划的最高领导机制。领导小组下设办公室，办公室设在省发改委，领导小组办公室下设 7 个处室，分别是综合协调处、规划政策处和另外 5 个专门的指导处，分别指导蓝色经济区、黄三角经济区、省会城市经济圈、西部经济隆起带、沂蒙革命老区。其具体组织框架如图 12–1 所示。

（二）山东沿海城市—区域城市间组织机构

为了更好地实现城市间社会经济资源合作的高效对接，山东沿海城市—区域地方政府内部设立了相应的管理机构以推动和促进城市合作的融合过程。比如，日照市设立了接轨青岛、融入半岛城市群工作领导小组。日照市接轨青岛、融入半岛城市群工作领导小组，是为认真贯彻落实日照市委、市政府关于接轨青岛、融入半岛城市群的决策部署，为加强组织领导和协调指挥而成立的，其具体组织框架如图 12–2 所示。

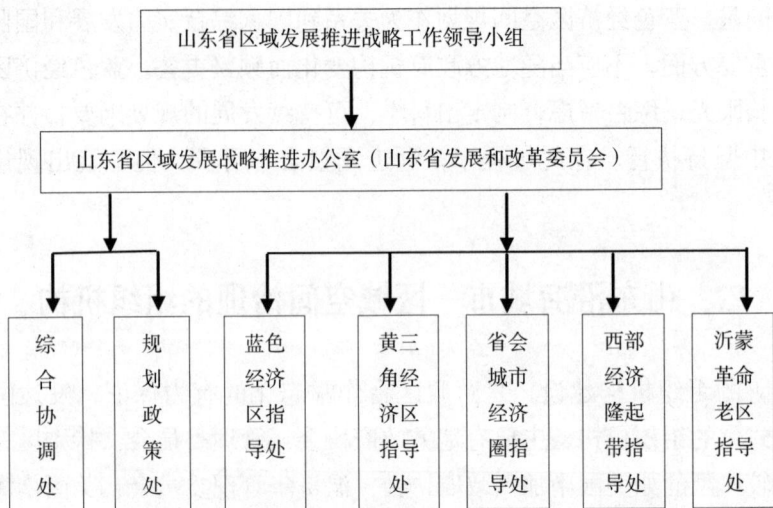

图 12-1　山东省区域发展推进战略工作领导小组组织框架

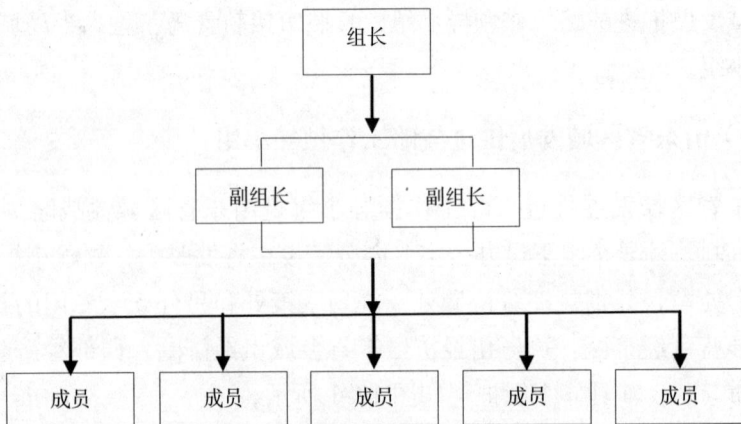

图 12-2　日照市接轨青岛、融入半岛城市群工作领导小组组织架构

三、山东沿海城市—区域空间治理的合作机制

　　跨政区合作中，形成一定的合作机制能够保证政府间合作的持久性，提高合作效率。随着我国经济改革的不断深化，地方政府的合作形式也趋于多样化。如高层领导联席会议、城市政府联合体、政府倡导下的非政府组织

合作论坛、区域经济贸易协会、跨经济区的地方政府间联合等①。结合山东沿海城市—区域情况，主要将其合作机制分为制度化合作机制、区域性发展规划以及政府间协议。

（一）制度化合作机制

在山东沿海城市—区域各城市跨政区合作过程中，制度化的合作机制是保证城市间合作有序性、持续性的重要保证。比如，青岛与日照两市之间建立了"青岛—日照经济发展合作市长联席会议制度"，成为推动两市经济合作与交流的重要组织形式，主要负责引导双方企业积极开展交流与合作；为推动两市之间产业规划衔接、政策交流等工作，成立"青岛—日照经济发展合作理事会"。此外，青岛与潍坊建立双方高层领导互访机制与市长联席会议制度，两市建设系统成立了"青岛—潍坊建设合作理事会"以促进双方在建设系统方面的交流与合作，两地工商系统建立了工商局长联席会议制度，农业系统建立了农业执法协调机制和农业信息共享机制，劳动保障系统成立了企业联盟、高校联盟、培训联盟、劳务合作联盟等促进就业联盟，农业、人事、建设、房管、信息产业等部门实现了网站互联互通，工作协调、信息资源共享机制逐步建立，青潍一体化发展整体格局和社会氛围已经形成②。

（二）区域性发展规划

为促进区域的一体化发展，我国政府通过出台区域性的发展规划，实现区域资源的有效配置，建立统一有序的市场，促进区域政府间的相互合作，实现区域的均衡发展。山东省政府为促进山东东西部均衡发展出台了一系列的区域性发展规划。主要有以下四项规划涉及山东沿海城市带城市：(1) 2005 年山东省政府出台第一项区域性发展规划——《山东半岛城市群发展规划》，主要包括济南、青岛两个副省级城市和烟台、威海、潍坊、淄博、日照、东营 6 个设区的市。本区聚集了全省主要的优势资源和先进生产

---

① 刘舒怀：《地方政府间合作方式的比较研究》，《兰州学刊》2010 年第 11 期。

② 毛德春：《潍坊加速接轨青岛青潍一体化渐行渐远》，2008 年 10 月 6 日，见 http://www.wfnews.com.cn/index/2008-10/06/content_307368_2.htm。

力，是带动全省经济超常规、高速度、跨越式发展的"龙头"区域；(2) 为进一步推进黄河三角洲高效生态经济发展，完善全国沿海经济布局，山东省政府于 2009 年出台了《黄河三角洲高效生态经济区发展规划》，规划主要覆盖东营市和滨州市，以及潍坊市、德州市、淄博市、烟台市等地的部分地区，并获得国务院审批通过上升为国家战略；(3) 为推动海洋经济发展，山东省于 2011 年出台了《山东半岛蓝色经济区发展规划》，主体区域涵盖山东全部海域和青岛、东营、烟台、潍坊、威海、日照 6 市及滨州市的无棣、沾化两个沿海县所属陆域，并获得国务院审批通过上升为国家战略；(4) 2013 年出台的《省会城市群经济圈发展规划》，规划范围包括省会济南及周边的淄博、泰安、莱芜、德州、聊城、滨州，该规划的出台与实施能够加大突破省会城市力度，做大做强省会经济，辐射带动周边区域，优势互补，联动发展，成为我省中西部崛起的战略平台和经济发展新的增长极。

(三) 政府间行政协议

我国区域经济的一体化进程催生了我国的行政协议制度。行政协议是指两个或者两个以上的行政主体或行政机关，为了提高行使国家权力的效率，也为了实现行政管理的效果而互相意思表示一致达成协议的双方行为，它本质是一种对等性行政契约[①]。随着区域经济一体化浪潮的发展，行政协议越来越多地被应用于实践。山东沿海城市—区域政府间的行政协议是各城市之间合作的重要区域空间政策，是实现合作和解决争端最为重要的区域法制协调机制之一，它是若干个地方政府基于共同面临的公共事务问题和经济发展难题，依据一定的协议、章程或合同，将资源在地区之间共享、交换或重新分配组合，已获得最大的经济效益和社会效益的活动。山东沿海城市—区域城市之间的合作主要是以行政协议的形式开展。2003 年以来山东沿海城市—区域城市之间签署的部分协议如表 12–2 所示。

---

① 何渊：《论行政协议》，《行政法学研究》2006 年第 3 期。

表 12–2 山东沿海城市—区域地方政府合作部分协议①

年份	地方政府	合作成果
2003	青岛、日照	日照市下发《关于接轨青岛融入半岛城市群的意见》
2004	青岛、日照	《关于进一步发展两市交流合作关系的框架协议》、日照市下发《关于接轨青岛融入半岛城市群的实施方案》
2004	济南、青岛、烟台、威海、潍坊、淄博、日照、东营	《半岛城市群旅游合作宣言》
2005	济南、青岛、烟台、威海、潍坊、淄博、日照、东营	《山东半岛城市群8+2旅游合作协议》
2006	青岛、日照	《日照青岛加强经济技术合作备忘录》
2007	青岛、潍坊	《潍坊—青岛战略合作协议》、《关于加强交流合作促进共同发展的框架协议》、《关于加快接轨青岛推进改革开放，实现科学发展和谐发展率先发展的意见》
2008	烟台、威海	《烟威区域合作关系框架协议书》
2009	青岛、日照、烟台	青岛、日照、烟台港集团签署战略联盟框架协议
2010	东营、烟台、淄博、滨州、潍坊、德州	《黄河三角洲高效生态经济区知识产权发展与保护合作协议》，成立黄河三角洲知识产权执法联盟
2011	青岛、潍坊、日照	《加强区域合作交流 推进青潍日城镇组团发展合作书》
2012	青岛、东营	《全面战略合作框架协议》
2013	青岛、烟台、威海、日照	《山东仙境海岸区域旅游合作宣言》
2013	青岛、烟台、威海、日照、潍坊、东营、滨州	山东半岛城市部门战略合作联盟
2014	淄博、东营、滨州	《行政区域边界地区环境执法联动协议》
2014	济南、淄博、滨州	《省会城市群经济圈科技创新联盟框架协议》
2014	青岛、烟台、潍坊、威海、日照、东营、滨州	山东半岛蓝色经济区第一次党政联席会，《山东半岛蓝色经济区联席会议制度》、《推进山东半岛蓝色经济区建设重点工作》

① 依照网上新闻资料整理。该统计为不完全统计。

四、山东沿海城市—区域空间治理的合作模式

当今国内外较为成型的区域间政府合作模式主要有："区域网络治理"下的欧盟政府间合作模式、"大湄公河"次区域政府合作模式、莱茵河流域治理中的政府合作模式、丹麦与瑞典"两国一制"的"奥瑞桑德"区域合作模式、"一国两制"下的"泛珠三角"区域政府合作模式、市长联席会议的政府合作模式①。笔者结合山东沿海城市—区域实际情况将其治理模式划分为以青岛、济南为龙头的"核心—外围"式合作模式和平级城市间合作模式。

（一）"核心—外围"式合作模式

以青岛、济南为核心的"核心—外围"合作模式是以青岛、济南为龙头，作为"双核心"带动其他城市的发展。山东沿海城市—区域中青岛与济南的核心地位不言而喻，一方面青岛作为副省级城市以及计划单列市，济南作为省会城市，在行政级别上就高于烟台、威海等其他 7 个地级市；另一方面山东沿海城市带中，青岛与济南在经济社会发展等各方面都要领先于其他 7 个城市。龙头城市的经济一般具有较强的辐射半径，吸纳就业拉动经济增长的能力也较强，依托龙头城市带动区域发展不仅是可行而且是高效的②。青岛和济南两个龙头城市作为区域经济的集结点与中间枢纽，其带动作用主要体现在以下几方面：(1) 核心城市对外围城市的产业协调与带动，促进外围城市的产业转型与升级，推动核心城市向外围城市的产业转移，带动外围城市的招商引资、企业间合作交流；(2) 龙头城市将商品、科技、人才、管理经验、信息等传送给外围城市，提高其经济社会文化的发展水平，同时龙头城市通过自身生产与生活的需求，吸引外围城市资源向龙头城市集聚，促进外围城市经济发展；(3) 核心城市带动外围城市基础设施方面的建设，在城市合作中加强交通运输、水利、电力、电信等项目的建设。

---

① 杨爱平：《论区域一体化下的区域间政府合作——动因、模式及展望》，《政治学研究》2007 年第 3 期。

② 王元京、孙颖、高振华：《依靠龙头城市带动区域协调发展》，《西部论丛》2009 年第 9 期。

目前山东沿海城市—区域城市间的合作模式主要以这种模式为主。例如以日照、潍坊主动与青岛接轨各方面开展的合作，山东半岛城市群以青岛、济南为核心开展的交流合作，山东半岛蓝色经济区以青岛为核心开展的交流合作，省会城市群经济圈以济南为核心开展的交流合作，这些合作都需要充分发挥青岛、济南的辐射作用，带动其他 7 个城市在社会与经济方面的快速发展。

（二）平级城市间合作模式

本节所说的平级城市间合作是指除青岛、济南以外山东沿海城市—区域中其他 7 个城市间的合作。平级城市间合作模式相比于"核心—外围"合作模式有其特有的优势。核心与外围城市之间社会经济发展实力差距较大，呈现出明显的不对称状态，而这种不对称状态容易造成两个后果：一是合作的可能性低。外围城市依赖于核心城市的带动与辐射作用，而核心城市由于本身实力较强，不寻求合作也能实现服务的供给、经济社会的较快发展，因此往往出现核心城市积极性不高、外围城市"一厢情愿"的现象。二是双方收获不对称。即使双方达成合作的意愿，核心城市可能要求更多的回报，而使外围城市承担与自身实力不匹配的成本，同时容易出现核心城市对外围城市在资源、生态环境等方面的剥夺。在平级城市间的合作中，一方面双方实力相差不大，容易达成合作意愿，公平分配合作成果，实现共赢；另一方面，除青岛、济南以外的其他 7 个城市，在城市竞争力等各方面还较弱，通过城市间开展合作，形成联盟与共同体，增强竞争力，如烟台和威海签署的烟威区域合作关系框架协议书，通过两个城市结盟，在资源、信息、产业上实现统一调配，产生乘数效应，从而使烟威共同体成为山东半岛城市群"三核先导"中的一核，大大提升两城市的竞争力，实现双赢。

五、山东沿海城市—区域空间治理的合作领域

跨政区合作最终要落实到具体的对象，即合作内容、合作领域。城市政府间的合作内容可以多种多样，结合区域实际情况选择合作领域、合作内容可以提高合作的效益，可以促进区域资源的最优化配置。山东沿海城市—

区域城市间的跨政区合作主要从产业协作、交通合作、旅游合作、生态环境建设合作以及科技人才交流五个主要领域展开。

（一）产业协作

产业合作是山东沿海城市—区域之间跨政区合作的一个重要领域。在各城市的共同努力下，城市之间产业合作日趋紧密。产业协作的比较优势理论、产业链理论以及产业梯度转移等理论明确地阐释了产业协作的重要意义。这种建立在比较优势和竞争优势基础上的互惠互利的合作，能够促进区域产业的互补，有利于资源要素的最优化配置，有利于区域产业链的高端延伸。山东沿海城市带各城市的产业各有优势，比如烟台的汽车工业、潍坊的纺织业以及蔬菜种植业、威海的船舶制造业、青岛的海洋产业等，通过产业协作，延伸产业链，拓展优势产业的市场。截至 2014 年末，烟台、威海、日照、潍坊、东营、滨州 6 市在青投资合作项目 341 个，到位资金 204.7 亿元。青岛、东营、烟台、潍坊、威海、日照、滨州 7 市成立城市产业联盟、海洋化工产业联盟和海洋动力装备产业联盟，能够有效促进企业优势互补、提高竞争力；省会城市群经济圈围绕农业开展合作，大力推进生态循环农业、特色农业的发展。青岛、日照、潍坊、威海、烟台、淄博、东营联合创办了《今日胶东》专刊，7 市主流报媒跨界合作，对资源进行了全面整合，并成立了山东半岛报业联盟。各领域的产业协作有效地实现了各城市资源共享，生产要素的最优化配置。

（二）交通合作

交通运输基础设施的建设是城市间合作的重要桥梁，交通运输系统的建设能够极大加速城市物资运输，推动城市间交流合作。交通基础设施的建设能够促进区域的分工与协作，能够降低生产要素的流动成本，有利于资源的有效开发和资金、技术、人才的合理流动，有利于消除地区壁垒，建立统一市场①。潍坊联运公司开通东营—潍坊—青岛货运专线，加强与东营、青岛物流园区的合作；青岛与日照、潍坊实现了青日潍三市公交"一卡

---

① 李善同、冯杰：《我国交通基础设施建设与区域协调发展》，《铁道运输与经济》2002 年第 10 期。

通"；青岛与潍坊之间加强港口合作，将潍坊港建设成青岛港重要的集装箱支线港；青岛机场在潍坊设立并开通了虚拟空港，从青岛机场出行的潍坊旅客可在潍坊办理完乘机手续后，直接到青岛机场登机，实现"异地值机"流程；2014 年 12 月，青荣城铁开通，实现了青烟威三市"一小时生活圈"，使三市之间人员、经济往来日趋紧密，合作交流更加频繁；2014 年 4 月国家发改委批复的《环渤海地区山东省城际轨道交通网规划》，山东省拉开新一轮的"三纵三横"快速铁路网建设的序幕，未来将形成以济南、青岛为中心，实现与周边城市 1 小时交通圈、济南与地级市及周边省会城市 2 小时交通圈、各地级市间 3 小时交通圈，这必将进一步推动各城市之间的交流与合作[①]。网络化的交通基础设施建设实现山东沿海城市—区域城市间生产要素、人才技术等的加速流动，形成统一有序的"大市场"，有效促进区域经济一体化。

（三）旅游合作

区域旅游合作势头不断增强、互利共赢局面不断拓展是当今国内外旅游业发展的趋势；通过加强区域旅游合作，实现资源共享、客源互送，已成为全球旅游业发展的共识[②]。旅游业是一项开放性、关联性程度极高的新型产业，区域旅游要实现可持续发展，必须坚持"大旅游、大市场、大产业"的发展战略，各相关地方政府开展区域旅游合作，以旅游区域代替客观上的行政区域，能够促进区域旅游业的持续稳定健康发展[③]。青岛与潍坊两市为促进两地交通对接，合作开发旅游市场，在旅游资源、线路、市场及产品的整合、对接、延伸和开发方面进行了深度合作；青岛市旅行社协会到潍坊考察沂山、风筝博物馆等景区点，将潍坊重要旅游景点纳入青岛旅游线路；青岛、烟台、威海、日照联合签署"仙境海岸"旅游合作宣言，共同打造旅游经济新的增长极，扩大了青烟威日 4 城市的交流合作，促进旅游事业的共同发展；烟台、威海、日照、潍坊、东营、滨州等市先后组团来青进行旅游推介。形成"泉城"济南、"帆船之都"青岛、"东方太阳城"日照、"联合国

① 孟敏：《山东城轨交通网规划获批　济南到青岛 1 小时到烟威 2 小时》，2014 年 4 月 30 日，见 http://www.qlwb.com.cn/2014/0430/121917_5.shtml.

② 梁明珠、张欣欣：《泛珠三角旅游合作与资源整合模式探究》，《经济地理》2006 年第 2 期。

③ 李文星、蒋瑛：《简论我国地方政府间的跨区域合作治理》，《学术界》2004 年第 10 期。

人居奖城市"烟台等山东沿海城市—区域城市间的旅游产业联盟，吸引更多的省内外游客，打造山东沿海城市—区域经济发展的新增长极。

（四）生态环境建设合作

2007年党的十七大报告中首次提出要建设生态文明，生态文明建设作为城市社会经济可持续发展的重要方面，同时为了避免走先污染后治理、先破坏后保护的弯路，加快以区域为平台的区域环境保护合作刻不容缓。2012年党的十八大报告再次指出建设生态文明，是关系人民福祉、关乎民族未来的长远大计。建设生态文明，保护生态环境在山东沿海城市带城市间合作中也得到了极大的重视，山东沿海城市—区域各城市环保局等相关部门积极开展合作，生态环保共建机制初步形成。建成了青岛—日照邻近区域空气质量自动监测站1个，开展了区域环境空气质量连续自动监测，监测数据实现了青岛、日照两市同时共享；2014年在小清河流域、省辖淮河流域及南水北调工程沿线、省会城市群、黄河三角洲高效生态经济区、海河流域、半岛流域6个重点流域区域签订行政边界地区环境执法联动协议，这些协议的签订为深化行政区域边界地区环境执法交流、构建环境执法联动工作机制，妥善解决边界环境问题，提高环境质量起到了重大的作用；山东省发改委出台省会城市群经济圈城市水西生态建设规划，各城市之间共同对湿地的保护修复、水土保持、河流生态治理进行协调合作。

（五）科技与人才交流

科技与人才是21世纪城市发展不可或缺的动力，科技的发展、人才的培养能够带动城市经济甚至整个行业的发展。人才交流是一种传统的合作方式，指不同地区间选送人才进行相互交流，使得一方的人才资源与另一方的其他资源有效结合，增大效益产出，加快经济发展速度[①]。山东沿海城市—区域9个城市，各城市都有高校、研究所的分布，对9个城市间的科技、人才交流提供了宽阔的平台。2006年青岛科技大学与潍坊学院签订协议，在师资共享、人才培养、科研合作、学科建设、图书资料、学生工作和校园文

---

① 刘舒怀：《地方政府间合作方式的比较研究》，《兰州学刊》2010年第11期。

化交流、学校管理等方面开展全面合作、优势互补，首开山东省属高校相互全面合作的先河。东营市与青岛大学、中国石油大学、山东大学、中国海洋大学，日照与中国石油大学，威海与山东理工大学、中国海洋大学陆续签署了涉及教育、汽车、海洋产业等各领域的合作协议，威海海洋与渔业局赴青岛科研院开展海洋科技合作对接，这都有效地利用了高校以及研究所的科技与人才，促进了城市产业的发展。科技人才的交流与合作，为城市经济社会发展提供了巨大动力与支撑力。

六、山东沿海城市—区域空间治理存在的问题

（一）跨政区合作的组织机构缺位

在跨政区合作中，跨政区合作需要依托于城市间形成组织机构及其形成的一定制度的科学的、合理的组织机构能够为城市间合作提供组织保障，能够及时有效地解决在合作中遇到的各种问题，保证合作的有序性和持续性，合理的组织机构在某种程度上决定了城市间跨政区合作最终取得的绩效。当前我国的地方合作很多都是靠地方领导人来推动的，一旦地方领导调动便容易使合作机制架空；而且当前我国的地方合作还停留在各种会议制度与单项合作机制和组织，一般采取集体磋商的形式，缺乏一系列成熟的、制度化的机制与组织，区域合作机构的协调与执行能力弱导致地方政府"各自为政"①。山东沿海城市—区域跨政区合作中，只有山东省所成立的区域发展推进战略工作领导小组以及青岛和日中之间成立的日照市接轨青岛、融入半岛城市群工作领导小组，其他城市间的合作还缺乏制度化、规范化的合作组织机构，难以保证城市之间合作的常态化。

（二）跨政区合作的政策工具残缺

陈瑞莲等认为所谓的"政策工具"也称为"治理工具"，是政府能够用以实现区域政策目标的一系列机制、手段、方法和技术，它是政策目标与政

---

① 汪伟全：《我国地方政府合作机制存在的问题》，《经济研究参考》2007 年第 60 期。

策结果之间的纽带和桥梁①。政策工具残缺是目前国内跨政区合作治理的普遍问题。在国外，已经形成一套组织完善、设计精细、有的放矢的区域政策工具作为保障框架，主要包括以财政政策、税收政策以及机构化基金、聚合基金、团结基金等为主要内容的经济工具，有效保证区域政策权威性、稳定性、连续性的法律工具。目前，中国还没有《政府间关系协调法》或《政府间合作法》，也没有类似美国联邦宪法协议条款的法律规定②。山东沿海城市—区域城市之间的跨政区合作，经济工具处于空白状态，法律工具方面虽然有城市间签订的契约性的合作协议，但相对于正式的法律条文来说，合作协议难以保证其约束性、规范性与权威性。

（三）跨政区合作的参与主体单一

跨政区合作中参与主体单一是我国当前区域合作与治理普遍存在的另一个问题，从欧盟和美国的经验看，它们区域治理的主体是多元化的，包括联邦政府、州政府、地方政府、非政府组织、私人部门与社区公众等，从而构成了多元利益主体协同治理区域公共事务的开放式、网络化、协作性公共管理格局③。在山东沿海城市—区域跨政区合作中参与主体主要以政府部门为主，行政色彩极为浓厚，社会组织、私人部门与公众参与的广度和深度不够，参与主体单一，难以实现各方面资源的最大化配置与利用。山东沿海城市—区域协调化与一体化的发展需要一个良好的治理模式，这一模式不仅要包含政府内部的同级政府部门之间、上下级政府之间的合作网络，还要构建公共部门和私人部门之间的制度化、经常化和有效的跨政府治理途径，充分发挥政府、企业、非营利组织等治理主体自身的作用④。

（四）跨政区合作的常态化程度低

跨政区合作机制尚不完善，合作模式还有待探讨，导致山东沿海城市—区域各城市在合作过程中合作的常态化程度低是实现山东沿海城市—区

---

① 陈瑞莲等：《区域治理研究：国际比较的视角》，中央编译出版社2013年版，第95—96页。
② 杨龙、郑春勇：《地方政府间合作组织的全能定位》，《学术界》2011年第10期。
③ 陈瑞莲等：《区域治理研究：国际比较的视角》，中央编译出版社2013年版，第95—96页。
④ 王佃利、梁帅：《跨界问题与半岛蓝色经济区一体化发展探析》，《山东社会科学》2012年第3期。

域高效合作面临的又一个问题。合作的规范性以及稳定性得不到有效的保证，容易导致合作成本高、合作效率低、合作的可操作性低以及合作风险高等一系列问题，进一步导致有意向的主体因此望而却步。因此，要实现高效益的跨政区合作，亟须完善合作机制，形成有山东沿海城市—区域特色的有效的合作模式，提高合作的常态化程度。

七、山东沿海城市—区域空间结构与空间政策调控

对山东沿海城市—区域（山东半岛蓝色经济区）空间政策的安排可以从两个方面进行梳理。一方面，2011 年由国务院批复的《山东半岛蓝色经济区发展规划》已经作出了比较详细具体的政策安排；另一方面，省市各个层面的涉及本区域的政策安排也在本章予以探讨。下文将从这两个方面进行梳理和总结。

（一）国家战略规划的空间政策安排

2011 年，由国务院批复的《山东半岛蓝色经济区发展规划》确立了"一核、两极、三带、三组团"的海陆空间政策布局。

（1）提升一核

胶东半岛高端海洋产业集聚区，是山东半岛蓝色经济区核心区域。核心区域以青岛为龙头，以烟台、潍坊、威海等沿海城市为骨干。

（2）壮大两极

一个是黄河三角洲高效生态海洋产业集聚区：发挥滩涂和油气矿产资源丰富的优势，培育壮大环境友好型的海洋产业。建设一批大型生态增养殖渔业区，大力发展现代渔业；加强油气矿产等资源勘探开发，加快发展海洋先进装备制造业、环保产业；大力发展临港物流业、滨海生态旅游业等现代海洋服务业，培育具有高效生态特色的重要增长极。

另一个是鲁南临港产业集聚区：依托日照深水良港，充分发挥腹地广阔的优势，按照《钢铁产业调整和振兴规划》的要求，积极推动日照钢铁精品基地建设，集中培育海洋先进装备制造、汽车零部件、油气储运加工等临港工业；加强集疏运体系建设，密切港口与腹地之间的联系，加快发展现代港口物流业，加强日照保税物流中心建设，把鲁南临港产业集聚区打造成为区

域性物流中心和我国东部沿海地区重要的临港产业基地。

（3）构筑三带

海岸近海远海同步开发，优化海岸和海洋空间开发保护格局，推进海岸、近海和远海三条开发保护带的可持续发展。

第一，海岸开发保护带。从海岸线向陆域10千米起至领海基线（内水海域界线）之间的带状区域，重点打造海州湾北部、董家口、丁字湾、前岛、龙口湾、莱州湾东南岸、潍坊滨海、东营城东海域、滨州海域9个集中集约用海片区。

第二，近海开发保护带。从海岸开发保护带外部界线向外12·海里宽的带状区域，拥有丰富的海洋渔业、能源、矿产等资源，是开发海洋资源，培育海洋优势产业的重点区域。

第三，远海开发保护带。从近海开发保护带外部界线至专属经济区外部界线的带状区域，是海洋经济发展最具潜力的战略区域。维护国家海洋权益，切实履行保护海洋环境的国际义务和责任，维护海洋生态系统平衡。

（4）壮大三大城市组团

第一，青岛—潍坊—日照城市组团。日照及鲁南地区应当按照"接轨青岛、融入半岛"的战略进行发展，最终实现与龙头城市青岛的一体化发展，建设一体化大城区。潍坊应强化与青岛在海洋产业和基础设施等多方面的对接，实现潍坊、青岛两城内部治理结构的协同一致，从而扩展青岛蓝色经济的影响力。

第二，烟台—威海城市组团。该组群定位为以烟台、威海为中心，通过改善沿海地区中小型城镇的功能和建设良好的基础设施、改善沿海环境，建设一批具有国际影响的生态宜居型城镇，形成沿海旅游度假休闲区域。

第三，东营—滨州城市组团。建设环渤海地区区域经济新增长极、新型生态城市，突出黄河三角洲的地理特点，积极发展高效生态经济，强化节材节能减排，建设资源节约、环境友好的城镇密集区。

（二）山东省区域空间政策的演变

（1）山东省区域空间政策演变的内容

改革开放以来，山东省区域空间政策发生了多次变化。"六五"时期，山东省选择沿海城市为突破口，自东向西，梯次推进，确定了以沿海重点城市带动大片开发的战略方针，以推动形成全省东中西互促互动的整体格局。出于沿海和内陆地区均衡发展的战略需要，山东省在"七五"时期提出建立鲁西内陆经济区的思想。为了进一步落实上述"双核平衡发展"构想，山东省又提出六大经济区的空间政策布局作为支撑。

"八五"和"九五"期间，山东省在全国率先提出建设"海上山东"的发展战略，并把它与黄河三角洲开发并列为两大跨世纪工程。山东省的区域发展重点为依托交通轴线展开布局（东西方向建立沿胶济铁路发展带，南北方向重点发展沿京沪高速公路发展带），重在突破优势地区、打造产业高地、形成产业聚集带，提高全省区域经济总体水平。

"十五"期间，山东省区域空间政策由均衡化空间发展政策转向增长极空间发展政策，开始关注一些重要片区和重要节点的发展。2003年提出"一群三圈"的区域空间政策，重点发展山东半岛城市群和各自以济南（西部内陆）、青岛（东部沿海）、济宁（南部内陆）为中心的都市圈，并且提出"东部突破烟台、中部突破济南、西部突破菏泽"的据点式区域开发战略。

"十一五"以来，区域空间政策由重点突破中心城市转向强调重点区域空间战略，提出了"重点区域带动战略"。黄河三角洲高效生态经济区和山东半岛蓝色经济区的发展规划先后被提升为国家战略，山东半岛城市群、省会城市群经济圈、鲁南经济带、黄河三角洲高效生态经济区和海洋经济强省成为山东省区域空间政策的"五大板块"，区域空间组织原则由"东中西"转变为"北中南"，从过去的在东西横向上解决差距问题，转而从南北纵向上探求区域经济平衡发展。

"十二五"期间山东省形成了多区域带动的区域发展战略，形成以城市群为主体，以特大城市和大城市为龙头，以县城和中小城市为支撑，以小城镇为节点，以新型社区为单元的城镇化发展布局。

（2）山东省区域空间政策演变的特点

总体来看，山东省空间政策经历了多个发展阶段，相对来说变动频繁、目标模糊，区域内部城市定位较模糊，难以形成整体范围内的规模效应。

（1）山东省东部与西部的发展缺乏协调，"东西联动"战略并不坚定，西部地区总体处于战略盲区或非重点区域。

（2）东部沿海发达地区发展重点和空间组织模式摇摆不定，东部发达地区空间组织方式具有极大的随机性和不确定性。

（3）内陆与沿海两大城镇体系始终存在，内部结构不断重组、演替发展，东西部城市间的联系亟须不断强化。

（4）不同规划目标之间存在较大差异，城市功能紊乱，降低了规划政策的可执行性。

（5）空间规划政策中形成不同的空间格局，忽略了区域治理一体化。

（三）山东省域跨界的空间政策安排

山东半岛蓝色经济区所涉及各城市之间的跨界合作初步走上正轨，受多项制度框架和组织架构的制约。

首先，山东半岛蓝色经济区的发展，先后受《山东半岛城市群发展规划》、《山东半岛蓝色经济区发展规划》和《黄河三角洲高效生态农业发展规划》等省级和国家级战略规划的制约，存在政府间合作行政主导色彩浓厚，龙头城市竞争力不足，核心城市间缺乏合作，不同规划区域之间的协作匮乏，以及政府间合作缺乏深度和广度，跨界合作制度尚未建立、跨界合作组织欠缺等问题。

其次，山东半岛蓝色经济区的跨界治理，需要进一步完善区域合作制度框架，完善各项组织架构的设计、完善区域规划的协调与整合，提升区域核心城市的竞争力以及鼓励社会多元利益主体的广泛参与等。

第三，要实现山东半岛蓝色经济区的一体化发展，必须打破各个区域规划之间的孤立，促进各区域规划间的协调，并建立政府间总体协调机制。同时，需要转变政府的地方保护主义思想，改革政府考核机制，促进政府间自发合作的开展等。

（四）山东半岛蓝色经济区空间结构总结

本书在多个尺度、多个维度和多个层面上，利用多元化的分析方法和多样化的数据来源对以山东半岛蓝色经济区为主体的山东沿海城市—区域的空间结构作出了较为丰富的实证分析，现总结和梳理如下：

1. 中国沿海城市带区域空间极化中的山东半岛蓝色经济区

本研究发现：

（1）山东半岛蓝色经济区即中国沿海城市带的山东部分，该区域是华北沿海地区的重要组成部分，是当代中国三大增长区域之一的环渤海地区的重要成员，是引领中国沿海地区乃至全中国经济发展的增长核心之一。

（2）就城市经济规模而言，在2005年，青岛和烟台属于第二梯队城市（全国性的第一梯队城市缺失），而东营、潍坊和威海成功跻身第三梯队城市；2010年，天津顺利晋级第一梯队城市，青岛与辽东半岛的大连、京津唐地区的唐山并列华北沿海地区的第二梯队城市，而烟台则退身为第三梯队城市，山东半岛蓝色经济区形成了以青岛为中心、烟台为副中心的城市体系。

（3）就城市经济规模增长而言，2001—2010年间，青岛和大连并列华北沿海地区的第二梯队城市，而烟台和唐山则处于华北沿海地区的第三梯队城市，青岛和烟台的关系呈现为比较明晰的主次分别和等级差异。

2. 山东省县区尺度空间组织格局中的山东半岛蓝色经济区

本研究发现：

（1）从高端生产者服务业所表征的城市服务价值的角度来看，山东省呈现为青岛市南区和济南历下区并列的区域双中心结构，青岛市市南区是山东半岛蓝色经济区的核心所在。潍坊市奎文区、烟台市芝罘区和东营市东营区则处于第二层次。

（2）从行业分布上来看，会计师事务所的空间分布呈现出济南和青岛的双中心格局，律师事务所也分别以济南市历下区和青岛市市南区为中心，物流企业则以青岛市市南区、日照市东港区以及济南市市中区等为中心。

（3）采用主成分分析法对山东半岛蓝色经济区空间格局的研究发现，青岛市黄岛区在2012年处于山东半岛蓝色经济区56个县级行政单位的核心位置，其次是烟台市福山区，但两者之间的发展差距比较明显，呈现为较为明晰的主副中心结构。同样的分析方法和数据来源则显示，在2007年则是以黄岛区和福山区并列的双中心结构；而在2002年则是以东营市东营区和威海市环翠区为并列中心的。这一发展变化过程体现出青岛市辖区在山东半岛蓝色经济区的核心地位的确定是一个不断发展的过程，呈现为不断抬升的状态，这也反映出青岛市城市经济实力和城市地位不断攀升的过程。

（4）虽然采用了不同的分析方法，具体的研究结论也存在部分偏差，但山东省县区尺度的空间组织格局仍然总体上呈现出以青岛市为中心，烟台市为次中心，其他城市分列不同梯次的等级分布状态。

3. 基于交通流的山东半岛蓝色经济区城市联系格局

基于交通流的山东半岛蓝色经济区城市联系格局研究发现：

（1）山东半岛蓝色经济区形成了以青岛市为中心，烟台和潍坊为副中心，威海、东营、日照、滨州为次中心的多中心城市网络联系格局。

（2）从城市引力的角度来看，山东半岛蓝色经济区城市联系方向存在显著的指向青岛、烟台和潍坊三个城市的向心性特征。其中，有三条首位联系线和一条次位联系线指向青岛，有两条首位联系线和一条次位联系线指向烟台，有五条次位联系线指向潍坊，这反映出青岛和烟台在区域交通上的双中心枢纽地位，以及潍坊是地理中心的通道枢纽地位。

（3）山东半岛蓝色经济区内部的城际联系呈现出较大的东西方向地域差异，东部城市之间的联系较为频繁，而西部城市与东部城市之间的交通联系薄弱。出于第一等级的城市间联系发生在烟台—青岛，而第二等级的城市间联系则发生在青岛—烟台、青岛—潍坊，青岛、烟台和潍坊三大交通枢纽的联系构成了山东半岛蓝色经济区的主要城际联系。而东营、滨州两市与烟台、青岛等山东半岛蓝色经济区城市之间的联系则比较薄弱。

（4）山东半岛蓝色经济区城市之间的交通联系呈现显著的距离衰减效应，以青岛为核心的"中心—边缘"结构明显。

（5）县区级空间尺度的城市交通联系空间格局呈现出一系列功能节点城市的形成，山东半岛蓝色经济区功能节点网络初步形成。在功能区尺度上，烟台市芝罘区和潍坊市潍城区是交通通达性最强的功能节点，其次是龙口市、胶南市、平度市和潍坊市奎文区等，通过星罗棋布的交通网络联系起来的县区级城镇有力地支撑起了山东半岛蓝色经济区功能节点网络。

4. 基于企业联系的山东半岛蓝色经济区城市联系格局

基于企业联系的山东半岛蓝色经济区城市联系格局研究发现：

（1）从城市尺度上看，山东半岛蓝色经济区 7 个城市已经分化成 4 个层级：青岛市位于第一层级，烟台市和潍坊市则处于第二层级，东营市、威海市和滨州市处于第三层级，日照市位于第四层级。四个层级的城市等级分布秩序表明，山东半岛蓝色经济区形成了以青岛为中心，烟台和潍坊为副中心，其他城市为次中心的区域城市体系。

（2）从县区尺度上看，山东半岛蓝色经济区则分化为八大层级：青岛市市南区位于第一层级，东营市东营区和烟台市芝罘区位于第二层级，威海市环翠区、青岛市市北区和潍坊市奎文区位于第三层级，日照市东港区位于第四层级，其他县区位于后四个层级。这表明，山东半岛蓝色经济区各城市的市辖区是高端生产者服务业集聚的中心所在，这些功能区之间基于产业关联的联系塑造了功能节点网络。

（五）山东半岛蓝色经济区空间结构与空间政策的耦合

山东半岛蓝色经济区在区域空间结构与区域空间政策的耦合方面，主要表现为两者的对应关系、两者存在偏差的地方以及基于区域空间结构未来趋势的区域空间政策调整等。

1. 当前推行的区域空间政策是符合区域空间结构现状的

2011 年，由国务院批复的《山东半岛蓝色经济区发展规划》将蓝色经济区的发展上升为国家战略，其中规划确立了"一核、两极、三带、三组团"的海陆空间政策布局。"一核"是以胶东半岛高端海洋产业集聚区为核心，其中更以青岛为龙头，以烟台、潍坊、威海等沿海城市为骨干；"两极"一个是黄河三角洲高效生态海洋产业集聚区，另一个是鲁南临港产业集聚区；"三组团"是青岛—潍坊—日照城市组团，烟台—威海城市组团，东营—滨州城市组团。本研究在多尺度、多维度和多层面上，利用多元化的分析方法和多样化的数据来源对山东半岛蓝色经济区的空间结构作出了较为丰富的实证分析，在中国沿海城市带区域空间极化背景下、环渤海地区多中心空间结构中、山东省县区尺度空间组织格局中、土地集约利用水平所显示的城市层级特征下、基于交通流、基于企业联系等所表征的城市联系中，都清晰地表明了山东半岛蓝色经济区基本形成了以青岛为中心，烟台和潍坊为副中心，威海、东营、日照、滨州为次中心的多中心城市网络联系格局。因此"一核、两极、三组团"的陆上空间政策基本上是符合当前空间结构现状的。

2. 空间结构与空间政策也存在一些相互出入的地方

基于交通流、企业联系的山东半岛蓝色经济区空间联系格局的研究已经表明县区级空间尺度的城市交通联系空间格局呈现出一系列功能节点城市的形成，山东半岛蓝色经济区功能节点网络初步形成。例如，在基于交通流的研究中，烟台市芝罘区和潍坊市潍城区是交通通达性最强的功能节点；在基于企业联系的研究中，青岛市市南区位于第一层级，是高端生产者服务业集聚的中心所在。正是这些功能区之间基于日常交通出行、产业关联的联系塑造了功能节点网络。可见，山东半岛蓝色经济区中功能区单位的地位越来越显著，也正是功能区单位之间的相互合作联系、交流造就了蓝色经济区内部的合作模式。但是在《山东半岛蓝色经济区发展规划》中，对于功能区的重视程度明显不够，并没有将功能区单位放在应有的位置或者制定出基于功能区单位相应的政府间合作、跨界治理措施，因此这一点仍需学者和政府共同努力完善。

3. 区域空间政策调整的方向

山东半岛蓝色经济区空间政策基本吻合研究结果表明的空间结构，但是仍有需要完善、促进的地方。首先空间规划政策中形成了不同的空间格局，忽略了区域治理一体化，不同区域格局下城市合作交流较少，被政策制定的空间格局所限制；其次要完善制度框架、组织架构的区域整合，进一步完善整合政府合作制度框架对于推动跨界治理的发展具有重要作用，并且为保证制定的区域一体化政策措施的有效执行和监督，也需要一个完善的组织管理机构和操作机制；再次要重视经济区内县（区）级功能区单位的作用，详细制定重点功能区之间的区域协调合作发展制度。

（六）山东半岛蓝色经济区空间结构与空间政策耦合的调控机理

针对山东半岛蓝色经济区区域空间结构与区域空间政策的耦合状况，可以从政策延续性、跨界联系的强化、区域基础设施的网络化、城镇集群化、促进区域生产要素的流动、区域公共财政、区域公共治理组织、区域合作制度化以及区域联合规划等方面设计调控机理。

1. 区域空间政策的延续性

不断加深的经济全球化和区域一体化正在深刻地改变着传统的空间格局，山东半岛蓝色经济区的空间发展规划与空间政策与之前的山东省空间政策既一脉相承又有所创新，延续了之前的省内空间发展战略规划的内容。总体来看，山东省空间政策经历了多个发展阶段。"七五"时期提出建立鲁西内陆经济区的思想，"八五"时期强调东西结合、共同发展，"九五"期间率先提出建设"海上山东"的发展战略，"十五"期间山东省区域空间政策由均衡化空间发展政策转向增长极空间发展政策，"十一五"以来提出了"重点区域带动战略"。之后山东省逐渐开始强调面上的空间战略，从"十一五"时期的"一群一圈一带"建设（山东半岛城市群、省会城市群经济圈、鲁南经济带），再到"十二五"期间，结合国家战略提出"二区一圈一带"发展新格局（山东半岛蓝色经济区、黄河三角洲高效生态经济区、省会城市群经济圈和鲁南经济带）。总之，随着经济的快速发展和城市化水平的不断提高，省内相继出台实施了一系列区域性战略规划，而蓝色经济区的区域空间政策也因此具有历史的延续性。

2. 政府间跨界联系的强化

在当今经济全球化和区域经济一体化的发展趋势下，常常产生许多地方政府无法单独解决的跨区域的公共事务问题。山东半岛蓝色经济区内部各地市要想共同发展同样面临这种问题，因此，各地市政府应基于互利共赢的理念，加强政府间跨界联系，即政府间跨区域合作治理。山东半岛蓝色经济区各市是各地各自为政的发展，行政区的管理特征在区域经济发展政策上难以统一协调，造成经济发展的制约。要想打破山东半岛蓝色经济区城市经济社会发展存在的明显东西差异，必须加强政府间跨界联系，打造山东半岛蓝色经济区三个城镇组团发展，发挥中心城市的辐射作用，带动周边欠发达地区的经济发展，使山东半岛蓝色经济区乃至整个山东省形成各具特色、优势互补、共同繁荣的区域发展新格局。

3. 交通基础设施的网络化

区域一体化发展能够产生规模经济效应和促进经济增长，如何才能够促进区域经济一体化呢？从理论上来讲，加强各省份交通基础设施建设能够降低区域之间的贸易成本、提高区域之间的贸易效率。这对增加区域之间的贸易往来，扩大市场的规模效应、促进专业分工能够产生积极的作用。因此，对于山东半岛蓝色经济区来说，实现交通基础设施的网络化是实现经济区协同发展、区域一体化战略的必要条件。基于交通流的山东半岛蓝色经济区城际联系已表明，经济区内部的城际联系呈现出较大的东西方向地域差异，东部城市之间的联系较为频繁，而西部城市与东部城市之间的交通联系薄弱，城市之间的交通联系呈现显著的距离衰减效应，以青岛为核心的"中心—边缘"结构明显。因此，要进一步完善城际交通基础设施的建设，建设成星罗棋布的城际交通基础设施网络，进一步增强区域内部不同地市之间的联系，促进区域一体化的实现。

4. 组团化集群式城镇发展战略

在区域发展转型和一体化进程加速的大背景下，组团化集群式城镇发展战略日益突出。经济发展的集群化、城市发展的组团化与多中心化是区域发展的主流趋势，也是实现区域协同与持续发展、均衡与共生发展的主要路径。《山东半岛蓝色经济区发展规划》确立了壮大三大城市组团发展战略：青岛—潍坊—日照城市组团，烟台—威海城市组团，东营—滨州城市组团。经济区内部城镇组团集群发展战略的确立，旨在调整和重组产业结构、进行战略性的产业升级，结合地市的区位优势和资源条件，形成优势互补，提高产业的集约化程度，实现资源的合理有效配置，从而增强整个蓝色经济区乃至山东省的竞争力。

5. 促进区域生产要素流动的制度设计

如果拥有完善的市场体制、充分公平的市场竞争，那么完全可以依靠市场的力量实现地区之间资源的最优配置，促使地区经济均衡发展。但在现实中，完全竞争的市场是不存在的，经常存在市场机制失灵的现象，区域政策就需要政府对经济和社会发展进行干预。山东半岛蓝色经济区各地市的市场化程度和产业结构的差异影响着各地市的发展水平。东部地区的市场化程度较高，资源配置基础性作用强、产业结构得到不断的优化重组；而西部地区市场经济发展落后、产业结构不合理，这严重制约了西部经济发展。因此山东半岛蓝色经济区内部亟须构建更大范围的能够实现生产要素自由流动、资源优化配置的制度设计，促进经济区内部地市的相互分工合作与协调发展，克服发展目标相似、产业结构雷同等问题。

6. 区域基金和区域公共财政的设计（类似欧盟结构基金）

欧盟作为世界上最成熟和成功的区域经济合作组织，有许多值得我们借鉴的制度设计，例如欧盟结构基金（structural fund）。欧盟出自深化和扩大一体化的需要，为了缩小其内部区域经济发展的不平衡，专门设立了欧洲结构基金，主要任务之一就是支持落后地区或产业衰退地区的经济发展与产业结构调整。山东半岛蓝色经济区同样可以借鉴欧盟的成功经验，通过设立各种基金完善经济区内部的资源配置和利益的公平分配，统筹区域协调发展，努力缩小经济区内部的东西差距。具体来说，可以设立促进山东半岛蓝色经济区西部、南部相对贫困地区的专门区域基金或区域公共财政，并确立筹集资金和使用、绩效监督的长效机制，以缩小区域内部的经济发展差距。

7. 适当的区域公共治理组织架构的设计（设立合理的协作机构）

山东省的跨界区域治理基本上是在山东省区域发展战略的框架下展开的，山东半岛城市群规划、黄三角高效生态经济区规划、山东半岛蓝色经济区规划、省会城市群经济圈规划、西部经济隆起带规划等，这些区域战略的推进是在山东省区域发展推进战略工作领导小组的统筹组织框架下进行的。设立合理的协作机构及组织架构，对于制定与落实合理、科学、有效的区域空间政策是必不可少的。山东半岛蓝色经济区规划下区域间政府合作、交流项目较多，必须要有一个上层统一的组织架构和协作机构统筹规划、协同治理，需要一个完善的组织管理机构和操作机制来保证区域一体化政策措施的有效执行、监督和评估以及政策实施过程中的争端处理。要不断完善省政府诱导型各区域自上而下的组织架构，不断促进区域内地方政府自发合作的组织架构，同时在规划框架下，还应积极探索跨市域的组织合作和协调机构。

8. 区域合作的制度化（政府间协议的签署）

在全球化的历史潮流下，世界各地通过区域合作制度的建构建立起众多区域合作组织，以应对经济全球化的挑战。区域合作制度保障并推动区域合作，制度化使制度系统性建构，形成制度体系，有助于区域合作的深化和长期稳定。而缩小到山东半岛蓝色经济区来说，区域合作的制度化同样显得尤为重要。山东半岛蓝色经济区在推动区域一体化发展过程中出台实施了一系列战略规划，这些战略规划通过明确的政府间协议等制度架构来推进区域内的合作与协调发展，在山东省政府的总体规划框架下，经济区内各地方政府不断开展合作，取得一系列成果。例如2011年青岛、潍坊、日照在规划、产业、基础设施等方面签署了《加强区域合作交流 推进青潍日城镇组团发展合作书》，2012年青岛和潍坊签署了《推进全面发展战略合作框架协议》。一系列政府间协议的签署使区域合作趋于制度化，落实了区域合作和一体化的设计构想。

9. 区域一体化联合规划的推动

在经济全球化的浪潮中，区域经济一体化同样成为一种趋势，全球化的加深为区域一体化的发展提供了新的驱动力。山东省从"六五"时期就展开区域经济合作，山东半岛蓝色经济区也具有良好的经济协作基础，面临着共同的产业升级优化需求，东西部地区之间存在着良好的互补优势，这些都为山东半岛蓝色经济区的区域一体化联合规划奠定了坚实的基础并提供了现实的可能性。而现实的空间规划政策中形成了不同的空间格局，忽略了区域治理一体化，容易造成各个区域抱团发展却忽略了与区域外其他城市的合作，不利于山东半岛蓝色经济区整体的一体化发展。例如，蓝色经济区规划主要思路便是通过功能分区实现城市组团，同时强化单个城市海洋经济特色，不符合整体规划的思路，理应设计区域一体化的联合规划，推动区域经济发展。

八、结　论

在各城市的共同努力与探索下，山东沿海城市带跨政区合作在产业协作、交通合作、文化旅游、生态环境建设以及科技人才交流方面取得了极大成果，但与此同时，合作过程中仍然存在组织机构缺位、政策工具残缺以及参与主体单一、跨政区合作常态化程度低等问题。在下一步的跨政区合作过程中，首先要健全合作的组织机构，由碎片化走向整体化、完整化，为城市间跨政区合作提供组织保障；其次，完善跨政区合作治理工具，从空白化、简单化转向精密化，健全法律制度建设，从非法制化转向法制化；再次，要扩大跨政区合作的参与主体，从单一化转向多元化，使非政府组织、私人部门、社区公众共同参与到城市间的跨政区合作中，加强各领域合作的广度和深度；最后，要通过组织机构的建设以及合作机制的不断健全保证跨政区合作的常态化。通过山东沿海城市带跨政区合作的有序进展，带动山东沿海城市带、带动整个山东省实现区域的协调化与经济的一体化。

后　记

　　"海岸地带"已经成为全球城市化的热点区域和重心所在,以其独特的区位条件、丰富的自然资源、便利的设施条件、开放包容的社会经济环境等优势,已经成为后发国家嵌入全球产业循环链条的制高点和参与全球竞争的战略基点,而海岸地带的"城市—区域"则属于"海岸地带"皇冠上的一颗璀璨耀眼的明珠,成为学术界对城市与区域空间治理研究领域的聚焦点所在。

　　"21世纪海上丝绸之路"国家战略的实施,为我国东部沿海地区海岸地带的开发与保护提供了重大机遇。伴随着20世纪以来,世界范围内城市与区域向沿海发展的趋向愈来愈显著,国家城市与区域空间发展战略重点不断向沿海地区转移。海岸地带城市化进程的加速,人地矛盾、人海矛盾、陆海矛盾等日益突出,成为制约海岸地带可持续发展的关键因素。与此同时,经济全球化和区域一体化不断推进过程中,传统上由政府主导且各自为政的管控型治理模式日益显现出越来越窘迫的管理弊端,以行政区划为基础的以邻为壑的管理模式已经难以适应公共管理的新实践,建立起多样性、整合性、跨区域的新型空间治理模式已经成为我国城市与区域空间治理创新的必然选择。

　　作为现代城市发展的新型空间组织形式,城市—区域跨越多个行政单元,以规模经济和设施集约优势而日益成为全球最具发展活力的地区,在世界及地区经济、社会发展和政治生活中发挥着主导作用。因此,从陆海统筹的视角出发,结合社会—空间辩证统一的认识观念,我国海岸地带城市—区域的发展亟须转换思路、开拓视野、超越辖区界限实现城市—区域治理的可持续发展。"海岸地带城市—区域空间治理研究"聚焦于海岸地带快速城市化进程中普遍存在的"市场失效"和"政府失效"问题，以富有代表性和典型性的处于改革开放最前沿的珠三角地区和涵盖多个国家战略区域的山东半岛地区（山东半岛蓝色经济区，黄河三角洲高效生态农业示范区，青岛西海岸国家新区等）为例，以大量的理论探讨和实践分析为基础，提出城市与区域空间治理的可行策略，为我国城镇密集地区的可持续发展提供了理论指引和经验借鉴。

全球城市化进程是一首雄浑有力、跌宕起伏的交响乐，而中国当代的城市化进程则演奏出最为嘹亮动听、最为意味深长的一首乐曲。当代丰富多元的快速城市化进程为我国的"城市与区域空间治理"研究提供了丰富多样、永不枯竭的滋养。本书聚焦于中国海岸地带的典型城市—区域发展状况，以珠三角地区和山东沿海地区为例证，探索了转型时期城市与区域空间治理的空间格局、制度环境和组织基础，揭示了海岸地带城市—区域的空间格局特征、空间演变过程以及空间治理的跨政区协调机制，推动了城市与区域空间治理研究领域的理论与实证发展。

本书的部分内容之前已经在各种学术期刊上正式发表（已在正文中注明原作来源），在学术论辩中获得了较多的认同和肯定，甚至多项内容和观点已被引用多次，获得了一定的学术反响。本书理论与实证密切结合，是集体合作的结晶，部分篇章涉及多位合作者（已发表的内容，除第十章第二节外，本人都作为通讯作者或兼通讯作者的第一作者），现特将各章节原合作者详录如下，以示郑重：绪论：马学广；第1—3章：马学广、李贵才；第4章：马学广、窦鹏、闫曼娇；第5章，马学广、林雄斌、晁恒、李贵才；第6章：马学广、孟颖焘、窦鹏、张荣；第7章：马学广、路旭、李贵才；第8章：马学广、陈伟劲、蔡莉丽、谢旦杏、冯长春、李贵才；第9章：马学广、贾朝祥、窦鹏；第10章：马学广、王爱民、闫小培；第11章：马学广、王爱民、李贵才、李红岩；第12章：马学广、孙凯。全书由马学广统一修改、删易和重组，特此向上述原合作者表达谢意！

在书稿修改完善过程中，除已经在文中注明的主要的参考文献之外，中国海洋大学2012—2014级土地资源管理专业研究生都参与协助查阅、翻译和组织了部分文献资料，虽不便于——具名列下，但仍特此致词以谨表谢意。

感谢人民出版社王萍主任的大力协助和指导；感谢东北大学娄成武教授作序，感谢中国海洋大学法政学院王琪副院长对该书出版的支持和指导，感谢中国海洋大学文科处金天宇处长在出版经费方面所提供的大力支持。

感谢国家自然科学基金项目（40830747、41440005）资助、教育部留学回国人员科研启动项目（教外司留〔2013〕1792号）资助、中央高校基本科研业务费专项资助及教育部人文社科重点研究基地中国海洋大学海洋发展研究院资助。

感谢我的父母以及岳父岳母对我科研和生活的协助与扶持，尤其感谢爱妻对我生活上无微不至的照顾，使我得以全身心投入到文字的海洋之中。

本着文责自负的原则，本书的观点、数据、策略等内容，都由本人负全责。虽然经过较大幅度的修改和完善，但书中仍然难免出现一些观点乖谬或规范性不足之处，敬请读者不吝赐教，以纠正本人的缺漏，并推动城市与区域空间治理研究领域的大跨步发展。

马学广

2015 年 9 月 8 日

于青岛崂山

责任编辑:宫　共

封面设计:徐　晖

图书在版编目(CIP)数据

海岸地带城市—区域空间治理研究/马学广 等著.
-北京:人民出版社,2015.12
(海洋公共管理丛书/娄成武主编)
ISBN 978-7-01-015449-7

Ⅰ.①海…　Ⅱ.①马…　Ⅲ.①海岸带-区域经济发展-研究-中国
　Ⅳ.①F127

中国版本图书馆 CIP 数据核字(2015)第 259658 号

海岸地带城市—区域空间治理研究

HAIAN DIDAI CHENGSHI QUYU KONGJIAN ZHILI YANJIU

马学广　等 著

人民出版社 出版发行
(100706　北京市东城区隆福寺街 99 号)

北京龙之冉印务有限公司印刷　新华书店经销

2015 年 12 月第 1 版　2015 年 12 月北京第 1 次印刷
开本:710 毫米×1000 毫米 1/16　印张:25.75
字数:406 千字

ISBN 978-7-01-015449-7　定价:66.00 元

邮购地址 100706　北京市东城区隆福寺街 99 号
人民东方图书销售中心　电话 (010)65250042　65289539